民国时期上海女监研究(1930–1949)

A Study on Women's Prisons in Shanghai during the Republic of China, 1930-1949

杨庆武 著

上海古籍出版社

国家社会科学基金后期资助项目（项目编号：20FZSB021）

国家社科基金后期资助项目
出版说明

后期资助项目是国家社科基金设立的一类重要项目,旨在鼓励广大社科研究者潜心治学,支持基础研究多出优秀成果。它是经过严格评审,从接近完成的科研成果中遴选立项的。为扩大后期资助项目的影响,更好地推动学术发展,促进成果转化,全国哲学社会科学工作办公室按照"统一设计、统一标识、统一版式、形成系列"的总体要求,组织出版国家社科基金后期资助项目成果。

全国哲学社会科学工作办公室

序

刘 昶

杨庆武博士的专著《民国时期上海女监研究(1930—1949)》即将付梓，我非常高兴有机会为庆武的书作序。

这是一部研究上海女子监狱的学术专著。我们大多数人在日常生活中，应该很少和监狱打交道，对监狱这种社会边缘机构和囚犯这类社会边缘人群也相对比较陌生，人们通常不屑于去刻意了解这类人和事。大多数人对监狱及囚犯的了解可能都是来自一些文学或影视作品，那些半是想象半是夸张的描写常常引得人们用好奇或嫌恶的眼光投去匆匆一瞥，得到的是对这个另类世界浮光掠影的印象，而非客观理性的认识。不仅一般社会大众对监狱的了解有限，就是学术界长期以来也很少对监狱投注研究的目光。除了法律学界对刑罚和监狱制度等的专业性研究外，我国历史学界对监狱史的研究一直比较薄弱，而对民国时期女子监狱的研究更是阙如。杨庆武博士的这部专著填补了这个空白。

当然，研究历史不是为了填补知识的空白，研究女子监狱也不仅是为了满足学者和公众的好奇心。人们或许要问，为什么这些边缘的人和事值得历史学者来研究呢？长久以来，历史是帝王将相和英雄伟人活动的舞台，上演的是治乱兴衰、改朝换代或战争和革命的故事，普通老百姓和他们的日常生活在这些宏大叙事中根本就没有一席之地。直到20世纪这样的历史叙事才有了巨大的改观，人们认识到历史不再是帝王将相的谱牒或伟人英雄的传记，而是人类的集体记忆，是人类认识自我的重要途径。普通人和他们的日常生活、习俗文化、喜怒哀乐才进入历史研究的视野。人类集体自然包括所有的人群，人类要认识自我，自然要对社会上的各色人等及他们的生活和事务有所了解，哪怕是社会上最边缘的人和事。监狱和囚犯这样的边缘机构和边缘群体成为历史学者关注和研究的对象正是在这样一个学术领域大转移的背景下发生的。

监狱是一种社会惩戒和矫正机制,是维持现存社会秩序的工具,任何人类社会都有这种需求来惩罚破坏现存秩序、危害公共安全和利益的行为和人员。了解这个机制是如何运作的,了解监狱中的犯人是如何度过囚禁生活的,虽然不会令人愉快,但可以帮助我们认识人类社会是如何应对失范行为和如何对待犯罪人员的。当然不同时代、不同社会的刑法理念和犯罪惩戒机制是有很大区别和变化的,这些不同和变化会折射出更为宏观的历史兴替和社会演进。

自从1977年法国学者福柯发表了《规训与惩罚:监狱的诞生》,对监狱和监狱史的研究成为社会史文化史研究的一个热点。福柯认为,在西方,近代监狱的诞生体现了西方社会对如何惩罚犯罪在理念上(包括技术上)有了巨大的变化,主要表现为从对肉体的折磨转变为对身体的规训,即不再以残酷的肉刑来惩罚罪犯,而代之以剥夺其人身自由。这使原来在西方处于边缘惩罚手段的监禁,成为一种普遍的犯罪惩罚的形式,这就是监狱的诞生。虽然福柯并不认为监狱的诞生体现了一种历史的"进步",但没有人能够否认,用监禁代替肉体折磨来对罪犯施行惩罚,无疑更为人道,更为文明。

在中国,监狱也是古已有之。千百年来,在中国人的观念中,监狱是法外之地,臭名昭著的场所。汉代的司马迁在《史记》中说过"勿扰狱市",指的是监狱和市场一样都有自己的逻辑和法则,官府不要随意去干扰它们。无论是谁,地位权势有多大,一旦身陷牢狱,就成为牢头狱吏的俎上鱼肉,只能任其凌虐。西汉的大将周勃诛灭外戚吕氏,再兴汉室,位极人臣,一旦入狱,饱受狱吏凌辱,感慨万千:"吾尝将百万军,然安知狱吏之贵乎!"不过古代的监狱和20世纪以后中国的监狱还是有很大不同,古代的监狱主要是关押待决犯人的场所。晚清以来,近代西方的刑法体制包括监狱制度被介绍进中国,监狱的性质和功能才发生了重大的变化,成为关押已决人犯,剥夺其自由,对其执行惩罚的场所。大部分人犯都需要关押在监狱中服刑,在监狱度过一定的刑期成为犯人为自己的罪行受罚赎罪的主要形式。随着这种变化而来的,是监狱的规模和管理制度等亦发生了重大改变。

中国监狱的另一个重要变化是从关押男性人犯为主,变成了也关押相当数量女犯的场所。这个变化是和近代以来中国女性地位发生的变化有关。在近代以前,女性受礼教的束缚和社会经济活动的限制,其活动范围和空间大体上局限在家庭范围之内,其自身的社会化程度相对较低,因而女性犯罪的几率相对较低,女性罪犯也很少。另外,在20世纪之前,儒家的伦理道德是司法实践中重要的指导原则。政府出于礼教的考量,对于女性,若非有"奸盗及其他重罪",一般不会羁押于牢狱内。普通的犯案女性通常都会由其男性家长领回代为监管,等候出庭受审。之所以采取这样的规则和措施,是因为在父权伦理本位的刑罚体系下,女性不是独立自主的司法主体,而是男性的依附者或附属物。由父权制家长对女性的违法行为负责,目的是维持纲常礼教。但是对女性案犯的这种司法处置,客观上却也保护了女性权益,使她们免受牢狱之灾,维护了自己的清白与贞节。

19世纪下半期以来,中国被迫打开了国门,中国的现代化开始起步。特别是在沿海地区和通商口岸,现代工业和商业发展起来,大量人口,包括女性,涌入大城市工作和生活。这些城市的新移民脱离了扎根于乡村的父权制家庭束缚,也打破了旧的社会性别规范。在这个转型过程中,进入都市的女性越来越多地参与都市的经济与社会生活,而不再被拘束于父权制的家庭内,无论已婚还是未婚,她们都比乡村女性享有更多的独立和自由,但也面临更多挑战和不确定性。都市生活复杂多变,机会很多,诱惑同样很多,不论男女都有可能经不住诱惑掉入犯罪的陷阱。因此与之前的时代相比,近代都市女性的犯罪比例随之升高,而犯罪的类型亦更加多样。

另一方面,清末民初的司法改革,引进了西方近代的司法体系,主张男女平权。两性之间权利均等,女性成为独立的司法主体,而不再是男性家长的附庸。这意味着男女双方在法律义务和责任上均衡和对等。同时,国家的司法理念也发生了相应的变化,对于女犯的刑罚亦从以往注重伦理教化,转向注重犯罪事实,注重女性犯罪者自身,实现了由父权、伦理本位向法律、个体本位的转型,女性自身成为犯罪事实和责任的实际承担者。如此一来,传统时代对女犯慎重收监的司法体恤及规则不复存在,绝大部分女犯将需要在监狱内度过长短不一的刑期。为了保护女犯的权益,防止她们在监狱中受到男犯的攻击和侵犯,将男女人犯分监羁押就成为必然。抗战前设立的江苏第二监狱分监,及抗战胜利之后设立的上海监狱第一分监,都是设在上海的独立建制的女子监狱,它们的出现就是这样一个历史大变动的产物。庆武这部著作讲述的就是这两个女子监狱的故事。

不过,庆武的研究并没有把目光仅仅局限在女子监狱,而是力图从更宽阔的历史视角,从社会史和性别史的角度出发,来理解和认识女子监狱的运作、女性囚犯的生存状态,以及女子监狱与都市社会的互动。因此,在这部著作中,我们不仅可以看到民国时期女性犯罪的情况及原因,看到女子监狱的日常管理和内部秩序,看到女性囚犯在狱中的日常生活,包括饮食起居、医疗卫生和精神世界,以及对女性囚犯的规训、教育和感化等;看到女子监狱的职员和看守(以女性为主)的工作状况;还可以看到女子监狱与外部世界的交往和互动:其时女子监狱对社会开放参观,不少市民,特别是学生(中学生和大学生)还有旅游观光者纷至沓来,甚至外国记者、政府代表团和慈善机构也前来参观考察。此外,女子监狱还邀请各种宗教团体来给囚犯布道宣教,劝诫她们自省悔过。通过各种形式的积极互动,女子监狱争取到了很多社会救济和帮助,特别是在抗战爆发及胜利后监狱财政日益困窘的情况下,这种救助显得尤为重要;同时,监狱女犯和社会大众都得到了教育,同时还改变了人们长期形成的对监狱的负面刻板印象。

  杨庆武的著作让我们看到,民国时期的上海女监在刑罚理念、狱政管理模式、人事组织形式等多方面基本上摒弃了中国传统狱制的影响,体现出新式狱政的现代性。这不仅见证了中国狱政的改良与进步,也反映了民国时期司法理念、性别规范、人权意识乃至社会的变迁与进步。这样的实证研究有助于我们来重新审视民国时期的历史,改变我们对民国时期的一些固有的负面印象和长期盘踞在人们头脑中的一些对民国历史的虚无主义观念。它也让我们看到从近代西方舶来的观念和制度如何与中国本土的体制和人事磨合并在中国土壤中生根成长。近代西方的司法理念和刑罚制度在进入中国时,与当时中国本土的理念和制度有很大的冲突,但是最终西方的理念和制度在中国的社会土壤中扎根成长,并基本取代了中国本土两千多年的司法理念和制度,其所仰赖的显然不是或不仅仅是强势和霸权,毋宁说是其所承载和体现的尊重人权和自由的"普世价值"。显然,没有近代中国国门的开放(无论是被迫还是自愿),没有东西方文明之间的碰撞和交流,没有对外来文明的先进理念和事物的学习和吸收,就不会有这样的变革和进步。

  庆武的这部著作脱胎于他的博士论文。在四年的博士学习期间他花了大量的时间和精力,每天早出晚归去上海档案馆搜集相关档案资料。从华东师大的闵行校区去外滩的上海档案馆,坐公交换地铁,每天的去程就需要2—3小时,尤为辛苦。档案馆虽然开放了民国时期的许多档案,但是每天允许查档阅读的数量有限,只能复印50页,而且不得拍照,所以大量的档案是靠手工抄写搜集的。为了加快搜集的速度,庆武的弟弟以及爱人曾贝也时常到上海来帮忙跑档案馆,对于在档案馆搜集资料过程中遇到的各种困难和遭遇,我听说后非常为其抱不平,庆武却淡然处之。博士论文撰写期间,庆武的父亲不幸因工伤去世,自己又因患病不得不住院治疗。庆武并没有因为这些困难和不幸放松对自己论文的要求。除了档案材料,庆武还广泛阅览和搜集了民国时期报刊杂志上的相关资料,以及不同时期相关领域的研究论著。所以这部著作不仅史料丰富扎实,而且具有宽阔的理论和历史视野。这不仅是近代监狱史研究的力作,也是中国近代性别史和社会史研究的重要成果。毕业后,庆武得到国家社科基金的后期资助,又对论文不断修改打磨,并作了较大幅度的删节精简,使得论文更适合出版。我对庆武这部著作的出版感到由衷高兴,并致以诚挚祝贺。

2022 年岁末

目　录

序 .... 刘　昶　1

绪　论 1
  一、研究缘起及旨趣 1
  二、概念界定 10
  三、研究对象 14
  四、研究动态述评 15

第一章　犯罪与刑罚：女犯的司法处置及新式女监的兴起 32
  第一节　规制与优恤：传统时代对于女犯的司法处置 33
  第二节　女犯关押权之争：上海新式女监的组建及沿革 44
  第三节　逾矩及失序：民国时期上海女性犯罪实态 73

第二章　秩序重建：上海女监的监犯管理及运作 101
  第一节　规训森严：上海女监的日常管理及戒护事宜 101
  第二节　狱政事故：人犯脱逃、顶包及到期漏释 111
  第三节　预防再犯：出狱人保护制度的实施 118

第三章　异度空间：女犯的狱内生态 128
  第一节　监狱标识：女犯的编码与囚衣 128
  第二节　以食为天：女犯的日常餐饮 134
  第三节　空间管理：女犯的监禁及居住状况 144

第四节　囹圄百态：女犯的众生相、奖惩及娱乐 …………… 150
第五节　精神慰藉：女犯的情感宣泄及接见 ………………… 159
第六节　心随境转：女犯的内心世界及通信 ………………… 167

第四章　生死攸关：上海女监的医疗及卫生 ……………… 177
第一节　人命关天：上海女监的卫生及疫病防治 …………… 177
第二节　生死由命：上海女监内女犯的疾病概况及对策 …… 186
第三节　囹圄之死：上海女监内女犯的死亡及处置 ………… 198
第四节　囚狱新生：上海女监内孕犯的生育及婴幼儿处置 … 209

第五章　去恶向善：女犯的感化之途 ……………………… 223
第一节　再造新民：女犯教诲的实施 ………………………… 224
第二节　特殊民众教育：女犯教育的实践 …………………… 234
第三节　功能性偏差：异化的女犯作业 ……………………… 243

第六章　囹圄内外：上海女监与外界的沟通及交往 ……… 262
第一节　类景观化：纷至沓来的参观者 ……………………… 262
第二节　求援与救济：上海女监的社交模式与网络 ………… 270
第三节　相互调剂：上海女监与其他监所之间的人犯移禁 … 277

第七章　特殊职业群体：上海女监的职员及看守 ………… 286
第一节　位微责重：上海女监职员、看守概况 ……………… 286
第二节　规范培养：上海女监职员、看守的招考与训练 …… 296
第三节　职薪难符：上海女监职员、看守的俸薪与待遇 …… 309
第四节　井然有序：上海女监职员、看守的日常与管理 …… 320
第五节　奖惩分明：上海女监职员、看守的惩处与奖励 …… 329

结　语　社会变迁及性别视野下的监狱史研究 …………… 341

参考文献 …………………………………………………………… 355

绪　　论

一、研究缘起及旨趣

　　监狱,是执行刑罚之地,作为一种"社会边缘机制"[1],系专用于羁押特定人员的特殊场域。由于其职能的特殊性,一般人对其少有关注,对于诸如犯罪等社会问题的关注更甚于对于监狱本身的了解,对犯罪之人审判后的状况更是漠不关心。"普通心理,以为只要犯人被捕,审判确定,送入监狱执行以后,问题便可解决,都以为这样可以铲除人群败类,使社会安宁。而犯人在监内幽禁着,很少人去看他们,监狱或许设在我们人群中间,而我们或许常过其门,但是入其门的机会却特别少,所以里面情形到底怎样,很少人能够了解,对于刑罚学处置的方法也很少人能够懂得。犯人入监以后,社会人群就会忘却他们,因为入了监就看不见,也得不到一点消息,自然想不到了,何况普通都以犯人受刑是为社会报复,报复以后,便以为问题已经解决,当然漠不关心,所以要想公众注意监狱问题,实是一个很难的问题。"[2]

　　虽然,囿于人们思维的固有惯性和刻板印象,社会公众对于监狱这种特殊机构的认知总显得既熟悉又陌生。但是,实际上,监狱在我国已经有着漫长的发展史。最初的监狱并不是以"监狱"为名,而且古代监狱的性质和功能与现代监狱有着很大的差异,"现代之监狱与往昔所称之牢狱,实有天渊之别"[3]。"监狱与刑制相消息,从前监羁罪犯,并无已决、未决之分,其囚禁在狱,大都未决犯为多,既定罪,则笞、杖折责释放,徒、流、军、遣即日发配,

---

[1] 迈克尔·R·达顿著,郝方昉、崔浩译:《中国的规制与惩罚——从父权本位到人民本位》,北京:清华大学出版社,2009年,第277页。
[2] 严景耀:《中国监狱问题》,《社会学界》1929年第3期,第25—46页。
[3] 李甲孚:《中国监狱法制史》,台北:台湾商务印书馆,1984年,第4页。

久禁者斩、绞监侯而已。"①由此可见,传统时代的"监狱"事实上具有已决、未决、囚禁、审判、劳役等多种复合性功能,其用途较为复杂。在传统时代,进入此类"监狱"并不意味着司法进程的终止,很多时候反而是司法进程的开始。而现代意义上的监狱,主要是用于监禁已决犯的场所,其性质和功能较为清晰和单一。

如上所述,监狱之名并非古已有之,它在不同时期有着不同称谓,其称谓演变直至成为专有性名词,其间经历了一个漫长的变迁历程。我国最早的监狱形态,名称纷乱,并各有含义,莫衷一是。《竹书纪年》载"(夏帝芬)三十六年,作圜土",应劭《风俗通义》载"三王始有狱,夏曰夏台,殷曰羑里,周曰囹圄",《初学记》引《博物志》"夏曰念室,殷曰动止,周曰稽留,三代之异名也。又狴牢者,亦狱之异名"②。可见,我国三代时期的狱名有夏台、羑里、囹圄、圜土等各种称谓,还有念室、动止、稽留、狴牢等各种别名。战国至秦的狱名亦称为囹圄。至汉代"狱"才成为监牢的通称,历经魏晋南北朝、隋唐宋元皆是如此,迄至明代始有监名。正如李甲孚先生所言"以狱命名,实始自汉"③,"自汉以来,京师及地方所辖之狱,直以狱名,一般则称其为牢狱,无监之名。自明代起,文书中始称狱为监,监狱虽尚未开始联称,事实上已具监狱本义"④。

明代《大明律·刑律》中第一次出现以"监"作为狱名,取其监察之义,意在强调监狱重在防备、守护及监察监狱活动。所谓"狱",《广雅·释室》记载"狱,犴也",《尔雅·释名·释宫室》所载,狱者,"又谓之牢,言所在坚牢"⑤。沈家本经过考证,认为古代"狱有二义",为诉讼和监狱,而现代有关学者研究后指出,它还有"法庭"的含义⑥。在清代才出现监与狱的合称,"清以后监狱全名乃通行于世",而"监狱一辞成为法律上之名词,乃中华民国成立以后之事"⑦。我国监狱的名称从最初时期的纷乱,到之后的日渐统一,是我国监狱体系和制度日渐成熟和规范的表现,在这一演变进程中,监狱的称谓虽然一度杂乱,变化多端,但是作为一种拘禁和约束人身自由和活动空间的场所或设施,其与生俱来的拘束职能却始终存在。

监狱作为羁押特定对象的机构,在社会公众看来,监狱多被视为不祥之

---

① 陈兆肆:《清代私牢研究》,北京:人民出版社,2015年,第17—18页。
② 转引自薛梅卿:《我国监狱及狱制探源》,《法学研究》1995年第4期,第70—76页。
③ 李甲孚:《中国监狱法制史》,《自序》第3页。
④ 李甲孚:《中国监狱法制史》,第116页。
⑤ 转引自薛梅卿:《我国监狱及狱制探源》,《法学研究》1995年第4期,第70—76页。
⑥ 宋杰:《汉代监狱制度的历史特点》,《史学集刊》2013年第2期,第28—39页。
⑦ 李甲孚:《中国监狱法制史》,第4页。

地,似乎没有多少人乐意或者想和监狱发生关系。社会公众对于监狱的认知,似乎很难摆脱诸如寒冷、窒闷、拥挤、潮湿、饥饿以及虐待等诸多负面的刻板印象,甚而认为"监狱中只不过是一个充满暴力的残忍和堕落的体系","监狱的一个特点就是从一开始就没有什么纪律"[1],监狱貌似法外之地。此外,在我国的传统叙事中,监狱亦具有特定的意义和价值评判,监狱被视为是黑暗的、不公平的集中反映,它多被描述为"残酷的政治压迫的缩影和专断地残忍地反对革命运动的领导人,证明他们坚韧勇敢和敢于牺牲的地方"[2],监狱反而成为英雄主义的彰显物。但是,事实上,监狱中除了这些政治激进主义者外,被羁押者中更多的反而是社会各阶层的普通民众以及各种类型的刑事人犯,这些不同的群体,在监狱中亦将面对不同的境遇。

作为一个相对封闭的场域,虽然监狱不可避免会有不少缺陷和不足,但是,监狱作为一种客观社会存在,却是司法体系中不可缺少的重要环节。若没有监狱的存在,社会司法将因失去执行终端而崩溃。正如福柯所言"我们都意识到监狱的各种弊病,知道虽然它并非无效,但也是有危险的,然而人们无法想象如何来取代它,它是一种令人厌恶的解决办法,但是人们似乎又不能没有它"。

尤其是近代以来,随着以自由刑为核心的刑罚体系的改革,监狱成为执行自由刑的场所,也正是由于它采用了剥夺自由的简单形式,"在一个自由受到推崇、自由属于一切人、每个人都怀着一种普遍而持久的情感向往自由的社会里"[3],监狱的存在更让人难以割舍。此外,很多人还会认为"将犯人囚禁在单人牢房中,让他们穿上统一的囚服,按严格的时间安排组织他们的生活,通过大段的经文和大量的苦工改良他们的心灵,是一件公正、合理、人道的事情"[4]。

与之相应的是,监狱亦从传统的侮辱、惩罚机制向感化机制转型,"立法者使监狱成为我们目前刑罚体制的基础和几乎全部内容,并不是出于偶然,也不是兴之所至,这是观念的进步和道德的改善"[5]。作为社会性存在的监狱,同时也是社会变迁的缩影,其自身运作状态如何,很大程度上可以折射

---

[1] 冯客著,徐有威等译:《近代中国的犯罪、惩罚与监狱》,南京:江苏人民出版社,2008年,第6页。
[2] 冯客著,徐有威等译:《近代中国的犯罪、惩罚与监狱》,第17页。
[3] 米歇尔·福柯著,刘北成译:《规训与惩罚》,北京:生活·读书·新知三联书店,2012年,第260页。
[4] 叶礼庭著,赵宇哲译:《痛苦的正当制度——工业革命中的监狱,1750—1850》,上海:上海文化出版社,2019年,前言第5页。
[5] 米歇尔·福柯著,刘北成译:《规训与惩罚》,第260页。

出同一时期整个社会的运行状态,社会的文明和进步亦可以通过监狱体现出来。沈家本曾指出"觇其监狱之实况,可测其国程度之文野"①,李甲孚先生亦认为"欲知其国文明之程度,须视其国监狱制度之良窳"。从功能主义的角度而言,"司法乃为形式上之机关,监狱始为实质上之机关"②。正如王文豹所言,监狱作为司法执行的关键环节,在司法体系中职责颇重,"凡有违犯刑法者,先之以检举,继之以审判,终之以执行,此三者具备然后刑罚之效用乃宏,而三者之中,更以执行为最要,盖犯人之能否悛改,全在执行期内有无方法,以涤除其旧染,激发其天良,苟化导无方,则虽检举如何慎重,审判如何公平,四级三审之精神,皆将付之流水"③。

监狱在演变进程中与刑罚的调整密切相关,在中国传统的刑罚体制下,自隋唐以来逐渐固定为笞、杖、徒、流、死等五刑体系,采用多元化的刑罚处置犯罪,历千年至晚清而大体未变。在此期间,监狱长期以来只是作为临时羁押、待质候审或死罪等待执行的人犯之所,其他人犯基本上是无须监押于牢狱之内,大部分都是在狱外执行刑罚。换言之,传统时代的监狱基本上就是关押未决犯、待质人证以及部分已决犯的混合型的场域。

此外,从传统刑罚类型来看,监禁也不是正式被认可的独立刑种,"在正式判决之前,有可能被监禁一段时间(有时监禁长达数年),但对于他们的判决却从来不包括监禁这一内容"④。也正因其不在"五刑"常制中,故而在传统狱制下,对于监狱的管理更多的是仅止于"恤囚"之状态,致使监内湫隘、污秽遍地乃至高死亡率等为常态。近代以来随着国家刑法体系的调整,重新确立了新的五刑体系,即拘役、罚金、有期徒刑、无期徒刑、死刑。在这一刑法制度下,大部分人犯都需要关押在监狱中服刑,监狱主要是用于关押已决犯的场所。近代时期的监狱相对于传统时代而言,不仅其性质与职能有着明显的区分,而且其种类和规模及管理制度等方面亦比传统时代有着明显的调整和改变。

此外,社会性别规范的转型对于监狱的演变亦有着相应的影响。传统时代的监狱,基本上是以关押男犯为主体,虽然也划定部分区域作为女犯的关押场所,"贵贱、男女异狱","男女异室,毋或参杂",但总体上主要还是作

---

① 沈家本:《奏实行改良监狱宜注意四事折》,转引自毛晓燕:《沈家本监狱改良思想及其现代价值》,《南都学刊(人文社会科学学报)》2006年第5期,第91—93页。
② 李甲孚:《中国监狱法制史》,《自序》第1页。
③ 王文豹:《对于监狱改良及希望》,《监狱杂志》1930年第1卷第2期,第9—10页。
④ 德克·布迪、克拉伦斯·莫里斯:《中华帝国的法律》,南京:江苏人民出版社,2003年,第58页。

为男性监狱的附属物而出现的,基本是一种混监分押的形式,独立设置的关押女犯的监狱在传统时代基本上是不存在的。其原因在于,一方面,传统时代,女性受制于礼教的约束,其活动范围和空间大体上只能局限于家庭范围之内,尚未能大规模走向社会,其自身社会化程度相对较低,因而女性犯罪的概率亦相对较低,很少出现大批量的女性人犯。而且,在传统时代,由于中国刑法的儒家化,传统的伦理道德思想成为司法实践中的重要指导原则,政府出于礼教的考量,对于很多女性,若非有奸盗及其他重罪行为,一般不会羁押于牢狱内。普通的涉案女性通常都会由其家族成员领回代为监管,等候出庭受审。

正如明清律例规定"凡妇人犯罪,除犯奸及死罪收禁外,其余杂犯,责付本夫收管。如无夫者,责付有服亲属、邻里保管,随衙听候,不许一概监禁。违者,笞四十"[①]。也就是说在传统时代,对于女犯慎重收监,是历朝历代及地方官信守的司法规则和为政规范。盖因传统时代的女性"职在主持家务,养育子女,偶有触犯,概予监禁,恐一家坐困,累及无辜,转非矜慎之旨"。即使到了民国初期颁布了新刑律,在司法实践上,仍然在很大程度上延续了传统时代对女犯慎重收押的规则,"新刑律施行而后,平等一视,男女原无差池,唯妇女在家庭地位不异畴昔,影响所及,仍宜权衡轻重,嗣后凡良家妇女有犯,如果罪系轻微,无妨从宽,免于检举,或略仿旧律法意,厉行保释责付,其受刑罚宣告而在五等有期徒刑以下者,并依刑律第四十四条,酌予改易罚金,籍符矜慎之旨,而收弼教之效"[②]。

之所以采取这样的规则和措施,固然是要维护妇女的清白与贞节,不过,这并非出于关注女犯自身的个体性,维护其本身权益的目的,其背后的动因更多的是出于伦理教化的考量。传统社会,女性被视为男性的依附者或附属物,女性的清白贞操事关父权制宰制下的社会纲常秩序,维护女性的贞操也就相当于维持纲常礼教。因此,在传统时期,政府无须单独设置关押女犯的监狱,以免增加相应的行政开支和管理成本。此外,在这种父权伦理本位的刑罚体系下,由于女性并非独立的、自主性的司法主体,所以,对于女性的这种司法处置,客观上也起到了保护女性权益的作用,在某种程度上也使得女性在司法领域事实上成为父权制的受益者,而非传统观点所认为的女性完全是父权制的受害者。

---

① 中华人民共和国司法部:《中国监狱史料汇编》,上册,北京:群众出版社,1988年,第144、172—173页。
② 庄景珂:《浙江高等审判厅第九百六十一号:奉部饬知凡妇女犯罪除犯奸及实犯死罪收禁外,其余责付本夫收管由》,《浙江公报》1916年第73期,第6—7页。

自近代以来，随着西方文明的进入，中国传统的伦理道德、封建礼教受到冲击。尤其是在上海这种开埠的城市社会中，其人员的高度流动性、异乎寻常的商业化和国际化，这种近代都市社会的背景，强力形塑了居于其间的人们的思想观念和日常的行为模式。传统时代的社会性别规范被打破，日渐势衰，都市女性日渐摆脱传统父权制的约束，这一群体的自我意识有所萌发，众多女性开始逐渐由私领域走向公共领域。在这一转型进程中，随着女性群体走向社会的广度和深度的拓展和加深，女性群体的社会化程度亦日益提升，相伴而来的，女性潜在的犯罪概率亦随之升高，近代以来的女性犯罪类型相对以往亦日益增多，无形中就构成了人数较多的潜在的女性罪犯群体。

此外，在近代以来的社会变迁进程中，特别是在五四以来，随着男女平等思想的发展，在国家司法领域中，关于刑罚的性别理念亦出现了明显嬗变。男女平权，不仅表示着两性在各种应有权利方面的均等，在很大程度上亦意味着男、女双方在法律义务和责任上均衡和对等。因而，随着国家法律的调整，对于女犯的刑罚亦逐渐从以往关注伦理教化，向关注犯罪事实，关注女性犯罪者自身转变，实现了由父权、伦理本位向法律、个体本位的转型，女性自身成为犯罪事实和责任的实际承担者。

与此同时，伴随着自由刑观念的盛行，监禁亦成为国家的法定本刑，成为处置社会犯罪问题的主要方式。这也就意味着在新的法律体系和刑罚理念下，女性的行为将会受到法律的审视和衡量，将会为其违法犯罪活动承担应有的法律责任。如此一来，传统时代女犯慎重收监的司法体恤及规则将不复存在，绝大部分女犯将需要在监狱内度过期长短不一的刑期。为此，当女性犯罪日益成为严重社会问题的时候，那么设置独立女性监狱就有了可能性。"查监狱为罪犯群集之地，年龄性质既不一致，罪名刑期亦难强同，欲期待遇之适宜，首以分类为必要，以故，东西各国监狱内部设置莫不有成年监与幼年监、男监、女监之区别"[1]。

因而，近代以来，在西方狱制的影响下，中国的传统狱制体系也启动了近代化转型，对于女犯的司法监禁也逐步予以改良。及至南京国民政府时期，诸如江苏第二监狱分监、上海监狱第一分监等独立建制的新式女监开始出现。这两所新式独立女监的组建，既与近代以来社会局势的变动有关，也是晚清以来女性社会化程度提升及司法领域社会性别意识近代化转型的结果和体现，更是民国时期政府对于不断增加的城市女性犯罪问题的应对之策。此类新式女监的组建，意味着对于女犯的羁押和管理，无论是从外在的

---

[1]《准将女监改为幼年监并另建女监批》，《司法公报》1915年6月30日。

建筑设施及环境,还是从内在的刑罚理念等方面而言,都有着明显嬗变和更替。这些变化,并非遽然的突变,而是一个长期的历史变迁进程,而且自有其内在的演变逻辑和清晰的发展脉络。

众所周知,在中国的传统狱制之下,对于人犯的管理一向秉承报复、威吓主义,即使实施某些针对人犯的善政,更多也是作为治理者的恩赐和德政。在这种刑罚理念下,再加上实际的监狱事务多操之于素质低劣的下吏贱卒之手,只知道刑讯勒索敲诈人犯钱财,"决顾不到犯人生活,更想不到感化问题"①。因而传统时代的中国监狱极为黑暗和悲惨,各种有关监狱的恶弊不绝于书,"中国监狱流弊极矣"②。

然自清末以来,欧风东渐,源自西方的新式刑罚理念和监狱管理制度也逐渐输入,再加上中外治外法权方面的冲突,这些因素的综合作用致使中国传统狱制在新的时代背景之下已难以为继,因而仿行西方狱政,修建象征"文明"的新式监狱已是势在必行。1902年,时任山西巡抚的赵尔巽奏请各省通设罪犯习艺所,以收容遣军、流、徒等罪犯,后刑部准奏,"徒犯毋庸发配,按照年限,于本地收所习艺。军、流为常赦所不原者,照定例发配,到配所一律收所习艺……若为常赦所得原者,无论军、流,俱无庸发配,即在本省收所习艺"③。此后,各地习艺所相继而起,由此拉开了晚清狱制改良的大幕。

在晚清以来兴起的狱制改良的进程中,对于女犯羁押政策的改善也日渐提上日程,特别是对官媒流弊的整饬日益成为重要的改良主题。在传统时代,一般州县官在讯明定案之前,通常将涉讼妇女交由官媒暂时管押,"妇女之以罪案逮系者,例发官媒逻防之"④。然而在官媒的操控下,对于涉讼女犯及女监的处置同样也是弊端丛生。"官媒之肆虐,人所知也,无论妇女清白与否,入官媒之门,即无异乎堕入火坑,弱者败失名节,强者毁体丧身,其罪诚不可擢发数"⑤。

对于官媒的流弊,抨击改革之声屡见不鲜,1905年,天津县唐大令有感于官媒的弊病,"中国旧日女监几同妓馆,其罪犯奸犯淫者尚不足惜,若因别案入禁,则日为官媒所倡,亦多不能自保其贞,伤风败俗,暗无天日",遂拟定改良女监,"聘手工女师以便教习各女犯,监中另雇老妪照料,不用官媒"⑥。

---

① 严景耀:《中国监狱问题》,《社会学界》1929年第3期,第25—46页。
② 《天津监狱习艺所办法》,《时报》1905年11月7日。
③ 艾晶:《清末女犯监禁情况考述》,《清史研究》2011年第4期,第100—109页。
④ 王韬:《海陬冶游录》卷上,上海:世界书局,1936年,第32页。
⑤ 《论禁押妇女流弊》,《申报》1882年10月16日。
⑥ 《天津拟改良女监》,《新闻报》1905年5月20日。

与此同时，在各地习艺所大量修建的基础上，法部还商拟将特定女犯发往女习艺所做工，并通令"各省督抚将军都统府尹将女犯习艺所著速推广"①。1908年，又有御史王履康奏请禁革官媒，改设妇女待质所。对于这一提议，时论并不看好，"革除官媒而另设女待质所，窃恐办理一或不慎，其流弊亦将无异于官媒"②。法部经过审议之后也认为，明知官媒"弊不可胜言"，但是改设女待质所也并不是解决之道，权衡之下，决定在废除官媒的同时，另行设立新式的女看守所，"各省州县凡妇女实犯奸盗人命及一切死罪，例应收禁者，即羁押于女看守所之中③。

随着狱制改革的深入，再加以源于西方自由刑观念的普及，原有的习艺所等羁押设施已无法适应形势变化。因此，只有修建真正能包含惩罚、感化等功能于一体的新式监狱，方是中国狱政改良的必由之路。随后，即有沈家本等人奏请进一步改良狱政，并积极改建新式监狱，"宜于各省之省会及通商口岸，先造模范监狱一所，以备拘禁流、徒等罪"④。后法部准奏，以京师模范监狱的修筑为起点，在各省逐步推行新式监狱的建设。在这些新式模范监狱中，开始分为杂居监、分房监、工监、女监、病监，对犯人进行分房处理，并对在监囚犯进行必要的职业训练。尽管女监改良有所成效，而且对于涉案女犯的管理和羁押不断向着人性化、专业化、法治化的方向发展，但是囿于各种因素的制约，这种改良并未从源头上根治以往管理中的弊病，女监中的流弊仍时有发生。

及至民国时期，各处新式模范监狱内女监的建设和管理，仍不如人意，很多地方的新式女监并没有真正建立起来，"查各县旧监经本部迭饬整理逐渐改良，唯女监一项率以地狭费细，设置殊难完备"⑤。与此同时，时论亦仍然不断呼吁进行女监的改良，"我国的女监狱，可以说是坏极了，并提出由于男女两性的区别，"若用处置男犯的方法来处置女犯，其结果必遭失败，所以女监狱的狱吏，应该认识两性的差别才好"⑥。并提议从改良狱舍、技能培训、实施教育、选择狱吏等多个方面继续推进女监改革。对于社会各界改良女监的呼声，北洋政府应对乏力，甚至还在为不断沉渣泛起的官媒伴婆问题所困扰，曾屡发通令严厉斥革，"不准再有官媒伴婆等项名目，以肃纪律而防流弊"⑦。

---

① 《奏妇女犯罪收赎银数太微拟请酌量变通折》，《四川官报》1905年第30期，第10—12页。
② 《论禁革官媒改设女待质所》，《新闻报》1908年8月15日。
③ 《法部对于御史王御史请革官媒之复奏》，《新闻报》1908年10月28日。
④ 李欣荣：《清季京师模范监狱的构筑》，《清史研究》2019年第3期，第148—156页。
⑤ 艾晶：《近代女监改良研究》，《兰台世界》2015年第19期，第43—44页。
⑥ 彭善彰：《改良女监狱的提议》，《妇女杂志》1925年第11卷第2期，第322—324页。
⑦ 《改良监狱之一端，禁用官媒伴婆》，《时报》1924年2月16日。

迁延至南京国民政府时期,由于社会局势的变动及政府的重视,女监改良得以继续推进,女犯的收禁状况相对以往而言,有所改观。这一时期,国民政府制定和颁布了诸如《中华民国监狱规则》《监狱行刑法》等一系列监所法规,规范监狱的管理和运作。特别是对于女犯的收押监禁及监内的感化等项都有着明确规定,"受刑人为妇女者,应监禁于女监,女监附设于监狱时,应严为分界"①。在诸种内外机遇的综合作用之下,最终在上海等通商巨埠形成了独立建制的新式女子监狱,此类新式女监的组建,无疑是晚清以来,对于女犯收押监禁改良的延续和实质性成效的体现。

基于上述陈述可知,监狱自身的演变,有其内在脉络和明显变迁历程。而独立建制新式女监的出现,则改变了传统时代女监的面貌和地位,其在中国监狱发展史上具有承上启下的重要地位和意义。但当前学界对于监狱史的研究,总体而言仍显得较为薄弱,尤其是近代以来,女犯的收禁状况以及女监改良、嬗变的脉络更是乏人关注,且现有的监狱史研究多注重制度层面的宏观论述,总体难脱制度研究的窠臼。"其旨在构塑一种对群体的单向约束性以及高度普适化的司法制度,而忽视群体在整合、汲取既有资源之下,对制度所作的'适己化'及'权变性'地利用甚或反制,以及由此所产生的隐性权力和潜行规则,同时也遮蔽了司法制度在实践中的地方样态"②。

此外,在研究视角方面更多的仍是偏重采用传统的革命、阶级分析话语和角度,经常会陷于僵化的、意识形态意味较浓的价值评判的泥沼。此种状况不仅导致监狱史研究的模式化、类同化,同时亦会使得人们对于监狱应有功能和定位的扭曲和偏离,形成并日益加深对于监狱的刻板印象,而对于监狱原本所具有的社会性面向以及性别观念的演变问题更是流于漠视。

因而,将社会性别的视角引入监狱史的研究领域,通过对女监特别是新式女监的研究,可以从新的角度重新审视我国监狱体制的流变进程和演变的历史脉络。可以从中剖析传统与近代两种因素在中国狱制发展中所发挥的应有作用,可以弥补现有监狱史研究的缺失,获得关于监狱全新的认知,进而对于监狱的功能及其与社会变迁之间关系问题进行深入反思。同时,通过对新式女监及其运作实态的考察,也可以在可能的限度内,对于当今的狱政改革和应对女性的社会性失范行为及女犯的矫正问题提供某种有价值的建议和明示作用。

此外,就妇女史的角度而言,不论是传统视野下对于女性受压迫、受迫

---

① 杨木高:《民国时期女犯矫正制度研究》,《犯罪与改造研究》2013年第5期,第65—71页。
② 陈兆肆:《清代私牢研究》,北京:人民出版社,2015年,《绪论》第3页。

害者形象的建构,或是现代视野下对于女性拥有自主、独立空间的论断,可以说都只是展现出了传统时代以来女性自身所具有的部分面相。但是,作为社会性的群体,女性以身试法,进而身陷囹圄者亦非个案。因而,通过对于女监的研究,可以从另一个视角对于女性予以解读,进而探究女性犯罪的流变及其社会化的问题。

为此,本文拟在梳理既有研究成果的基础之上,对于监狱特别是女监这种特殊的机构予以重新审视和定位,并着重思考自传统至近代以来,在社会变迁的历史脉络中,国家司法领域中社会性别意识的近代化转型问题。在晚清以来持续发展的监狱改良运动的影响下,新式女监因何而起,它与近代以来中国的社会变迁有何关联及影响?为什么会出现在上海?又经历了怎样的演变历程,其在中国狱制流变进程中有何地位和影响?其与近代以来上海社会之间有何联系和互动?此类女监的内部权力机制如何运作,高墙之内诸多女性的众生相及生存状态又是一种何等的面貌?为此,本文将依据丰富、完整且集中的档案及报刊等史料,对上述问题予以相应解读和回应,以期对于监狱史的研究能有所深入和突破。

二、概 念 界 定

监狱在我国有着漫长的发展史,在不同的历史时期,不仅监狱的名称变化繁杂,而且监狱的功能、种类、关押对象亦随之发生相应的变动,那么监狱的概念应当如何定义?监狱的实质与内涵又是什么?对于这个问题的回答,不同时期的研究者由于其思想、研究视角和观点的不同,自有其多角度的认识和理解。因而,对监狱史的研究,有必要对监狱的概念进行相应的梳理和界定,然后在此基础之上对于女监的概念进行相应的阐释。

晚近以来,随着西学东渐,源于西方的刑罚改革运动传入国内,其主要内容就是用剥夺自由的监禁刑来取代传统的死刑,自由刑逐渐成为此新式刑罚体系的支柱。在自由刑观念的影响下,中国早期的监狱学研究者们对于监狱概念的界定,更多的是强调其执行自由刑的功能和职责,普遍将监狱视为"执行自由刑之机关也""自由刑者何?剥夺罪人之自由,使之隔离于社会,而授以必需之智识技艺,使出狱而可为良民视之谓也"[1]。王元增指

---

[1] 郑巧:《上海提篮桥西牢与清末监狱改良:从报刊舆论出发(1901—1911)》,复旦大学硕士学位论文,2009年。

出"监狱,乃执行自由刑之场所"①。李剑华强调"国家依据一定的法律依法执行自由刑的机关便是监狱"②。芮佳瑞亦认为"监狱者,行使国家刑罚权,执行自由刑之地"③。孙雄不仅认同监狱为执行自由刑之处所,还进一步指出,监狱是"依据法律一定之规定,而以国家权力拘束人民自由行动之公有营造物是也"④。

相较而言,赵琛对于监狱概念的认识更为深入,他首次对监狱的概念进行了广义和狭义的区分。在他看来,广义的监狱,"即指凡以威力监禁一切人类的场所而言",狭义的监狱分为两种,一种是法制意义上的监狱,"即依国法,以一定目的,拘束人身自由行动之公的营造物";另一种是法理意义上的监狱,"乃指依国法,专以囚禁受自由刑之执行者,所特设之公的营造物"⑤。不只是早期的监狱学研究者,即使是现代学者,如中国台湾监狱学家林纪东在其《监狱学》中依然将监狱视为执行自由刑的场所⑥。大体而言,将监狱界定为执行自由刑的设施或营造物,可以说是一种"应用最广泛、最普遍的定义"⑦。这一定义,虽然概述出了近代监狱的含义,但是,整体而言,也仅仅是从具体的功能和作用上概括了监狱某一方面的特征,部分回答了监狱是什么的问题,偏重某一职能而疏于全面,而且还缺乏对于制度层面的关注。

与强调监狱执行自由刑的功能性界定不同,马克思主义理论架构下对于监狱概念的诠释,更多的是突出了监狱与国家、阶级的关系,强化了监狱的意识形态色彩。马克思主义经典作家认为,监狱不是从来就有的,而是人类社会发展到一定历史阶段才出现的,是阶级社会特有的现象。监狱与国家有着极密切的关系,列宁在《论国家》中曾指出,"国家就是从人类社会中分化出来的管理机构,当专门从事管理并因此而需要一个强迫他人意志服从暴力的特殊强制机构(监狱、特殊队伍及军队等等)的特殊集团出现时,国家也就出现了"⑧,"监狱是构成国家权力的物质的附属物,国家力量的概念,主要是指拥有监狱等等特殊的武装队伍"⑨,监狱甚至是"构成国

---

① 刘梦玲:《民元前后的监狱改良及其在北京监狱的实践》,北京大学硕士学位论文,2009年。
② 李剑华:《监狱学》,北京:中华书局,1936年,第2页。
③ 杨世云、窦希琨主编:《比较监狱学》,北京:中国人民公安大学出版社,1991年,第4页。
④ 孙雄:《监狱学》,详见河南省劳改局编:《民国监狱资料选》,上册,1987年,第1页。
⑤ 赵琛:《监狱学》,上海:上海法学编译社,1931年,第6—7页。
⑥ 林纪东:《监狱学》,台北:三民书局,1977年,第1页。
⑦ 杨世云、窦希琨主编:《比较监狱学》,第4页。
⑧ 列宁:《论国家》,详见中共中央马克思、恩格斯、列宁、斯大林著作编译局编:《列宁选集》,第四卷,1972年,第45页。
⑨ 史殿国主编:《监狱学概论》,北京:中国市场出版社,2005年,第2页。

家实质的东西"①。监狱是国家暴力机器的重要组成部分,是阶级矛盾不可调和的产物和表现,是阶级统治、阶级压迫、阶级专政的工具,它随着国家的产生而产生,同样也将会随着阶级、国家的消亡而消亡。此外,作为一种上层建筑,监狱必然要受到经济基础的决定性影响。简而言之,马克思主义认为监狱是国家机器,所有的国家机器都是阶级专政的工具,监狱是体现统治阶级意志的特殊强制机构。

马克思主义经典作家对于监狱概念的阐释和定义,在相当长的时间内深刻地影响了中华人民共和国成立以来国内监狱史和监狱学的研究者。很多的研究者根据自己的认识和研究需要,在马克思主义理论的框架内,对监狱的概念亦进行了相应的阐述和自我解读,如薛梅卿亦认为监狱概念有狭义与广义之分,狭义的监狱是指统治阶级关押已决犯的场所,即按照国家法律而设置的刑罚执行机构;广义的监狱则是泛指凭借国家强制力为后盾,拘束、限制人身自由的关押或劳动场所②。张凤仙、刘世恩、高艳认为监狱是构成国家实质的专政工具,是强迫他人意志服从暴力的特殊强制机构③。而许章润在借助马克思主义对监狱性质描述的基础之上,将监狱定义为:监狱是统治阶级基于一定的行刑目的,以国家的名义组织并附属于国家,通过国家强制力保证依法对罪犯实行监禁、执行自由刑的一切场所和设施及其内部关系的系统结构,是实行阶级统治和社会控制的行刑司法机关④。

这些研究者对于监狱概念的界定,虽然在具体表述上有所差异,但是在实质上并没有太大的区别,都强调和突出了马克思主义国家或阶级意识在其概念表述中的核心地位和作用,在总体上并没有脱离马克思主义经典作家对于监狱概念的界定和阐述。此种类型的概念表述,注重于监狱本身的工具性、暴力性、阶级性,彰显了意识形态笼罩之下监狱蕴含的对立和冲突,在一定程度上忽略了监狱所具有的超越国家和阶级的面向。而且在某种意义上而言,也忽略甚至是抹杀了监狱在社会生活中惩治普通刑事犯罪所具有的必要性与合理性。

对于监狱概念的阐释,也有一些学者提出了不同的见解,如中国台湾学者连启元指出监狱是司法审判后,执行刑罚的场所,作为囚禁罪犯的监狱,就其定义来看,他认为应包含有三个要件:监狱是具有特定的人与设备之

---

① 列宁:《论国家》,详见中共中央马克思、恩格斯、列宁、斯大林著作编译局编:《列宁选集》,第四卷,1972年,第45页。
② 薛梅卿主编:《中国监狱史》,北京:群众出版社,1986年,第1页。
③ 张凤仙、刘世恩、高艳主编:《中国监狱史》,北京:群众出版社,2004年,第1页。
④ 许章润主编:《监狱学》,北京:中国人民公安大学出版社,1991年,第27页。

场所;它是执行刑罚之所在,与暂时拘留、看守的场所不同;它属于国家权力之延伸,私人不得任意设置①。一般而言,现代对于监狱的认识,更多的是将监狱定义为关押和矫正(改造)被判处监禁刑的犯人的机构。从国家法规的层面来看,《中华人民共和国监狱法》明确规定"监狱是国家的刑罚执行机关","依照刑法和刑事诉讼法的规定,被判处死刑缓期二年执行、无期徒刑、有期徒刑的罪犯,在监狱内执行刑罚"②。这一法定意义上的概念,其内在的意涵是指:监狱为国家依法设置与管理的刑罚执行机关,其职能是执行刑罚、惩罚与改造罪犯,其关押对象仅限于被判处特定刑罚的罪犯。

通过以上对于监狱定义的梳理,可以看出,监狱事实上是一个相对宽泛的概念,而中国历史上监狱的存在实态实际上亦是复杂多元的,尤其是传统时代的监狱,其名称、种类、性质、职责、功能等长期处于一种混合多样的形态,并没有像现代意义上的监狱那样,有已决监、未决监等明确定位和职能划分。

因而,我认为,对于监狱概念的诠释应当根据具体研究对象或时段来界定,大体而言,对于传统时代监狱史的研究,监狱的概念应当从最广义的角度界定,即凡是以一定的强制力为后盾,强行限制或约束人身自由的关押、劳动或行刑场所及设施,均可称之为监狱。而对于近代以来监狱史的研究,则要更多注重其执行诸如各种徒刑或拘役等自由刑的内涵,因为本文研究的主题是南京国民政府时期上海地区的女监,当属于近代意义上的监狱,因而本文所称的女监,就是指国家依据法律所设置的,监禁被判处徒刑或拘役刑的、以女性人犯为主体的、独立建制的场所或设施。其含义是指该监狱是由国家依法设置和管理的刑罚执行机关,其关押对象是被判处徒刑或拘役刑的女性人犯,而不包括男性人犯,该监狱具有相应的独立建制。

由于本文的研究主题是南京国民政府时期的上海女监,因此在对何谓女监的概念进行界定的基础之上,有必要对"上海女监"这一名称所指涉的范围和对象进行相应的明确。首先需要指出的是本文所称的"上海女监",是出于研究便利的需要,而拟定的一个统称。这一名称涵盖了南京国民政府时期设置于上海地区的两所具有独立建制的、以关押女犯为主体的新式女子监狱,分别是江苏第二监狱分监以及司法行政部直辖上海监狱第一分监。这两所监狱关押的基本上都是各种刑事犯罪的女性人犯,而不涉及诸如军事犯、政治犯等特殊犯罪类型的女犯。

---

① 连启元:《明代的狱政管理》,台北:乐学书局有限公司,2001年,第1页。
② 《中华人民共和国监狱法(2012年修正本)》[EB/OL]:中华人民共和国司法部网站。http://www.moj.gov.cn/Prison_work/content/2013-05/07/content_4436728_2.htm。

三、研究对象

本文所指的江苏第二监狱分监,位于原上海公共租界内北浙江路(今浙江北路),该分监存续期间可分为两个研究时段,一是自 1930 年 4 月组建至 1936 年 6 月撤销时止,二是自 1939 年 7 月 1 日起在原址重新恢复建制,直至 1941 年 12 月太平洋战争爆发之后逐渐被日伪接管时止[1]。

该分监最早为原公共租界会审公廨女押所,嗣后经不断改建,于 1930 年 4 月份被国民政府接收改组设立江苏第二监狱分监(监内另附设有上海第一特区地方法院看守所及民事管收所),并隶属于江苏高等法院第二分院监督和指挥。嗣后于 1936 年 6 月 30 日撤销建制,在原址改组设立上海第一特区地方法院看守所,后因监犯日增,形势所需,遂奉国民政府司法行政部指令于 1939 年 7 月 1 日在原址复建。1941 年 12 月底太平洋战争爆发之后被日伪接收,嗣后该分监的建制再次被日伪撤销,并被改组设立上海地方检察署看守所,已经不具备正式监狱的职能,而且其建制在以后的岁月中再未被恢复。

另外,本文所指的司法行政部直辖上海监狱第一分监,位于原公共租界长阳路 117 号(今长阳路 111 号),研究时段自 1945 年 12 月 25 日正式组建时起至 1949 年 5 月底被上海军管会接收时止。该分监原为公共租界工部局监狱(又称华德路监狱、西牢、提篮桥监狱)于 1935 年 9 月建成启用的西人监女监,抗战期间曾被日伪接管。战后被国民政府接收,在原西人监女监的基础之上,于 1945 年 12 月 25 日正式设立上海监狱第一分监,用于羁押沪埠的已决女犯。该分监最初系由上海高等法院监督管理,后虽升级为司法行政部直辖上海监狱第一分监,但该分监与上海监狱并无行政隶属关系,主要仍由上海高院代为监管。该分监自成体系,拥有独立建制、经费预算和场所,而且监内人员基本上均为女性,可以说是一所较为纯正的女子监狱。1949 年 5 月底,该分监被中共上海军管会接收,后经改造被撤销建制,该分监即告终止。

之所以将上述两所分监归置于一处进行研究,其原因在于,江苏第二监

---

[1] 江苏第二监狱分监位于上海公共租界,1937 年 7 月全面抗战爆发,经"八一三事变"后上海地区大部沦陷,但是由于公共租界的特殊地位,一度并未被日军占领,直到 1941 年底太平洋战争爆发之后,日军和汪伪政府才逐步接管了公共租界。在此之前,公共租界内的该分监仍由南京国民政府进行管理。日伪政府接管租界之后,该分监亦同时沦陷并被撤销建制,不再属于南京国民政府管辖范围,且被改组为看守所,已经不具备监狱的属性和功能,故而这一时段内的该监状况不在本文研究范围之内。

狱分监、上海监狱第一分监,均为民国时期上海地区拥有独立建制、采用近代新式狱制模式、专用于羁押已决女犯的女性监狱,在监狱性质、职能等方面相似。这两所监狱在监狱管理制度方面既有一定的共性,同时由于所处的环境及局势的差异,又都有其各自的特色和区别,后者经过不断调整和损益,很显然要比前者的表现更为完善和纯正。此外,在监内人员构成方面,两所监所的重要管理层具有一定的延续性。但是,两者之间的差异亦是至为明显。正是鉴于这两所分监的同质、相似性,既有一定的延续,同时亦有各自的特征和差异,有各自不同的承袭和变革,因而将这两所分监均作为研究对象,予以整体性的审视,方能更为清楚明晰了解民国时期上海地区女性监狱变迁的脉络和全貌。

四、研究动态述评

监狱作为羁押特定对象的特殊场域和一种"社会边缘机制",它也是一种社会性的存在,是社会变迁的缩影。由于监狱的特殊性,监狱史研究在史学界中也是一个相对较为特殊的领域。它既是司法史、法制史研究中的重要内容,也是研究近代以来社会变迁不可或缺的重要环节。长期以来,经过诸多研究者的不懈努力,到目前为止,在监狱史研究这一领域,已取得了较为丰富的成果。通过对现有的海内外相关学术成果的梳理,可以进一步厘清现有研究中所关注的重点和热点问题以及所存在的薄弱之处,以便对嗣后深化监狱史的相关研究提供必要的借鉴和参考。

在监狱史的研究领域中,国外学者的研究成果,不仅研究范围广泛,而且还具有相当的学术水准。早自晚清以来,就不断有西方学者对中国的监狱问题进行剖析和审视,如C·博恩(C. Bone)对中国监狱和囚犯待遇问题的关注[1];A·R·卡顿(A. R. Caton)则在其文章中陈述了其对于中国监狱的观感和思考[2]。J·F·凯利(J. F. Kiely)重点论述了1907至1937年间对于监狱犯人的感化教育和刑罚改革问题,作者认为现代国家权力转型机制的形成、持续和扩张与独特的文化结构和社会实践相关[3];伯尼斯·阿彻

---

[1] C. Bone:《Chinese prisons and the treatment of prisons》,East of Asia Magazine,1906年第5期。
[2] A. R. Caton:《Impressions of Eastern prisons》,Howard Journal,1928年第3期。
[3] J. F. Kiely:《Making good citizens: The reformation of prisoners in China's first modern prisons, 1907 – 1937》,Doctoral dissertation, University of California at Berkeley, 2001年。

（Bernice Archer）与肯特·费奥多韦奇（Kent Fedorowich）考查了二战期间被日军关押在香港赤柱集中营之内的妇女的生活经历，分析了她们在集中营生活中所扮演的角色和作出的贡献①。

此外，澳大利亚学者迈克尔·R·达顿指出中国传统时代的监狱是家庭隐喻的翻版，是父权本位伦理制度的延伸，家庭规制是监狱规制的模型；清末以来中国引进和移植西方刑制和狱制及其理念之所以未能获得成功，作者认为其关键的原因在于中国传统文化中缺乏作为主体的个人概念与之相配合，从而导致一系列与制度相关的价值要求的落空②。

在这些以西方视角观察和研究中国监狱的作品中，能真正深入、系统地对中国监狱问题进行探讨的当属荷兰学者冯客。冯客的《近代中国的犯罪、惩罚与监狱》③，是国外研究中国监狱史的作品中，最具有代表性的一部专著。本书的突出之处在于其研究视角的独特和对于中国监狱解读方式的更新，主要以社会文化的视角，阐述了近代中国监狱的演变以及所具有的文化意涵。在如此宏大的主题之下，作者的研究势必要着眼于一个长期的连续的历史进程，这也就意味着作者对于监狱制度和实际运作中的地域差异性以及微观实态的论述较为薄弱，特别是对监狱中"人"的问题，也就是监狱中的职员、囚犯的情况，缺乏更多的关注和深入研究，此外，作者在史料运用方面亦有粗疏和误读的缺陷。

我国国内系统的监狱史研究自晚清时期开始起步，涂景瑜是为"中国监狱史著"第一人，其《中国监狱史》言简意赅叙述了中国监狱发展的史实和梗概，并借助比较刑法学和监狱学的观点对中国监狱史的基本问题进行了探讨④。但是，晚清时期在监狱史研究领域取得突出成就的当属著名学者沈家本，他所写的《狱考》《刑具考》《释虑囚》等文章，集中体现了其在监狱史方面的成就。其中《狱考》一文尤具有代表性⑤，该书是采用中国传统史学方法，"系统研究中国监狱名实及其源流的唯一著作，百年来由后人著（编）的若干监狱史著作，从史料之详实可靠而论，尚无出其右者"⑥。

此外，晚清时期曾担任刑部提牢主事的赵舒翘、白曾焯、濮文暹等人，亦

---

① Bernice Archer、Kent Fedorowich：《The women of Stanley: Internment in Hong Kong, 1942-1945》, Women's History Review, 5, no.3, 1996年。
② 迈克尔·R·达顿著，郝方昉、崔浩译：《中国的规制与惩罚——从父权本位到人民本位》。
③ 冯客著，徐有威等译：《近代中国的犯罪、惩罚与监狱》，南京：江苏人民出版社，2008年。
④ 郭明：《中国监狱学史纲》，北京：中国方正出版社，2005年。
⑤ 沈家本：《历代刑法考》，上册，北京：商务印书馆，2011年。
⑥ 郭明：《中国监狱学史纲》，第86页。

依据其参与监狱管理实务的经验和思考,分别编著有《提牢备考》《庚辛提牢笔记》《提牢琐记》等书,这三部作品以及晚清官员周馥的《恤囚编》①,可以说共同体现了晚清以来监狱研究的成就。《提牢备考》一书,是赵舒翘在收集清朝建政以来有关监狱管理的各种条例、章程以及重要狱务的处理方法等基础之上编纂而成,该书主要阐述了清代监狱特别是中央监狱的管理制度和运作②。白曾焯的《庚辛提牢笔记》采用笔记的形式记载了所亲身经历的各种事件以及刑部狱政管理方面的情况,特别对狱中的恤囚制度记载尤为详细,还阐发了对于中国狱政弊端的反思③。濮文暹的《提牢琐记》同样也是一部笔记体形式的作品,主要记述了当时刑部监牢的实况和具体管理制度④。

除了上述作品之外,晚清以来,随着监狱改良运动的兴起和发展,国内还翻译和出版了一批对于监狱进行研究的著作,掀起了监狱学研究的热潮。及至民国时期,对于监狱的研究依然在持续,涌现出了一批著名的研究者,如王元增、赵琛、孙雄、严景耀、李剑华、芮佳瑞、邵振玑、陆人骥、胡起鹏等,相关的作品亦为数不少。不过,这些研究更多的是侧重于监狱学领域的探讨,或者侧重于对于监狱的社会调查及工作总结、报告等方面,很少或者说几乎没有专门监狱史方面的研究。

1949年新中国成立之后,社会政治形势以及意识形态对我国的监狱史研究产生了直接的影响。在苏联社会主义劳动改造思想和经验的影响下,中国原有的监狱基本上被废除,取而代之的是各种形式的劳改队。与之相应,在学术领域,盛行的是以苏联经验为模板的劳动改造学说体系。这种学说剔除了晚近以来的现代性因素,转而注重对国家意识形态的演绎和诠释,以政治正确代替科学实证分析,强调为现实政治服务,这就导致监狱史研究的停步不前,相关成果乏善可陈。

改革开放之后,随着社会局势的变化以及国家政策的调整,原有的劳改学体系内部开始缓慢地有所更新,特别是20世纪80年代中后期以来,以薛梅卿主编的《中国监狱史》为开端,监狱史的研究开始逐渐复苏,随后,一批监狱通史性的作品相继出版发行。与此同时,不少研究者还进一步拓宽了监狱史研究的领域和范围,不仅注重对于传统监狱及狱制、狱政的研究,亦

---

① 周馥:《恤囚编》一卷,光绪十七年刊本。
② 赵舒翘著,张秀夫点校:《提牢备考译注》,北京:法律出版社,1997年。
③ 白曾焯著,薛梅卿、杨育棠点注:《庚辛提牢笔记点注》,北京:中国政法大学出版社,2007年。
④ 白曾焯著,薛梅卿、杨育棠点注:《庚辛提牢笔记点注》。

注重对于近代狱制转型和监狱改良问题的探讨,同时在区域监狱史以及监狱专题史研究等方面亦取得了不少的研究成果。

薛梅卿主编的《中国监狱史》是"新中国成立以后的第一部系统论述监狱的专史",首开中国监狱通史性研究之风气①。作者集中探讨了上至先秦,下至民国,各个时期刑罚制度的沿革、狱政的演变、牢狱的种类与功能以及不同时期的监狱立法和狱政思想状况。此外,稍晚出版发行的监狱通史性著作还有梁民立②、王利荣③、万安中④、李金华⑤、张凤仙⑥、王志亮⑦、杨习梅⑧等各自主编的作品。在这些通史性作品中,王利荣对监狱学说的创立和发展状况,独立成章进行了专门的论述;梁民立、李金华、张凤仙、王志亮、杨习梅等人的作品则将研究下限扩展至了1949年之后。总体而言,这些监狱通史,基本上都是作为专业教材编辑出版的,更多仍是侧重于制度层面的描述。

与上述监狱通史研究有所不同,王平的专著《中国监狱改革及其现代化》则是较早采用现代化的视角对近代以来中国的监狱改革问题进行审视的作品⑨。不过,从全书来看,作者对中国监狱现代化的论述重点主要是关注当代中国的监狱改革,对自晚清以来狱政现代化变迁进程的阐述更多具有回溯、背景介绍的意味,论述较为概略和薄弱。徐达则以时间为序,探讨了自晚清至民国时期,中国监狱体制近代化转型的发展历程⑩。此外,于连涛在其著作《中国监狱的现代化研究》中也对中国监狱由传统走向现代进程中的条件、路径、问题、特点及规律等问题进行了探讨⑪。

监狱制度的变迁亦是监狱史研究的重要组成部分,所谓监狱制度即是在监狱长期发展进程中逐步形成的与执行刑罚有关的一切方法和规则,我国的监狱制度是在漫长的监狱演变历程中,经过各个时期不断的损益调整而得以逐渐成形。对于监狱制度的研究,中国台湾学者李甲孚以钩沉、考辨、解读史料见长,他所著的《中国监狱法制史》采用法制史的视角,利用详

---

① 薛梅卿主编:《中国监狱史》,北京:群众出版社,1986年。
② 梁民立主编:《简明中国监狱史》,北京:群众出版社,1994年。
③ 王利荣:《中国监狱史》,成都:四川大学出版社,1995年。
④ 万安中主编:《中国监狱史》,北京:中国政法大学出版社,2003年。
⑤ 李金华、毛晓燕主编:《中国监狱史》,北京:金城出版社,2003年。
⑥ 张凤仙、刘世恩、高艳编著:《中国监狱史》,北京:群众出版社,2004年。
⑦ 王志亮主编:《中国监狱史》,桂林:广西师范大学出版社,2009年。
⑧ 杨习梅主编:《中国监狱史》,北京:中国民主法制出版社,2009年。
⑨ 王平:《中国监狱改革及其现代化》,北京:中国方正出版社,1999年。
⑩ 徐达:《中国监狱的近代转型研究(1840—1949)》,天津师范大学博士学位论文,2014年。
⑪ 于连涛:《中国监狱的现代化研究》,北京:中国政法大学出版社,2017年。

实的史料介绍了自先秦至现代各个时期牢狱的建置、功能以及类别、管理等概况。但是作者对于历代狱制之起承转合,有所损益之处或重要节点,着眼较少或未能点明;对于近代以来,西方因素对于中国狱制转型的影响问题亦未能详述。而他的另一部著作《监狱制度之比较研究》①,通过对古今监狱制度以及中外古代监狱制度的比较分析,论述了监狱制度的形成与社会、经济、管理等各个方面的关系。

在北洋政府及民国时期监狱体制研究方面,乐冰玉认为北京政府时期,借鉴和吸收西方近代化的刑罚理念和监所管理体制,初步建立起监所犯人保障制度,监所犯人享有的各项基本权利得到一定程度的保障②。王燕③认为国民党政府时期的狱政建设吸收西方先进的管理经验,促进了中国监狱制度的近代化转型,但是由于国民党政府的独裁统治,又致使其狱政在某些方面存在着一定的历史倒退。总体而言,这篇论文行文堆砌法条,缺乏实证支撑,流于空疏,但作者注意到以往革命史研究模式的弊端和不足,试图采用客观公正的态度认识和分析国民政府时期的监狱制度,在文章立意上值得肯定。

高翔以民国时期的北京监狱为例,讨论了"三科两所"的监狱管理体制在该狱的实践以及不断改进的历程④;而刘昕杰则以平武外役监为例,分析了民国时期监犯移垦制度的设计及运作实态⑤;易鑫指出在抗战期间,湖北监狱为疏通监犯,支援抗战,大力推行监犯调服军役制度,发挥了积极的作用⑥;李风华则对民国时期江苏监所监犯疏通制度进行了分析,指出为了缓解监犯拥挤的压力,江苏监所虽采取了赦免、假释、保释、移禁等多种措施,但收效甚微⑦。

民国时期,为解决不断涌现的青少年犯罪问题,国民政府在原有的监狱体系中增设了少年监这一全新的监狱形式。郑娅琳从宏观视角对民国时期的少年司法制度进行了分析,指出这一制度移植自西方,存在着理论和实践

---

① 李甲孚:《监狱制度之比较研究》,台北:文物供应社,1983年。
② 乐冰玉:《北京政府时期监所犯人权利保障制度初探》,湖南师范大学硕士学位论文,2011年。
③ 王燕:《国民党的狱政研究》,山东师范大学硕士学位论文,2010年。
④ 高翔:《民国时期北京监狱"三科两所"管理体制研究》,《河南师范大学学报(哲学社会科学版)》2016年第3期,第115—119页。
⑤ 刘昕杰:《平武外役监:国民政府时期监犯移垦与监狱改良的地方试点》,《近代中国》第31辑,第31—51页。
⑥ 易鑫:《抗战时期湖北监犯调服军役研究》,华中师范大学硕士学位论文,2018年。
⑦ 李风华:《南京国民政府江苏监所押犯超员及其应对(1927—1937)》,《史学月刊》2020年第3期,第132—136页。

不一致的缺陷①;汪英文以江苏、上海、山东少年监三所监狱为例,探讨了南京国民政府时期的行刑处遇制度的设计理念以及实际的执行状况②。此外,杨木高③、李厥瑞④还对民国时期湖北、山东等地少年监的建设、管理模式以及运作实态进行了探讨。

晚清以来,中国监狱制度和体系发生了明显的变动,开始由传统狱制向近代狱制转变,这一近代化转型进程在我国监狱发展史上具有重要的地位和意义。部分研究者对于中国狱制的近代化转型问题进行了探讨;有论者强调西方外部因素的推动,如王志亮⑤认为中国监狱现代化转型肇始的动因,并非来自社会内部,而是在西方强势文化入侵的压力下,以被动的姿态启动的。作者的结论强调了西方外力的冲击,实为"冲击—反应"模式的沿袭,很大程度上忽略中国社会内部本土性资源在监狱现代化转型进程所发挥的应有的作用和影响。也有论者强调了中国内部原生因素的积极作用,如陈兆肆⑥即对晚清狱制转型受外力驱动的论断提出质疑,指出晚清狱制转型制度设计的资源并非单一化,并非简单、直接地移植西方,尤其是日本新式狱制的结果,中国固有的本土性资源如自新所等机构亦发挥着重要作用。此外,王素芬强调国家层面的政治诉求、理论层面的哲学基础及监狱本身的发展是促进近代狱制转型的重要动因⑦。而王淑华则意图从新的视角对清末监狱改良的源流进行考辨,进而解答"中国监狱现代化转型肇始"的历史课题⑧。

研究中国狱制的近代化转型,其中最重要的关节就在于清末的监狱改良,正是清末监狱改良运动的兴起,促进了中国传统狱制向近代狱制的转变。对于清末监狱改良运动的研究,可以说长期以来一直是学界关注的重点和热点,所得的研究成果数量较多。但是在这些数量繁多的研究成果中,陈陈相因,因袭而无创见者亦为数不少,能对监狱改良进行深入精细考察、

---

① 郑娅琳:《民国时期少年司法制度研究》,烟台大学硕士学位论文,2018年。
② 汪英文:《南京国民政府时期行刑处遇制度研究》,安徽大学硕士论文,2013年。
③ 杨木高:《民国时期湖北少年监狱发展史研究》,《犯罪与改造研究》2018年第5期,第62—73页;杨木高:《民国时期山东少年监建设与管理若干问题研究》,《中国监狱学刊》2016年第4期,第153—157页。
④ 李厥瑞:《中国历史上第一所少年监:山东少年监》,《中国监狱学刊》2016年第6期,第137—140页。
⑤ 王志亮:《清末民初:中国监狱现代转型肇始研究》,北京:中国法制出版社,2011年。
⑥ 陈兆肆:《清代自新所考释:兼论晚清狱制转型的本土性》,《历史研究》2010年第3期,第132—148页。
⑦ 王素芬:《明暗之间:近代中国的狱制转型研究》,华东政法学院博士学位论文,2006年。
⑧ 王淑华:《清末监狱改良源流》,长春:吉林大学出版社,2017年。

有价值的研究佳作可谓寥寥。

对于清末监狱改良起始问题的研究,目前学界在某些具体的细节问题上有所分歧,美国学者任达在其专著中曾认为晚清著名维新派思想家黄遵宪曾于1897年在湖南组建了名为"迁善所"的教养院,并因而指认黄遵宪"堪称中国监狱改良第一人"[1]。但是肖世杰经过考证后发现,迁善所之类的机构并非黄遵宪最早建立,早在1892年(光绪十八年),时任广西桂林知县的吴征鳌便已在其任内设立了迁善公所并投入使用。中外学者一般都赞同将20世纪初期作为中国监狱改良之始,但是在兴起的具体时间和标志性事件上有所歧义。惯常的说法认为,是赵尔巽关于设立罪犯习艺所的奏折开中国近代监狱改良之先河;肖世杰对此观点提出质疑,他与郭明还有日本学者岛田正郎均主张应以1901年由两江总督刘坤一和湖广总督张之洞联名会奏的"变法三折"为中国改良监狱之始[2]。

关于清末监狱改良的动因,多数研究者一般都认为晚清以来中国传统狱制的黑暗与腐败,已难以为继;鸦片战争后中外政治法律制度的碰撞和融合,中国治外法权的丧失以及国际监狱改良运动的兴起,已动摇了封建狱制的基础,而且西方国家对于中国严酷狱制的抨击和指责,也已形成了明显的国际压力,清政府必须采取措施刷新狱制,以摆脱被动的局面,在这些因素的综合作用下,促进了清末监狱改革的兴起。除了上述原因之外,王长芬[3]、张震[4]还提出清末时期各地监狱脱逃事件增多,越狱现象严重,亦是监狱改良的现实动因;王长芬还认为清末新政为监狱改良提供了契机,清末监狱改良在某种程度上而言也可以说是当时刑律及司法改革的组成部分。

提起清末监狱改良的动因,多数论者一般都强调中国期待废除领事裁判权与监狱改良之间的重要作用和影响,但肖世杰认为废除领事裁判权与监狱改良之间并不存在必然的逻辑关系,当时人们对两者之间逻辑关系的认识存在一定的偏差。肖世杰还强调,考察清末监狱改良的动因,还必须重视中国本土性的资源在这场运动中所发挥的作用,注重中国内在逻辑和理路的分析;并认为清末新政之前已经出现的迁善所、教养院等机构,客观上已为之后的监狱改良提供了"理论上的先声与实践上之过渡"[5]。

---

[1] 任达:《新政革命与日本——中国,1898—1912》,南京:江苏人民出版社,2010年,第170页。
[2] 肖世杰:《清末监狱改良》,湘潭大学博士学位论文,2007年。
[3] 王长芬:《"声噪一时"与"改而不良":清末监狱改良再考察——以京师及江浙为重点》,华东师范大学硕士学位论文,2006年。
[4] 张震:《鸦片战争后的清朝监狱与狱制改良》,山东大学硕士学位论文,2008年。
[5] 肖世杰:《清末监狱改良》,湘潭大学博士学位论文,2007年。

对于清末监狱改良思想的研究,徐黎明指出鸦片战争之后,中国近代监狱改良思想初步兴起,它既是中西文化冲击碰撞的结果,又与当时的启蒙与救亡密切相连[①];肖世杰特别强调指出清末监狱改良思想是在当时救亡与启蒙的双重合奏下逐渐形成的,而且,这一思想的形成更多不是因为危机所迫,而是清末知识人在细察中从容自省和理性启蒙的结果[②];肖世杰还指出清末监狱改良思想已基本具备了西方狱制思想的现代性[③]。

清末新政时期,一些朝廷官员如张之洞、沈家本、董康等人对监狱改良的兴起和发展起到了重要的推动作用。鉴于这些官员的至关重要性,部分研究者对于他们的监狱改良思想进行了研究。徐黎明[④]、陈百川[⑤]认为张之洞的监狱改良思想充分体现于其在《江楚会奏变法三折》中所提出的九项改革措施,同时还认为其思想仍是其"中体西用"思想的体现,有着极大的历史局限性。而高艳认为张之洞在清末监狱改良中的思想和活动既有制度创新也有实践开拓,既有本土自觉也有被动接受[⑥]。

对于沈家本的监狱改良思想,陈百川[⑦]、范席晶[⑧]指出沈家本监狱改良思想是中西法律文化融合的产物,他们认为沈家本监狱改良思想的基础与核心是"仁",这种思想明显来源于先秦儒家理论。徐黎明指出沈家本的监狱改良思想内容丰富而充实,形成了一个严密完整的思想体系,是中国封建传统狱政思想向资产阶级狱政思想过渡的标志[⑨]。董康亦是晚清监狱改良中的重要人物之一,蒋琳指出董康的监狱改良思想主要来源于传统监狱管理实践和西方新式监狱思想两个方面;对监狱立法的重视、对狱政改良的具体设计、对刑罚制度的改革以及公平、严正、仁慈的囚徒管理思想等方面构成了董康监狱改良思想的主要内容[⑩]。

清末时期的监狱改良思想及制度基本上取法于日本,由此也激发了20

---

① 徐黎明:《清末监狱改革研究》,山东省师范大学硕士学位论文,2002年。
② 肖世杰:《救亡之使还是启蒙之功——清末监狱改良思想的特质》,《湘潭大学学报(哲学社会科学版)》2010年第6期,第42—46页。
③ 肖世杰:《清末监狱改良思想的现代性》,《河北法学》2007年第7期,第148—151页。
④ 徐黎明:《清末监狱改革研究》,山东省师范大学硕士学位论文,2002年。
⑤ 陈百川:《论清末监狱改良》,安徽大学硕士学位论文,2007年。
⑥ 高艳:《晚清法律移植与张之洞监狱改良》,《中国社会科学院研究生院学报》2008年第5期,第84—88页。
⑦ 陈百川:《论清末监狱改良》,安徽大学硕士学位论文,2007年。
⑧ 范席晶:《沈家本监狱改良思想研究》,安徽大学硕士学位论文,2008年。
⑨ 徐黎明:《沈家本监狱改良思想探析》,《山东师范大学学报(人文社会科学版)》2002年第4期,第75—78页。
⑩ 蒋琳:《董康与清末监狱改良》,湘潭大学硕士学位论文,2010年。

世纪初翻译介绍日本监狱学书籍的热潮。孔颖从清末监狱学译书目、世纪初日本监狱学在中国兴起的原因、书籍传播等几个方面,详细论述了清末日本监狱学书籍的译介活动①。此外,作者还探讨了清末日本监狱学书籍中译本的流布问题②;孔颖还提出清政府对日本狱制的考察,在清末狱制改良过程中起到了重要的媒介作用③。

孟竹指出清末出洋人员对西方监狱的考察和引介,为清末监狱改良进行了知识储备和思想启蒙,一些出洋人员如黄遵宪、戴鸿慈等还实际参与了清末监狱近代化改良的实践④。许章润认为清末知识分子对于西方狱制的考察,主要是起于被动,迫于情势,"事穷则变"的应激多于法制与狱制本身的自觉⑤。

总体上而言,现有的为数不多的对于监狱改良思想的研究,基本上主要集中于对上层官员的分析,而当时尚有众多的出洋时臣、外交使节及其他通过各种方式出国考察、游学的普通知识分子、留学生,他们在国外也对西方狱政有所认识和了解,在其日记或随笔文集中,或多或少都有相关记载和描述,目前对于这部分群体监狱改良思想的研究关注者甚少,深入研究者更是少之又少,对于这一方面的研究有待于强化。

对于清末监狱改良的评价,后人对此自是褒贬不一,且贬多于褒,但是近年来的情况有所变化,学界逐渐开始认识到并肯定这一运动所具有的积极意义,总体评价得以提升。目前多数研究者对于清末监狱改良进行评价的一个基本模式就是一方面肯定其功绩、重要性和积极意义,同时又指出其具有一定的历史局限性,是一场失败的运动,典型的所谓辩证两分法的遗风。这种评价模式的基本观点是认为清末监狱改良,推动了封建狱制向近代狱制的转型,标志着中国监狱现代化进程的开始;同时又指出清末监狱改良又具有很大的局限性,受诸多因素的制约,致使改良的实际效果不佳,绝大多数监狱的状况并没有得到多大的改善,因此这场运动无疑是失败的。

关于清末监狱改良失败的原因,多数研究者普遍认为此次监狱改革缺乏基本的社会、政治条件和保障。也有研究者认为还应当从文化以及人的角度来分析监狱改良失败的原因,从而提出了不同以往的新见解,如王长芬

---

① 孔颖:《论清末日本监狱学书籍之译介》,《日语学习与研究》2007年第5期,第90—96页。
② 孔颖:《清末日本监狱学书籍中译本之流布》,《浙江外国语学院学报》2012年第2期,第78—85页。
③ 孔颖:《论清末日本狱制考察》,《日本研究》2006年第4期,第90—95页。
④ 孟竹:《清末出洋人员对西方监狱的考察》,河北大学硕士学位论文,2012年。
⑤ 许章润:《清末对于西方狱制的接触和研究:一项法的历史和文化考察》,《南京大学法律评论》1995年第2期,第38—49页。

认为清末监狱改良"未竟善"的原因并不仅仅在于政治、经济等传统因素，还应从更深层的文化心理层面去寻找①。马自毅、王长芬还指出清末监狱改良效果不佳的原因还在于人的问题，特别是在新式狱政人员的培养方面严重不足②。

此外，始于清末的监狱改良运动是一个持续发展的历史进程，这一运动并没有随着清王朝的覆灭而终止，这一改革进程在民国时期依然在继续进行。刘梦玲指出民元前后资本主义所孕育的现代知识—权力的结合，促成了国家权力的全面扩张，由此形成的现代教养—矫正技术，是这场监狱改良运动的灵魂③。史磊认为北洋政府时期政权频迭、经费困难、观念陈旧和移植不适等因素是制约和阻碍监狱改良成效的原因④。赖生亮以京师第一监狱为中心，对民国时期的监狱改良运动进行了相关的历史考察⑤。此外，柳岳武指出抗战之前，国民政府中央和地方财政的分裂和矛盾，无法保障监狱建设所需的经费来源，从而制约了国家对于监狱改良和建设的投入⑥。

晚清以来兴起的监狱改良运动浪潮，对于女性的司法处置尤其是女犯的监禁制度方面亦有明显的改变和影响，艾晶认为近代以来女监的种种弊端，在政府及社会各界的重视之下，力图改良，虽然总体收效甚微，但却为嗣后中国的监狱改革和女犯帮教起到了一定的示范作用⑦；此外，艾晶在其专著《近代女犯的收禁问题及其改良研究（1906—1936）》中还指出，近代女犯的收禁及其改良是针对女性犯罪剧增实行的，然而，仅靠加大女犯的收禁力度及改良女犯的收禁制度，不从根源上解决女性犯罪问题，在收禁制度上做再多的改良也无济于事⑧；与此同时，杨木高还专题研讨了中华民国时期在女犯的刑罚及矫正方面法规政策的流变，作者认为近代妇女运动的兴起对

---

① 王长芬：《"声噪一时"与"改而不良"：清末监狱改良再考察——以京师及江浙为重点》，华东师范大学硕士学位论文，2006年。
② 马自毅、王长芬：《狱务人员与清末监狱改良》，《社会科学》2009年第8期，第152—158页。
③ 刘梦玲：《民元前后的监狱改良及其在北京监狱的实践》，北京大学硕士学位论文，2009年。
④ 史磊：《时空延承与话语重构——北洋政府时期监狱改良再考察》，西南政法大学硕士学位论文，2008年。
⑤ 赖生亮：《民国时期的监狱改良与现代化——以京师第一监狱为中心的历史考察与分析》，首都师范大学硕士学位论文，2008年。
⑥ 柳岳武：《抗战前南京国民政府监狱建设及经费问题研究》，《史学月刊》2014年第12期，第56—62页。
⑦ 艾晶：《近代女监改良研究》，《兰台世界》2015年第19期，第43—44页。
⑧ 艾晶：《近代女犯的收禁问题及其改良研究（1906—1936）》，沈阳：辽宁大学出版社，2018年。

女犯矫正制度具有很大的影响,而新式独立建制女监的出现则是这一制度的突出成就①。

对于地方监狱的考察也是监狱史研究中的重要内容,如李雪梅②、李娜③分别对民国时期四川的第一监狱和军人监狱进行了初步的论述,但是,这两篇论文主要侧重于制度以及相关法条的梳理,具体的实证分析较为欠缺。朱林林对1927—1938年间安徽一种特殊的政治性监狱,即反省院的状况进行了初步的梳理④。

王树荣⑤、张宁⑥、王雅哲⑦等还就民国时期广东和湖北地区的监狱问题进行了初步研究,王树荣指出1927—1937年间,广东狱政在继承清末以来监狱改良成果的基础之上,构筑了较为健全的监狱体系,新式监狱的管理日趋规范化,同时,该地域的监狱建设和管理亦具有很明显的独立性。张宁亦认为国民政府时期,湖北省的监狱制度与传统狱政之间有着前后相继的延续性,该省的监狱建设在中国监狱史上具有突出的地位。王雅哲通过对湖北第一监狱狱政改良得失利弊的分析,指出不能简单地以成败来看待其进程,其所面临的改革困境和与现实的抗争妥协更应值得注意。

在北京、天津、青岛等地的监狱研究方面,高翔指出北京监狱(京师模范监狱)是中国首座近代意义上的中央监狱,该狱的制度设计和运作模式对民国时期的监狱行刑制度产生了重要的影响⑧;于语和认为天津小西关监狱是中国近代狱政改革和管理的模范,该监在监所作业、罪犯改造及人权保障等方面的经验对当代的监狱发展具有重要的借鉴作用⑨;刘小凤以民国时期青岛监狱及其管理实践为研究对象,探讨了中国监狱制度乃至法制近代化的历史经验⑩;孙春蕾则着重考察了近代以来青岛监狱之内人犯的日常

---

① 杨木高:《民国时期女犯矫正制度研究》,《犯罪与改造研究》2013年第5期,第65—71页。
② 李雪梅:《民国时期四川第一监狱建设与管理研究》,四川师范大学硕士学位论文,2010年。
③ 李娜:《民国时期四川军人监狱研究》,四川师范大学硕士学位论文,2011年。
④ 朱林林:《安徽反省院研究(1927—1938)》,南京大学硕士论文,2014年。
⑤ 王树荣:《民国时期广东监狱建设与管理研究(1927—1937)》,暨南大学硕士学位论文,2008年。
⑥ 张宁:《国民政府时期湖北监狱管理研究》,湖北大学硕士学位论文,2006年。
⑦ 王雅哲:《改良与适应:湖北第一监狱研究(1907—1945)》,华中师范大学硕士学位论文,2019年。
⑧ 高翔:《北京监狱对民国时期监狱行刑制度发展的影响》,《中国监狱学刊》2017年第4期,第143—150页。
⑨ 于语和、秦启迪:《近代模范监狱建设与启示——以天津小西关监狱为个案》,《中国监狱学刊》2017年第1期,第145—154页。
⑩ 刘小凤:《民国时期青岛监狱管理研究(1927—1948)》,青岛大学硕士学位论文,2017年。

生活状态[1];此外,孟学事[2]还就民国时期位于广西的第二、第三两所近代化监狱的概貌及各项管理制度进行了概述;崔嘉欣详细论述了民国时期河北第一监狱的构成及运作特点[3]。

对于近代以来上海监狱史的研究,现有的文章大部分以描述性的介绍为主,难以称之为学术性的研究,真正从历史的、学术的角度对上海近代监狱问题进行探讨的,还很少见。而涉及上海地区女监的学术研究,到现在为止,基本上可以说还没有相关的论文。现有的这些为数不多的对于上海近代监狱研究的文章,基本的关注点都集中于对名声较大的提篮桥监狱的考察。

刘颖[4]认为提篮桥监狱是现代西方监狱制度的缩影,它开启了上海租界监狱的现代化转型,传播了西方现代监狱文明的理念。作者强调提篮桥监狱的近代化是公共租界工部局主动接受自身监狱制度的结果,事实上却忽略了中国特别是上海局势和本土性资源对于提篮桥监狱制度的制约和影响,对西方监狱体制移植到上海之后与当地社会资源之间的互动性作用缺乏关注。而郑巧[5]则探讨了在清末监狱改良的大背景之下,上海社会公众认识、接受公共租界提篮桥西牢的演变过程以及提篮桥监狱对于上海华界监狱改良进程所发挥的作用,阐述了社会公众舆论与监狱之间互动关系,展现了民众对监狱改良态度的变化过程。此外,叶兰莲[6]还在其论文的第四章中对提篮桥监狱的修建以及发展状况进行了论述。

除了上述各项监狱史研究之外,还有部分研究者对于诸如狱吏、监狱官群体、监犯的感化行刑、监狱医疗卫生等一些具体的实务问题展开了相应的专项研究,通过这些专题研究,可以更为详细地认识和了解监狱这一特殊场域的细节和运作实态。

马自毅、王长芬以晚清时期的狱吏、治人者为考察对象,论证了人的因

---

[1] 孙春蕾:《近代青岛监狱犯人日常生活史问题研究(1897—1943)》,青岛大学硕士学位论文,2018年。

[2] 孟学事:《民国时期的广西第二监狱》,《中国监狱学刊》2017年第3期,第148—150页;孟学事:《民国时期的广西第三监狱》,《中国监狱学刊》2017年第5期,第148—151页。

[3] 崔嘉欣:《民国时期河北第一监狱的特点》,《中国监狱学刊》2019年第2期,第141—146页。

[4] 刘颖:《提篮桥监狱与上海监狱制度的现代化初探》,《广西政法管理干部学院学报》2011年第5期,第95—98页。

[5] 郑巧:《上海提篮桥西牢与清末监狱改良:从报刊舆论出发(1901—1911)》,复旦大学硕士学位论文,2009年。

[6] 叶兰莲:《近代上海提篮桥城区研究》,上海师范大学硕士论文,2007年。

素是当时狱政改革中新制难行,善政未得善果的重要原因之一①。王素芬亦赞同监狱官是中国监狱近代化的核心制约因素,其素质的优劣将决定着监狱改良的成败②。郭辉强调随着监狱改良的实施,近代监狱官在待遇、选任、管理等方面都有实质性的变化,日趋规范化与制度化,从而在一定程度上保障了监狱改良的成果③。此外,高翔还对民国初期北京监狱首次选拔招考监狱看守进行了考察,强调此次招考为嗣后监狱看守招考、训练制度的建立和规范提供了成功的范例和经验④。

张东平的博士论文《近代中国监狱的感化教育研究》⑤指出民国以来,政府以立法的形式确立了教诲优先的原则,教诲比教育更受到重视,对于犯人的教诲体现出教诲观念的固定化、注重个别教诲以及与教育并行的特征,但同时也具有覆盖面狭窄、法令执行不力、方法不足等弊病。对于监狱教育问题,作者认为教育与教诲其名虽异,却相辅相成,监狱教育具有犯罪预防与矫治的双重功效,是一种特殊的民众教育,又相当于学校教育的延伸与补充。到民国晚期,监狱教育理念已经比较成熟,但仍存在着有令不行,普及率低,经费短缺等问题。

柳岳武⑥认为南京国民政府时期的监所教诲制度虽然在表面上具有一定程度的积极作用,但是总体上而言效果并不明显,而且还具有因袭性过强,创新性不足,功利性、政治性以及愚民色彩过浓等缺陷和不足,该文对于监所教诲制度在不同地域、不同监所以及不同类别犯人之中如何组织和实施,具体的教诲内容如何,犯人本身对于教诲制度的反应等方面的实证分析较为薄弱。

此外,宗教教诲是对于人犯进行感化的重要手段和途径,明成满⑦指出民国时期佛教界人士组织的各类监狱弘法社团,通过向人犯弘扬佛法,取得了显著的教诲效果,同时也为佛教的慈善公益事业增添了新的内容。姜增认为民国时期佛教入监对人犯进行教诲,经历了由局部到全局的演进过程,虽然其中信仰佛教的司法官发挥了重要的推动作用,但是实质却是民族主

---

① 马自毅、王长芬:《狱务人员与清末监狱改良》,《社会科学》2009年第8期,第152—158页。
② 王素芬:《明暗之间:近代中国的狱制转型研究》,华东政法学院博士学位论文,2006年。
③ 郭辉、杨晓辉:《近代监狱改良视阈下的监狱官制度考》,《河北法学》2017年第12期,第106—118页。
④ 高翔:《1912年北京监狱首次看守招募与培训对民国初期监狱工作规范化的影响》,《中国监狱学刊》2015年第1期,第149—152页。
⑤ 张东平:《近代中国监狱的感化教育研究》,华东政法大学博士学位论文,2011年。
⑥ 柳岳武:《南京国民政府监所教诲政策研究》,《东方论坛》2013年第3期,第4—10页。
⑦ 明成满:《民国佛教的监狱教诲研究》,《宗教学研究》2016年第2期,第128—134页。

义在司法领域的渗透与高涨,是国人对本土文化的自觉和对外来文化入侵的抵抗①。

高艳的《清末民初罪犯作业研究》是当前仅有的一部的研究监狱作业制度的专著②。作者认为中国的新式监狱作业制度并不是直接移植西方罪犯作业的结果,而是中国传统的劳役刑罚在新的局势下从体制内进行自我探索性调整的产物,清末的罪犯习艺所成为近代中国罪犯作业制度的嚆矢,从总体上而言,作者对监狱作业制度的研究,仍偏重法条制度方面的阐释,对于该制度的具体运作,缺乏一定的实证支撑,视角上亦偏重国家的层面,对于罪犯作业制度的实施主体也就是各种罪犯本身的关注不足。对于罪犯这一特殊群体,他们对于监狱作业制度的态度和认识以及社会舆论对于该制度的评论,作者并没有进行相应的阐述,此外,作者对于罪犯作业制度在发展进程中的异化以及弊端,缺乏足够的反思和评析。

张东平③亦从监狱行刑近代化转型的角度,对民国时期的监所作业制度进行了考查,作者认为民国时期的监狱作业制度在实施过程出现了功能性的错位,愈来愈强调该制度的经济功能和收益,反而偏离了该制度应该侧重于人犯教化、培养其技能的初衷。柳岳武④认为南京国民政府时期的监狱作业制度具有鲜明的功利性,实施的总体效果不佳,这一文章侧重于总体性的论述,缺乏具体的实证分析,而且对于监犯作业运作中男犯、女犯的性别差异和区隔没有涉及;高翔则以北京监狱为例,讨论了民国时期监狱作业收益分配制度的状况以及实际运作⑤。

监狱作为羁押人犯的特殊场域,众多人犯聚居一处,监内卫生及疫病的防治事项极为重要,其不但事关人犯个体的生命安全,而且亦与社会公共卫生利益有着重要影响。欧阳志工、高翔等对民国时期北京监狱的医疗及人犯生活卫生问题进行了专题研究,欧阳志工认为北京监狱作为民国时期的模范监狱,相较于传统监狱而言,在狱内卫生等方面都有明显改善,对整个民国时期监狱的发展起到了很好的示范作用⑥;高翔亦强调北京监狱作为

---

① 姜增:《民国佛教入监考》,《交大法学》2018年第3期,第92—107页。
② 高艳:《清末民初罪犯作业研究》,北京:中国社会科学出版社,2008年。
③ 张东平:《近代中国监狱的感化教育研究》,华东政法大学博士学位论文,2011年。
④ 柳岳武:《南京国民政府治下监犯作业制度设计及运作情况考》,《民国档案》2009年第3期,第71—80页。
⑤ 高翔:《民国时期监狱作业收益分配制度研究——以北京监狱为重点的考察》,《中国监狱学刊》2018年第1期。
⑥ 欧阳志工、孙启俊、高翔:《民国时期北京监狱罪犯生活卫生状况研究》,《犯罪与改造研究》2015年第4期,第63—70页。

新式监狱,在监狱医疗卫生等方面遵循了人道主义、教化主义原则,其进步显而易见①。

综上所述,到目前为止,学界对于监狱史的研究虽然取得了一定的成绩,但是总体上而言,相对于其他的研究领域而言仍显得较为薄弱,后继者显然不足。现有的研究成果中,所存在的问题亦较为明显,质量参差不齐,具有高学术水准、有创见的研究成果相对较少。

总体而言,在研究时段上,现有的成果更多的是集中于传统时代的监狱体系及制度的考察,集中于清末监狱改良的研究,但是这些学术成果,在史料运用、解读及研究视角、立论等方面,都存在着不同程度的同质化现象。在研究内容上,更多的研究偏重宏观层面的制度分析,侧重相关法律条文的梳理,缺乏微观层面的地方性及特定类型监狱的研究,重制度轻人事的现象明显,对于监狱中诸种"人"的因素,如监所员役、人犯的活动,缺乏应有的关注。监狱自身的鲜活性、多样性,亦因而被枯燥的制度条文所遮蔽,与监狱相关的诸种"人"的丰富的多面相亦被隐没而消失不见。

在研究视角方面,以意识形态的视角对监狱予以诠释和定位的解读模式仍有着持续的影响力,很多监狱史的研究,仍侧重于从国家的、阶级的视角去分析、看待问题,思维、解读模式陈旧、僵化,这种诠释模式将不可避免会导致出现同质化、类型化的弊端。如果过于彰显监狱在经典理论模式笼罩下所蕴含的对立和冲突,将会忽略甚至是抹杀监狱在社会生活中惩治刑事犯罪所具有的必要性与合理性。目前,少有研究者会采用社会的、文化的、性别的视角,从监狱与社会互动的层面对监狱问题进行重新审视和思考。

在所用史料方面,对于传统时代监狱史的研究,史料重复利用的现象较多,而对于近代监狱史的研究,对于原始档案及报刊等史料的运用数量及频度较低,有待于进一步发掘更为丰富的原始史料,拓展史料来源。在研究方法层面,现有研究大多系采用传统的实证分析模式,研究方法较为单一,流于表层的描述性研究居多,问题意识较为欠缺,如何重新认识和审视监狱,如何看待自传统而近代监狱制度中社会性别理念的流变,应当成为监狱史研究中认真思考的问题。

对于现有研究中的问题和不足,个人认为,未来监狱史的研究可以从以下几个方面着手,以求有所进展。首先,更新研究理念及视角。监狱是社会

---

① 高翔:《民国时期北京监狱医疗卫生制度研究》,《法大研究生》2016年第1辑,第368—385页。

的产物,应当将其置于社会变迁的历史脉络之中,祛除对于监狱的刻板印象,重新审视监狱在社会生活中的功能和意义,而不是予以简单的、僵化的价值评判。正如黄宗智先生所言"要用多元的现实感和历史感来取代简单的意识形态化的理论分割"①。因此,考察监狱问题,需注意社会、文化、性别等视角的综合运用,避免研究理论的单一化,方能更为清晰地认识到监狱的不同面向。

若采用社会性别的视角去审视监狱,将会有更多的发现和意义。现有的监狱史研究,很多在事实上并无性别的区隔,默认男性的视角,研究的是男性的监狱,而对于监狱中的女性关注较少,固然与传统时代社会性别规范之下,女犯入狱者较少有关,但是,更主要的应该是缺乏相应的观察视角和思维方式。事实上,即使在传统时代,女监亦并非付之阙如,而近代以来,随着女性犯罪特别是都市女性犯罪现象的凸显,相应之下,在特定区域,一些具有近代色彩的新式的独立建制的女监开始出现。对于此类监狱,有必要将其置于监狱变迁的历史脉络之中,予以相应的研究。此外,新文化史的研究理念和方法,将更有助于发掘监狱的文化内涵,特别是历史叙事的运用,从而真正实现对于监狱本身丰富性、鲜活性、社会性的关注。

其次,充分发掘和利用新的史料,拓展史料来源,提高监狱史研究资料的丰富程度,尤其要注意利用丰富的监狱档案史料,各种地方性的社会报刊史料。目前学界真正利用档案史料进行监狱史研究的还为数甚少。现在研究者对于司法档案的利用,主要是侧重对于各种案件、纠纷及社会关系等方面的归纳和分析,而对于各地馆藏的监狱类等司法档案则利用不多。此外,近代以来的报刊亦记载有较多的有关监狱的史料,对于此类史料有待于更深入地发掘和利用。

第三、拓展研究领域,监狱史研究不应过多局限于制度层面的研究,亦应注重对于监狱的运作实态的考察,注意对于监狱微观层面的描述。诸如对于监狱医疗卫生、人犯的生存状态等方面的专题性研究,而且还应拓展对于地方监狱的考察,结合社会犯罪问题的研究,同时注意比较方法的运用,着重分析各地监狱的发展状况,在地域社会中的作用及相互关系。

第四、要摆脱沿用已久的偏重宏观性制度分析的路径,多关注监狱体系内部诸多"人事"及其活动的考察和分析,尤其要注意重视"制度"与"人事"之间的互动性关联。正如钱穆所言,"人事比较变动,制度由人创立,亦由人

---

① 黄宗智、尤陈俊主编:《从诉讼档案出发:中国的法律、社会与文化》.北京:法律出版社,2009年,第1页。

改订,亦属人事而比较稳定,也可以规定人事,限制人事"①。通过统摄兼观"制度"与"人事"两个层面,进而系统性考察近代以来监狱系统内部多元化的规则体系及各群体权力之间的调适与竞合。

通过上述对于监狱史相关研究成果的梳理,以及相关研究缺陷和不足的归纳和思考,构成了本研究得以继续进行的前提和基础。从而为本研究在吸收以往研究成果的基础之上,运用新的史料和研究视角,对于女监问题进行更深入探讨,提供了必要的保障,以期对促进监狱史、妇女史的进一步发展更有所助益。

---

① 钱穆:《中国历代政治得失》,北京:生活·读书·新知三联书店,2001年,《前言》第1—2页。

第一章　犯罪与刑罚：女犯的司法处置及新式女监的兴起

所谓女性犯罪，或谓"犯罪主体为女性，而实施的具有严重社会危害性的行为"，或谓"因为犯罪的是女性，所以才说成女性犯罪"[1]。虽然其表述方式有所差异，但其实质上都明确指出女性犯罪即是指以女性为犯罪主体而实施的一种逾越法律或社会规范的行为或方式。女性犯罪不仅是一种社会现象和反常行为，亦是一种历史性的范畴，在不同的时代背景下，由于社会规范及法律规定的不同，女性犯罪的刑名及表现形式亦互有差异。而对于女性犯罪的司法处置，自传统至近代，亦有着明显的演变轨迹和脉络，有着不同的刑罚理念和处罚方式，特别是在对于女犯的监禁处置方面，这种变化表现得尤为突出。

在中国的传统时代，长期以来，监禁作为一种司法实践中广泛采用的刑罚方式，其渊源由来已久。不过，它却并不是国家法定的主刑或本刑，而且，对于人犯的监禁，在传统时代，主要应用于男性人犯。对于女性人犯的监禁，自国家立法乃至地方官员的实际司法运作中，囿于父权制的社会道德伦理的规制，一般均持谨慎从事的态度，非重罪及必要时，女性不会轻易系狱。由此可见，在中国的传统时代，在多种因素的作用下，特别是在儒家伦理道德规范的影响下，众多女性既深受其规制和约束，同时也享有一定的体恤和优待，而这种规制和优恤也就构成了传统时代对于女性司法处置的典型特征。

而自近代以来，随着时代变迁，传统时代的社会规范受到冲击，一方面促进了女性犯罪在新的时代背景之下的变异，另一方面亦促进了刑罚理念和模式的转变。随着自由刑理念的引入，监禁逐渐成为国家的法定本刑，这也就意味着，更多的女犯将会被羁押入狱。因而，近代以来，在开埠较早的

---

[1] 赖修桂、赵学军：《女性犯罪研究》，北京：法律出版社，2013年，第1页。

上海,新式女监开始孕育而生,并由最初较为简易的公廨女押所逐渐发展成为民国时期独立建制的女监,其间经历了较为曲折且长期的演变历程。

第一节　规制与优恤:传统时代对于女犯的司法处置

作为一种社会现象和产物,以女性为主体而实施的犯罪行为在不同的时代均时有所现,由于历史的变迁、社会规范的差异,政府法规的变革,此种女性犯罪的刑名及表现形式亦有明显变化。而对于此类犯罪女犯的刑罚理念及处置模式,在不同的历史时期亦有相应的差异。概略而言,在中国历史的早期时代如商、西周时期,盛行的是以生命刑、肉刑等为核心的刑罚模式,逐渐形成了墨、劓、刖、宫、大辟等早期的旧式"五刑"体系。至春秋、战国时期,劳役刑逐渐盛行。汉代以来,开启了法律儒家化的进程,引礼入法,礼法结合,"礼者,禁于将然之前,而法者禁于已然之后"。儒家的伦理纲常成为政府司法行为的重要依据,嗣后"道德习俗(礼)以实在法(法)的形式,具有了正式的法律效力,或者说实在法(法)作为自然法(礼)的具体化,具有道德规范的作用"[①]。伴随着礼法结合的历史进程,我国传统的刑罚体系和模式发生了显著变革,至隋唐时代,逐渐形成了以"笞、杖、徒、流、死"为核心的新式"五刑"体系,该体系形成后,被后世历代所承袭,一直沿用至清末时期。

自汉以来,随着礼、法合流,在政府的大力倡导下,儒家伦理不仅成为官方钦定的意识形态,亦是普通民众所遵循的社会规范和准则,并进而建构起以父权制为核心的社会性别伦理体系。这种伦理道德体系,对国家、社会、刑罚,特别是对于女性均有深远且广泛的影响。概论而言,亲属的远近即"五服"体系、社会阶层及身份差别,是儒制法系的思想基础;而社会性别的差异,亦是儒制法系的重要基点。在父权制的社会性别秩序之下,广大女性自然一方面深受其规制,受其束缚和困厄,但另一方面,正是基于纲常伦理的社会性别规范,政府对于广大女性在诉讼、刑罚等方面均有严格的约束性条款和保护性举措,予以一定程度的优待和体恤,采取"限制性保护"[②]的策略及慎重行事的态度。

[①] 德克·布迪、克拉伦斯·莫里斯:《中华帝国的法律》,南京:江苏人民出版社,2008年,第19、26—27页。

[②] 李相森:《限制与保护:清代司法对涉讼女性的特别应对》,《妇女研究论丛》2015年第6期,第66—74页。

虽然其本意并非着眼于保护女性自身应有的权益,而是出于维护女性所属的男性"家长"或其家族的声誉和利益,进而维护整个父权制的社会规范和秩序,但是在客观上而言,在实际刑罚方面,广大女性无疑亦是此种父权制纲常规范的受益者。因而,在儒家法系及父权制的社会伦理秩序之下,广大女性既有令其接受规制,甚至是压榨、迫害的面向,同时在刑罚领域,亦有令其享有特殊优待和体恤的面向。这种规制和优恤,其实是一体两面,共同构成了传统时代对于女性予以刑罚处置的典型特征。

不论是旧式"五刑"体系,抑或是新式"五刑"体系,都只是不同时代政府法定的主刑或本刑,是庞杂的刑罚体系中的主干和典型模式。在实际的刑罚运作中,对于人犯的处罚形式更为繁多,如在西周时代,除了肉刑、生命刑之外,尚有耻辱刑、劳役刑、财产刑等不同的刑种,上述刑罚方式同样亦适用于女性人犯。春秋、战国以来,以摧残人犯肢体、生命为特征的刑罚模式逐渐向以注重利用人犯身体资源的劳役刑转变,及至秦汉时期,劳役刑进而成为刑罚体系的主流,并逐渐具有了"刑期"概念。

在秦汉时代,随着儒家意识形态的凸显和父权家长制社会性别秩序的构建,对广大女性的影响是广泛而持久的。嗣后,女性的日常生活及行为模式既与之相契合的一面,同时,亦有与之相悖的一面。因而,在这一时期的女性中,开始出现了中国传统时代所特有的违反纲常名教的犯罪行为,如不孝、失德失序、悍妻、大逆不道等罪名。此外,秦汉时期涉及女性犯罪的刑名还有毒言、逃亡、盗(匿盗)、伤人殴人、诬告、诈骗、行贿、诈伪、谋反、妖言、巫蛊祝诅、亡为人妻、和奸等罪名。而对于女犯的刑罚处置,大致有死刑,如弃市;宫刑,如《后汉书·刑法志》所载,"诏死罪系囚皆一切募下蚕室,其女子宫"①;迁刑,如据《李膺传》所载"乃诣诏狱,考死,妻子徙边"②。

除上述刑罚之外,最主要的就是各类徒刑,即劳役刑,如有舂、白粲、复作、隶臣妾、如司寇、顾山等。舂者,是令女子舂米的一项徒刑,《汉旧仪》载"女为舂。舂者,治米也,皆作五岁,完四岁";《后汉书》曰:"舂者,妇人犯罪不任军役之事,但令舂以食徒者。"所谓白粲者,据应劭云"坐择米使正白为白粲,三岁刑";《汉旧仪》载"秦制,鬼薪三岁,女为白粲者,以为祠祀择米也,皆作三岁"。如司寇亦是徒刑一种,刑期大致为两年,如《汉旧仪》称"罪为司寇,司寇男备守,女作如司寇,皆作二岁"。复作是为女徒刑名,见于秦制,"复作者,女徒也,谓轻罪,男子守边一岁,女子软弱不任守,复令作于官,

---

① 群众出版社编辑部:《历代刑法志》,北京:群众出版社,1988年,第76页。
② 沈家本:《历代刑法考》,上册,第449页。

亦一岁，是汉时亦有复作之女徒也"；《汉旧仪》载"秦制——男为戍罚作，女为复作，皆一岁到三月"。隶臣妾乃汉代女徒刑名，为秦制所无，乃二岁刑，"其名与奴婢相近，而实非奴婢，魏晋以下，皆无此名"。

顾山者，类似于以金钱雇人折抵劳役之刑，"谓女徒论罪已定，并放归家，不亲役之，但令一月出钱三百，以顾人也"。据《汉书·平纪》所载"元始元年，天下女徒已论，归家，顾山钱月三百"。据应劭所言"旧刑鬼薪，取薪于山以给宗庙，今使女徒出钱顾薪，故曰顾山也"。秦汉时代，女犯在服徒刑的同时，还要被剃发、衣赭衣、佩戴刑具，即所谓髡、钳、钛，"剔发曰髡""以铁锗头曰钳，锗足为钛"。上述不同类型的徒刑，在刑期方面亦有一定的转换关系，如据《汉志》所载，"罪人狱已决，完为城旦春，满三岁为鬼薪白粲，鬼薪白粲一岁，为隶臣妾，隶臣妾一岁，免为庶人"。又据该书所载"隶臣妾满二岁，为司寇，司寇一岁，及作如司寇二岁，皆免为庶人"①。

汉代之后，法律儒家化的进程依然在持续，后世各朝代，三国及至两晋、南北朝时期，在承袭秦汉之制的基础之上，又各自有所损益，并孕育着新式封建"五刑"体系的成型。这一时期对于女犯的刑罚处置，大致而言，一般有死刑、没为官奴、徒刑、罚金、鞭刑、赎刑、杖罚、徙边等，间或有部分肉刑的处罚。如《晋律》载，"其年老小笃疾病及女徒，皆收赎"，"诸应收赎者，皆月入中绢一匹，老小女人半之"②。《北魏·刑法志》载，"男女不以礼交，皆死"，"大逆不道腰斩，诛其同籍，年十四以下腐刑，女子没县官"，"畿内民富者，烧炭于山，贫者役于圊溷，女子入春槁"③。《北齐律》规定"其不合远配者，男子长徒，女子配春，并六年"，"无保者钳之，妇人配春及掖庭织"，北齐重臣崔季舒以谋反被诛，其"家属男女徙北边，妻女及子妇配奚官"④。

南朝梁、陈二朝另有测罚之刑，"凡系狱者——应加测罚——女及老小，一百五十刻乃与粥，满千刻而止，其问事诸罚，皆用孰靼鞭，小杖"，隋以后，此刑遂废⑤。另据南朝《梁律》所载，"其谋反降叛大逆以上，皆斩——母妻姐妹及应从作弃市者，妻子女妾同补奚官为奴婢，资财没官，劫身皆斩，妻子补兵"，"罪人妻子没为奴婢黥面"，"鞭杖之刑——将吏以上及女人应有罚者，以罚金代之"；凡四岁刑，以绢收赎者，男子四十八匹，女子半之⑥。

---

① 沈家本：《历代刑法考》，上册，第261—274、278页。
② 程树德：《九朝律考》，北京：商务印书馆，2010年，第332页。
③ 群众出版社编辑部：《历代刑法志》，群众出版社，1988年，第208页。
④ 程树德：《九朝律考》，第528—530页。
⑤ 沈家本：《历代刑法考》，上册，第462页。
⑥ 程树德：《九朝律考》，第416—419页。

隋朝建立之后，在以往历代刑罚的基础之上，隋文帝于开皇元年确立了以笞、杖、徒、流、死为核心的新式封建"五刑"制度，另将死刑规范为斩、绞二等，将籍没设为附加刑，并保留族诛刑。对于女性的处罚自然亦适用封建五刑，但是基于儒家的社会性别规范，在封建五刑制度之内，对于女性的刑罚，相对于男性一般较轻，而对于具有特定社会阶层女性的刑罚处置更有相应之优恤。及至唐宋时期，以父权家长制为核心的社会性别规范得到进一步完善和强化，而且，随着社会情势的变迁以及国家法令的调整，女性的社会生活环境的演变，在司法领域，女性犯罪的种类以及刑罚亦有着相应的变化。

在唐代，涉及女性的犯罪类型通常有侵犯人身权利的犯罪、破坏家庭伦理的犯罪、危害国家安全的犯罪等。诸如有诬告、谋杀、杀伤人、巫蛊厌魅、不孝、不睦、通奸、乱伦、劫盗、略卖、谋反、谋叛、谋大逆等。对于女犯的刑罚，在适用封建五刑的基础上，重罪者以死刑论，轻罪者酌情处理。据《唐律》规定，"诸官户、官奴婢亡者，一日杖六十，三日加一等，部曲、私奴亦同"，"有奴婢首匿流囚，罪合减一等，徒三年，加杖二百"①。《唐书·刑法志》载"居作者著钳若校，京师隶将作，女子隶少府缝作，旬给假一日，腊、寒食二日，毋出役院，病者释钳校，给假，疾差陪役，凡役，男子入于蔬圃，女子入于厨饎"②。《唐六典》亦载，"凡初配役，有技艺者，从其能而配诸司，妇人工巧者入于掖庭，其余无能，咸隶司农"③。

在宋代，涉及女性的犯罪一般有杀伤性犯罪如妻妾杀夫、妻杀妾婢、妾婢杀妻、母杀子女、妻杀尊长等，劫持性犯罪如窃盗、劫盗、诈骗、略卖等，坐赃类犯罪如受贿、行贿等，妖教类犯罪如妖言惑众、信仰杀人等，此外尚有诸如乱伦、通奸等性犯罪。对女犯的处置，同样以封建五刑为主轴，并附以其他之刑种。如《宋·刑法志》规定"初，京师裁造院募女工。而军士妻有罪，皆配隶南北作坊。天圣初，特诏释之，听自便，妇人应配，则以妻窑务或军营致远务卒之无家者，著为法"④。《宋律·狱官令》载"诸犯徒应配居作者，在京分送东、西八作司，在外州者，供当处官役，当处无官作者，留当州修理城隍、仓库及公廨杂使，犯流应住居作者，亦准此，若妇人待配者，为针工"。此外，《宋律》还规定，"诸妇人因夫、子受邑号、而夫、子犯除、免、官当者，其

---

① 中华人民共和国司法部：《中国监狱史料汇编》，上册，北京：群众出版社，1988年，第79、83页。
② 沈家本：《历代刑法考》，上册，第310页。
③ 李林甫等撰，陈仲夫点校：《唐六典》，北京：中华书局，1992年，第193页。
④ 群众出版社编辑部：《历代刑法志》，第374页。

母、妻邑号亦随除,即被弃放及改适者,亦准此。若夫、子因犯降、叙者,母、妻亦降,夫、子虽降,而邑号不移者,不在降限"①,这一律条反映出女性对于男性社会地位的依附性。除上述刑罚之外,宋代对于女犯还实施令亲属责领、编配等处分,还有专用于女犯的身份侮辱刑,如令众、没为官妓、射充军妻、出家等。金王朝规定:"妇人在囚,输作不便,而杖不分决,与杀无异,遂命免死输作者,决杖二百而免输作,以臀、背分决。""徒二年以下者杖六十,二年以上杖七十,妇人犯者并决五十。"②

元朝定鼎中原之后,在司法典章方面,更多仍是承袭了历代汉族中原王朝的制度。对于女犯的处置,依据《元史·刑法志》所载:"诸和奸者,杖七十七,有夫者,杖八十七,诱奸妇逃者,加一等,男女罪同,妇人去衣受杖,未成者,减四等。""诸妇人为盗,断罪,免刺配及充警迹人,免征倍赃,再犯并坐其夫,诸妇人寡居与人奸,盗舅姑财与奸夫,令娶己为妻者,奸非奸所捕获,止以同居卑幼盗尊长财为坐,笞五十七,归宗,奸夫杖六十七。"③

在明代,依据《大明律》的规定,犯罪的女犯可以例行收赎,"妇人犯徒流者,决杖一百,余罪收赎""成化二年令妇人犯法赎罪""妇人审有力,与命妇、军职正妻及例难的决之人,赎罪应钱钞兼收者,笞、杖每一十,折收银一钱,其老幼废疾妇人及天文生余罪收赎者,每笞一十应钞六百文,折收银七厘五毫","其妇人犯徒流,成化八年定例,除奸盗不孝与乐妇外,若审有力并决杖,亦得以纳钞赎罪"④。

在清代,女性犯罪大多仍以杀伤、略诱、奸非及干名犯义、违反教令等罪名为主。清代妇女在刑罚方面沿袭明律,例准妇女进行收赎或纳赎。"妇人有犯奸盗不孝,并审无力者,各依律决罚,其余有犯笞杖并徒流、充军、杂犯死罪该决杖一百者,审有力与命妇、官员正妻,俱准纳赎。""妇女犯奸,杖罪的决,枷罪收赎。""其妇人犯罪应决杖者,奸罪去衣;留裤受刑,余罪单衣决罚,皆免刺字,若犯徒流者,决杖一百,余罪收赎。"⑤"妇人容留拐带罪,坐夫男,夫男不知情及无夫男者,仍坐本妇,照律收赎。"⑥

---

① 天一阁博物馆、中国社会科学院历史研究所天圣令整理课题组校证:《天一阁藏明钞本天圣令校证:附唐令复原研究》,下册,北京:中华书局,2006年,第416页。
② 群众出版社编辑部:《历代刑法志》,第406、409页。
③ 群众出版社编辑部:《历代刑法志》,第451、458页。
④ 群众出版社编辑部:《历代刑法志》,第522—525页。
⑤ 杨晓辉:《清朝中期妇女犯罪问题研究》,北京:中国政法大学出版社,2009年,第85—86页。
⑥ 刘衡:《读律心得三卷》,详见官箴书集成编纂委员会编:《官箴书集成》,第六册,合肥:黄山书社,1997年,第162页。

自秦汉以来，基于父权制的伦理规范、女性自身生理状况及恤刑、慎刑之思想，历代王朝在刑罚执行方面对于女性多有特殊性优待和体恤，而且此种优恤政策一直延续不绝，并逐渐得以充实和完善。如在西汉初年，汉景帝曾下诏令曰："高年老长，人所尊敬也，鳏寡不属逮者，人所哀怜也，其著令，年八十以上，八岁以下，及孕者未乳，师、侏儒，当鞫系者，颂系之。"汉平帝亦曾下诏称："夫妇正则父子亲，人伦定矣，前诏有司复贞妇，归女徒，诚欲以防邪辟，全贞信，及眊悼之人，刑罚所不加，圣王之所制也，唯荷暴吏多拘系犯法者亲属，妇女老弱，构怨伤化，百姓苦之，其明敕百僚，妇女非身犯法，及男子年八十以上，七岁以下，家非坐不道，诏所名捕，它皆毋得系，其当验者，即验问。"而东汉光武帝为体恤女犯，亦于建武三年秋诏曰："男八十以上，十岁以下，及妇人从坐者，自非不道，诏所名捕，皆不得系，当验问即就验，女徒顾山归家。"①在三国魏晋时期，魏明帝曾"改士庶罚金之令，男听以罚金，妇人加笞还从鞭督之例，以其形体裸露故也"。而在西晋时代，又变更定制，缩小女性连坐受诛之范围，"在室之女，从父母之株，既醮之妇，从夫家之罚"②。

在南北朝时期，律法方面对于诸如怀孕、年老等女犯仍有特殊之对待，如《北魏·刑法志》规定"妇人当刑而孕，产后百日乃决"。《北齐律》载"自犯流罪以下合赎者，及妇人犯刑以下，侏儒、笃疾，癃残非犯死罪，皆颂系之"③；同时还规定"妇人年六十以上免配官"④。《北周律》亦明定"妇人当笞者，听以赎论"⑤。南朝《梁律》规定"女子怀孕者，勿得决罚"⑥，"耐罪囚八十以上，十岁已下，及孕者，盲者，侏儒当械系者，及郡国太守相、都尉、关中侯已上，亭侯已上至父母妻子，及所生坐非死罪，除名之罪，二千石已上非槛征者，并颂系之"⑦，上述政策在隋代仍被沿用。

至唐代，随着礼、法融合的最终完成，唐代律文对于女犯的保护和优恤举措更为多样。如唐《狱官令》规定"禁囚，死罪枷、杻，妇人及流以下去杻，其杖罪散禁"。《唐书·刑法志》规定"诸妇人犯死罪，怀孕，当决者，听产后一百日乃行刑，若未产而决者，徒二年，产讫，限未满而决者，徒一年，失者，各减二等"，"诸妇人怀孕，犯罪应拷及决杖者，若未产而拷、决者，杖一百，伤重者，依前人不合捶拷法，产后未满百日而拷决者，减二等，失

---

① 沈家本：《历代刑法考》，上册，第299—300页。
② 群众出版社编辑部：《历代刑法志》，第46、50页。
③ 群众出版社编辑部：《历代刑法志》，第208页。
④ 程树德：《九朝律考》，第528页。
⑤ 群众出版社编辑部：《历代刑法志》，第280页。
⑥ 程树德：《九朝律考》，第421页。
⑦ 沈家本：《历代刑法考》，上册，第301页。

者,各减二等"①。此外,还规定"轻罪及十岁以下至八十以上者,废疾、侏儒、怀妊皆颂系以待"②。对于有一定官品、封号的女犯,若身犯重罪,"非斩者,绞于隐处"③,以保全体面。

宋代很多律令承袭唐律,对于女性人犯的优恤理念亦一脉相承。如《宋律·狱官令》所载"诸禁囚,死罪枷杻,妇人及流罪以下去杻,其杖罪散禁——年八十以上、十岁以下及废疾、怀孕、侏儒之类,虽犯死罪,亦散禁"。若女犯怀有身孕,可令其保释,"诸妇人在禁临产月者,责保听出,死罪产后满二十日,流罪以下产后满三十日,并即追禁,不给程"。若女犯身涉死罪处决,其所产之子,"无家人者,付近亲收养,无近亲,付四邻,有欲养为子者,虽异姓,并听之"④。

女真族所建立的金朝,对于女犯亦有一定的体恤,特设有"免死"之规定。据《金史·刑法志》所载,熙宗天眷二十五年二月,"上以妇人在囚输作不便,而不分决,与杀无异,遂命免死"⑤。在元代,据《元典章》之规定,凡死罪人犯均须身带枷、杻等刑具,唯"收禁妇人去杻,杖罪以下锁取",对于有孕女犯,"应拷及决杖笞者,须候产后百日决遣,临产月者,召保听候,产二十日,复追入禁,无保及犯死罪,产时令妇人入禁有侍"⑥。

在明代,对于在押女犯亦同样规定不戴刑具,如"徒以上应杻,凡锁者兼杻,唯妇人不杻"⑦,对于怀孕女犯,亦要求官员,应拷、决者,须待产后百日行刑,与元代立法相似。但同时又规定,"若未产而拷决,因而堕胎者,官吏减凡斗伤罪三等,致死者杖一百,徒三年,产限未满而拷决者,减一等",对私自用刑,致使怀孕女犯造成伤害者,将追究刑责。若孕犯身涉死罪,可令"稳婆入禁看视,亦听产后百日乃行刑,未产而决者,杖八十,产讫限未满而决者,杖七十,其过限不决者杖六十,失者各减三等"⑧。

在清代,对于怀孕女犯的刑罚处置基本沿用《大明律》,同时又规定"犯妇怀孕,律应凌迟斩决者,除初审证据未确,案涉疑似必须拷讯者,仍俟产后

---

① 中华人民共和国司法部:《中国监狱史料汇编》,上册,第85、103页。
② 李文彬:《中国古代监狱的管理原则与制度》,详见中华人民共和国司法部:《中国监狱史料汇编》,上册,第484页。
③ 天一阁博物馆、中国社会科学院历史研究所天圣令整理课题组校证:《天一阁藏明钞本天圣令校证:附唐令复原研究》,下册,第420页。
④ 天一阁博物馆、中国社会科学院历史研究所天圣令整理课题组校证:《天一阁藏明钞本天圣令校证:附唐令复原研究》,下册,第416—417页。
⑤ 群众出版社编辑部:《历代刑法志》,第406页。
⑥ 中华人民共和国司法部:《中国监狱史料汇编》,上册,第144、151页。
⑦ 王利荣:《中国监狱史》,成都:四川大学出版社,1995年,第101页。
⑧ 中华人民共和国司法部:《中国监狱史料汇编》,上册,第144、172—173页。

百日限满审鞫,若初审证据已明,供认确凿者,于产后一月起限,审解其罪,应凌迟处死者,产后一月期满,即按律正法"。明清时期,对于怀孕女犯的刑罚,与唐律相比,虽然对孕犯行刑的时间限期未有变动,但是却在一定程度上减轻了对于行刑官员违规行刑的处罚标准。通过对怀孕女犯行刑予以必要的限制性规定,其意图在于体恤女犯,"生全其子","不然,罪本应死,法当行刑,岂必待其血气充足乎? 既保其胎生于前,复全其子于产后,仁之至也"①。可以说较为典型地体现出传统时代对于女犯的一种恤刑理念。此外,大清律还规定,"妇女犯该斩枭者,即拟斩立决免其枭示""妇人尊长与男夫卑幼同犯,虽妇人为首,仍独坐男夫"②。

除了如上述各种对于女犯的刑罚方式及特殊优恤政策而外,事实上,监禁作为一种处罚方式,长期以来一直存在并持续得以沿用,并适用于对于女犯的刑罚处置。但是,将人犯投入牢狱,此种刑罚方式,从政府法规层面而言,不论是在旧式五刑体系之下,还是在新式五刑模式中,监禁都不是国家法定的主刑或本刑,均不是政府所认可的独立刑种。传统时代的牢狱亦并非单纯的刑罚执行场所,实际上,处于监禁状态的人犯,不管是男犯或是女犯,要么是因亲身涉案或因他案牵连而等待审讯,要么是等待判决刑罚之执行,要么是案件复审。

而且,在人犯监禁形式上亦有一个逐步变革的过程,在早期时代的牢狱,大多因陋就简,或因事因时而设,便利从事。"既无专门建造之房屋,又无特别专用之设备,或利用宫殿旧庙,幽闭于一隅,或借用塔宇地窖,锁禁于一室,男女老幼,斗室笼居,混同杂处,极尽威赫之能事,使饱受痛苦"。此种监狱,人犯混同杂处,"铁栅锁系,待遇凶暴,动辄施刑,人且不如兽"③。嗣后,随着社会历史的变迁,监禁的形式及设施亦有相应改进,逐渐由以往的混同杂处,变革为男女分押,进而设置女监,虽然仍采取混监分押的形式,但相对以往的杂乱同处,无疑是一种明显的进步。

据现有研究表明,即使在秦汉时期,对于女犯的关押,一度亦有混同杂处的现象。如在西汉初期,于后宫设置的诸如永巷、掖庭、曝室等处,兼做羁押男女人犯之用,除用于关押宫内嫔妃、侍女外,亦羁押废除的皇帝或其他官员。据《汉书·外戚传》所载:"惠帝立,吕后为皇太后,乃令永巷囚戚夫人,髡钳衣赭衣。令舂,戚夫人舂且歌曰'子为王,母为虏,终日舂薄暮,常与

---

① 杨晓辉:《清朝中期妇女犯罪问题研究》,第 87—88 页。
② 刘衡:《读律心得三卷》,详见官箴书集成编纂委员会编:《官箴书集成》,第六册,第 162 页。
③ 曹强新:《清代监狱研究》,武汉:湖北人民出版社,2011 年,第 104—105 页。

死为伍,相离三千里,当谁使告女?'"①《汉书·高后纪》载"四年夏,少帝自知非皇后子,出怨言,皇太后幽之永巷"。汉成帝时,有谏议大夫刘辅上疏劝阻立赵飞燕为后,后被囚禁于宫内掖庭密狱②。

直至唐代,方在政府律文中明确规定男女人犯须分别羁押。如《新唐书·百官志·狱丞》所载"贵贱、男女异狱"③。这一政策并被后世历代所承袭,并进而对女犯羁押的具体实施做出更为周详的规定,则有一个逐步调整完善的过程。如宋代,据《宋律·狱官令》载"诸妇人在禁,皆与男夫别所,仍以杂色妇女伴狱"④,《庆元条法事类》亦规定"诸妇人在狱,以倡女伴之,仍与男子别所"⑤。至元代,《元史·刑法志》规定"诸狱囚,必轻重异处,男女异室,毋或参杂"⑥,"随路州府司县牢房——妇人仍与男子别所,虽已盖房舍,若窄隘不能分拣,即仰别行添盖"。及至明代,在坚持男女异狱的同时,对于涉案女犯应否羁押,应当如何处置,进一步予以明确,除身涉奸非、死罪者收押外,其他杂犯一概不予以收押。如《大明律》规定"凡妇人犯罪,除犯奸及死罪收禁外,其余杂犯,责付本夫收管,如无夫者,责付有服亲属、邻里保管,随衙听候,不许一概监禁,违者笞四十"⑦。

在清代,对于女犯应否入狱羁押,亦多沿用前明之法规,对于犯有死罪、奸情等案者,"另设女监羁禁外",其余"非实犯死罪者,承审官拘提录供即交亲属保领,听候发落,不得一概羁禁"⑧。所有应行在狱羁押的女犯,亦施行男女分押,妥为安置于女监之内,依照清代狱制,自中央至地方各级衙门所设的监狱,一般分为内监、外监及女监,分别用于羁押不同人犯。依照清初顺治年间成例,"死囚禁内监,军流以下禁外监,妇人犯罪应禁者,别置一室曰女监"⑨。雍正年间规定"各处监狱俱分建内外两处,强盗并斩绞重犯俱禁内监,军流以下俱禁外监,再另置一室,以禁女犯","妇人非犯死罪不入监,然女监不可不备,亦于外监之侧,另置一所,高其墙垣,旁曰女监,毋与男监相比门,内留一隙地,以为便溺之处,门早晚封锁,专令老成狱卒司之,于门旁壁上作一小转桶,饮食令狱卒传递送,内外各

---

① 沈家本:《历代刑法考》,上册,第 264 页。
② 宋杰:《汉代监狱制度研究》,北京:中华书局,2013 年,第 34、39 页。
③ 梁民立:《简明中国监狱史》,第 52 页。
④ 天一阁博物馆、中国社会科学院历史研究所天圣令整理课题组校证:《天一阁藏明钞本天圣令校证:附唐令复原研究》,下册,第 418 页。
⑤ 王利荣:《中国监狱史》,第 99 页。
⑥ 群众出版社编辑部:《历代刑法志》,第 482 页。
⑦ 中华人民共和国司法部:《中国监狱史料汇编》,上册,第 144、172—173 页。
⑧ 杨晓辉:《清朝中期妇女犯罪问题研究》,第 82 页。
⑨ 曹强新:《清代监狱研究》,第 107 页。

别,防范亦严"①。

此外,在清代,对于无须收押入监的女犯,而又无法交由其亲属及家人、邻里依律保领者,一般则由官府判交官媒进行处理。所谓官媒,是清代职能较为特殊的一个机构,官媒除了充当婚姻中介者外,还充当清代合法买卖人口的中介机构,而且还负责看管、解勘女犯以及将身涉奸非罪的女犯嫁卖的职能。对于那些无法收押入狱,又无法保领的女犯,多由官媒领回处置,负责官媒的人员基本上都是稳健但较为泼辣凶狠的妇女。因官媒本身所具有一定的司法职能,"妇女有犯奸发交官媒,照官价发卖,其未曾断结之前,或有罪不至于收禁而押于班房,则又虑男女混杂,因亦交官媒羁押"②。故而长期以来,其积弊日深,"各省府州县地方,其足为被押妇女之巨害者,莫如官媒一项"③,"盖官媒恃押犯为生涯,奉发一人必多方诱奸,以觅其利,不从者逼以私刑,以饱其欲而后已"。而且官媒之弊"到处皆然,在若辈别有肺肠奸计自出,总难查禁",故而时人慨叹到"犯案妇女发交官媒最是造孽事"④。及至清末,有鉴于官媒积弊难返,有御史王履康曾奏请废除官媒,"似应比照待质所办法,将官媒永远禁革,改设妇女待质所"⑤。

事实上,自秦汉以来,基于儒家纲常伦理的社会性别秩序,女性当以贞节为重,认为女性出入公堂有损其名节及颜面,不但对于女性正常的诉讼权利有诸多限制,而且亦不会轻易传唤、提审妇人到堂。"妇人露头面以入公庭,终身大诟,奸人以此图凌辱,公差亦以此重需求——令妇女非犯奸盗,不许涉告,即告词牵涉不愿见官,差人强逼者,重责之,若擅锁项,系婢系娼亦责革,系良妇倍责革,仍究罪不饶"⑥。"有妇女非奸盗正犯不可令其随众点名跪候,且令于衙门近处静待,唤其至亲丁男代质,必不得已须唤其亲质,不但免其出露乖丑为造福"⑦。

而据清律法条,政府官员亦不得对妇人动辄滥行提审,"妇女有犯奸、盗、人命等情,及别案牵连,身系正犯,仍行提审,其余小事牵连,提子侄、兄弟代审,如遇亏空、累赔、追赃、搜查家产、杂犯等案,将妇女提审,永行禁止,

---

① 黄六鸿:《福惠全书三十二卷》,详见官箴书集成编纂委员会编:《官箴书集成》,第三册,第361—362页。
② 《妇女勿轻易交官媒说》,《申报》1881年2月13日。
③ 薛梅卿主编:《清末民初改良监狱专辑》,中国监狱学会,1997年,第39—40页。
④ 《良法堪师》,《申报》,1881年7月7日。
⑤ 薛梅卿主编:《清末民初改良监狱专辑》,第39—40页。
⑥ 刘明俊:《居官水镜四卷》,详见官箴书集成编纂委员会编:《官箴书集成》,第一册,第601页。
⑦ 潘月山:《未信编六卷》,详见官箴书集成编纂委员会编:《官箴书集成》,第三册,第80页。

违者,以违制治罪"①。之所以有此项规定,正如薛允升所言"妇人犯罪,法原不轻于男子,而不许径行提审者,所以励廉耻、厚风俗也"②。

在传统时代,对妇人告诉权以及提审尚且有如此之限制及顾忌,更遑论将女性投入牢狱羁押了。为此,一般官员和士绅大多都认为,"妇女尤不可令其入狱——若妇女一入牢狱,牢头狱卒便有许多轻薄,后虽释放,致令终身无可自明,切宜怜之慎之"③。在实际的司法操作中,各级地方官员,对于收押女犯大多慎重从事,非身涉重罪或必要时,不会轻易予以羁押。此举主要是基于体恤妇女贞洁及节操,亦是保全其所属家长、家族之颜面。"妇人断不可送监,监中诸犯轻薄及牢头狱卒调戏,不唯妇人从此脸厚无耻,即贞端自守者,终身难以自明,归而姒娌嘲谈,亲党窃笑兼之夫主嫌疑,一旦含恨自缢,则无辜陷人于死者谁乎"④。"妇人非犯死罪切勿系狱——盖男女有别,廉耻为重,皂快一拘妇人无穷之利,妇人一入公门无限之辱,掏摸戏狎,无所不至,有因之而丧名节者"⑤。此外,亦有出于监内人犯管理及安全的考量,关押女犯的女监,"不许男犯近前,晚须监门锁闭,不许与男犯通奸,恐因徒纵淫争闹,致生他变,查出该管禁卒守宿书役及男女本犯一并究惩","盖狱中一有暧昧,易生他变也"⑥。

综上所述,对于女性犯罪的刑罚处置,在不同的时代,囿于社会规范及刑罚理念的影响,亦有所差异。特别是在汉代以来,随着儒家伦理以及父权制社会性别规范的彰显,广大女性的日常行为和思想受到其多方面的规制和约束,倍感约束。但是在司法领域,正是基于上述官方意识形态的考量,历代王朝对于女性的刑罚,特别是对于孕犯、有特定身份之女犯,往往予以优待和体恤,采取恤刑,"限制性保护"的政策,使其享有折赎、轻判等处遇,且一般非奸非、命盗等重罪,不会轻易提审及羁押入狱。

此种规制和优恤,其实质上并行不悖,反映出传统时代父权制笼罩之下,广大女性的一种日常实态,既受其害,亦得其益。从根本上而言,"在以

---

① 刘衡:《读律心得三卷》,详见官箴书集成编纂委员会编:《官箴书集成》,第六册,第161—162页。
② 陈兆肆:《清代私牢研究》,北京:人民出版社,2015年,第80页。
③ 潘月山:《未信编六卷》,详见官箴书集成编纂委员会编:《官箴书集成》,第三册,第90页。
④ 黄六鸿:《福惠全书三十二卷》,详见官箴书集成编纂委员会编:《官箴书集成》,第三册,第359页。
⑤ 吕坤:《新吾吕先生实政录七卷》,详见官箴书集成编纂委员会编:《官箴书集成》,第一册,第551页。
⑥ 黄六鸿:《福惠全书三十二卷》,详见官箴书集成编纂委员会编:《官箴书集成》,第三册,第359页。

家族、国家为本位、毫无平等观念的身份等级社会中,不论国家立法还是司法实践,尊重和保护女性都是不可能的"。因而,在传统时代,对于女性刑罚的特殊处置及刑罚优恤,对于女性而言,官方的着眼点并不在于其生命或权益本身,而是意图通过保全女性的贞节、廉耻,从而维护女性所属男性家长、家族的权益,进而维护纲常明教的伦理秩序。意在"成男女之体","严男女之大防","正风化",其实"是为维护其礼教秩序而不得为之的结果"①。

　　监禁作为一种刑罚方式,虽然历代延续不绝,但并非是法定主刑或本刑,且传统时代政府或者地方官员,对于将女犯羁押入狱一般均持慎重之态度,非必要或身犯重罪时,不会将女犯投入牢狱。此外,虽然长期以来,女性犯罪时有所现,但是总体上而言,囿于社会规范及女性自身生理状况的约束,女性犯罪的总体数量和规模仍属偏少,因而真正羁押入监的女犯数量亦较少,因而传统时代并未有独立建制的女监出现。

　　羁押女犯由早期时代的混同杂处逐步发展至男女异狱、混监分押,经历了一个逐步分离、完善的过程,实质上这也是一个刑罚逐步文明化的过程。而自清末以来,随着时局的变动,社会规范的崩解,女性逐步走向社会,随之而来的是女性犯罪的激增,特别是都市女性犯罪的凸显,而与此同时,随着自由刑惩罚模式的引入,意味着数量不菲的女犯将会被羁押入狱。原有的女监,以及传统时代混监分押的形式,已无法适应时代之需要,因而在特定区域,独立建制新式女监应运而生。而嗣后对于女犯入狱服刑,实行分监、分押、分教成为对于女性犯罪予以刑事处置的潮流和趋势。

第二节　女犯关押权之争:上海新式女监的组建及沿革

　　在上海开埠以前,原有的上海县监和中国其他时代和地区的传统监狱并无二致。该监占地约两亩,与县衙同在一处,位于衙署的西南部。监内采取"混监分押"的模式,设有内监、外监、女监三部分,用于羁押不同性别和罪质不同的人犯。监内设施简陋,卫生环境恶劣不堪,"围监房三面皆泥壁,剥蚀殆甚,败纸错落,糊贴其间,檐下木栅,亦近朽腐,有破芦席数片——外监亦如此,四围墙垣仅及肩有半,而又颓坏若将圮者"。"室中秽恶之味,与洋

---

① 李相森:《限制与保护:清代司法对涉讼女性的特别应对》,《妇女研究论丛》2015年第6期,第66—74页。

烟氤氲之气，相缭绕凝结，不可解散，触鼻欲呕"。此外，监内管理混乱，各种腐败之风大盛，在押人犯，"因之有力者，居然为豪客，贫者则乞丐不如也，嗜烟无禁，嗜酒无禁，甚至赌博亦无禁，于是禁狱之变相，可以为烟铺，为酒馆，为赌场矣"①。

上海开埠以后，1845年11月，上海道宫慕久与英国领事巴富尔签署了《上海土地章程》，据此设立了英租界，1848年、1849年，又在上海设立美租界、法租界，1863年9月英美租界合并，设立公共租界。在租界设立之初，一度采取的是华洋隔离政策，租界内华人甚少，偶尔华人犯案，中国政府对于租界内华人犯罪亦有管辖处置权。据1845年《上海租地章程》的规定"倘有赌徒、醉汉、乞丐进行扰乱并伤害洋商，领事官知照地方官员，依法判处，以资儆诫"②。这一规定显示在租界设立初期，清政府的司法权尚能及于租界范围，而当时的外国领事大多通过其设立的领事法庭仅行使对该国人民的领事裁判权，并不介入和干涉界内纯粹的华人民刑案件。此外，加以当时界内华人不多，犯案者或者重大刑案亦相对甚少，即使有案发生，大多亦属于轻微琐案，多由上海县衙管辖处置，双方亦无争议。

而随着租界的发展，尤其是太平天国运动的兴起及1853年上海小刀会事件的发生，导致华洋之间的平衡和藩篱被打破。大量华人开始涌入租界，华洋杂居，纠纷日多，随之而来的是各类涉及华人民刑案件的频发，租界治安状况堪忧。界内纷繁的华人犯罪问题，不免成为租界方面的重要难题，为应对局面，1854年，英租界相继设立工部局、巡捕房，采取各种措施以维护租界社会秩序和安全，加强对于租界的管控。"治安至上"成为工部局的施政目标。"界内华民，犯有案件时，应如何发落耶？"③为处理涉华犯罪事件，英国领事还趁时局动荡，清政府无暇兼顾租界的时机，侵夺了租界内对于华人案件的司法管辖及处置权，"凡租界内一切较轻案件，均须先由英领审理，并由英领处以拘役等刑"④，对于重大案件，则移送至上海县衙审判。

对于租界移送的案件，上海县衙并无相应的能力予以妥善处置，有时往往听信人犯口供予以释放或予以从轻发落，以致不少罪犯逃脱惩罚，转而又回到租界之内，继续肆行不法之事。此种情形引起工部局的不满，认为上海地方政府处置华犯不力，增强了其对于清政府司法事务和能力的不信任，屡

---

① 麦林华主编：《上海监狱志》，上海：上海社会科学院出版社，2003年，第893—894页。
② 王铁崖主编：《中外旧约章汇编，第1册，1689—1901》，上海：三联书店，1957年，第68页。
③ 夏晋麟编著：《上海租界问题》，上海：上海书店出版社，1992年，第38页。
④ 徐公肃、丘瑾璋：《上海公共租界制度》，详见蒯世勋编著：《上海公共租界史稿》，上海：上海人民出版社，1980年，第139页。

次提出要求,希望能获得在租界内审理和处置华人嫌犯的全权。

为弥补中外双方在司法领域之间法律、语言等方面的歧异,加强合作,经英国驻沪领事巴夏礼提议,中外双方商议在租界内设立一个混合法庭。后经谈判,1864年5月,洋泾浜北首理事衙门在英租界内设立,此理事衙门系由上海道台所派的中国官员与外国陪审官共同审理案件。依据双方达成的协议,若为纯粹的华人案件,则归中国官员单独审理处置,若为涉及外人利益案件,则须与外国陪审官共同审理。

该衙门的管辖权限为"关于刑事案件,以百日未满之监禁,服役苦工,或三十天以下之枷锁,或一百以下之杖笞,或代以百元以下之罚金为限——关于民事案件,则以诉讼总额不过百元为限"①。对于待审或短期羁押的华犯,一般多管押于租界内巡捕房的监所或理事衙门的牢房内。后因人犯过多,原有监所不敷应用,且安全性不够,工部局于1865年11月拟修建中央捕房的新监房,"建造这些适用并完全保险的牢房要支出大约2 500两银子",并建议上海道台捐助此笔款项,因为工部局"现在负责看管如此多的中国犯人"②。

在洋泾浜北首理事衙门设立数年后,随着上海租界的快速变革以及华洋案件的日趋复杂,原有的理事衙门已经无法适应局势的变化。为此,经中外双方协商,1869年4月,正式签署了《洋泾浜设官会审章程》,设立新的中外混合法庭,即会审公廨。原北首理事衙门予以撤销,依据上述章程的规定,新设的会审公廨相对于原北首理事衙门,无论在职阶、司法权限等方面都有明显提高和扩大。该公廨系由上海道台"遴委同知一员,专驻洋泾浜,管理各国租地界内钱债、斗殴、窃盗、词讼各等案件",在公廨内"立一公馆,置备枷杖以下刑具,并设饭歇","凡有华民控告华民及洋商控告华民,无论钱债与交易各事,均准其提讯定断,并照中国常例审讯,并准其将华民刑讯、管押及发落枷杖以下罪名",凡遇有"华人犯案重大,或至死罪,或至军流徒罪以上——应仍由上海县审断详办,倘有命案,亦归上海县相验,委员不得擅专"。对于案件的审理,"凡遇案件牵涉洋人必应到案者,必须领事官会同委员审问,或派洋官会审;若案情只系中国人,并无洋人在内,即听中国委员自行讯断,各国领事官毋庸干预"③。

---

① 徐公肃、丘谨璋:《上海公共租界制度》,详见蒯世勋编著:《上海公共租界史稿》,第161页。
② 上海市档案馆编:《工部局董事会会议录》,第二册,上海:上海古籍出版社,2001年,第523页。
③ 王铁崖主编:《中外旧约章汇编,第1册,1689—1901》,第269—270页。

会审公廨初设之时，位于洋泾浜北首理事衙门原址，亦即南京路香粉弄，后来成为五云日升茶楼所在地，原址另有"牢房4间，每间7平方米，另有一木屋用于关押体面罪犯"①。及至1882年，因公廨原址已历经十余年，原有"办公之所——唯宅门以内仅有一进，未免诸形不便"，故而迁移至原址以西②。至1883年，位于久乐园西侧与南京路小菜场隔街相对的新署落成，公廨即移往新署听讯。1888年，公廨增设女狱，关押刑期较长的女犯③。

至1898年6月份，因公廨附设的押所"地狭人多，殊形不便"，故而时任谳员张义澍拟将公廨左侧左鸿福茶园房屋进行改造，俾可与"押所通连，可多容人犯居处"，并已饬"皂役头知照茶园主，限五月初迁让，并减收一月房租以示体恤"④。然未几，至同年11月，新任公廨谳员郑汝骖则以"屋宇狭隘，倘遇会审要事，殊多不便"为由，直接向上海道台提出须再行另建新署。后经南洋大臣刘坤一批准，在美租界老垃圾桥北浙江路一带，觅地七亩有余，建设新署，系由广东人梁某以价银四万余金得以承揽建设⑤。至1899年8月，建设完竣，沪上民众称之为新衙门，该新署附设有男、女押所，分为东班房、西班房、白虎殿等处，至此，会审公廨至其终结未再予以迁移⑥。

会审公廨对于华籍人犯的处置，最初其执行权操之于中国谳员之手，或开释、或笞杖、或枷号、或罚金、或劳役，重犯移送上海县衙处置。对于须待审决或判处监禁的人犯，或移送上海县监、或羁押于公廨附设的押所。至1885年以后，工部局巡捕房亦开始将判决的人犯带往捕房监所羁押。对于女犯的处置，大体亦如此，轻者或斥责开释、稍重者掌颊、罚金、笞杖、枷号示众、遣返原籍，奸非命盗或累犯者，移送上海县衙审决，须监禁者，或押于公廨所设的女押所、官媒，或移送上海县监女牢，有时亦移送至诸如普育堂、栖流公所、济良所等处。

1888年8月，时任公廨谳员蔡汇沧因涉案羁押华籍女犯及择偶的妓女过多，公廨内的女押所过于拥挤，而"县衙门已拒绝收容更多妇女"。为此，蔡谳员致函工部局请补助500元经费，以便在新闸收容所的空地上再盖一栋房子，用于收容女犯。后经工部局派员实地考察之后，决定同意拨付谳员申请的款项，"从工部局收取的会审公堂罚款中支出"⑦。对于须管押的女

---

① 麦林华主编：《上海监狱志》，第98页。
② 《改建公廨》，《申报》1882年3月29日。
③ 麦林华主编：《上海监狱志》，第98页。
④ 《扩充押所》，《申报》1898年6月16日。
⑤ 《建造公廨》，《申报》1898年11月27日。
⑥ 麦林华主编：《上海监狱志》，第98页。
⑦ 上海市档案馆编：《工部局董事会会议录》，第九册，第674—676页。

犯,随着会审外籍陪审官以及巡捕房的日渐强势,有时亦会被带至巡捕房羁押。

会审公廨附设的押所在1905年大规模翻建之前,大多简陋狭隘,人犯少时,尚可应付,人犯日增,渐渐拥挤不堪,不敷使用,人犯不得不混押一处。虽然有时部分人犯亦会羁押于巡捕房监所中,随着人犯日增,捕房监所亦告人满为患,不敷应用,租界当局一度不得不将人犯羁押于租赁而来的厦门路监狱中。为解决租界内的人犯羁押问题,1901年租界当局决定在华德路修建一座新式大型监狱。至1903年5月,第一座四层监楼投入使用,是年9月份,工部局董事会审议并批准在华德路监狱内增设女监,并确定女监房数量减少至30间[1],至1904年11月,女监建成。

在华德路监狱(俗称西牢)及女监建成启用之前,租界当局对清政府司法制度和能力并不信任,特别是对于会审公廨押所中人犯羁押混乱,拥挤不堪的现状,颇为不满。此种监狱制度,与当时西方的近代新式狱制是格格不入的,在以"文明"自居的西方人看来,租界之内居然有如此之类的中国监所,他们认为"是对作为西方文明代表的西人的亵渎","是对文明的一种耻辱"。他们认为,在租界内理应为羁押华籍囚犯寻找一座合适的监狱,西方人坚信"一所合适的监狱不仅是向华人展示对待罪犯的文明方式,同时也因为有大量的华人犯罪分子出现而成为一种迫切的需要,须由工部局为他们提供犯人牢房"[2]。

在华德路监狱建成之前,租界当局虽心有不满但无力改变现状,亦不得不默认清政府对监犯的羁押权,更多的华人囚犯多被羁押于公廨押所或上海县监。但是,随着华德路监狱及其女监的启用,租界当局长期以来的设想得以实现。西人以往即屡屡指责公廨押所及上海县监设施简陋且条件恶劣,极为不文明。现在新式监狱已经建成,已有足够的规模和监房空间,足以收容人犯,嗣后所有租界内的人犯,不论男犯或是女犯,理应一律羁押于华德路监狱之中。

相较而言,西牢内的设施条件以及管理体制,确实优于中国传统监所。按照常规来说,人犯在此种监所中,应当生活较为舒适,而更乐意向往之。但事实上,自1903年西牢启用之后,羁押于其中的华籍人犯却屡屡传出毙命狱中的新闻,"一经押入,实亦瘐毙者多而生全者少",这在无形中反而加剧了人犯对于这一监狱的恐惧。将羁押于西牢视为"畏途","既以为有死

---

[1] 上海市档案馆编:《工部局董事会会议录》,第十五册,第623页。
[2] 上海市档案馆编:《工部局董事会会议录》,第十册,第662—663、700页。

无生之地"、"一闻西牢二字,心战胆裂,几若死刑加身",从而形成了华人犯罪"不畏中狱而但畏西牢"的局面,甚而有听闻判押西牢而先行自裁者①。

实际上,羁押于西牢的华犯身死者众,并非由于牢内设施不如中狱或身受虐待,主要由于中外人犯体质及生活饮食习惯、环境之差异,华籍人犯多难以适应,以致染病身亡。盖"半由所食粗粝,并迫令时以冷水洗浴,又卧处首足高下过悬之故,中西体质不同,故羁押稍久,即委转致毙"②。对于将华犯押入西牢,且致使其屡屡毙命其间的现状,清政府甚为不满,公廨谳员亦多次设法予以交涉,要求争回西牢押犯的新闻亦多次见诸报端。但由于租界当局出于维护界内治安及秩序起见,态度强硬,坚不让步,谳员与之多次交涉均告无果,亦只能默认租界当局的做法,将华人男犯准予羁押于西牢。

清政府交涉无果默认的只是将男犯羁押于西牢,而实际上,从租界当局的设想而言,不仅是男犯,他们还想将界内的华人女犯亦一并押入西牢之内。长期以来,按照以往成例,公审公廨判决的女犯,须羁押者"向在会审公廨,交之于奸猾、卑鄙之官媒,既不妥善又不清洁"③,而公廨女押所及官媒之"种种流弊,尤难以言喻"④,为此,租界当局亦欲将女犯"改禁于新造之西式女狱"⑤。对于工部局羁押华人女犯于西牢的要求,时论认为,西人此举"固迹涉干预,但历任谳员之不能善自治理,亦难辞其责焉。木必先腐而后虫生,此亦一定之理也"⑥。

实际上,在中国传统狱制及刑罚理念中,出于维护女性贞洁名声起见,一般对于女犯不轻易系狱,而且西牢启用后,华犯在狱中身亡者甚多,引起中国方面的不满和恐惧。意图将羁押于其间的华犯讨回,更遑论再将华人女犯送入其中,不仅令其名节受损,更无异于将女犯置于死地。"收押西牢实与中国人体质、饮食皆不相宜,今年西牢之押犯死者不知凡几,各报历历记载可凭,华人不知,误疑虐待"⑦。

此外,对于女犯的羁押,在《洋泾浜设官会审章程》中并没有明文规定必须羁押于西人牢狱,而长期以来这些女犯均管押于公廨押所或官媒、栖流公所等处,本已成为双方接受和认可的惯例。因而,对于工部局羁押女犯于西牢的要求,公廨谳员及上海道台理所当然表示强烈反对。1904年12月7

---

① 《论商改西牢事》,《申报》1906年5月18日。
② 《论争回西牢押犯事》,《申报》1905年8月13日。
③ 《论租界女犯改禁事》,《新闻报》1905年3月8日。
④ 《论上海租界会审委员责任之重》,《申报》1905年8月9日。
⑤ 《论租界女犯改禁事》,《新闻报》1905年3月8日。
⑥ 《论上海租界会审委员责任之重》,《申报》1905年8月9日。
⑦ 《会审谳员致英领事女犯不准押入西牢照会》,《申报》1905年7月21日。

日,时任谳员黄煊致信工部局称"他已接到道台指示,即经他与英国陪审员协商,凡在会审公堂的女犯仍留该处,不必转移到工部局监狱去"。12月28日,上海道台"仍然拒绝将关在会审公堂牢房内的女犯转到工部局监狱"①。

此外,沪埠舆论亦对人犯羁押于西牢之事表示关注和反对,指出西人此举实为违背章程,干涉中国内政。有论者认为将华人男犯押于西牢,本已属违背章程在先,但因此类男犯多有"无赖之穷凶极恶者,非枷杖所得蔽其辜,羁留饭歇之中,难免吏役任情婪索,以故禁诸西狱,使之徐徐改过自新也"。不过,若将华人女犯亦押入西牢,则实属太过,盖女性所犯之罪,"非奸淫即泼悍,无所谓穷凶极恶"。因而,对此等女犯"或掌其颊或罚之金,已足示惩儆,必欲下之于狱,法令未免过严"。为此,"男狱则姑任西人设之,而女狱必力与争持,毋使西人得行其权,致与公廨章程有背乎",并表示"坚不许妇女之犯事到官者,露面抛头禁入外人狴犴乎"。此外,有论者还进一步指出,中国方面应当力图革新,清除监狱之积弊,"不使房舍狭小秽恶,致犯人疫疠丛生,更当严禁禁卒、狱书、官媒、伴妪百般凌虐,逼献金赀"。唯有如此,方可"免使西人借为口实,欲别设牢狱","毋徒以租界中女狱将成,而与西人断断争论也"②。

鉴于中方坚决反对的态度,1904年12月28日,工部局举行会议,经商讨决定"对于目前关在会审公堂监狱里的女犯将不采取任何进一步的措施",但是"指示督察长,今后在会审公堂判刑的女犯应由捕房按常规看管,并在工部局监狱服刑"③。依据此次会议的决定,工部局将对现有管押于公廨押所的女犯不再要求移禁于西牢,但是自1905年1月份起,所有会审公堂审决的女犯均须羁押于西牢。这一政策也就导致自1905年起,中外双方在女犯管押权上产生了矛盾和分歧,对于此种分歧,大多数研究者均注重于1905年12月份的黎王氏案引发的"大闹会审公堂事件"。事实上,这并非某一单行案件突发的结果,而是一系列相关案件层累地积蓄酝酿所致。

据现有资料显示,中外双方对于女犯应羁押于何处的分歧,在1905年初徐左氏案中即已显现,此后又历经其他案件如姚辛氏行窃案、妓女沿街拉客扰民案、恶鸨案等,经不断累积,直至1905年12月份黎王氏案的发生,最终引发一场社会纷争。这场关于女犯管押权的冲突和争夺,其结果不仅迫使工部局认可了中方对于女犯的司法监禁权,将女犯羁押于公廨女押所,而

---

① 上海市档案馆编:《工部局董事会会议录》,第十五册,第692、696页。
② 《论道宪饬阻租界中新设女狱事》,《申报》1904年12月6日。
③ 上海市档案馆编:《工部局董事会会议录》,第十五册,第696页。

且亦直接刺激了会审公廨对于押所设施及管理方面的翻建和改革,从而为民国时期上海新式女监的改组和设立奠定了初步的基础。

自1905年初始,中外双方就公廨判决监禁女犯应否押入西牢,围绕华籍女犯管押权,爆发了一系列的矛盾和冲突。1905年1月4日,包探金立生拘获拐犯徐左氏到案,该犯涉嫌诱拐苗荣毛之幼女名五玉者,"向人求售,已议定身价洋银五十五元"。经谳员审讯后,徐左氏诱拐幼童案情属实,经与陪审之美副领事白保罗商议,将徐左氏判决"责手心二百下,管押二年",被拐幼女由其父领回①。此案本已顺利结束,嫌犯押入公廨押所羁押,然至1月5日,有巡捕房捕头遣包探刘光震至公廨将女犯徐左氏提走,带至西牢女狱羁押。因此事涉及"惩治中华罪犯之权"②,关涉国家司法主权问题,公廨谳员闻知即大怒,遂禀告上海道台与西人"竭力争磋,万难迁就",并由襄谳与此案会审官美副领事白保罗协商,要将该女犯从西牢带回,"仍照向章办理"③。南洋大臣亦批饬称此女犯"不便羁押西牢,着即照会速行交还",同时还指令谳员即将"女犯押所妥速筹备,以免外人借口"④。虽经中方提出抗议和交涉,但工部局方面不为所动,徐左氏仍押于西牢。

此案未结,是年2月初,"又有女犯二起,一系拐骗幼孩,一系窃取巨款,英副领事坚欲送往西牢",谳员不允,双方又起矛盾,"切磋未允,不与定案,仍将女犯暂押公廨"。对于此类事件,因"有碍公廨主权,并与前订洋泾浜设官章程不符"⑤,上海道愤而多次交涉无果,一度"拟请律师,援引同治年间洋泾浜设官章程第一条再行照会领事与之力辩矣"⑥。

是年3月5日,有妓院佣妇姚辛氏行窃金银首饰衣服,被包探何阿春拘获,因在该犯家中仅起出绒布被单一条,确系妓院的物品,但其他财物并未起获。经襄谳及外籍陪审官审讯,因其行窃证据不足,且原告亦不愿追究,故而决拟将该犯"管押若干时",以示惩戒。此时巡捕声称本日判下的女犯须带回捕房女牢管押,襄员不允,与之争持不下,故暂将姚辛氏带过一边再行商议。随后,当日又有诱拐案到堂审讯,嫌犯沈孙氏因诱拐刘和坤之幼子小五子,查证确实,当由襄谳判定"责手心四百下,枷示济良所门首十四日示众,并游街三日"。判决后,巡捕意图将此沈孙氏及前判之姚辛氏一并带走,

---

① 《英美等国租界公堂锁案》,《申报》1905年1月4日。
② 林秋云:《"变质"的慈善——晚清沪北栖流公所初探》,《清史研究》2017年第4期,第84—98页。
③ 《力争女犯》,《申报》1905年1月6日。
④ 《批饬整顿女监》,《时报》1905年1月29日。
⑤ 《英工部局起造女押所之交涉》,《时报》1905年2月25日。
⑥ 《不允女犯押入西狱》,《申报》1905年2月24日。

襄谳随即予以制止,不许带出公廨,并与会审的外国陪审官再三争辩,"至一点钟之久,尚未争定"。后谳员回到公廨,闻讯后亦即与外国陪审官争论,最后,巡捕不得不暂且让步,将上述两女犯暂押公廨女所①。

为抗议租界方面强押华人女犯于西牢的行为,会审公廨谳员于是年5月份一度"拒绝审理一件可能牵涉到判处徒刑的案件——等候道台解决女牢的问题"。对于公廨谳员及上海道台的频繁抗议,尽管租界方面也看到"中国政府对女犯拘留在监狱女牢问题,仍然十分固执,道台也拒绝进行视察"。但是他们并不打算进行政策的调整,工部局总董表示"今后根据逮捕状拘留的妇女应立即送入女牢,万一谳员拒绝审理此案,则这些妇女仍应送回女牢,直到警备委员会认为她们拘留的时间已足够为止"。西人领事团方面亦一度持支持工部局的态度,提出"在会审公堂牢房按照文明的要求加以改革以前,所有女犯应送工部局监狱监禁"②。

中外双方在华人女犯羁押权问题上僵持不下,公廨谳员与英籍会审官之间的冲突有增无减,双方之间的裂痕在不断累积和加深,不少女犯亦因而被押入西牢羁押。是年6月,有广东人梁云甫呈控其婢女郑冬生窃取首饰财物共计洋四千余元,后由捕房将嫌犯郑冬生及涉嫌窝赃者王阿彩、王阿春拘获。经审讯后,陪审官德为门要将上述女犯押往西牢关押,被襄谳拒绝,双方争持不下,呈禀上海道台核示③。

1905年7—8月份,陆续有部分妓女涉嫌当街拉客扰民,被巡捕拘获,带至公廨审决,陪审官英副领事德为门坚持将上述人犯一律免于罚金,全数押往西牢女监,刑期由数日至两周不等④。此举当然遭到谳员的不满和反对,谳员曾质问德为门为何必欲将此等妓女强行押于西牢,究竟是何用意。而德为门"无词可答,竟悍然不顾,强饬捕房带去",尽管有中方谳员的抗议,但上述人犯最终仍被带往捕房监所羁押。

对于此事,谳员曾呈报上海道台,请其与西人驻沪领袖领事并英总领事发出照会,嗣后"凡遇雏妓拉客案件,仍照向章科罚,不得再行强押西牢"⑤。

---

① 《公共公廨早堂案》,《申报》1905年3月5日。
② 上海市档案馆编:《工部局董事会会议录》,第十六册,第581—584页。
③ 《公共租界早堂案》,《申报》1905年6月3日;《公共租界公廨早堂案》,《申报》1905年6月20日。
④ 《曳客妓女将收押西牢》,《申报》1905年7月11日;《不允拉客妓发押西牢》,《申报》1905年7月12日;《曳客妓女竟押西牢》,《申报》1905年7月13日;《会审公廨早堂案》,《申报》1905年7月15日;《曳客妓女又押西牢》,《申报》1905年7月20日;《会审公廨早堂案》,《申报》1905年8月3日。
⑤ 《关谳员上沪道禀(为争拉客妓女发押西牢事)》,《申报》1905年8月12日。

此外,谳员在致英领事的照会中还发出警告称"华人最重名节,一朝女犯收押西牢,诸多不便——华商闻此女犯收押西牢,愤恨已久,恐一朝肇事,本府不能担此责任"①。

虽然有中方的抗议和警告,但未引起租界当局的重视,仍然坚持押女犯入西牢的政策。是年 8 月底,原曾发送栖流公所择配妇人潘阿桂,被其夫侯根福呈控不守妇道,私自逃入云南路 117 号妓院内,拒不归家,后由巡捕拘获,当即由捕头下令押往西牢羁押②。9 月 28 日,曾在沪埠西鼎丰里为妓的张菊仙,后随李姓客商从良为妾,未几心生反悔,又携带财物潜逃至其鸨母张吴氏处重操旧业,李姓客商遂遣其家丁至公廨呈控,后由包探将张菊仙及其鸨母拘获,羁押于西牢待审③。10 月 4 日,有妇人瞿氏涉嫌在小菜场结伙盗窃财物,价洋五百余元,该犯亦被捕头强令带往西牢女狱押候④。

是年 11 月初,沪埠恶鸨母谢寓即陈刘氏,因买良逼娼,凌虐幼女,被捕房查获,遂由谳员及英副领事德为门会审。曾被该恶鸨虐待的妓女王宝宝、陆蓉初等人到堂指控,供称被该陈刘氏毒打虐待,逼迫卖淫情形,并称该恶鸨曾打死幼女一名,还揭发其曾另行价购幼女三名,藏匿他处。谳员遂令该鸨母务必将藏匿幼女交出,嗣后再行审决,随后,该恶鸨即被先行押往捕房羁押待审⑤。拖延至 12 月 5 日,恶鸨陈刘氏虐妓案再行开审,因其虐待事实清楚,证据确凿,鉴于案情重大,谳员判决将陈刘氏罚洋八百元,用于支付被其虐待妓女周王氏即王桂仙养赡及医药费用,除罚洋外,还判决将该犯遣送苏州原籍,逐出租界。判决之后,巡捕即欲将陈刘氏带出公廨,谳员予以制止,捕头声称"办事二十年,历届总须带回捕房"。谳员则斥责道"此系中国公堂,本委系承审官,岂有不俟承审官允准而带回捕房之理,且查公堂向章,亦无如此办法"。捕头无言以对,但仍强令西探将女犯拖曳而去,而谳员则坚持不许带走人犯,"叱差曳回,相持良久"。后谳员见事无挽回余地,只能让巡捕将女犯带走,但提出条件称此女犯"管押西牢,须妥为安置,本委当派人前往查察一切"⑥。

嗣后,谳员在给上海道台的呈文中详细汇报此事,称此次西人捕头仍敢用强,抢夺人犯,"实属有违定章,藐视官长,若不予以革惩,则主权日被侵

---

① 《会审谳员致英领事女犯不准押入西牢照会》,《申报》1905 年 7 月 21 日。
② 《抽获逃妻》,《申报》1905 年 8 月 21 日。
③ 《会讯妓女从良翻悔案腥齪》,《申报》1905 年 9 月 28 日;《从良翻悔案订期会讯》,《申报》1905 年 9 月 30 日。
④ 《美租界捕房事》,《申报》1905 年 10 月 4 日。
⑤ 《复讯恶鸨虐妓案》,《申报》1905 年 11 月 9 日。
⑥ 《讯罚恶鸨虐妓案》,《申报》1905 年 12 月 6 日。

夺,更难挽回"。提请上海道向西人领袖领事发出照会,转饬工部局"将擅夺女犯,违章之捕头木突生斥革,以为违章藐视官长之戒,仍请将西牢所押女犯——力争还押卑廨女所,俾符向章,而保主权"①。谳员还在给俄领事的照会中请其转告捕头木突生,"以后遇有收押女犯,须循照向章,听候本廨核示,勿再违背,是为至要"②。而上海道在致各领事的照会中亦强调,"公堂为华洋观瞻所系,如此胆大妄为,尚复成何体统,若不请予惩处,何以肃谳政而戒将来",除提议将捕头予以斥革外,羁押西牢的女犯亦应一并送还公廨女押所管押③。

虽然恶鸨陈刘氏一案中,中外双方已经开始有肢体冲突,并招致谳员及上海道的强烈抗议,但是工部局方面对此似乎仍不在意,并未意识到此问题的严重性,亦未对上述政策予以必要的调整,以致接下来的黎王氏案中"大闹会审公堂",进而引发了一场更大规模的社会冲突。

就在恶鸨陈刘氏案结束之后数日,12月8日,四川官眷广东妇人黎王氏携带女孩十五名,随伴四人,行李百余件,乘长江鄱阳轮来沪。工部局捕房据镇江来电,说是拐匪,便将该氏拘捕,谳员关絅之、金绍城会同英副领事德为门审讯。讯毕,谳员以"此案并非拐带,且系商宦妇女,照章应押本廨",然捕房捕头"强欲带回捕房,与廨差争持,捕即用武殴差,受伤两人,捕竟将该氏并女孩等置诸防盗之铁马车内而去,其时堂上下,人声鼎沸"。后黎王氏被押于西牢,而涉案女孩十五人则被送往济良所,此即大闹会审公堂案。"似此冲突,盖自设立会审公堂以来所未有也"④。对于此次公堂之冲突,有论者即指出并非突发事件,乃历来矛盾累积所致。"近年以来,捕房与会审公廨屡起冲突,捕房初则派捕看守新署,继则欲以发落之女犯——必欲押西牢,而不容押新署之女监,华官据理力争,援章辩论,于是意见愈甚,芥蒂愈深,相积相激而遂发前日公堂大闹之事"⑤。

哄闹公堂之后,谳员及襄谳即向上海道提请辞职,被上海道再三劝慰留任,并允其向各国领事"争回主权"。会审公廨亦停止听讯,在事情未得解决之前,不再开堂,上海道亦向领袖领事、英国总领事等发出抗议照会,清政府外务部亦向北京的各国外交使团提出抗议。此外,本次事件亦激起上海民众、绅商的愤怒,社会各阶层纷纷集会,倡言主权,舆论沸腾,租界商人起而

---

① 《会审谳员上苏松太道禀(为捕头擅将女犯带回捕房事)》,《申报》1905年12月8日。
② 《会审谳员致俄领事照会(为请斥革捕头事)》,《申报》1905年12月8日。
③ 《沪道致各领事请革擅夺女犯捕头照会》,《申报》1905年12月12日。
④ 《公廨讯案巡捕房大起冲突》,《申报》1905年12月9日。
⑤ 《论会讯公廨闹堂事》,《申报》1905年12月10日。

罢市,有民众奋起围攻租界老闸捕房,巡捕开枪,致使部分民众死伤。

即使在沪埠各界纷起抗议之时,工部局仍继续将华籍女犯押入西牢,如12月16日,有名为梁刘氏者,因涉嫌抢夺女童犯罪,被包探拘获,押入西牢候审①。面对紧张之局势,至12月底,两江总督周馥前来上海与领事团协商善后办法,后周馥提议"允巡捕有出入公堂之权,女犯则仍由谳员处置看管"②。后经双方协商,除将黎王氏及涉案女孩等一概释放而外,嗣后中方允许巡捕到庭,领团许诺以后女犯由公廨收禁,永著为例。对于肇事者英副领事德为门,英领不允撤换,后调往镇江。租界工部局亦表示认可,"允将女西牢撤销,凡有女犯概归华官管押",但同时又要求"唯须准工部局医生随时查察"③,此案遂告平息。此后,会审公廨也就获得了对于华人女犯的司法管押权,判决监禁的女犯即不再押往西牢,如1906年1月,有雏妓王四宝在南京路香粉弄拉客,被巡捕拘至捕房,翌日即送往公廨审讯,由谳员判决管押女押所三日,"西女牢不押中国妇女矣"④。

"大闹会审公堂案"平息后,中方虽然重新获得了对于华人女犯的管押权。但是此案以及以往中外双方在一系列类似案件中的矛盾和争执,以及其间所暴露出来的中国传统监所在设施以及管理制度等方面的积弊,西人借此屡屡对中国司法及狱制的批评和指责,亦使得清政府及上海地方官员,深有感触,意识到改良传统监所,按照西方标准兴建新式监所的必要性和重要性,是为刻不容缓之急务。

正是由于公廨押所的简陋低劣,方使西人获得另设监牢羁押人犯的借口,清政府刑部于1906年2月底在有关上海会审公堂的奏折中亦指出"如果该公堂先事图维创建牢狱,并设立习艺工厂,何致有妇女羁禁西牢之案"。刑部还督促上海地方官员:"上海为通商大埠,设立会审公堂历有年余——尤在委员得人,方能保固法权,至改良监狱及收犯习艺,尤为切要之图,未可恃有借禁西牢苟且补苴,日久又滋生纠葛,应令该署督迅速饬属兴办,俟狱舍及工厂告成,一律遵照奏定章程合办,以期整齐划一。"⑤由此可见,中外双方就女犯管押权的争夺,在客观上直接促进和刺激了租界内公廨监所的改革进程,从而为新式监所的创建以及女监的兴起创造了条件和机遇。

实际上,早在1905年初徐左氏被强行押入西牢案发后,公廨谳员及上

---

① 《公廨饬提之女犯捕头仍押西牢》,《申报》1905年12月17日。
② 夏晋麟编著:《上海租界问题》,第52页。
③ 《女犯概归华官管押》,《申报》1905年12月27日。
④ 《雏妓拉客管押女所》,《申报》1906年1月13日。
⑤ 《刑部奏重定上海会审公堂刑章折》,《申报》1906年2月25日。

海道即有所觉悟，意识到"此时整顿男女押所，本为急要之图，必须觅地改造，一改旧规，借为补牢之计"。因所需费用不菲，上海道批示暂先拨发规平银五百两，"专作酌修男女各押之费"，其余不敷之费用"即提该廨罚款凑用"①。是年5月份，上海道因外籍陪审官动辄将男女各犯送往西牢，一度计划寻找一合适地皮，"自造男女宽大押所"，以免外人之借口。但因经费不敷，无从拨付所需款项，上海道遂拟自是年起"将洋商租地年租一项，除归还钱漕外，悉数提存道库，以备建造公廨押所之用"②。

与此同时，因徐左氏羁押西牢屡次交涉未能要回，公廨谳员在向上海道的呈文中除请求道台从速与领袖领事商妥解决办法外，还提请道台重视解决公廨押所问题。称"徐左氏仍未送回，女犯禁押事所恒有前者——而后犯妇女纷至沓来——官媒处大有人满之虑"③，若人犯继续增加，现有押所恐将难以容纳。对于谳员所陈述的情况，上海道亦知甚为急切，虽设想新建押所，但是一来款项不济，二者新建押所颇需时日，缓不济急。为应急需，上海道遂指示谳员可将现有押所酌量拓宽或将栖流公所房屋腾出数间，改为女犯分所，"暂时权宜办理"，同时还指令谳员从速筹款，可于公廨左侧觅地添建押所，"俾无窄小拥挤之患"④。

奉上海道台指令，谳员随即展开勘地建造的准备工作。及至6月初，经谳员与英、德副领事一同会勘，认为公廨内"西北角有隙地一方，建造女牢甚为合宜"。随后，谳员即呈报上海道，并开列造价以及建造图样，"造价银共一千九百余两到廨，以便刻日兴工"⑤。因建造女押所需费用较多，仅依靠会审公堂的罚没款远远不够，后谳员又请示上海道请其在公共租界年租及地丁税收入盈余中加拨部分款项，以便兴建女押所⑥。经上海道允可并拨发款项之后，公廨新押所即开工兴建，上海道对此亦十分重视，7月份，还屡次催促谳员加紧工期，饬令"工匠克日竣事"⑦。

会审公廨在廨内自有产权的地皮上建造押所，本属中国内政，与工部局无关。但是，工部局方面因为已经修建了西牢，正在力图将公廨判决囚犯全数移送至西牢监禁，他们自然无法容忍在租界内出现一座颇具规模的完全由华人控制的监狱。为此，他们对于公廨建造押所一事表示反对。租界当

---

① 《沪道批禀改造男女押所》，《申报》1905年4月21日。
② 《提租界地租备建公廨押所》，《申报》1905年5月3日。
③ 《禀请索回女犯办法》，《申报》1905年5月15日。
④ 《批令加宽女犯押所》，《申报》1905年5月19日。
⑤ 《请款建造女押所》，《申报》1905年6月2日。
⑥ 《禀请拨款建造女押所》，《新闻报》1905年7月28日。
⑦ 《上海道饬裁廨差并催建女押所》，《申报》1905年7月10日。

局由于会审公堂在未经工务处批准和监督的情况下已开始修建女监,指派总办与谳员交涉,告知谳员称"把钱花在这座建筑物上,是没有用的"。如果谳员坚持修建的话,必须向工部局"履行必要的手续",要求谳员提交建造申请书、图样,办理建造许可执照。

上述不合理的要求,当然被谳员所拒绝,工部局即通过官方途径知会上海道台,"要求他按照建筑条例有关规定办理",并威胁"如果他拒绝照办,则捕房将按照通常的办法制止此项工程"。此外,工部局还公开表示"在公共租界增设牢房不会获得好的结果",并傲慢地声称,他们将乐于向中方指出"如何把钱花在最有价值的地方"①。

在公廨押所兴建过程中,工部局巡捕房不时制造麻烦,进行干预。7月底,在押所开工多日后,有工匠正在路旁粉刷墙壁,被浜北美捕房十九号捕头以"未捐照会,有违向章",拟派巡捕前来拘捕工匠。公廨襄谳闻知后,即"亲率差役多名到场察看,如果该捕定欲拘拿,即行与之力争"②。嗣后,公廨谳员即向工部局进行交涉,称本廨修建女押所系照章程办理,租界内政中国衙署不在工部局节制之例在章程中载有明文,且本廨以往"修建新署皆未向工部局请领照会,平日亦不与民家一律收取各项捐款"。本次建造女押所所用地皮尚在公廨内部,皆不在工部局权限之内,因而工部局干预押所建设,要求停止建造的行为,于理于法均无凭据,并要求工部局"嗣后不再干预公廨之事"。同时还表示,工部局所采用非常之手段,"若但用强权,本分府亦所不惧"③。

对于公廨谳员的抗议,工部局未做回应,因而公廨女押所的建设仍得以继续。是年9月份,公廨新女押所竣工,谳员提请上海道派员查核验收应用,并请上海道与英总领事交涉,公廨新女押所已经建成"嗣后如有判押女犯,免送西牢,即可在本廨禁押"④。女押所建成后,工部局"仍欲将各女犯判押女西牢"⑤,并还想继续插手干预,声称"华官欲将女犯押入,须由局中派一西妇前往照管"⑥。对于工部局的无理要求,于法无据,公廨自不赞同,上海道亦致函沪埠领袖领事称已经"另派干练华妇在所照料,务期悉臻妥周",并要求将以往羁押西牢之华人女犯一并提回公廨女押所羁押,以符定章⑦。

---

① 上海市档案馆编:《工部局董事会会议录》,第十六册,第591—592页。
② 《力拒美捕房建造女牢》,《申报》1905年7月27日。
③ 《关谳员复工部局函稿(为公廨建造女所事)》,《申报》1905年8月1日。
④ 《禀请验明女牢工程》,《申报》1905年9月5日。
⑤ 《英廨女押所落成》,《时报》1905年9月5日。
⑥ 《工部局议派西妇照管女押所述闻》,《申报》1905年9月11日。
⑦ 《沪道照会俄总领事请将所押西牢女犯改押公廨文》,《申报》1905年12月13日。

在公廨谳员及上海道台的力争之下,历经数月交涉,工部局最终不得不应允"仍照向章"办理。

公廨本次修建的女押所因系平房,投入使用一段时日之后,仍感不敷。与此同时,上海会审公廨女犯被押入西牢及押所不敷之事,亦得到两江总督的关注。1906年1月,江督周馥电谕上海道称拟将"会审公廨房屋改良,并择地启建西式牢监",并指令上海道从速估计造价,拟具详细计划呈报。奉令之后,公廨谳员建议可将"头门两旁楼房与大堂旁女押所一律改良翻造楼房,专做男押所,至书吏办事处亦须迁移——现一律改为楼房,以上各节约估需银一万数千两",而如若"择地自建西式牢监,估计需银五十万两之谱"①。

除了拟改建监舍外,关谳员还拟改良押所管理制度。如注重押所卫生,拟"延聘西医随时察视,每月薪俸约洋廿元",另拟新添设看役十二名,工食约银一百余元。同时,还拟对押所男女人犯实施教化,令其学习工艺,此项添置器料设备等需银约一千两。此外,对于大闹会审公堂案之后,当时外界谣传公廨押所"意图掘洞放逃女犯",关谳员决定预先防范,以免疏漏,并拟于新建女押所后面加添一道铁栅,以保押所女犯安全,此项约需银五百余两②。

为筹集改良押所款项,上海道指令抽收米捐,每石原拟抽规银一钱四分四厘,后因米商反对,又改为每石抽取一钱,大致一月左右可收款一万四千二百余两。此外,上海道在呈报江督的电文中称公廨若建西式牢监非四十万金不可,常费亦岁需十一二万,需款甚巨,而目下除米捐外,其他无款可抽,且"米捐收数无多,将来封禁以后,更无捐款可收,断难持久"。有鉴于此,上海道提议可"先就已有之男女监所加高、补葺,务求完固、洁净,以资卫生"③,如此需费较少,事半功倍。

鉴于讼案日烦,人犯日增的客观现实需要,同时也为杜绝西人借口,虽然从长期利益而言,与其因陋就简,在现有监所的基础上小规模修补改造,不如筹款新建大规模的西式牢监更为得宜,但是择地另建新监,需款甚巨,一时难以进行。为此,经过权衡,至1906年4月,公廨商议对原有监所进行翻建,拟将"头门内之两旁男押所与二堂一律拆去,改建三层走马洋房,以第三层为工艺所,二层羁押钱债各犯,下层为贼盗及未定案之犯"④。前年新建的平房女押所亦须改建为楼房,后经拟具详细计划、图样,5月底,由上海

---

① 《估计改良会审公廨房屋并择地自建西式牢监》,《申报》1906年1月19日。
② 《议修公廨监狱》,《新闻报》1906年1月18日。
③ 《上海道禀江督电—为抽米捐建造租界押所事》,《申报》1906年1月30日。
④ 《新署改建男女押所述闻》,《申报》1906年4月30日。

道呈报两江总督核示。依据此次修建计划,会审公廨拟将"男押所一律改建三层楼,除去工艺场及养病房外,共有二百七十四间,可押犯二百七十四名,女押改建二层楼,共约一百十间,两共需银三万一千二百十八两"。江督以此计划尚可,遂允准实施,并指令尽速招揽工匠,置备工料,开工翻建。但同时又觉"房屋仍不甚宽裕",遂再次指令上海道详查"公廨两旁是否尚有隙地,可略扩充,附近地亩能否量为收买",要上海道速查明上报①。

本次公廨押所翻建工程,为避免引起工部局的阻挠,公廨谳员表示除施工范围在公廨署内,不在工部局权限之内的工程外,其余若有署外施工与工部局相关之工程,将会依照规则向工部局通告,并向租界当局提交了本次翻建工程的申请书及平面图。尽管如此,工部局对于公廨翻建押所一事,仍表示反对,时加阻挠。工部局认为"无论是在租界界内或者是在紧靠租界的周围建筑一座完全在华人控制下的监禁华人罪犯的监狱,都是对租界的安全和良好秩序的严重威胁"。6月27日,工部局召开会议,决定应"立即明白通知中国当局,不能允许建筑这样一座建筑物",而且工部局自信他们的决定将会得到"纳税人的一致支持"。工部局坚持认为"如果这些案件在会审公堂审理,这些犯人须关在租界内,就应将他们监禁在由西人监管的工部局监狱内"②。为阻挠公廨修建押所,工部局进而扣发了相关的建筑许可证,不向公廨发给营造执照,其至再次发生西捕欲拘捕本次工程的水木作工头情事。

由于工部局的阻挠,公廨翻建工程进展颇受影响,但公廨方面仍继续相应工作。对此,工部局力图采取强力予以制止,双方矛盾一度紧张,后经双方多次往来交涉,耗费时日。延至1906年底,中方允诺由租界当局负责绘制图样、监管工程,始得工部局允准,翻建工程全面实施。1907年4月,因款项不敷,谳员又呈请上海道加拨五千两,以便从速兴造③。至1907年6月,男押所翻造三层楼房方告竣工,女押所的翻建,原拟建造两层楼房,但当时羁押女犯已经近百名,两层押所恐不敷使用,故而决定调整计划,将女押所变更为修建四层楼房。并拟"以顶上一层划分一半,设立女犯工艺场",另将原拟用十寸砖墙一律改为十五寸砖墙,并向上海道呈请加拨款项④。

及至1908年3月份,女押所四层新楼房竣工,整栋建筑系用红砖砌成,"每层共计十一间,靠北朝南门面六间,靠西朝东门面五间,其总门与木梯均

---

① 《督批修改上海会审公廨男女押所》,《申报》1906年5月31日。
② 上海市档案馆编:《工部局董事会会议录》,第十六册,第647、651页。
③ 《添拨款项兴造押所》,《申报》1907年4月12日。
④ 《女押所添设工艺场》,《申报》1907年7月22日。

装设于转角之间,北面第六间与西面第五间均铺水门汀,以为什作休息之处,西面第一间均作官媒看管所,其第二间与北面第一间,二面装设铁栅总门,其余每间统用木板,门中有一方孔,授受应用物件,唯第四层西面中间三统间预备女犯工艺所,余与第一二三层同式,上下押所计共二十九间,每间设榻四只,统计可容一百十六榻,周围窗棂均装铁栏"①。此外,监楼内还装配有电灯、自来水等设施,比传统监房设施进步许多。

经准备妥善,即将原有女犯一并迁入,各楼层分配如下:"1楼关押案情较重的未决犯,2楼关押判刑1年以上的女犯,3楼关押判刑1年和1年以下的女犯,4楼关押案情较轻的女犯。"②1909年1月,时任谳员因新押所内人犯集中,深恐发生紧急事项或火警等险情,由上至下殊多不便,于是在押所门外又添建四层曲折铁梯一座,以期稳便③。至1911年5月,为加强防范,时任谳员经呈报上海道允准,又拟在女押所门前另建小洋房一座,选派老成员役在内驻守,并禁止闲杂妇女入所探望,以保障押所安全④。

上海地方政府对于会审公廨监所的改革,除了着手兴建新监房外,还注重对于监所管理制度和模式方面的改良,以西方狱制为蓝本,力图革除中国传统监所的积弊。1905年7月,时任谳员关絅之对公廨押所秩序予以整治,将押所监房编排号码,以"一夫不获,若挞之于市朝,如得其情,则哀矜而勿喜"20字为序,为各牢房号,每间牢房羁押四人,遇到应监禁的人犯,则由谳员亲自核实无误,指定相应号码监房羁押,"俾差役不得上下其手,滋生弊端"。为保障押所卫生,关谳员还拟请西医前来巡检,以便改善押所卫生环境⑤。是年底,关谳员还发布告谕称对于收押之女犯,严禁借机需索,违者严惩不贷,并专门雇佣老年仆妇三名在押所负责管理女犯⑥。

1907年7月,关谳员主持制定了《女押所暂行规条十则》,规定"将女押所监房分为4等,每等每间收押四人,要求所编定之号数不得错乱,规定女犯每日三餐,早餐给粥,午晚给饭,晨起晚睡均限时刻,收封时间夏秋下午八点,冬春下午7点,到时各犯一律归号,晚上九点熄电灯,一概上锁,女犯家属每星期可到所探望一次,并派看役在旁监察,以防通讯约逃、私递物件等,各家属如送衣食则由女看守查验,如果没有禁止带入的物品方准转给,凡遇

---

① 《英公廨所造女押所之装修格式》,《时报》1908年3月30日。
② 麦林华主编:《上海监狱志》,第447页。
③ 《英租界——思患预防》,《申报》1909年1月25日。
④ 《公廨女押所又兴土木》,《申报》1911年5月29日。
⑤ 《关谳员整顿押所》,《申报》1905年7月10日。
⑥ 《关谳员整顿女押所》,《申报》1905年12月16日。

女犯有病禀报饬医调治,同时还规定女犯每晨洒扫务须清洁,地板门窗每星期揩抹一次"①。

1907年11月,公廨又相继拟定《男女押所章程十二条》《男女押所管理规则三十七条》。条款更为细致和周密,尤其是三十七条规则,分为入所与查验、卫生与死亡、书信与接见、赏与及惩罚等条块。不但内容甚为规范,而且还颇具近代新式监狱管理规则的风格和特征,已非中国传统狱制所能可比②。规则虽然详尽和进步,然日久玩生,及至1911年,押所内部各种腐败现象又蔓延丛生,曾有男性自由出入女押所探视女犯,甚而有男子王阿福在押所官媒床上憩息,被驻廨西捕惠勒查悉,后该男子被处管押一个月③。

1911年7月底,时任谳员为免外人干涉和指责,奉上海道之令,对公廨押所大加整顿。强调"嗣后凡女犯发押到所时,其所带簪环及一切违禁物件,应由官媒搜除,以免疏忽,此项物件呈请委员收储,俟开释时发还;并禁闲杂人等入内窥探,至家属亦只准于星期日入所探望,男女看役如有需索情事,准指名禀究"④。8月1日,又发布《公廨取缔女押所规则》两道,悬挂于女押所前后,俾便广为周知⑤。

对于违反上述规则者,一经查获,将予以必要之处分。如公廨规则规定不准私自向女犯递送物品,有人偏明知故犯。1911年7月29日,有妇人陈金氏在押所后面用绳索向楼上女犯传递食物,被巡捕拘获,后经公廨判处羁押女所七天⑥。有假借探望送物名义,私自在递送的衣服和食物内夹带戒烟丸及烟土等违禁物品。对此,1911年12月,公廨女押所再次对监内秩序进行整顿,"不准闲人任意出入押所,并饬官媒如遇未结案犯不准家属入内探望,以免串供,即已经讯结之各犯,如有亲属探望,须于星期日方准入内,唯不准夹带食物,并由官媒轮流向探望之人搜查,不准隐瞒而杜弊混"⑦。

公廨押所的看役原以男性居多,后因女犯羁押于所内,男性看役诸多不便,因而逐渐将男性看役予以革除,"女押所改良后,本已不雇男役"。1906年11月,时任谳员发现押所内仍有供职的男差役,随即召来女看役邱沈氏将此男役逐出,另雇女佣代替,以保女犯的安全和名誉。此外,还仔细查核

---

① 《新定女押所规则》,《申报》1907年7月24日。
② 《公共公廨酌拟男女押所章程十二条》,《申报》1907年11月9日;《公廨新设男女押所管理规则三十七条》,《申报》1907年11月19日。
③ 《公廨女押所做工者》,《新闻报》1911年3月16日。
④ 《谳员整顿押所之条议》,《申报》1911年7月28日。
⑤ 《宝谳员整顿女押所》,《申报》1911年8月1日。
⑥ 《英租界——私递食物》,《申报》1911年7月30日。
⑦ 《公廨女押所之整顿》,《新闻报》1911年12月27日。

女押所所有员役名册,以防另有其他男役混入①。为督促押所员役勤于职守,1907年初,谳员曾发布指示,饬令廨内员役不准吸食鸦片,有烟瘾者限期一月内戒除,违者严究。至是年3月,仍有部分员役阳奉阴违,差房及男女押所内,竟有员役私设烟塌,吸食鸦片情事,谳员得知随即将此烟塌除去,并勒令吸食者一月内戒除②。

对于借机需索或受贿纵法的员役,若经公廨发现或被举告,即予以斥革等处分。如1909年10月,有公廨官员所属家丁两人,私自向经办押所囚食之老妇人每月勒索规费洋十五元,被谳员查悉,即将此钱、韩两家丁一并斥逐③。女押所的女性看役一般多任用中老年女性,如1910年10月,女押所官媒邱徐氏曾自雇年轻妇女看役,看管人犯,滋生物议,谳员得知后,即传谕将上述年轻看役开革,另行雇佣老成者,以免流言蜚语④。至1911年2月份,当女押所官媒邱徐氏病故后,一向在押所内充当女佣的王沈氏及苏某氏二人,企图蒙混,二人捏名王苏氏充当官媒,从中把持押所内的大小事务。王沈氏以替人回家代取罚金为由向聚赌犯顾朱氏勒索车费洋四角,后勒索及捏名事发,当事女佣被谳员斥逐,以后不许再在押所混迹,违干重究⑤。

除了加强押所看役的管理外,公廨谳员对于押所女犯亦多有体恤和照顾。如1905年7月,谳员关絅之因时值炎夏,为便于人犯消暑降温,特自费为每名女犯购置扇子一把,苇席一条,并将各犯饭食钱由以往的四十文增加二十文,加至六十文,以示体恤⑥。为保障押所秩序和安全,公廨对于所内女犯亦时常加以管理,整饬秩序。1909年11月,押所三楼女犯因事争吵,声达户外,押所委员闻之遂即上楼呵斥阻止,并从各女犯房内搜查出诸如煤油小风炉等危险违禁品多具,恐致火情肇事,令员役全数没收⑦。

1911年4月19日,公廨押所女犯张李氏、钱刘氏等七人,于当日傍晚时分,在押所楼上望见楼下有巡捕捉狗,无聊生事,出言讥诮,致生口角,巡捕随即禀告捕头转知谳员处分,后经查证确实,即将上述七人各予以增加刑期一周的处分⑧。谳员并饬役雇匠赶紧将押所窗口木斗修整,并告诫女犯如

---

① 《公廨女押所斥逐男役》,《申报》1906年11月5日;《稽察女押所执役》,《申报》1906年11月15日。
② 《公廨又申烟禁》,《申报》1907年3月6日。
③ 《家丁勒索规费》,《申报》1909年10月10日。
④ 《谕饬年轻官媒伙一律开除》,《申报》1910年10月4日。
⑤ 《女押所现形记》,《时报》1911年2月25日。
⑥ 《谳员恤犯》,《申报》1905年7月11日。
⑦ 《英租界——女犯吵闹》,《申报》1909年11月22日。
⑧ 《女犯人讥诮捉狗捕》,《申报》1911年4月20日。

再将木斗拆毁,定严惩不贷。

至是年7月,恰逢辛亥革命前夕,清政府自顾不暇,疏于押所的管理,致使女押所内的秩序较为混乱,各种腐败情形层出不穷。据工部局的一份报告所言,在公廨押所之内,"女犯有钱者,凡所欲得之物,均可携至狱中,官媒事事索贿,女犯可携儿女同处狱中,今有数孩已在狱数年,女犯常在窗口大呼詈骂路人,赌博及吸食鸦片,视为常事,毫无惩罚"。对此,有舆论发出"公廨女犯果自由若是耶"的困惑和质疑①。

在公廨女押所由华官管理期间,所内女犯除了有上述种种不法情事外,还不时发生有女犯脱逃甚至哄狱事件。1907年7月9日凌晨,有女犯王阿保、陆凤姐等六人共谋撬开押所牢房墙洞逃逸无踪。谳员知悉后,连夜派差役追捕,并将失职的官媒沈费氏押候究责,至9月底,方陆续将逃犯重新缉拿归案,分别予以加重刑期之处分②。1911年2月16日,女押所三楼人犯王李氏、杨张氏、吴李氏三人,串通合谋挖洞逃狱,幸被看役查悉,逃狱未成。后经谳员审讯,杨张氏、吴李氏各加刑期两月,王李氏已有脱逃前科,本次特加重处分,增加刑期一年,以示惩戒③。

是年底,辛亥事起,民军占据上海县衙,羁押于该处罪质较轻的女犯均被开释,而公廨女押所因地处租界,未被民军控制,该所女犯仍被继续关押。当这些女犯听闻县监女犯已被开释的消息后"深抱向隅"。于11月7日晚十一点左右,押所内的所有女犯相约哄闹逃狱,诈称三楼有火警,各犯均大声喊救。彼时女押所差役官员早已归家,不在所中,仅剩一二佣妇当值,均不敢出面,所中女犯遂趁机将各号舍铁锁扭去,并将木栅捣毁,蜂拥而出。幸而此事被驻廨西捕闻悉,当即指令看门印度巡捕入女所阻止,并电话通知各捕房持械前来弹压,各女犯始不敢强行外冲。后经襄谳前来押所门口劝说,各女犯见势不可为,遂返回牢房,最终亦无一人逃出。翌日,图谋逃狱的为首者任闵氏、祝氏等人均被公廨查核惩办④。

1911年底,清廷覆灭,工部局趁时局动荡之际,发布告示,进而接管了租界内的会审公廨及所属男女押所,嗣后会审公廨及押所进入被外国人控制的时代。接管公廨之后,11月14日,工部局巡捕房选派华捕四人分驻男、女押所,并指定一名三道华捕负督率之责,饬令家属探望人犯及闲

---

① 《公廨女犯果自由若是耶》,《申报》1911年7月7日。
② 《公廨逃逸女犯》,《申报》1907年7月10日;《拘获女逃犯》,《申报》1907年8月20日;《续获女押所逃犯》,《申报》1907年9月17日。
③ 《女犯串合图逃》,《申报》1911年2月17日。
④ 《英租界——女犯脱逃》,《申报》1911年11月8日。

杂人等均不得自由进出,人犯作息均严定时刻,并不准押犯自备伙食①。待时局平静之后,一切又恢复如往昔,以至于押所之内的男女押犯又各自不守监规,甚而"自备炉锅,随时烹饪",时有杂物向窗外抛弃,彻夜燃灯不熄。对于此种无序的状态,巡捕房于 1912 年 5 月底,饬令所内差役、巡捕对押所秩序进行整饬,"将男女押所内所有杂物悉行搬出,并禁止深夜点灯,如违定须究办"②。

为防止女犯与外界私通物品,无聊生事,并预防外界窥探,会审公廨曾在女押所周围窗外均装有木斗。不料在押女犯为图传递物品的便利,多私自将窗外木斗击碎,屡修屡毁。为惩治此种恶习,巡捕房除指令员役加强防范外,并于 1912 年 10 月份雇工将女押所窗外木斗一律进行更换,在外面另加钉铅皮铁网③。此外,为规范女押所的管理,防范女犯私递食物或乘机脱逃,除加派华捕驻所巡视外,工部局还于 1913 年 2 月,决定仿照捕房上差及巡捕规则,将女所官媒员役分作三班值勤,每班三名,分上中下三层值守,如有疏忽,唯值班人员是问,"以专责成,而免推诿"④。

另外,工部局自接管公廨及押所之后,为监务所需,对廨内建筑布局多有变动。如 1914 年 3 月,指令公廨增建"女犯洗澡室、医治室、亲友探望室及看役住宿舍,各一间",至是年 6 月底建成使用⑤。为防范失火,廨内押所原已备有皮带车一架,但恐有事时缓不济急,故工部局于 1915 年 12 月底又在公廨男女押所各层楼房装配自来水龙头一具,以备不时之需⑥。至此,近代上海第一所管理设施较为完善的新式女子监狱初具规模。

会审公廨女押所内,向例准许女犯带领子女同住。辛亥之后,因女所内随母在监之子女以及迷途待认领的幼童日渐增多,渐有日形拥挤之虞,长此以往,殊属不合。为此,1912 年 2 月,工部局决定将女押所内留养的迷途幼童及女犯之子女一并移送至栖流公所代养。嗣后凡有涉案或迷途待领之幼孩,亦送该所留养,在押女犯被送往栖流公所之子女,待其期满开释时准其领去⑦。对于违反监规者,则予以相应之处置,如 1912 年 6 月,有妇人王冲

---

① 《捕房实行管理押所》,《申报》1911 年 11 月 15 日。
② 《押所又须整顿》,《申报》1912 年 5 月 28 日。
③ 《加意防范》,《申报》1912 年 10 月 4 日。
④ 《女役分班值差》,《申报》1913 年 2 月 22 日。
⑤ 《公廨办公室改建女押所》,《申报》1914 年 3 月 5 日;《女押所之附属品》,《申报》1914 年 6 月 2 日。
⑥ 《防范押所失慎之周密》,《申报》1915 年 12 月 27 日。
⑦ 《女犯带领子女之阻力》,《申报》1912 年 2 月 19 日;《女押所逐渐疏通》,《申报》1912 年 3 月 2 日。

氏私带洋烟入所,被官媒查获,该犯被判羁押七日①。

在前清时代,在押女犯通常在监无所事事,百无聊赖,虽曾一度有设置习艺工厂之计划,似并无多大成效。以致诸多女犯时常在牢房凭窗远眺,"不与路人戏谑即与同羁作恶","斜阳影里,仰拾坠欢者,骈足而立于押所墙外累累然"。为免女犯在监虚度时日,闲来生事,1913年4月份,工部局决定在廨内新建女犯习艺所,初步拟建于公堂西侧原为华官居所之处。此习艺所建成后,押所女犯"此种谑浪、笑傲之恶习或可一变——所谓格其非心之妙用耳"②。

此外,为鼓励押所女犯改过自新,悔过前非,1918年公廨谳员还决定仿照提篮桥西牢成例,对押所女犯如"能遵守所规,洗心涤虑者,每年减除刑期二三月"③。1919年,因押所内所拘者多为涉及奸拐窃盗等刑案的无知妇女,"若辈幼不读书,不识法律为何物",济良所的西女士"恻然悯之"。遂致函公廨当局,请允准每星期日下午由女教士前往押所对女犯讲解圣经传道,并教授各种手艺,"以期自行忏悔,勉为良善"④。

为便于女犯的识别和管理,女押所还从服饰等方面加以规制。事实上,女押所收押的女犯,若是民事案犯,则无须穿囚服,可以身穿寻常服饰,唯刑事案犯一经公堂判决厘定刑期,即须穿用囚服。1912年12月11日,工部局召开会议决定原则上同意女犯穿用囚服,"但认为应逐步采用,并且实行对象应暂时限于新来犯人"⑤。嗣后,自1913年起即仿照捕房判决人犯成例,指令公廨押所人犯一律换穿特制的号衣,"用灰、青两色布添制女犯囚服,与租界西牢男女囚服略同"⑥。1918年又规定,押所刑事女犯须身穿"半灰半蓝之鸳鸯衣裤",以资辨别⑦。

对于押所人犯的疾病卫生事项,工部局亦较为注意认真办理,以免引发疾病蔓延。对于有病女犯则为之诊治,如1921年12月,有女犯陈小妹在监忽患精神错乱,举止异常,"将绒毯撕作长形条子,一端系于自身,一端系于铁窗上,欲从窗口跃出",后经官媒陆阿林发觉,后由谳员将该犯送往疯人病院治疗⑧。由于管理疏忽等原因,在押女犯亦会发生死亡等不测事件,如

---

① 《英租界—女犯吸烟》,《申报》1912年6月18日。
② 《女押所将设女犯习艺所矣》,《申报》1913年4月14日。
③ 《租界女押所之减刑办法》,《新闻报》1918年4月29日。
④ 《女押所宣讲圣经》,《时报》1919年10月13日。
⑤ 上海市档案馆编:《工部局董事会会议录》,第十八册,第635页。
⑥ 麦林华主编:《上海监狱志》,第459页。
⑦ 《租界女押所之减刑办法》,《新闻报》1918年4月29日。
⑧ 《犯妇发疯送院医治》,《申报》1921年12月3日。

1923年6月，有原籍苏州妇人张唐氏，在押所内管押待遣送原籍，不料于6月15日下午该犯竟在押所内自缢而亡，经谳员确认系自杀无误，即具棺收敛待其家属前来认领归葬①。

此外，在工部局管理押所期间，公廨女押所有时亦会羁押部分外籍女犯，但因不便管理，后逐步移送其他监牢关押。如1922年2月，女押所内曾管押俄籍女犯四人，与押所看役言语不通，饮食不合，且不守规则，难以管理，遂经谳员与各领事商议，将此等外籍女犯移送厦门路西牢执行②。

会审公廨押所在华官管理时期，虽时常整治，定有严规，禁止差役需索受贿纵法，但积重难返，并未根除。在工部局管理时期，此种积弊仍时有所现，并未因变更管理者而有多大的差异。如1912年8月，女押所官媒陆王氏与华捕沈阿林，伙同妇人刘陈氏，私自将洋烟带入女所内销售，后被驻廨西捕查获，并查抄出烟膏等违禁物品。后经判决，沈阿林监禁西牢半年，陆王氏羁押公廨女所五个月，刘陈氏关押三个月，烟膏充公③。1914年6月，有因民事财务纠纷被押在公廨押所的华人唐和良之母唐毛氏，欲入所探望。恰在傍晚已过探望时间，按照规定不得入内，有华捕何阿和获悉之后，即串通押所看役刘德功、方怡、尤白卿、王阿英等人，向唐毛氏索贿金洋二元，将唐和良从押所提出与其母交谈。上述人员串通索贿，实属不法，故判刘押西牢九个月，何押半年，方、尤、王三人各押三个月④。1916年12月，又有女押所华捕刘天福私自将从女犯林马氏身上搜出的钱钞小洋十一角，隐匿不报，意图侵为己有，并将相关账簿涂销，被西探目惠勒查悉，后被判羁押西牢半年⑤。

会审公廨及所属押所被工部局接管以来，国内舆论要求收回法权、主权的呼声时有所现。20世纪20年代，随着中国国内民族主义的高涨，收回公廨法权一事更为迫切，特别是1925年5月五卅运动的爆发，直接促进了租界公廨的收回。中外双方经过往复交涉，最终于1926年8月签署了《收回上海会审公廨暂行章程》，决定于1927年1月起废除会审公廨，改设临时法院。"凡附属临时法庭之监狱，除民事拘留所及女监当另行规定外，应责成工部局警务处派员专管，但一切管理方法，应在可以实行范围之内，遵照中国管理监狱章程办理，并受临时法庭之监督。"⑥根据这一条款，租界西牢

---

① 《贫妇自缢殒命》，《申报》1923年6月16日。
② 《商量移禁俄女犯之地点》，《申报》1922年2月20日。
③ 《英租界一通同舞弊》，《申报》1912年8月7日。
④ 《华捕索贿例之押办》，《申报》1914年6月18日。
⑤ 《女押所巡捕舞弊》，《申报》1916年12月23日。
⑥ 王铁崖主编：《中外旧约章汇编》，第3册，北京：三联书店，1962年，第592页。

(即华德路监狱)将仍由工部局管理,原公廨附设的女监(即原女押所)、民事羁押所等则由临时法院管理,嗣后,原公廨女押所即进入临时法院时代。

1927年1月,中外双方在上海北浙江路公共租界会审公廨原址进行了交接仪式,临时法院正式成立。在临时法院时代,虽然双方议定且条约亦有规定,案件审理以及人犯管理均适用中国之法律,名义上中国政府收回了租界法权,但实际上,临时法院及所属监所的管理权仍操之于西人之手,中方法权并未彻底收回。

临时法院时期的女监继承前清会审公廨时期的遗产,共有楼房两栋,上下四层,一系向南,一系向东,向南者每层约四间,向东者每层约三间,每层旁边均有隙地,下铺泗门汀,中设自来水龙头,作为洗脸洗物之用。下层设有大浴池一个,小浴池三个,监内女犯夏日须每日洗浴,冬日每星期至少一二次,冷热水龙头均备。其最高一层有一大间,凡女犯带有幼孩者则居此室,此监房中有摇纱车数辆,"据称从前曾令女犯为此工作,现在则仅令其为洒扫之事耳"。凡租界内由临时法院管辖的已决未决及因民事纠纷需羁押者均监禁于此女监之内,一般而言"未决及受轻刑宣告者多居下层,受重刑之宣告者则居三层楼上"。进入女监大门,一侧即为巡捕看守所居之室,另有接见室,四周均装有铁栅,内又分三小间,"凡看望女犯之亲友居外面一间,女犯居里面一间,中隔铁栅,距离约丈余,以防传递物件"。此外,尚有医生诊病室一间,轻病即在本监医治,附有普通药室,有种牛痘室一间及有精神病者之住室一间,器具床铺较为完备①。

在临时法院管理押所时期,由于处于中外混合监管之下,不免管理疏忽,确有不善之处,导致女押所人犯时常发生逃狱事件。1928年5月,该监有女绑匪一名乘机逃狱,当值女看守被予以记过处分。是月底,又有盗窃犯沈刘氏趁看守向囚犯发放午饭之际,设法越狱潜逃,该犯后于8月份在沪埠舟山路拘获。由于接连发生逃狱事件,为亡羊补牢,是年6月,临时法院将女押所南侧较低的围墙,"用每根长尺余,指粗之铁条遍插于墙巅,编以铁丝藩篱",以防范人犯越墙而逃,"既固笼,鸟当再难飞矣"②。

但是这一补救之策,似乎并没有起到应有的作用,人犯越狱事件仍接连发生。1928年9月底,有私售鸦片女犯陈王氏,被临时法院判处监禁六个月,

---

① 《上海公共租界临时法院关于韩推事查复监所押犯的文件》,上海档案馆档案,档号:Q179-1-120(注:因上海档案馆案卷所标注的年份等时间与档卷内容多有不符,故本文仅标注档案号,而未标注详细时间)。
② 《女押所增固防范》,《申报》1928年6月23日、《缉获越狱之女犯》,《申报》1928年8月24日。

在女所执行。在狱期间，伙同陈胡氏、蔡陆氏、李徐氏等人，密谋越狱，9月24日深夜，趁狂风暴雨之时，陈王氏在监内寻得铁条一根，潜出监房，逃至押所西面围墙处，用铁条将墙壁挖出一小洞，该犯身材瘦小，钻出逃逸。而另一女犯李徐氏则因身形较胖，无法钻出，被赶来的看守拿获，逃狱的陈王氏于是年11月底，被捕房包探在上海哈同路十六号擒获，抓捕时，陈王氏从阳台跳下逃跑，以致两腿摔伤，后该犯又被判徒刑八个月①。亦有女犯逃狱时不慎导致身受重伤者，1928年10月，有女绑匪宋王氏、李梁氏同在女所四楼第四号监室羁押。20日凌晨时分，两犯经密谋，将毡毯用剪刀剪成长条，结成绳索，并将牢房窗口之铅皮铁丝损毁，用绳索破窗而下。因心绪慌乱，不慎失手跌倒在地，李梁氏气息奄奄，被送往医院救治，宋王氏亦被擒获②。

  临时法院时期，虽然会审公廨被废除，但是中国政府并未彻底收回租界法权，中外双方经交涉签署的收回会审公廨章程显得有名无实，此种现状，自然并不能得到中方的认可。为此，1928年南京国民政府建立之后，中外双方就收回租界法权一事，再次进行谈判，最终达成协议，于1930年2月签署了《关于上海公共租界内中国法院之协定》。

  依据这一协定，前临时法院撤销，改设江苏高等法院第二分院及江苏上海第一特区地方法院。对于租界内的监所，最初中方要求获得租界内所有华人囚犯的管理权，但是租界方面出于维护界内安全和秩序的考量，自然不会愿意将作为其自有资产的华德路监狱移交给中方。工部局提出，"董事会可能会考虑同意将判长期徒刑的犯人移交中国当局，条件是全部监禁费用将由中国当局负担"。但是中国政府缺乏"必要的监狱设施，基金不足"③，当国民政府"意识到管理这些监狱要耗资，便不再提他们的建议了"④。

  因而，租界内的华德路监狱仍由工部局负责运营，但是中方拥有监督视察权。最后，只是将原临时法院附设的女监及羁押所全数移交给国民政府管理。上述监所即被改组设立为江苏第二监狱分监，该监系一所独立建制的新式女监，隶属于江苏高等法院第二分院监督和管理。另设上海特区地方法院看守所及民事管守所，隶属于江苏上海第一特区地方法院监督和管理。看守所及民事管守所均附设于江苏第二监狱分监之内，两所日常事务均有分监负责管理，江苏第二监狱分监分监长将兼任地方法院看守所所长

---

① 《女烟犯深夜越狱》，《申报》1928年9月25日、《女囚脱逃案提起公诉》，《申报》1928年9月26日。
② 《两女犯越狱未成》，《申报》1928年10月21日。
③ 上海市档案馆编：《工部局董事会会议录》，第二十四册，第627页。
④ 上海市档案馆编：《工部局董事会会议录》，第二十五册，第554页。

及民事管守所所长等职。

依据上述协定,1930年4月1日,高二分院、一特地院及所属监所在前临时法院原址即公共租界北浙江路191号(今浙江北路)宣告成立,上述法院及所属监所均相互毗连,同在一处。在该分监成立之后,所有原工部局所派人员全数撤回,所有监内事务概由国民政府指派职员、看守负责整理、监管。

嗣后所有高二分院、一特地院判决的已决女犯将在该分监羁押,所有公共租界范围内犯案女犯,无论刑事、民事、违警等类,凡未决者,均羁押于分监附设的地院看守所内。而民事管收所,则系拘留所性质,凡公共租界内辖区内私诉欠款等民事执行案件,须管收者,均发押于此所内。江苏第二监狱分监虽名为分监,但是该监与位于华界漕河泾的江苏第二监狱之间并无隶属关系,对于此种命名,时任分监长王宝三曾抱怨"特区法院为中外观瞻所系,本分监常有中外人士前来参观,其中有以本分监设立上海公共租界,颇为重要,何不称监狱,而名分监,似嫌名实不符"。为此,他曾建议更改名称:"本分监之组织管理,概与乙种监狱相同,拟请将本分监改为乙种监狱,以正观听。"①但这一建议并未被采纳,后亦不了了之。

江苏第二监狱分监作为一处女监,位于江苏高等法院第二分院右侧。它与当时上海地区其他监所的不同之处在于,其他监所如漕河泾江苏第二监狱、法租界第二特区监狱署等监内亦有女犯关押,亦设有女监,唯上述监狱内的女监均系采取混监分押的方式羁押女犯,并无单独建制。而该分监则拥有独立建制,且对已决女犯实施分监分押,这对于女犯管理而言,无疑更为便利,因而,从监内设施及狱政管理等方面而言,该分监在当时无疑是较为优异的。在监内建筑布局上,该分监大体上沿袭了以往的格局,主体仍为四层洋楼一栋,含病犯监在内上下各层共有大小不等的杂居监舍29间,容犯限额为170名。底层有浴室、炊场、办公室、医务室、教诲堂等处。二至四楼用以羁押人犯,其中二楼多用于管押未决犯。三、四两层以礼、义、廉、耻为监号,则均为已决犯执行监。

江苏第二监狱分监组建之后,因监内空间逼仄,监舍较少,长期饱受人犯拥挤之困扰,而该分监又受困于经费支绌,无力单独购地新建监所。虽然该分监亦采取多种途径以疏通监犯,怎奈人犯日增,监舍有限,以致该分监时常陷入人满为患的境地。不只是该分监人犯拥挤,当时上海其他监所,如

---

① 《江苏上海第一特区地方法院看守所本监报告监总的情况等》,上海档案馆档案,档号:Q177-4-175。

法租界的第二特区监狱、华界的漕河泾江苏第二监狱等处亦面临着同样的困扰。为此，为统筹解决上海各监所人犯拥挤问题，疏通监犯，自1935年始，在国民政府司法行政部的规划之下，江苏高等法院第二分院、第三分院及所属监所积极参与，于是年初筹款在华界北新泾购买地皮，新建一座新式的大型监狱，即司法行政部直辖第二监狱。

1936年6月份，部辖二监第一期工程竣工，随后，遵照司法行政部的部署，江苏第二监狱分监自1936年6月30日起撤销建制。原监内人犯，"所有刑期二月以上之女犯，悉送部辖第二监狱，其未满二月者，留所执行"①。分监撤销后，即就原址改设为上海一特地院看守所。按照部定计划，该分监先后向部辖二监移送人犯共125口，原有分监职员、看守，除部分留用外，其余人员经呈请高二分院允准，各发给两个月恩饷予以遣散②。1936年7月1日，江苏第二监狱撤销之后新改设的上海一特地院看守所正式运行，由原分监长王宝三出任看守所所长。

1937年全面抗战爆发之后，上海局势紧张，尤其华界地面很快陷入战火，此时，沪埠公共租界以及法租界由于其特殊的国际地位，暂时尚未波及。司法行政部出于保障人犯安全起见，通令将原羁押于北新泾部辖第二监狱、漕河泾江苏第二监狱等华界区域的人犯从速疏散，部辖二监大部分监犯被移禁至租界监所内。至1938年初，法租界第二特区监狱署由于接受移禁人犯过多，难以容纳，亟待疏通，高三分院呈报司法行政部建议将原部辖二监寄禁第二特区监所的女犯，转移至一特地院看守所执行，以资疏散。

然高二分院表示若将女犯移至该所羁押，存在诸多窒碍，实属不便。为此，1938年3月，司法行政部曾指示高二分院将原裁撤的江苏第二监狱分监迅速恢复建制，以资应用。随后，一特地院看守所所长王宝三表示，若恢复分监建制，则急需增设人员，加拨经费，否则将难以应付大量增多之人犯，并拟具具体计划由高二分院转呈司法行政部核示。不久，司法行政部下发指令，仍将原部辖二监寄禁女犯移至一特地院看守所执行，但所需费用则由第二特区监狱负担。如此一来，江苏第二监狱分监的建制是否恢复，已无影响，故而部令暂缓恢复③。

---

① 《江苏高等法院第二分院关于部辖第二监狱筹备事项》，上海档案馆档案，档号：Q181-1-922。
② 《上海第一特区地方法院看守所监所改组事项等》，上海档案馆档案，档号：Q177-5-441。
③ 《江苏高等法院第二分院关于处置监所人犯工部局监狱地院看守所》，上海档案馆档案，档号：Q181-1-1204；《江苏高等法院第二分院关于处置监所人犯的文件》，上海档案馆档案，档号：Q181-1-957。

自抗战以来，由于华界部辖二监被战火波及，无法收容已决人犯，原本用于收押未决犯的一特地院看守所只能转而继续收押已决犯。与此同时，随着第二特区监狱寄禁女犯大量转移至看守所执行，以至于该所人犯急剧增长，特别是已决犯大为增多。至1939年5月初，该看守所已经有各类已决犯二百七十名之多，未决犯仅有八九十名，而已决犯仍有继续增多之趋势，该看守所实际上已经相当于正式的监狱。以此种看守所的名义、人员配置及经费额度，要去承担正式监狱的职能，很显然有些名实不副，难以为继。因而，高二分院不得不再次呈请司法行政部尽快恢复原江苏第二监狱分监的建制。顾及战争时期，国府财政支绌，高二分院表示，恢复分监建制所需开支一切从简，1939年6月10日，司法行政部电复，所请恢复分监建制各办法"事属可行，准自本年7月1日起照办"①。

自部令允准后，1939年7月1日，江苏第二监狱分监正式恢复建制，仍由原看守所所长王宝三出任分监长，即于当日就职任事，其他职务即就前看守所原有人员分配办理②。该分监在恢复建制之初，一度仍采用前看守所时期的经费预算定额，随着人犯日增，监务所需费用亦急剧增长，原看守所的经费预算已经严重不敷应用。为此，1939年8月，该分监不得不呈请高二分院，要求允许恢复抗战之前原有分监的经费预算，以资应付局势③。

江苏第二监狱分监自本次重新恢复建制之后，在战争状态下，勉力生存，履行职责，直到1941年底日军发动太平洋战争之后，沪埠各租界相继被日伪占据，包括江苏第二监狱分监、高二分院、一特地院在内的原租界中国法院和监所亦悉数被日伪夺取。分监内的职员、看守，有部分人如李梅魂、林晓明等不愿当汉奸，辞职逃往内地，其余仍有相当部分人员在时任分监长王宝三带领下投身事敌。在日伪管制下，各法院、监所相继被改组，江苏第二监狱分监再次被取消建制，嗣后一直未能恢复。

在日伪时期，伪政府在日军扶持下，接管租界，对整个上海区域内的法院、监所等司法系统进行整合和改组。原公共租界内的江苏第二监狱分监被改组设立上海地方检察署看守所，原工部局华德路监狱被改组为上海共同租界华德路刑务所，嗣后又更名为司法行政部直辖上海监狱，并再次开始

---

① 《江苏高等法院第二分院关于非常时期紧急处分各项经费》，上海档案馆档案，档号：Q181-1-1047。
② 《江苏高等法院第二分院关于非常时期紧急处分各项经费》，上海档案馆档案，档号：Q181-1-1047。
③ 《江苏上海第一特区地方法院看守所会计支付预算》，上海档案馆档案，档号：Q177-4-213。

收押华人女犯。原法租界上海第二特区监狱署，亦被改组为上海地方检察署看守所，又称马斯南路看守所，抗战末期，又更名为上海地方法院看守所。经过日伪时期对于上海司法系统的整理，打破了以往沪埠三界四方，政权阻隔所导致的司法窒碍，对有效利用上海区域内的监所空间和资源大有裨益。战争期间，原华界漕河泾监狱、北新泾部辖第二监狱均毁于战火而被废弃。经过日伪时期对于上海监所资源的整理，最终形成了"一监两所"的司法格局和模式，而这种监所分布模式，在战后亦被国民政府所承袭和沿用。

抗战胜利之后，上海光复，国民政府对日伪占据的法院、监所等司法系统予以接管。在大体沿袭日伪时期司法遗产和格局的基础上，国民政府又根据实际需要，进行了必要调整。1945年9月，国民政府接收日伪部辖上海监狱，经过改制，称之为上海监狱，最初由上海高等法院管理，嗣后又升级为司法行政部直辖上海监狱，但仍由上海高院代管。位于原公共租界北浙江路的日伪看守所(即原江苏第二监狱分监)被改建为上海地方法院看守所分所，后又更名为上海地方法院第三看守所。位于原法租界内的日伪看守所(即马斯南路看守所)，被改建为上海地方法院第一看守所。此外，国民政府还在原华界区域的南车站路，设有上海地方法院第二看守所。与此同时，出于战后审判汉奸及日军战犯的需要，国民政府还在上海监狱内设立了临时高等刑事法庭，并在该监内增设临时看守所，后予以撤销。

为解决沪埠女犯的监禁问题，国民政府又增设上海监狱第一分监，原由上海高院管理，后升格为部辖上海监狱第一分监，在行政上仍由上海高院代管。至此，抗战之后，经过国民政府的重建和改组，在上海地区大体形成了"两监三所"的监所布局。

抗战胜利之后，之所以在上海监狱内重设女监，主要是因战后确无更为适合的监所。原华界监狱基本毁于战火，其余监所除位于原公共租界的华德路上海监狱之外，均属设施陈旧、规模较小，相较之下，上海监狱无论在设施或安全方面，均较为适宜。上海监狱羁押女犯的监楼最早修建完成于1904年，系一栋三层楼的监楼，称之为E监，有监室36间，一边为走廊，该监一度用于羁押华人女犯。至1905年底因黎王氏案引发的"大闹会审公廨"事件后，所有西牢华人女犯或被释放或被移往公廨女押所羁押，自1906年起至1943年7月，上海监狱内未再羁押有华人女犯。

在日伪时期，自1943年8月起，沪埠地区的女犯即又移送上海监狱羁押。上海监狱自建成之后，即持续进行扩建、改建，自1933年底开始，该监将旧有E监、工厂楼等房屋全部拆除，在原址上新建一批大楼。其中一栋呈一字形的外籍犯女监，四层楼，建筑面积810平方米，系由上海三森营造厂承建。于1935年9月启用，主要用于羁押外籍女犯，故称之为西人监女监，该监区系一处单独的院落，与上海监狱其他监区相互隔绝，有独立进出的大门①。

光复之后，司法行政部指令上海高院负责筹设女监，该院即在上海监狱原西人女监的基础之上，重新组设上海监狱第一分监。在筹设期间，曾在原江苏第二监狱分监任职的重要职员如李梅魂、林晓明等人，均参与了该分监的筹建工作，并继续担任重要职务。经过筹备，1945年12月25日，上海监狱第一分监正式成立，由陈咏声出任首任分监长。该分监"全部计四层楼房一座，二三两楼共有监房十六间，三楼为普通监房，二楼为医务室、病犯休息室、羁押室、储藏室等，并有橡皮室一间，为患神经错乱之监犯而设，四楼有工场及炊场，内装有煤气灶，各间监房设有抽水马桶，各楼装置消防机、水电设备俱全，下层为各科办公室、接见室、传达室、盥洗室、储藏室等，屋顶广场阳光充足，四面围墙有丈高之铁栅，为人犯运动场所，屋旁有空地一块，四周种植花木，中间开菜圃，广约二亩许"②。

上海监狱第一分监自设立后，一直由上海高院直管或代管，与上海监狱之间没有行政上的隶属关系。该分监拥有自己独立的人员编制和经费预算，监内人员上至分监长，下至普通职员、看守基本上系女性。对女犯采取"分管分押分教"的管理模式，相对于江苏第二监狱分监，上海监狱第一分监在设施以及人员配置、管理模式等方面，均有着更为明显的改良和提升，可以说是一所更为纯正的独立建制的女子监狱。及至1949年5月份，上海监狱及所属第一分监均被中共军管会接收，并在随后的岁月中被改造，该分监亦随之终止其使命。自此，由于上述两所监狱被废止，在一定意义上而言，亦意味着自晚清以来西式狱制在上海实施的终结。

第三节　逾矩及失序：民国时期
上海女性犯罪实态

近代以来，随着西方思想文化的传入，深刻冲击和改变了中国传统的社会结构及社会规范。这一剧变的时代，对广大女性的影响更是深远，女性不

---

① 上海市提篮桥监狱志编纂委员会编：《上海市提篮桥监狱志》，上海：上海市提篮桥监狱志编纂委员会出版，2001年，第30页。
② 《上海监狱关于高院派书官林晓明协助成立女监》，上海档案馆档案，档号：Q177-1-74。

但成为公众论述的主题,而且女性的社会化程度亦相对提高。而在女性社会化的进程中,各种问题亦随之不断浮现,尤其是女性犯罪,更成为一个显著的社会现象和问题。此外,处于大变革时代的女性犯罪,不仅犯罪总量上大为增加,而且犯罪的类型、方式更是不断扩展和更新,特别是城市女性犯罪的凸显,更是赋予了这一时期女性犯罪以新的时代色彩。

在民国时期上海这种城市化的社会中,人与人之间的关系变得颇为陌生和疏离,而高度商业化所导致的对消费主义的崇尚,更使人们为名利,为生存而不择手段、苦心钻营,城市也就成为一处"风俗浇薄"之地。而对于或被动或主动卷入城市的女性来说,繁华的都市固然使其有机会摆脱传统社会性别规范的规制,从而得到更为自由、宽阔的社会化空间,但同时也使得其自身不稳定性增强,在这"纸醉金迷的世界,外有利禄的诱惑,内有本能欲望的冲动","所以难免不堕落了,犯罪了"[1]。

在民国时期的上海,女性犯罪数量的激增,致使沪埠监所中的女犯数量居高不下。此外,这些被羁押的女犯其犯罪类型亦较为多样,大体而言,是以吸食鸦片、妨害婚姻、妨害风化、堕胎等罪行较为常见,特别是烟毒类犯罪尤为突出。而诸如杀人、掳人勒赎等严重暴力犯罪者亦时有所现,犯罪手段及方式亦较为残忍,危害性亦较大。下面将通过发生在上海的部分女性犯罪实际案例的分析,一窥民国时期上海城市女性犯罪的实态及其背后的诸多社会性因素。

案例一,曾罗氏妨害风化案[2]。

有三名广东籍的女孩,即罗月卿,年20岁;梁执,年24岁;黎妹,年19岁,她们原本在香港九龙的利民兴袜厂内做女工,收入待遇相对微薄,且三人相貌亦较为平庸。三名女孩每日做工,日子倒也过得波澜不惊,哪知因为结识了一个名为曾罗氏的广东老乡,却给三人带来了一段屈辱的厄运。

曾罗氏到该袜厂做工以后,凭借广东老乡的身份,很快就与罗月卿等三人混熟,但曾罗氏此人生性险恶,心怀叵测,她见罗月卿等三人年龄尚小,不谙世事,遂生歹意。于是经其谋划后,她向罗月卿等三人诡称要带她们去上海,那里工厂众多,而且工资薪水很高,现在有上海的一家纺织厂正在托她在香港招收女工,每月薪水可以达到20元,六个月之后也可以再回来。罗月卿等人没有社会经验,也缺乏防范之心,只想着能去上海挣更多的钱,于

---

[1] 徐蕙芳、刘清於:《上海女性犯的社会分析》,《大陆杂志》1932年第1卷第4期,第1—23页。
[2] 《三粤女被骗来沪为娼》,《申报》1933年9月28日。

是她们都非常高兴地听从了曾罗氏的话,回家之后,经过和各自家属商议妥当。1993年8月12日,三名懵懂的女孩就跟随着曾罗氏还有其姘夫刘广一起乘坐轮船到了上海。抵达上海之后,曾罗氏及刘广先在一家旅馆内开了房间,将这三名女孩安顿在此暂住两晚,随后,又租赁吴淞路长安里15号房间,将三女安置其中,并令三人每日结绒线来度日。

是年9月17日,刘广出面又租赁了北四川路仁智里606号房,并与曾罗氏在此合伙开设了广东雏妓院,所需资本均由刘广垫付。曾罗氏则强迫罗月卿等三女放弃结绒线的工作,专门到这一妓院接客,从事皮肉卖淫的生意。三女起初出于羞辱之心,强烈拒绝,并不允从,虽然苦苦哀求,但是仍遭到了曾罗氏的无情鞭打,并强令三人绝食。在曾罗氏的冷酷折磨之下,罗月卿等三人可谓苦不堪言,无奈只能屈从于曾罗氏的淫威,含垢忍辱,每日接待狎客,出卖自己的肉体。但三人终究心有不甘,不愿从事这些皮肉生意,亦曾谋划乘机出逃,但是由于曾罗氏防范严密,再加以每日的折磨,致使三人无法逾越雷池一步。

正当罗月卿等三女苦苦煎熬时,忽有一日,曙光乍现。有一个名为麦文的广东合议总会职员,于9月26晚间偕同其友人到仁智里606号冶游,从而与罗月卿等人相遇。这三名女子于是就将如何被骗来沪,如何被逼迫从事皮肉生意等详细经过,告知了麦文,并恳请麦文看在同乡的份上,能设法出外报告巡捕,好解救她们跳出火坑。麦文闻言后,见她们着实可怜,同情其遭遇,于是就出去向巡捕报警,并带领1294号华捕及包探方富城到来,将鸨母曾罗氏、刘广及罗月卿等三女一并带入公共租界工部局虹口捕房。

经捕房调查完毕之后,于9月27日晨将人犯移送至江苏上海第一特区地方法院刑五庭进行侦查审讯,由捕房律师蒋保廉以妨害风化罪对曾罗氏、刘广两被告进行起诉。罗月卿等三女也陈述称她们被曾罗氏诱骗来沪,并被强迫接客,稍有不从,即被曾罗氏殴打折磨,现在已经接客两次,所得的嫖资,被曾罗氏全部拿去,还被曾罗氏绝食两天,幸得同乡麦文搭救,方得脱离苦海,希望能返回原籍。此外,麦文也当庭作证三女所言属实。虽有罗月卿三女的指控及麦文的指证,但曾罗氏却拒不承认逼迫为娼,还诡辩称罗月卿三女系属自愿,与她无关。而刘广亦辩称罗月卿等三人是自愿为娼,她们请其垫付资金,开设妓院,他非但认为自己无罪,还要求罗月卿等三女赔偿其垫付开设妓院的资金二百余元。

经各方陈述完毕之后,因曾罗氏、刘广等人诱拐无知女子,逼良为娼,事实清楚。遂由推事邓葆荪做出判决,曾罗氏、刘广共同意图营利,引诱良家妇女与他人奸淫,各处有期徒刑一年。罗月卿、梁执、黎妹暂送妇孺救济会

案例二,施王氏掳人勒赎案①。

1940年5月21日晨7时许,汉口路359号仁源永幛子店老板陈同时之幼子,年满十一岁的陈康睿在前往福州路514号沪东中小学上学的路上,被多名绑匪将其绑走。事后,绑匪写信给家属勒索赎金五万元。后陈同时向公共租界工部局总巡捕房报案。巡捕房接报之后,即指派华人探目冯起山进行侦查。在案件正在查办时,5月30日上午,被绑的肉票陈康睿突然逃回家中,遂由其带领捕房人员进行搜捕,后抓获涉案人员数人。

经捕房对嫌犯的讯问及相关调查,发现这一案件,系一起由主犯邢章福、张木林、施正章等人精心谋划,施王氏等人协同参与的一起重大绑架案。他们事先通过调查明确了陈康睿每日上学、放学的时间和所走的路线,并从汽车公司租赁汽车,精心安排作案时间,并找好藏匿处所,意图通过绑架勒索谋利。案发后,案犯邢章福、张木林、施正章等人先后闻风而逃,但涉案的施王氏、赵国俊、魏贤山等嫌犯则被拘获归案。

据魏贤山(男,年56岁,江北泰兴人,有妻,以捡垃圾为生)供称:我住在东有恒路1030弄德福里22号主犯邢章福家中。在5月19日下午约12时30分,我从外面回家,看见邢章福、张木林、施正章三人在楼上商量什么事情,只听见他们说要去外面做件大生意,但当时他们说话声音很低,谈话的内容没有听清。后来,我又外出谋生,一直到晚上七点返回,看到邢章福等三人仍然在商谈中。到20日下午6时许,施正章即从外面带领施王氏过来,我曾向邢章福之妻卜景贤询问带回来的女人是谁,她说是她的姐妹。当晚7时,邢章福等三人即一同出门,到21日早约8时,他们就从外面带回一名男孩(即肉票陈康睿),后来这个男孩又被施正章带走。22日,我向卜景贤问询那个男孩是何处来的,她说是绑来的,我还问她有枪吗,她说有短枪两支。嗣后,在24日下午5时,我又看见邢章福、张木林在一起写信,卜景贤后来告我说他们是要给男孩家里写信,我问她你们要多少钱,她说要三万或五万钞票,她还叮嘱我说不要多问。另外,在25号,邢章福和张木林即离家外出,卜景贤说他们去苏州了,之后的事情就我就不知道了。

被捕的施王氏(又名薛王氏,女,年36岁,奔牛西王家村人,靠父亲王友善作圆木匠生活)供称:我在19岁时由父母做主曾许配薛天元为妻,后因

---

① 《江苏上海第一特区地方法院关于施王氏等掳人勒赎案的文件》,上海档案馆档案,档号:Q180-2-2468;《老仁元永礼品局小主被绑脱险,拘获绑匪四名候究》,《申报》1940年6月1日;《绑架学童,三犯依法起诉》,《申报》1940年6月8日。

无法生育与夫不睦,遂于去年12月间背夫跟随稻草贩老邓之妻名老四者同来上海谋生,两人在法租界卢家湾租房同住,每日以缝补度日。后来,老四又将我送到闸北中兴路一号她娘家哥哥施少文家姘居。今年5月20日,施少文的邻居李国富之妻李俞氏对我说虹口地方有人要雇娘姨,每月工资六元,我即允去。是日下午3时即由施正章带我至虹口东有恒路1030弄德福里,住在魏贤山家中。至21日早约8时,邢章福、张木林自外带来陈康睿,我问他们这男孩是谁,他们说乡下来的。是早约10时,他们叫来剃头匠一名给陈康睿剃光头,陈康睿不肯,后来仍将头发剪短。是晚7时,施正章又将我带至东有恒路1107弄禄寿里44号三层阁楼内居住,一切床板及被褥均由魏贤山家取来。至晚9时,施正章又带来陈康睿叫我看守,不准他下楼,并带来杀猪尖刀两把。施正章对我说二房东要问时,就说我们是夫妻,陈康睿是我们的儿子。施正章对我说假如这孩子要哭或是要出去,就用杀猪刀杀死。在我们看管之下,陈康睿倒也安稳,但是到5月30日下午,陈康睿即趁我和施正章看管不备,乘隙逃出,后来,我即被捕房拘获。

而据受害人陈康睿称:在5月21日晨大约七点钟,我照例前往学校去上学。出门之后,我沿着汉口路往西走,走到证券交易所对过时,有一个男子从我后面追上来,用手捂住我的嘴对我说,小弟弟你上学去么。之后,他就把我抱上了路边的一辆汽车,当时车内连我在内还有司机一共四人。他们把我放在脚下边,我当时想大声呼救,但是他们对我说,敢喊叫就用手枪杀死你。我即不敢动弹,汽车开动之后,我也不辨方向,后来汽车开了很久方才停下。他们停车之后,就把我带到了一处草堂的房子阁楼之上(即东有恒路1030弄德富里22号),当时房内还有两名妇人(其中一名即施王氏),还有另外三个男孩,两大一小。两个大孩子睡在地板上,小孩子由两妇中之一妇抱住。后来,他们叫来剃头匠,要我剃头,后经我拒绝,但仍被剃发成平头。

我在这第一个住处曾见过赵国俊和魏贤山,但未见他们说话,后来,他们又领我至附近的另外一个弄堂(即东有恒路1107弄禄寿里44号)的三层楼的房屋内。当时在房内,我看见施王氏在整理物件。在这里,我和施王氏睡在地板上,另一名男子即施正章睡在床上。白天施正章有时出去,但施王氏始终在房内。至5月30日约十五点钟时,施正章睡熟在床上,施王氏在晒台上烧饭,我乘他们不备,就乘机逃出弄堂。我意图叫黄包车返家,但不知路途,后来逃进一家包子店内,人见我年幼,问我何事,我答被拐子拐来此处,请求救我回家,并告我住在汉口路仁源永喜幛店。他们聆悉后,即雇人力车送我回家。后经我家属送我至捕房,我领捕房人员至原处弄堂搜捕,但因房屋忘记,后经按户搜查,搜出禄寿里44号之三层阁楼,但当时该房内人已逃走。后来在弄堂拘获施王氏,并由其领至东有恒路1030弄德福里22号搜查同党,但主犯邢章福等人亦均已逃走。陈康睿后来还说:我被绑两三日后,绑我的人曾向我询问家事,并叫我写信给我母亲。我说我不会写信,他们就写好一个稿子让我照抄,他们就是拿着这个我抄好的书信向我家里要钱的。

此案经捕房调查之后,于5月31日将案犯移解至江苏上海第一特区地方法院刑一庭进行审判。后捕房律师汝保彝认为此案尚须进一步侦查,且需缉捕已逃亡的同党,故而他向法院请求暂缓审判。经主审推事冯世德允准,案犯先行还押,改期再审。迁延至6月28日,因主犯邢章福等人迟迟未能拘获,一特地院遂先行将被已拘获案犯进行判决。经法院审理认为,被告施王氏明知绑架而帮助看守陈康睿,该犯供认不讳。唯该被告系受雇帮同施正章看守,应以帮助意图勒赎而掳人论罪。查该被告系无知妇女,素行亦无不端,合依从犯减轻本刑二分之一处断。被告赵国俊对于绑架陈康睿坚不承认知情,被告魏贤山虽与邢章福同住一家,曾见陈康睿并看见邢章福写信,但亦不知事件详情。虽然陈康睿亦称在关押的地方曾看见被告两人,但不能证明该被告二人与此案有任何关系,因而应当无罪。最终,经推事冯世德判决被告施王氏因犯帮助掳人勒赎罪,处有期徒刑4年。另外两名被告赵国俊、魏贤山无罪开释,涉案的两把刀没收。

案例三,彭杨氏、刘黄氏堕胎案[①]。

1940年5月25日早上9点半左右,上海公共租界榆林路捕房突然接到杨树浦路208弄54号全安旅馆的报警,称在该旅馆36号房间,发现一具青年女尸。接报之后,捕房随即派探员张运鸿、罗斯等前往全安旅馆进行调查,发现确有一年轻女性死亡。经初步勘察,该"女尸仰卧床上,被褥及枕满染血迹,面部浮肿而青紫,满身水泡,颈间有绳索痕迹"。随后,又将女尸送往验尸所进一步检查,并从工部局华德路监狱(即提篮桥监狱)找到外籍医生好尔对死者进行详细查验,经查,"死者口鼻流血,颈项间绳索痕迹,下体撕破,阴户内有小孩之头隐约可见,实为生前堕胎,施用手术不慎而死,胎儿约计六七个月,满身水泡,恐系服热药所致",并进一步断定该名死者"委系于十二小时以前身死"。

[①] 《江苏上海第一特区地方法院关于彭杨氏等堕胎案的文件》,上海档案馆档案,档号:Q180-2-2348;《年青女工,逆旅堕胎惨死》,《申报》1940年5月26日;《堕胎致死各犯押候审判》,《申报》1940年6月10日;《堕胎致死案,各犯分别判惩》,《申报》1940年6月13日。

该名女子的死因明确之后，捕房探员对该名女子的身份、死因等问题进行了详细的调查。据该旅馆茶房严锡卿指证说，在5月22日，"有男人与死者同来，开三十六号房间"，男的登记姓名叫张意达，"死者在房内时，有三个年长的女人常来看望，同时，有一男人也来，他们进出很忙"。此外，该名茶房还说还有几名与此案相关的人员仍然在旅馆内。根据严锡卿的指证，捕房遂在旅馆内将涉案的人员先行拘获。

经过对被捕涉案人员的审讯，该名死者的身份及相关案情亦日益明朗。经查，死者名为彭根活，时年18岁，上海人，向在杨树浦路2310号中国肥皂厂作女工，与其母彭杨氏一同居住在上海格兰路120号其小姑家内，尚未婚嫁。被捕人员中，一名即为死者母亲彭杨氏，另有一名男子名为卢德林（曾化名张意达开房间），后查明，卢德林实为彭杨氏丈夫的姐夫，也即死者彭根活的姑父。

据彭杨氏（40岁，上海人，无业，有配偶）供称：我于23岁时曾在乡下嫁于李苗苗为妻，后因李苗苗双目失明，即与彭维干相姘识，并在乡下领养一名女婴，取名彭根活。之后，与李苗苗离婚，再醮与彭维干为妻，至今已有15年之久。养女根活亦带至彭家。彭维干受我财力资助，开设烟纸店为业。养女根活于14岁入杨树浦路中国肥皂厂做工。今年5月20日上午10时，卢德林到我家中说根活在外面有人，已怀孕数月，我闻言甚为惊奇。当日正午12时，根活回家吃午饭，我即向其盘问严责，她坚不吐实。至下午7时后，我托卢德林在我店后门弄内与根活问话。后来卢德林对我说，根活承认受人愚弄已怀孕四月，但她坚持不说出与何人姘识。卢又说此事一旦暴露，与我夫颜面有关，须设法湮灭。又说在扬州乡间认识的接生婆惯与人打胎，确有把握。该接生婆亦在上海，可以托她打胎，以全颜面，我亦同意。于21日正午12时，卢德林对我说已与接生婆接洽妥当，手续费洋40元，只须六小时内可以打下。后来如何，全由卢德林办理。及至23日下午8时后，卢德林又对我讲根活已在旅馆实行打胎，现已发作动胎，根活痛不能忍，口说吃语，要我前去安慰她。我即随卢德林到全安旅馆，我在旅馆门外等候，由卢德林入内探望，约十分钟，卢德林告我说正在发动，只须忍痛一些，即可安然产下，我即回家。于24日上午7时许，卢德林夫妻二人到我家说接生婆差人前来通知，根活已死在旅馆。我们三人随赴旅馆探望，确已死亡，后来即在旅馆被捕。

彭杨氏后来又补充供称：之前所供基本属实，但是有一点，之前供述有误，对于养女根活怀孕之事，实际上在卢德林告诉我之前，我即已经发觉，我曾问是何人让她有孕，但是养女却坚不肯说，一名未曾出嫁的女子，突然怀孕数月,未婚先孕,此事与我家庭名誉有极大的关系,于是,我就与卢德林商议设法去谋打胎,养女根活也表示同意,但是打胎之事,我丈夫彭维干并不知情,也没有参与接洽此事。

该案另一被告卢德林(54岁,扬州人,驳船业,有配偶)则供称:本年5月18日,内弟的妻子彭杨氏对我讲说,她的养女根活已经有私孕四个多月了,这种丑事一旦暴露,与内弟彭维干颜面攸关,再三央求我找接生婆为根活打胎,我就答应了。5月19日及21日,我两次到平凉路795弄泰成里17号找素与人打胎的刘黄氏接洽,她索价60元,后来议妥40元成交,并议定于22日找一家旅馆作为打胎的处所,上述接洽情形我均随时告知彭杨氏知晓。5月22日下午2时半,彭杨氏与其养女在平凉路、格兰路路口与我会和。之后,我带着彭根活坐公交车到全安旅馆,并以张意达的化名开了36号房间,支付房费一元四角。随后,我又去将刘黄氏带至房内,并向她先行垫付堕胎手续费20元。刘黄氏之后便对根活进行堕胎,我因是男子,不便留在房内,便先行回家了,至5月23日上午8时,彭杨氏到我家说,她接到根活的电话说她一人在旅馆内不堪寂寞须要人前去相伴。我于是又去找刘黄氏,请她代邀老妈子两人前往旅馆照应。到当日下午8时,刘黄氏差人到我家说,根活在旅馆内痛不能忍,口说吃语,须要其家人前去安慰,我即转告彭杨氏,随后,彭杨氏即前往旅馆。当夜其他情形我并不知晓。到5月24日上午7时半,刘黄氏又差人到我家说根活已经死亡,我随即和我妻子还有彭杨氏前往查看,后即被缉获。

该案第三被告刘黄氏(62岁,扬州人,无业,有夫)供称:本年5月19日,同乡卢德林到我家中,他说有朋友的女儿有私孕四月余,要托我帮她堕胎。我当时索价60元,21日卢德林又来我家,后经商议确定价格40元,并约定次日即找一旅社作为堕胎之所。22日上午8时,我到一处荒场找到土牛膝草(又名对节草)三棵,只取草根三支,长仅寸许。及至下午3时半,卢德林带我到全安旅馆36号房间内,并先行给我手续费20元,余款待堕胎之后再付。当时,有孕的女孩已在房内,随后,卢德林就先行回家,我即在房内对孕犯实行堕胎,并将土牛膝草根三支先后插入孕妇阴道内,完事之后,我也回家了。至23日上午9时,卢德林到我家要我找两个老妈子到旅馆去照应孕妇,我就去找了李妈、黄妈一同前往,以便照料。及至下午6时,孕妇胎气发动,痛不可忍,热度上升,口说吃语,我亦无法可施,只好委托卢松林前去通知卢德林,要他转告孕妇的亲属前来安慰。至下午9时,孕妇的母亲就到旅馆内对孕妇安慰一番,即行回去。至11时后,胎儿下动,头顶至阴门,阵痛大作,但孕妇阴户不开,胎儿无法产下,之后孕妇又四肢发麻,我着李妈、黄妈为她上下按摩,延至次日凌晨3时,孕妇即晕厥气绝而亡。我见孕妇死亡,知已肇祸,遂逃回家中,并让卢松林将孕妇死亡的信息转告卢德林,我畏罪不敢久在家中,遂于当日上午7时半先逃至东自来火街105弄9号亲戚家,之后,又逃到徐家汇五角地黄妈的亲戚家,后来即被捕房拘获。

刘黄氏后来还说:在5月23日上午约九点钟,死者彭根活曾说其身体不舒服,当时,我恐怕她身体发痧,于是我就用手给死者的后颈上进行控痧,死者颈项上的痕迹就是这种控痧的痕迹,并没有别的其他情形。另一涉案被告黄戚氏也供称:当时因孕妇喉中作痛,刘黄氏为她磨控喉咙,并为孕妇控痧,该女孩躺卧在床,非常疼痛,刘黄氏、李妈和我都在房内。至23日11时,该孕妇仍不能将胎儿安然产出,因胎儿的头仅能到达孕妇的阴户而无法再下,这个女孩的生命也难以保全,果然是日夜间3时该孕妇即气绝而亡。

1940年6月12日,这起孕妇堕胎致死案,由江苏上海第一特区地方法院进行判决。法院审理认为本案被告彭杨氏、卢德林等商议为彭根活堕胎,而刘黄氏为其实行堕胎,因操作不佳,致使彭根活难产致死,事实清楚。虽然彭杨氏在庭讯时对于堕胎的责任推诿称卢德林为主谋,然查卢德林与伊系属亲属关系,何能代为主张堕胎?揆之事理,殊难采信。另查彭杨氏唆使其女彭根活堕胎,及卢德林之帮助行为,原为保全名誉,并取得彭根活之同意,自不待言,亲属则只教唆及帮助,均应解为包含于使妇女堕胎之行为中,仍应成立,取妇女承诺使之堕胎因而致死。刘黄氏为人堕胎虽以为常业,然既有取利,则自应构成意图营利取妇女之承诺堕胎致死罪。

详核本案情节,卢德林系为维护亲属名誉,致陷罪戾,刘黄氏年逾六十,偶贪微利,致触法网,殊堪悯恕,均应酌减本刑二分之一科属。彭杨氏、卢德林未曾受有期徒刑之宣告,斟酌其生活状况,以不执行为适当,并予缓刑。至被告黄戚氏,据供仅系看护彭根活之疾病,并无其他证据以证明有参与堕胎之情事,未便遂于论罪。因而最终,法院判决彭杨氏处有期徒刑六个月,卢德林处有期徒刑四个月,均缓刑二年;刘黄氏意图营利,堕胎致死,处有期徒刑一年六月;黄戚氏无罪开释。

案例四,詹周氏杀夫案(又名酱园弄箱尸案)。

1945年3月20日早晨10时左右,还在日伪控制下的上海市警察局新成分局接到新昌路432弄85号二房东王燮阳的报警,称在该处后楼发生暗杀事件。该分局侦审科随即派员并会同鉴证科拍照间人员前往出事地点调查。经初步查实该处确系发生一起"毒妇谋杀亲夫血案",系该处后楼住户詹云影被其妻詹周氏于是日凌晨未知何故用菜刀杀死。经查,死者詹云影被詹周氏"用切菜刀先砍颈部,继砍额角及头部,并连砍小腿大腿上股下肢腰部等十余刀,将尸分为八块,装入白色空皮箱中,企图移尸灭迹"①。是日晨,经二房东王燮阳发觉,该惨案即告案发,随即将凶犯詹周氏当场拘获,后报警由警局人员将该犯带回新成分局讯问。嗣后,报案人王燮阳等因"机警灵敏,忠勇可嘉",由伪市警察局第三处防犯科"于防犯经费项中,拨给奖金五万元,以资鼓励"②。

凶犯詹周氏,女,时年30岁,丹阳人,无业,系死者詹云影的结发之妻。新成分局的警员对此深感疑惑和震惊:"身为女流如此凶狠,虽彼辩称为饥寒所迫,亦不至出此下策,殊难凭信。"并认为"若此辣手,其中似有其他情节"③。此惨案发生之后,非但警局人员感到困惑,社会上的其他人也是感到匪夷所思:詹周氏作为詹云影的原配妻子,为何对其夫痛下杀手,狂砍十三刀?而且一个势单力薄、瘦弱矮小的家庭妇女,又怎么能单靠一把菜刀,就能将其夫大卸十六块呢?难道人高马大的詹云影连一个女人,一把菜刀,都对付不了吗?此事想来确实令人不解。因而,大家猜测此事应非詹周氏一人所为,应另有他人协助,甚而猜测是否暗含有"奸情"。

事实上,在案件的初期侦查阶段,亦曾有两名疑似"奸夫"的嫌疑人员被警局传讯,一名是詹周氏的邻居,与其有过来往且有所暧昧的贺大麻子(即贺贤惠);另一名是詹周氏曾在警局供述与之"通奸"的小宁波,此人原名何宝玉,是其夫詹云影的好友。然而经嗣后深入调查,发现贺大麻子案发当晚并无作案时间,而且对此事亦一无所知。而小宁波涉案,完全是詹周氏出于痛恨心理诬告所致。因为詹周氏一直认为其丈夫詹云影变坏,都是受小宁波的教唆和影响,"实因其夫之嗜嫖,均由小宁波带坏,恨极而致"④。经调查清楚之后,此二人亦被无罪开释。

此外,该血案经媒体报道之后,即迅速传遍并轰动上海,很快就成为沪埠各色人等茶余酒后的闲谈资料了,乃至有好事者"至出事地点争相询问者甚众"⑤,接踵而至的是各种谣言漫天飞舞,曾有谣传詹周氏要被串乳游街示众,引得满街满弄人山人海似地立在街头,满怀期待一睹凶犯游街的情形。更有甚者,还有不肖之歹人积极蹭热点实施诈骗,"有歹徒张天保者,竟

---

① 《新成警局破获谋杀亲夫案》,《申报》1945年3月21日。
② 《詹周氏谋杀亲夫案,警局奖励二房东》,《繁华报(1943)》1945年5月12日。
③ 《上海特别市警察局调查詹周氏谋杀其夫及刘兰英、王小狗死之不明》,上海档案馆档案,档案:R36-11-8。
④ 《詹周氏五日移解地检署》,《东方日报》1945年4月2日。
⑤ 《谋杀亲夫案缜密侦查中》,《申报》1945年3月26日。

假冒公务员至该处向房东王燮阳有所纠缠,企图威吓索诈",后被警局探员识破,遂将其拘获带回讯办①。

詹周氏谋杀亲夫詹云影箱尸案发生之后,伪新成分局第三股对此案极为注意,"由经办探长王政唯一再详密审讯",而詹周氏后亦"绝口承认其夫由其一人所杀,并无有人同谋,且具实因气愤所为"②。经该局对是案侦审完毕,于1945年4月5日移送至伪上海地方检察署进行公诉。

1945年4月13日,伪上海地方检察署由检察官李庆鹤就此案正式向伪上海地方法院提起公诉,称"詹周氏嫁于詹云影为妻,九年于兹,平时双方感情淡薄,时因家务发生争吵,而詹云影性喜赌博,居恒深夜不归,家用开支时感不足"。案发当日凌晨3时,詹云影自远东饭店游罢归家,詹周氏与其商议"变卖家具以供设摊营业资本,为詹云影所拒绝"。至天亮之际,詹周氏觉醒,顿起杀机,遂手持菜刀乘詹云影酣睡之机,用力砍其颈部,詹云影痛极呼号,复连砍六七刀毙命,詹周氏为免发觉,于是进而肢解尸体,藏入箱中,"计头胸一段,两膀臂四段,腹部(骨盆)一段,两小腿四段,连腹腿臀割下之皮肉共计十六块"。被告詹周氏对案情供认不讳,"核与证人王燮阳、王陈氏、张王氏等所称情形相符,并有验明之肢解尸体为证,罪证至为明确",应当从重处断,犯罪所用菜刀一柄,应予没收③。

1945年5月3日,位于北浙江路的伪上海地方法院正式开庭审理詹周氏杀夫案,闻讯而来的民众像潮水般汹涌。围观的人踮起脚尖,伸长脖颈,急切地眺望着,等待着,说不完的各种感慨、诅咒,亦有惋惜者,"想不到詹周氏这样年龄,而今银铛入狱,可惜"。有些女观众两言三语的议论说詹周氏"瘦瘦的人,怎么下得落毒手,把丈夫连斩十多刀,人们说女人心肠顶毒,倒是不错"④。

该案原本定于在法院一刑庭审理,但因一刑庭容积太小,容不下一二千的旁听者,后改在刑二庭审理。在法院二楼的二刑庭内,旁听的民众"人头挤挤,旁听座上,走廊上,甚至连律师的座位也给占据了"⑤。至是日10时许,正式开庭,"由刑庭长殷公驾协同推事于弼、施寿庆,检察官金缄与书记

---

① 《谋杀亲夫案缜密侦查中》,《申报》1945年3月26日。
② 《詹周氏五日移解地检署》,《东方日报》1945年4月2日。
③ 《日伪上海地方法院关于詹周氏杀人案》,上海档案馆档案,档号:R43-2-11110。
④ 黄海、翁飞鹏:《法院前人山人海,旁听席满坑满谷,詹周氏昨当庭判处死刑》,《力报(1937—1945)》1945年5月4日。
⑤ 黄海、翁飞鹏:《法院前人山人海,旁听席满坑满谷,詹周氏昨当庭判处死刑》,《力报(1937—1945)》1945年5月4日。

官升座公案,开合议庭审理,其时全庭空气,突然紧强,声息全无"①。开庭后,凶犯詹周氏由两名法警押送至被告栏内受审,"她身躯极矮小——她的脸面的确显得端庄,清丽,不像是个杀夫凶犯"②。

庭上法官问其身世、家庭及婚姻情形。詹周氏称其自幼父母双亡,幼时即被人领出,卖与周姓人家为养女,但实为女佣。在十七岁时,经人做媒,由东家做主许配詹云影为妻。二十一岁那年在新闸路一家饭店里正式和大她一岁的詹云影拜堂成亲。当时詹云影在洪昌当店做伙计谋生,双方结婚至今已有九年,现在无业,家里既无公婆,也无儿女。

詹周氏称詹云影在婚后并不认真对她,并称詹云影在和她结婚之前,就已经和洪昌当店里面的一个叫来喜的丫头暧昧不清。但当时她并不知情,直到其婚后两月,来喜因有孕在身,被该店东家将其辞退并遣送至詹云影家中时,詹周氏方得知此事。虽然詹周氏颇为懊恼,但也无计可施,只得接纳有孕的来喜一同生活。此时,詹云影已经改做旧货生意,但并不照顾其和来喜,家中生活全靠詹周氏一人做工养活。嗣后,来喜便生下一名男孩,但詹云影并不为所动,反而性情愈加暴戾,时常百般虐待殴打来喜,对生下的小孩,也多次扬言要将他送人或用刀杀死。詹周氏劝其不要如此,詹云影却说来喜无父无母,打打无妨。后来,詹周氏托人将来喜另嫁他人,那个孩子也送给了灶披间的邻居。

詹云影做旧货生意,也赚了一些钱,但是有钱之后,只顾自己享受挥霍,"在外开长房间,叫向导女,逍遥取乐,终日不归"③,全然不顾詹周氏的生活。詹周氏讲到,"哪知他一有了钱就在外与一般歹友为伍,终日嫖赌,我向他要钱,总遭他白眼,有时还把我弯过背去,举起实心拳头把我疯打,他一点不念九年来夫妻的感情,我劝他不要赌,不要嫖,他还说钱是我赚的,谁有钱(?)管我"④。詹周氏称和詹云影做了九年夫妻,毫无感情,且詹云影还嫌弃她是低三下四的人,不把她当人看待。詹周氏心有不甘,曾对詹云影讲说如果不想要她,可以和她离婚,但詹云影却想让她出外轧姘头,这样可以省去他一笔赡养费。詹云影说"你要离婚,等你轧了姘头后再谈,那么就可以不必拿出一笔抚养费了"⑤。之后,因家里分文没有,生活无着,詹周氏曾想去

---

① 《死刑,詹周氏杀人抵命》,《东方日报》1945年5月4日。
② 黄海、翁飞鹏:《法院前人山人海,旁听席满坑满谷,詹周氏昨当庭判处死刑》,《力报(1937—1945)》1945年5月4日。
③ 《死刑,詹周氏杀人抵命》,《东方日报》1945年5月4日。
④ 黄海、翁飞鹏:《法院前人山人海,旁听席满坑满谷,詹周氏昨当庭判处死刑》,《力报(1937—1945)》1945年5月4日。
⑤ 《轰动一时之箱尸案昨日开审,判决:詹周氏死》,《光化日报》1945年5月4日。

香烟厂做工,借以补贴家用,不料又被他阻止,不许其去做,"还诬说我与人家轧姘头,他既不赚钱拿回来,又不许我出去做工,弄得家里吃尽当光",最终家中两只衣箱,均变成了空箱子,詹周氏无奈只能靠借贷度日,向二房东借了不少钱,"甚至连外面的大饼摊,也都欠了吃账"①。

对于当日案发情形,詹周氏称那晚詹云影3点钟才从外归来。他回来之后,曾向她抱怨说道,今年开春以来,旧货生意不怎样好,赚不到钱。但詹周氏并没有因为他赚不到铜钿而怪他,反而表示说没有钱不要紧,有钱无钱还是夫妻。詹周氏还曾劝他说"你现在不赚钱,不要再轧姘坏淘了,可以回心转意,想法子去做小生意——没有钱做生意,可以将房里的衣橱、柜子、桌子等卖去,弄五六万元,便可去摆油氽排骨年糕摊"②,"以后有了出路再改行不迟"③。但詹云影并不领情,反而骂她说,他不想做,并言到"我有这些钱还是去赌"④。由此双方吵闹了有半个小时之久,之后,詹周氏独自生气不再与詹云影说话,双方各自安睡。

睡至6点多钟的时候,詹周氏突然从梦中惊醒,反复不能成眠,当时她的脑海中,"突然想起丈夫的为人,如此的不良,自念我的终身,前途暗淡无望"⑤。她越想越气恼,突然如同神经错乱一般,从床上跳起,在橱屉里取出一把菜刀向詹云影砍去。当时詹云影正向里侧面而卧,睡眠正酣,我手持菜刀先向他颈部砍了一刀,他痛极惊醒,就跳起来,从床的一头跳到另一头,连叫两声救命。但当时詹周氏觉得好像"耳朵里有人叫我,斩、斩、斩"⑥,"你斩好了"⑦,于是詹周氏就无知无觉地在詹云影脸上砍了六七刀,继续大斩特斩。此时,她耳畔"好像又有人说快些斩断他"⑧,随后詹周氏就将詹云影斩成了十六段,并拖出皮箱,将尸块一段段抛弃入箱内,随后整个人就呆坐在哪里,不知如何是好。之后因血流下注,被二房东发觉报警得以案发。

对于行凶用的菜刀,詹周氏极力否认是提前准备用来杀害其丈夫的,称这把刀是她案发七日前买来的。詹云影也见过这把刀,菜刀买来原本是准

---

① 《死刑,詹周氏杀人抵命》,《东方日报》1945年5月4日。
② 《轰动一时之箱尸案昨日开审,判决:詹周氏死》,《光化日报》1945年5月4日。
③ 黄海、翁飞鹏:《法院前人山人海,旁听席满坑满谷,詹周氏昨当庭判处死刑》,《力报(1937—1945)》1945年5月4日。
④ 《轰动一时之箱尸案昨日开审,判决:詹周氏死》,《光化日报》1945年5月4日。
⑤ 《死刑,詹周氏杀人抵命》,《东方日报》1945年5月4日。
⑥ 《死刑,詹周氏杀人抵命》,《东方日报》1945年5月4日。
⑦ 《轰动一时之箱尸案昨日开审,判决:詹周氏死》,《光化日报》1945年5月4日。
⑧ 黄海、翁飞鹏:《法院前人山人海,旁听席满坑满谷,詹周氏昨当庭判处死刑》,《力报(1937—1945)》1945年5月4日。

备做小生意用的，但后来没有做成，这把刀买回来之后，只切过一次酱萝卜，之后就放在箱橱抽屉里。詹周氏还说她并没有预想存心杀死丈夫，也没有找人谋划过，都是她一个人做的，而且完全是事发突然，她没有也不知道应当如何善后处置，所以只是把尸块放在箱子里。詹周氏还说，砍杀詹云影的时候，她整个人犹如有鬼附身，脑袋都是糊里糊涂的，其脑海里觉得整个世界只有我与他两个人，直到被捉去捕房三天后，脑筋方开始清晰。詹周氏此时才发觉在砍他时，她的左手也砍伤了三处。此外，詹周氏还讲说：当二房东听到有人叫救命询问怎么回事时，我说大块头（即詹云影）在说梦话，并继续砍杀詹云影，当二房东上来敲门时，原本不想理他开门的，但是一直敲，只能开门，二房东询问大块头去哪里了，我才说已被我杀死了，当时那把菜刀也不知道丢到哪里去了。

法官审问完詹周氏之后，即传证人二房东王燮阳（年51岁，宁波人，以课命为生）到庭，他是个半瞎子（眼睛近视较为严重），头剃得精光。他说詹周氏和詹云影是他的房客，他们夫妻搬来住已经有九年，他们夫妻感情素来不好，"他有钱拿回去还好，没钱拿回来，两人便要吵闹，我是时常去相劝的，他在外面，喜欢赌，叫歌女"①。因他们时常相骂，我也经常劝他们和睦，但詹云影"确乎不好"，依旧吵闹不休，并一如既往"在外面狂嫖烂赌"②。

在案发当晚，王燮阳称：在当日晨6时许，我听到有人呼喊救命，以为发生了什么失火或触电等意外，一面叫学徒外出查看，一面询问谁喊救命，发生了什么事。詹周氏开始回答说是大块头（即詹云影）说梦话。见无事发生，我也就继续休息。直至天亮时分，因我女儿要早到学校去考试，我起身后，打开后门，正想洗脸，突然发现楼梯边有一摊水，老婆却对我说那是血，我不相信，后来拿了一张白纸擦了一下，果然是血。我想大清早的哪里来的血呢。于是就和妻子陈氏一起上楼去敲詹周氏的房门。起初她不肯开，约敲了五六分钟之久，她才开门，只见她两手满是血，痰盂里也是，我问她大块头呢？她支支吾吾不肯说，后来迫不得已说已经把他杀死了，还说放在床底下的箱子里。我拉出来一看，果然是真的，急忙让妻子看住她，自己则跑出去找巡捕，但没有找到，即去报告联保长和警局，将其缉获。此外，王燮阳的妻子王陈氏的陈述与其夫也大同小异，并无二致。

凶犯及相关涉案证人传讯完毕之后，随即由辩护律师和检察官进行当庭辩论。詹周氏的义务辩护律师姚明点起立发表辩护词之后，法官经过合

---

① 《轰动一时之箱尸案昨日开审，判决：詹周氏死》，《光化日报》1945年5月4日。
② 《死刑，詹周氏杀人抵命》，《东方日报》1945年5月4日。

议,即当庭进行判决。判决书称被告詹周氏对犯罪事实陈述清晰,核与侦讯及证人所供,均相吻合,犯罪事实极臻明确,因而其杀人及毁损尸体之罪成立。"唯其肢解尸体,系杀人后意图湮没罪证所致,即属杀人之结果,应以杀人罪之重罪处断,按房闱喋血,情无可原,而分尸成块,残忍尤烈",为此,依据刑事诉讼法及刑法相关规定,当庭判处詹周氏死刑,褫夺公权终身,菜刀一把没收①。

宣判之后,法官还向詹周氏劝谕说,若其不服本院判决,可向上海高等法院上诉。詹周氏闻判之后,随即向法官苦求超生,她呜咽地说,"我是个无知无识的女子,以致干了这样一件事,求求老爷,救我一条命"②,她还向左右法警询问上诉的手续怎样,随后即面如死灰、眼泪汪汪地退了下来。

詹周氏杀夫案从一开始就引发社会民众的极大关注,上海滩的大小报纸连篇累牍报道案件的相关信息,包括案件的各种细节,詹周氏的生平、经历及詹云影的种种行为等。因该案过于血腥和残忍,很多人在最初大都认为"杀丈夫的女人詹周氏该死,该死的原因因为她杀了丈夫","这凶悍的妇人罪该万死"③,詹云影虽然作恶,但也不至于死相如此惨烈,"丈夫不好,罪不至死,死且不足,更以分尸,这恶婆娘也太狠了——对于这样一个血淋淋的凶手,大家都觉得绝无宽恕的余地"④。因而,当一审法院当庭判决詹周氏死刑后,颇有大快人心之感,虽然她很可怜,但是"这种杀夫之风却断不可开,故处以死刑是应当的,否则,又何以维纲常而儆效尤呢?"⑤。

不过,当一审终结,最初的喧嚣落幕之后,人们亦逐渐从初始时期的狂热中慢慢冷静下来,很多人也开始重新审视这件惨案背后的动因,特别是人们通过大小报刊获悉更多关于此案的前因后果,很多人也都认为此案并非是一起单纯的杀人案件,其背后更是涉及诸如家庭暴力、男女平等、女性权利、妇女解放乃至当下的很多社会性问题。

有越来越多的人表达了对詹周氏的同情和理解,此时的新闻舆论也开始发生转向,各种观点和看法纷纷呈现出来,亦引发了一定程度的舆论争议,其中有不少人公开表达了对于詹周氏的辩解和申诉。

在对其进行声援的声音中,以上海著名女作家苏青尤其活跃。在该案

---

① 《日伪上海地方法院关于詹周氏杀人案》,上海档案馆档案,档号:R43-2-11110。
② 黄海、翁飞鹏:《法院前人山人海,旁听席满坑满谷,詹周氏昨当庭判处死刑》,《力报(1937—1945)》1945年5月4日。
③ 关露:《詹周氏与潘金莲》,《杂志》1945年第15卷4期,第104—108页。
④ 庆子:《法理人情》,《杂志》1945年第15卷第4期,第99—102页。
⑤ 苏青:《我与詹周氏》,详见苏青著,于青等编:《苏青文集》,上海:上海书店出版社,1994年,第382页。

一审后，苏青即在其主办的刊物《杂志》月刊上，发表了第一篇仗义执言的文章《为杀夫者辩》，鲜明地亮出自己的观点。指出在此案背后，应该追问到底是什么原因，是谁将詹周氏逼上了绝路？呼吁大家要同情女性的遭遇。苏青认为，詹周氏的成长历程以及不幸的婚姻状况、窘迫的生活环境是致使其产生杀机重要动因①。此外，苏青在另一篇文章中还明确指出詹周氏案的症结在于"法官之顽旧，法医之马虎，及舆论界之迷于传统的谬见"②。

苏青的这些声援詹周氏的文章发表之后，一石激起千层浪，为詹周氏申辩的文章，竟成了报刊的热点。随后，苏青又在《杂志》月刊七月号上特辟《杀夫案笔谈》专栏，特约两位男士、两位女士撰写专稿对此案发表意见。随后，关露、莎莉、庆子、赵田孙等四人分别撰写了《詹周氏和潘金莲》《我以为》《法理人情》《武大郎与詹云影》等文章对此案进行深入的讨论。

在詹周氏一案宣判之后，虽然有很多人表示同情和声援，但同时也有人持不同意见，发表了不同的看法。诸如赵田孙③、张平④等都认为詹云影虽有过，但罪不至死，更不至于遭遇碎尸之惨状。司马白也认为詹周氏一案是恐怖的犯罪，法律对其实施惩戒是对的，是属合理的判决，可以惩前毖后⑤。

一审宣判之后，本来被关押在伪上海地方法院看守所中的詹周氏似乎只有死路一条，但是随着社会舆论的转向和反弹，詹周氏似乎又看到了生的希望。于是在舆论的影响之下，詹周氏决定向伪上海高院提起上诉，并委托辩护律师姚明点起草上诉书。

姚律师撰写的上诉书，洋洋千余，"文字句句在理，字字见血，大可比美苏青的《为杀夫者辩》"。在上诉书中，姚律师主要从环境情形、心理状态、犯罪动机等三个方面阐述了对此案进行上诉的理由，请求上诉法院"准予撤销原判决，更为适当之判决，以彰法律精神，而符立法主旨，非徒上诉人之幸，抑亦社会之大幸也"。詹周氏上诉之后，其上诉书的全文内容很快就见诸报端，但是社会舆论对其上诉改判的前景并不乐观，有报道就认为詹周氏是"谋杀亲夫的正犯，更系现行犯，经她自白不讳，虽经姚律师代为用尽脑汁竭力辨别，终是难逃法网，设或因此而辩为宣告无罪，那么世间上的谋杀亲夫案层出不穷，仅是枉费心机，迟早她终于一死了事的"⑥。

---

① 苏青：《为杀夫者辩》，《杂志》1945年第15卷第31期，第70—75页。
② 苏青：《我与詹周氏》，详见苏青著，于青等编：《苏青文集》，第383页。
③ 赵田孙：《武大郎与詹云影》，《杂志》1945年第15卷第4期，第98—99页。
④ 张平：《读为杀夫者辩后》，《永安月刊》1945年第75期，第18页。
⑤ 司马白：《辩为杀夫者辩》，《社会日报》1945年6月14日。
⑥ 《与苏青别苗头，姚律师为杀夫者辩，洋洋大文向高院提起上诉》，《东方日报》1945年6月28日。

伪上海高院接到詹周氏的上诉书后,经商议,该院上诉庭决定于1945年7月31日由高院庭长郑簏会同堵福曜、程贤复两推事开合议庭审判。是日9时30分,正式开庭调查审理,法官讯问詹周氏,问其此次为何上诉。詹周氏称"因为男人待我太凶"。法官又问,男人太凶,不是上诉理由,你上诉究竟是什么理由?她答:"实在是男人太凶,所以弄死他,不过我对于法律一点不懂,要求老爷轻判。"嗣后,法官再次问询其与贺大麻子(即贺贤惠)、小宁波的关系,詹周氏称"贺大麻子是前楼房客,小宁波是男人的朋友,都没有发生什么关系"。在庭上,詹周氏表现出强烈的求生欲,一直请求法官给予轻判,再三请求"放我一条生路"①。继之,法庭传讯二房东王燮阳及其妻王陈氏,法官问王燮阳被害人詹云影是否经常吃喝嫖赌?王燮阳答,詹云影"平时蛮好,自从去年轧了坏朋友,才开长房间,白相向导女的"②。又问詹周氏平常规矩吗?其回答说,"蛮矩的,不过她暗地下不规矩,那我不能知道"。还问说小宁波与詹周氏有关系吗,其回复称"这个我不知道",其妻王陈氏所说亦同③。

最后,由詹周氏的辩护律师姚明点起立向法庭申诉上诉理由,称"被告詹周氏有此狂悖举动,实是被死者逼迫所致,一度她曾服毒,车送宏仁医院施救,从此神经反常,乃干下这惊人的杀人案件",因而要求法庭对被告的身体和精神进行必要的检查,以确定其是否精神失常,再行确定她的犯罪行为④。至此,法庭审讯调查结束,法官当庭宣布该案改期再开合议庭公开审判,被告詹周氏还押看守所分所。就在詹周氏在狱中翘首以盼伪上海高院最终的审判结果时,未过多久,抗日战争即告结束,日伪投降,上海被国民政府光复,詹周氏一案又迎来新的机遇。

按照抗战之后国民政府司法行政部的规定,抗战期间所有伪法院判决的案件,一律作废,全须重新侦查审理。为此,延至1946年,光复后的上海高等法院决定重启詹周氏杀夫案的审理进程,8月6日,上海高等法院检察处于当日11时30分左右,将詹周氏从北浙江路看守所提出,移送至上海监狱进行问讯调查。詹周氏提到之后,很乐意地对围观采访的记者讲述其过往的经历、案发的详细情形及在看守所内的生活状况,并一再声称其"到现在想来,自己亦不知道当初怎样会做出这件事,真像有赤佬一样",如同有鬼附身一般。至12时许,高检处调查完毕,即将詹周氏关押于上海监狱第一

---

① 《箱尸案,高院昨开调查庭,詹周氏说放我一条生路》,《海报》1945年8月1日。
② 《箱尸案主角上诉再审,詹周氏要求活命》,《光化日报》1945年8月1日。
③ 《箱尸案,高院昨开调查庭,詹周氏说放我一条生路》,《海报》1945年8月1日。
④ 《箱尸案,高院昨开调查庭,詹周氏说放我一条生路》,《海报》1945年8月1日。

分监。詹周氏听言不再被还押于北浙江路看守所,起初还有所担忧,但当听到法警告知说上海监狱女监的设备比看守所要好得多,这才安心下来,不再多言。尔后,又听到说以往的死刑原判将被作废进行重审时,她非常开心,"面露微笑,连称谢谢"①。

在抗战胜利之后,詹周氏又得到了陈震、施拜休两位新辩护律师的援助,并委托他们向上海高院提交了新的上诉书,再次要求撤销伪法院的一审原判,依照新刑法予以减轻处断。在詹周氏再次提起上诉的同时,上海高院检察处亦完成了必要的侦查审理阶段,坚持认为詹周氏对于杀夫出于泄愤,其"分尸冀图灭迹以及当时如何实施凶杀,如何肢解尸体各情,在伪法院已复历历自陈,即在本处侦查时,亦未行否认,犯罪证据极臻明确"②,因此,该处依据刑事诉讼法等法律规定向上海高院提起公诉。随后,上海高院经过审议,决定于1946年9月16日下午在北浙江路高院开庭公开审理。

是日午后2时,暴雨骤降,阴云密布,高院刑二庭重审杀夫案主角詹周氏。刑二庭原系大礼堂改组而成,可容数百人,当日亦"宣告客满",法庭上"旁听者甚为拥挤,尤以女性为数最多,约占全庭人数的三分之二"③,放眼望去,旁听席上挤满了黑压压的人群。约2时半,主审庭长章庆润协同王可权、朱乘赞两位推事及检察官江公亮、书记官郑永泰联袂升座开庭,詹周氏的辩护律师陈震、施拜休亦准时到庭,随后,即传被告到庭,詹周氏由两名法警自刑二庭东门押入。

该案审讯之始,先由江检察官宣读起诉书,随后,由法官逐点讯问,问詹周氏年岁、籍贯、住址、家庭情况、案发详情等,詹周氏一一答复,对于杀害詹云影的动机和原因,詹周氏则竭力强调无预谋及詹云影对其虐待和不顾家庭生计,其供称"并不是有心预谋,是立时三刻之事,平常他是不好,火气大,吃抽嫖赌,向导社常包,向他拿生活费,就要打,夫妻九年,一无感情",并称当斩杀他时,自己是从昏睡中惊醒,魂不守舍,"自己灵魂不在身上,(出老)上身,杀时不当他人看待,像杀别的东西一样","耳朵边好像有人对我说斩断他,斩断他"④,于是迷迷之中就把詹云影斩成数段。

随后,法官又问其与贺大麻子及小宁波之间的关系,与其有无奸情,詹周氏称和贺大麻子"没有通奸,借钱是有的",还说贺大麻子没有帮助其杀害

---

① 《敌伪日期谋杀亲夫案,犯妇詹周氏高院昨提讯,说来话长,往事不堪回首》,《申报》1946年8月7日。
② 《上海高等法院检察处关于詹周氏杀人案》,上海档案馆档案,档号:Q188-2-3028。
③ 《当年在酱园弄菜刀杀夫,詹周氏重判死刑》,《和平日报》1946年9月17日。
④ 《刀劈亲夫分尸案重判,詹周氏仍处极刑》,《申报》1946年9月17日。

詹云影,案发后贺之所以逃走是因为"乡下有人叫他带饼回去,他就回乡下去";对于小宁波,詹周氏称与其绝对没有奸情,"一点也没有",之前之所以诬攀小宁波,是因为自己心里恨他带坏丈夫,且又在"巡捕房屈打成招,没有办法,自己做不得主意",此外,她还坚决否认作案用的菜刀是小宁波出资购买①。庭上法官曾对詹周氏说道,你丈夫詹云影就是嫖赌,不顾家,打你,你们感情不好,意见不合,你也不该把他杀死,可以向法院起诉,应该和他离婚,这才合法、才合理。詹周氏则称"我不懂法律,所以想不到离婚,老爷,我不晓得"②。詹周氏还说"我丈夫对人讲,不给我生活费用,让我轧姘头,离婚时就可不津贴我离婚费"③。听完詹周氏的回答,"弄得三位法官面面相觑,法庭里静默了五分钟"④。

法官问询结束之后,随即由检察官和辩护律师当庭辩论,检察官江公亮起立重申起诉意旨,要求庭上予以重重法办。被告辩护律师陈震、施拜休亦起来发表辩护,请求庭上从轻发落。最后,詹周氏也向法官苦苦哀求表示自己做了错事,请求庭上开恩,从轻判决,"求老爷,我不是有心,实在是一时糊涂,(出老)上身,请老爷下笔(笔下)超生"⑤。双方辩论结束之后,法官宣布休庭,暂行退庭评议,以待当庭宣判。被告暂时押下,旁听者遂议论纷纷,空气甚为紧张。大致3时12分许,法官再次升庭提出被告,即由审判长起立宣判:该被告与詹云影结婚已达九载,不但刀杀本夫,"复将夫尸分割至十六块之多,其秉性之狠毒,手段之残忍,世所罕见,唯其损坏尸体乃杀人后之结果,自应依杀人罪论,处极刑以昭惩戒",故而最终仍判处詹周氏死刑,褫夺公权终身,菜刀一把没收⑥。

詹周氏听闻判决书,全身发抖,失声而哭,仍连声高呼"老爷,冤枉"。此时,庭长对詹周氏告谕到"你与夫结褵九载,而竟然作此残暴行为,可谓毫无心肝,今判你死刑,你如不服,可于十日内向最高法院上诉"⑦。此时,法庭之上的旁听者,纷纷为詹周氏叹息,还有旁听者说"假使中国的立法是有女人参加的,假使今天的法官是女人,恐怕判决不会像敌伪时期一样吧"。随后,在一片惋惜声中,詹周氏"好像一个待死的羔羊"被法警押解着,退出了法庭⑧。

---

① 《刀劈亲夫分尸案重判,詹周氏仍处极刑》,《申报》1946年9月17日。
② 《当年在酱园弄菜刀杀夫,詹周氏重判死刑》,《和平日报》1946年9月17日。
③ 《刀劈亲夫分尸案重判,詹周氏仍处极刑》,《申报》1946年9月17日。
④ 张萍:《当年轰动全沪杀夫分尸案,高院再审,詹周氏仍处死刑》,《沪报》1946年9月17日。
⑤ 《刀劈亲夫分尸案重判,詹周氏仍处极刑》,《申报》1946年9月17日。
⑥ 《詹周氏谋杀亲夫被判处死,高院宣布判决书原文》,《大众夜报》1946年9月30日。
⑦ 《上海第一辣手,詹周氏复判死刑》,《侨声报》1946年9月17日。
⑧ 《当年在酱园弄菜刀杀夫,詹周氏重判死刑》,《和平日报》1946年9月17日。

詹周氏被押回后,有记者曾赴狱中探望,詹周氏对记者的到来很是高兴,连声说谢谢你们来看我,她还向记者表示"还要请公家律师帮助上诉,希望你们帮帮我的忙,说几句公道话"①。随后,她又重复地将詹云影的如何嫖赌,如何不顾家,如何对她不忠实,说了一番。还有记者很好奇地问她说,你平日素无知识,如何知道分割尸体装箱的事情,她却回答说是"从绍兴戏里看来的"②。

詹周氏显然对胜利后的此次重审抱有很大期望,盼望能减轻其原判,能有一条活路,但最终上海高等法院仍判处其死刑,这对詹周氏而言,无异于晴天霹雳。但很快詹周氏及其律师陈震即表示对高院的判决不服,已决定向南京最高法院继续进行上诉,要求更审。与此同时,社会上的舆论对此事仍然进行持续的报道和关注,在舆论和民意的影响之下,再加以詹周氏仍在继续上诉,因而,上海高院对詹周氏也没有实际执行死刑判决。

迁延至1948年1月,詹周氏向南京最高法院的上诉,仍迟迟没有结果,而她也仍在狱中羁押着,曾有记者前往探望,詹周氏很关切地向记者打探说"今年有大赦否"。记者答复其称"今年或许有大赦之可能"③。詹周氏听到之后,颇为欢乐,还很高兴地对记者说她现在生活还好,比入狱时更为肥胖。至1948年3月份,詹周氏又延请施拜休律师向最高法院上诉二审,要求按照1947年元旦国府的大赦令,对其予以减刑。3月18日,南京最高法院做出判决,"查本案系在1946年12月31日以前,除损毁尸体罪依罪犯赦免令申项应予赦免,毋庸置议外,其杀人罪亦应依同令丙项予以减刑",故而依据上述法令,"詹周氏杀人罪,原判决撤销,处有期徒刑十五年,褫夺公权十年,菜刀一把没收"④。至此,历经数载,经多次上诉、重审,该案遂告一段落,詹周氏最终得以幸免一死,但依然需要在上海监狱第一分监中度完其之后的刑期。

案例五,袁美云吸食鸦片案。

上海自开埠以来,鸦片贸易快速增长,很快就成为国内最大的鸦片进口、转口与消费城市。尤其是租界地域更成为毒品弥漫的飞地,随之而来的是涉毒犯罪的增加。在因涉毒被捕的人犯中,有相当一部分是女性案犯,以致在上海女监之中,涉毒女犯的比例一直居高不下。如在1946年10月份,上海监狱第一分监共计羁押已未决女犯两百零六人,其中各种烟毒类犯罪

---

① 《当年在酱园弄菜刀杀夫,詹周氏重判死刑》,《和平日报》1946年9月17日。
② 《詹周氏谋杀亲夫,当庭审结判死刑》,《新闻报》1946年9月17日。
③ 《刀劈亲夫毒妇,詹周氏望大赦》,《益世报》1948年1月26日。
④ 《詹周氏杀夫案,减处刑十五年》,《申报》1948年4月20日。

者就有一百零一人,因吸食鸦片而被判罪的有六十七人①。在这些烟毒女犯中,除了大部分的普通社会女性之外,还有部分诸如袁美云等社会名流。

袁美云,年29岁,住上海市拉都路锦村8号,是当时著名的电影明星。她原名侯桂凤,因幼时被其母以五百元的身价将其送至袁树德家中学戏,遂改姓袁。学戏出师之后,曾在上海丹桂第一台演出,后入天一影片公司为电影演员,拍摄处女作《小女伶》时,即一鸣惊人。后入艺华影片公司拍摄电影时与演员王引相识,进而结为夫妇。后又入新华及敌伪所办的华影等电影公司为演员,其所拍摄的电影较为流行的有诸如《化身姑娘》《西施》等,深受观众欢迎。就是这么一位星光灿烂的明星,却因吸食鸦片,自甘堕落入"黑籍",甚而因此深陷一场牢狱之灾。

1946年4月12日,上海市警察局常熟路分局行政股,派警至拉都路袁美云寓所传唤其到该分局讯问,随后袁美云即因吸食鸦片有瘾未断,亦未遵守法令按期向警局登记而被捕候审。被捕后,袁美云即被解送到四马路警察总局北楼五楼刑事处,由周家良警官对其进行了详细讯问。

袁美云此次因吸食鸦片被捕,其原因一方面是其所处的生活环境和职业氛围所致。众所周知,民国时期的上海,吸食鸦片是一件非常普通的事情,演艺界人士染有烟癖者,亦为数不少,袁美云就是其中之一。她长期在戏剧舞台和电影公司进行演出和拍摄影片,特别是作为当红的电影明星,其工作强度不可谓不小,工作压力也很大,常常拍戏弄到深夜,精神不支,再者其长期日夜颠倒,饮食失衡,致使其也患有严重的胃病,故而经常吸食鸦片用以提神,并用鸦片的麻醉来缓解胃痛,久而久之,即身染严重的鸦片烟瘾。

但是,当时吸食鸦片者甚众,为何偏偏先抓了袁美云呢?这更主要是与当时的社会环境和国民政府的禁烟政策,特别是袁美云的身份和地位有着密切的关系。在抗战结束之后,国民政府还都南京,上海光复,为表示长期艰苦抗战获得胜利之后政府的新气象和新作为,刷新日伪时期纵容烟毒的恶政,南京国民政府颁布了一系列的禁烟禁毒法令,特别于1946年2月,颁布了《禁烟禁毒治罪条例》,并要求有烟瘾毒瘾者,须限期向警察局登记备案,以示政府在战后严禁烟毒的决心。但是,面对抗战后的复杂社会形势,国府的禁烟禁毒政策实施并不顺利,很多人照吸不误,不以国府法令为意。因此国民政府在当时也迫切需要能抓住一个有影响力的典型,以震慑各种瘾君子。正是在这种背景下,袁美云不幸撞了枪口而被捕。正如其被捕后,

---

① 韩澄清:《参观上海女监狱》,《大公报》1946年10月13日。

就有报纸讲到"国府厉行戒烟,一部分黑籍同志,仍在醉生梦死,为了杀一儆百起见,袁美云便做了第一个开刀朋友"。"袁是上海闻名的红影星,十年来不知陶醉了几多影迷,是一个妇孺皆知的人物,这次被捕消息发表后,传遍了整个上海滩,其广告效力之宏,足使全沪瘾君子变色"①。

袁美云此次首当其冲被捕,做了典型人物,真是不幸得很,这也是"在登记满限以后,厉行禁政,严办烟犯的第一声"。在袁美云被捕之后,眼见难以释出,其夫王引四处托人营救,但是效果甚微,袁美云的牢狱之灾已成定局,已是决难幸免的事实。正如时人所讲,在禁烟的问题上,袁美云已然成为政府烟政的典型人物,"于其本身得失事小,而整个禁政上的影响,而关系甚大","她就是个严儆大众,使人知所畏惧的好榜样了"。而且据传,政府"为厉行禁政,树立风声计,专就著名人物逮捕入手,是一种预定的政策"。因此,在这种氛围中,袁美云之被捕正是政府当局借其身份地位之影响,进而有效推行禁政的一种策略,希望利用袁美云的广告效应,使得"烟民们闻风丧胆,非得决心早戒不可"②。

袁美云被捕羁押之后,按照警局的规定,凡是吸毒犯被捕后,将会在24小时内移解地方法院侦查审判。随后,4月13日,上海市警察局即将袁美云移送至上海地方法院刑庭候审,在案件移送文件中,警局指出被告袁美云"吸食鸦片已有二年,未向本局登记,近延医戒烟,虽已二月,尚未戒绝",认为袁美云有违反"禁烟禁毒治罪条例第六条第二项"之罪行③。

袁美云被移送至法院之后,由沈天保推事出庭审问。在庭上,袁美云发音极为低微,面露慌张神态。面对法官的审问,袁美云供称,"吸毒已有半年,于上月开始戒吸,唯身体孱弱,完全戒绝,则尚须一月,于戒烟期间,因病不继续抽吸,故未至警局登记"④。因对袁美云烟瘾的深浅程度,尚有待于法医的进一步检验,因此审问结束之后,沈推事即庭谕改期继续审理。当日开庭时,钱乃文律师出庭为袁美云辩护,曾在庭上向沈推事提请将袁美云交保释出,但被其所拒绝,袁美云仍予以还押看守所。在看守所第二十号囚房中,袁美云和其他三名女犯关押在一起,经过此次事件的打击,她在牢中内心忧虑不已,闷闷的病了,"而且病得很重,几乎不能起床,说话也没有精神,头发乱松松的,稀瘦的身材,脸上更呈着灰黄色"⑤。因其病情较重,健康情

---

① 《杀一儆百,袁美云吸烟被捕》,《大观园》1946年第18期,第6页。
② 寒庐:《警察局严厉禁烟,袁美云吃官司》,《万象》1946年第2期,第1页。
③ 《上海地方法院关于袁美云吸食案的文件》,上海档案馆档案,档号:Q185-2-10250。
④ 《袁美云昨受鞫》,《民国日报》1946年4月14日。
⑤ 《艺人末路,袁美云饱受牢狱灾》,《江苏民报》1946年4月22日。

形恶化,看守所方面安排驻所医师胡启鹏为袁美云注射葡萄糖及维他命两种针剂,而其家属则已"委托辩护律师呈请准许交保疗治"①。

4月26日下午,袁美云吸食鸦片案在上海地方法院刑三庭再度开审。未届2时,刑三庭旁听席上已告满座,律师席记者席亦被捷足先登者占领,后至者几无插足之地,"甚或有攀登窗口上观审者"②,"诚可谓庭无隙地,统计不下五百余人,内以少女约占百分之三十"③。袁美云的妹妹袁震云及其母亲亦坐在前排观审,除其亲友外,旁听者大都是特地来瞻仰灿烂星光的影迷。

是日3时整,法庭正式开审,连振邦推事升座,袁美云的辩护律师乐俊伟、黄孟刚亦准时到庭。开审后,推事按照惯例先问被告姓名年龄籍贯,而袁美云站于被告栏内,"态度较前沉静,唯发音极低,后坐者几不能辩"④。袁美云操着一口纯粹国语供述道,"早前因为胃病,痛得很厉害时,吸一口烟,后来做电影演员,深夜拍戏,精神不足,借鸦片烟振奋一下,但并不常吸","大约一两土要吸二三十天"⑤。法官问你不知道吸食鸦片有害吗,有病为何不延医诊治?袁美云则称其知道害处,所以今春二月十四日,就请盛大夫治胃病,另请曹志绥医师戒除烟瘾。袁美云还称她此次被抓,起先是由于小报刊载消息说我私吸鸦片,常熟路分局看到之后就派人到我寓所传我到局问询。但是,小报消息是不实的,实际上我早戒了,所以不在限期前自新登记,而且那天警察并未在我家查抄得烟具。

袁美云的辩护律师还曾请求发阅法医对于袁美云烟瘾的检验书,上面写道袁美云经检验后,有神经麻痹征象,证明其有吸毒鸦片之征象,唯程度轻微。袁美云则称其在警局曾告诉警察,"我尚在服药水,但我不装枪吸食,确已有两个多月了"⑥,并称曹志绥医生可为其作证。随后,法官即传呼证人曹志绥,但其当日并未到庭。

此时,法官因证人未到庭,因而对袁美云的戒烟情形,无法予以证明,故而宣布退庭改期再审。袁美云的辩护律师乐俊伟、黄孟刚再次向法官提请交保,并要求准许家属延医与所医会诊。连振邦推事以烟犯经国家明令严办,不能交保,因而对两位律师的交保请求庭谕不准。随后,袁美云被带下法庭,仍还押于看守所,"当袁由庭押入看守所时,旁听者都尾随其后,依依不舍"⑦。

---

① 《袁美云病了,定廿四日开审,家属请交保》,《申报》1946年4月22日。
② 《两颗黑籍明星,夏佩珍处刑一年,袁美云不准交保》,《前线日报》1946年4月27日。
③ 《旁听席上客满,看审袁美云》,《新闻报》1946年4月27日。
④ 《两颗黑籍明星,夏佩珍处刑一年,袁美云不准交保》,《前线日报》1946年4月27日。
⑤ 《旁听席上客满,看审袁美云》,《新闻报》1946年4月27日。
⑥ 《旁听席上客满,看审袁美云》,《新闻报》1946年4月27日。
⑦ 《旁听席上客满,看审袁美云》,《新闻报》1946年4月27日。

在二审结束二十余天之后,5月17日下午,上海地方法院刑三庭第三次开庭审理袁美云烟毒案,或许是因为作为当红影星的号召力所致吧,开审当日下午不到2时,地方法院内已塞满了红男绿女,"都来争着看那位吸鸦片的大明星袁美云,好像看电影一样,门一开就一窝蜂似的冲了进去"①,短时间内旁听席上已宣告座满,"后至者除盡立两旁外,甚至有攀登窗上者,较第二次开审时,更形拥挤"②。这些前来的旁听者中,女性占了半数以上,还有不少女学生"下课后夹着书包成群结队而来,聆及袁美云辛酸语,都频频以手帕拭目"③。庭内人头汹涌,声浪喧哗,"被挤得喘不过气来的人还是勇敢得很,他们和她们都说,今天总比看她演的电影好看"④。

至是日下午2时半,推事连振邦升座,被告律师乐俊伟、黄孟刚到庭后,庭上的喧哗声才静下来。袁美云在众目睽睽之下,由张骥、潘祝鹏两位司法警官带入被告席内。连振邦推事先循例问了几句,然后谈到吸食鸦片烟的问题。袁美云答,我于本年二月十四日已经戒绝,是在登记截止时期之前,故未到警局去登记,至于在警局所供后来所吃的药水,是胃病药水,注射的针药是补剂,恐怕警局误会为戒烟药水,以致将我送到法院。

随后,法庭传证人曹志绶医师到庭。曹乃袁父之学生,素与袁相熟,据曹志绶解释称,袁于去年十二月二十四日起戒烟,于今年二月十四日已戒绝。在今年二月十四日前,曾为她配置戒烟药水,"但是在二月十四日下午戒烟药水只剩余二瓶,以后就没有再问我来要过,可想而知她是戒绝的了,以后因为常常患胃痛,而且还有心脏病,所以就配了些苏打水及维他命B,最不凑巧的是哪天警察局问她口供时,复以在药水瓶里,所储藏的是戒烟药,所以还以为还在戒烟期中,把她扣押起来"⑤。曹志绶反复强调袁美云烟瘾已断,其可做担保,并呈当时诊断书一份,供庭上查阅。

继由检察官宣读起诉书称袁经法医调验后,确有轻度烟毒之征象。袁之辩护律师乐俊伟、黄孟刚相继起立辩论,提出袁被捕时,未曾搜得吸毒的明确证据,同时被告在看守所达一月余之久,未见有烟瘾的现象。乐俊伟律师辩称,袁美云烟已戒绝,"警局以被告所食胃病药水,强认为戒烟药水,拘捕法办,显欲以被告之电影明星头衔,作为禁烟运动之宣传,于情于理,殊不相宜";黄孟刚律师辩称,"被告既无犯罪之行为,又无吸

---

① 《吃鸦片触犯特种刑法,袁美云判刑六月》,《中华时报》1946年5月18日。
② 《判处徒刑六月,袁美云含泪唯唯》,《民国日报》1946年5月18日。
③ 《吸食鸦片,袁美云判刑六月》,《新闻报》1946年5月18日。
④ 《瘾星袁美云判决,有期徒刑六个月》,《前线日报》1946年5月18日。
⑤ 《吃鸦片触犯特种刑法,袁美云判刑六月》,《中华时报》1946年5月18日。

食之行为"①，内政部规定检验烟瘾之方法有化验便溺、检查头部及手指、注意生理之变态等三种，而此次法医检验时并未按照合法手续仔细检验，仅以外形观察，遽下断言，所谓轻微毒象，神经麻痹，此系抽象的测度，殊不合法，应请另行指定法医重验，但这一请求被推事所拒绝。袁美云的两位辩护律师相当卖力，辩论时间长达三小时之久，反复地证明袁美云无吸毒确据，无应得之罪，并通斥小报恶意造谣，以推广其销数，而罔顾他人之前途。末了，袁美云的辩护律师请求庭上应将其无罪释放，或者马上交保。

最后，法官询问袁美云还有什么陈述，袁含泪向庭上要求从轻发落，其称"我是被利用为宣传之牺牲品，倘使法官判我罪刑，则我名誉扫地，前途断送，我有母亲和四个弟弟都靠我吃的，亦将生活为难了，请求法官宽恕，予我自新之路"②。言毕，"袁美云的声音哽咽着，她的泪珠跟着就涌了出来，她把手绢掩着面庞，抽噎得不能成声"③，"旁听者均为之凄然"④。当各方发言辩论、陈述完毕之后，连推事起立当庭宣布判决书，"袁美云吸食鸦片，处有期徒刑六月，并限期二月交医勒令戒绝，褫夺公权一年"⑤。袁美云俯首听判毕，连推事温厚地对她说，"汝年龄尚轻，前途仍有希望，吸毒不比盗匪等罪，不需过分消极，倘于判决后两月内，能决意戒绝，可依法申请停止执行"⑥，"希望你自己好自为之"⑦，袁闻言含泪唯唯，"旁听席中，亦时间有同情者之喟叹，其母更哀哭不已"⑧。

袁美云吸食鸦片案，历经三次庭审，最终尘埃落定，领刑六个月徒刑，对于此次判决，有论者即在报刊上为袁美云鸣不平，认为"无论从那一方面说，袁美云的徒刑判得很不当，而有失公允"⑨。袁美云本人对此次判决亦多有不服，也曾向上海高院提请上诉，但该案上诉终被驳回，维持原判，嗣后，6月20日上午7时30分，袁美云被从地院看守所提出，当日10时许，被移送至上海监狱第一分监执行其剩余五个月左右的刑期。在被移送时，袁美云"失声痛哭，极为悲怆"，押解她的司法警察亦为之心软，低声对其进行劝慰。

在上海监狱第一分监，袁美云被编为81号囚犯，开始苦度其苦寂之图

---

① 《袁美云吸毒案，判处徒刑六月》，《申报》1946年5月18日。
② 《袁美云哭哭啼啼，判了徒刑六月》，《立报》1946年5月18日。
③ 《手帕掩着面庞呜咽不能成声，小女伶袁美云被处徒刑六月》，《铁报》1946年5月18日。
④ 《袁美云哭哭啼啼，判了徒刑六月》，《立报》1946年5月18日。
⑤ 《上海地方法院关于袁美云吸食案的文件》，上海档案馆档案，档号：Q185-2-10250。
⑥ 《袁美云判处有期徒刑六月》，《和平日报》1946年5月18日。
⑦ 《手帕掩着面庞呜咽不能成声，小女伶袁美云被处徒刑六月》，《铁报》1946年5月18日。
⑧ 《袁美云吸毒案，判处徒刑六月》，《申报》1946年5月18日。
⑨ 冷眼：《袁美云判刑失当》，《海光(上海1945)》1946年第25期，第4页。

囹生活。袁美云的丈夫为让其早日出狱,亦在狱外大事奔走,并联合袁美云的辩护律师分别向法院具状申请重新调验,以期免除执行剩余刑期。该案执行检察官傅邦,因袁案之判决书中明令勒戒,因而在接到其申请状之后即请地检处法医,对袁美云复验两次,确知其已无烟瘾,遂于7月5号正式备文,代袁美云向地院申请依照刑法第88条之规定免除执行剩余之刑,但在7月18日,地院沈天保推事裁定,声请驳回,其理由是"刑法第88条,系指禁戒处分之执行而言,但本案之判决,别无禁戒处分之执行,则其申核与该条不符,故裁定驳回"①。袁在狱中闻讯后,曾大感失望,而王引奔走多日,忙碌异常,目的是在营救爱妻出狱,结果也是白费,王引表示甚为伤心,好在袁美云的刑期只有六个月,转瞬即满,因而王引也没有再度申请。

袁美云的声请状被沈天保推事驳回之后,该案执行检察官傅邦认为沈推事的裁定于法多有不合,遂于7月24日向上海高院提起抗告,请求撤销原判,另行裁定。傅检察官虽然向上级法院提起抗告,但是,因当时的形势所限,此次抗告最终并未达到目的,仍然维持原判,袁美云仍需要继续在狱中服刑,一直到1946年10月12日才期满出狱,结束了这一段难熬的牢狱生活。

案例六,王秦氏妨害婚姻案②。

1946年5月14日下午2时许,一个名为徐万元的男子拉扯着另一个怀抱幼儿的妇女来到上海市警察局提篮桥分局,双方吵吵嚷嚷,拉扯不休,男子高声嚷着对警察说要报案,控告这名女子犯有与人通奸罪。

后经警察查实,这一妇人名为王秦氏,又名秦小粉子,是年22岁,高邮人,无业,住在上海海拉尔路草棚子内,她与徐万元双方确系夫妻关系。双方既为夫妻,为何丈夫要控告妻子通奸呢?后据徐万元称,他与秦小粉子先于1940年12月4日在上海大西路草棚内结婚,有媒人孙福财可作为见证,女方也有媒人吴小七子可以作证,而且还有结婚证书。结婚四年之后,因生活所迫,他离家出外做佣工,但是,就在他离家期间,秦小粉子居然偷窃婚书及棉被等家中财物,偷偷逃亡至高邮原籍,并与他人姘居,期间寻她不得,哪知今日在大西路忽然撞见,故而将她扭送警局,要控告她与人通奸罪。

而另据秦小粉子供称,她与徐万元虽然于1940年同居结婚,但是当时并没有举行过拜堂,婚后双方有矛盾,她对徐万元甚为不满,不想再与他生活下去,于是在1944年趁徐万元外出做工之际,逃回高邮原籍,并在1944

---

① 《袁美云交保不准,王引奔走泡影》,《铁报》1946年7月22日。
② 《上海地方法院王秦氏妨害婚姻案的文件》,上海档案馆档案,档号: Q185-2-6847。

年5月22日在当地与王各铃结婚,双方结婚至今已有两年有余,而且还育有一女。秦小粉子还表示她坚持要与王各铃在一起生活,宁愿死也不愿意回去和徐万元同住。

警察又传讯证人刘福财。据他称,当时徐万元和秦小粉子结婚,他确系男方媒人,当时经商议妥当,由男方徐万元给秦小粉子聘礼,除了四季衣料之外,还有礼钱一百一十六元,并定于当年12月4日下午6时结婚,但在结婚当天,他们居住的地方被日寇封锁了,徐万元无计可施,于是就前往秦小粉子家中完婚,并在女方家居住两周后返回男方家中。

上海市警察局提篮桥分局经对当事各方调查,认为嫌疑人秦小粉子先嫁于徐万元,双方确有婚姻之事实,而秦小粉子未与徐万元办理离婚而又改嫁王各铃,而且秦小粉子现抱有孩童,显然其与王各铃通奸系属事实,此案事实至为清晰,故而将嫌疑人秦小粉子移送法院究办。

1946年5月29日,上海地方法院检察处检察官杨安向上海地方法院就王秦氏即秦小粉子妨害婚姻案提起诉讼。其起诉书称王秦氏原系有夫之妇,未曾与原夫离婚,而又私自与王各铃姘居,且产生一孩,并坚持不愿返回徐万元家中,因而,该被告王秦氏实有违反刑法第339条之嫌疑,当依法追究其法律责任。至6月22日,上海地方法院刑事庭开庭审理此案,经叶推事审理认为,被告王秦氏本系有夫之妇,而又私与他人姘居且生育有一女孩,已有七月,则其与人通奸之事实至为显明,自应依法问罪。但查被告与徐万元结婚非出于自己之愿意,此次与人姘居情节尚属可原,当酌情减轻其刑,用示怜恤,故而当庭做出判决,被告王秦氏有配偶而与人通奸,以妨害婚姻罪处有期徒刑一月零两天,以示惩戒。

综合以上案例可知,民国时期上海地区的女性犯罪,其诱因可谓较为庞杂。对于女性犯罪的认识,虽然有不少研究者都强调经济穷困是重要的驱动力,并将女犯置于被动的受迫害者的地位,从而构建出"经济压迫——贫穷——犯罪"看似较为完整的逻辑链条,甚而将女性犯罪视为其反抗不平等的社会规范的一种自我觉醒的体现,是她们对于社会不公、生活困境进行抗争的策略。

然而此种"压迫—反抗"模式可能并非全然适用,女性犯罪是一种复杂的社会反常现象和越轨行为,其间当然有经济贫乏等被迫性因素,但是亦有更多的图谋获利,利欲熏心,为逐利、谋利的主动性因素。同时亦有涉案牵连入狱者,既有主动性犯罪,亦有被动性犯罪,既有主犯,亦有从犯,既有社会性因素,亦有女性自身特质之影响。此外,整个民国时期的社会局势及上海特殊的城市化氛围,亦是不可忽视的导致女性犯罪频发的重要社会诱因。

当时女性以文盲居多,智识低下,法律意识淡漠,再加以身受传统思想的束缚,家庭及不良社会婚姻关系的制约,她们虽感苦恼但又无有效摆脱困境的途径和方法,因而在种种重压之下,遂铤而走险,进而深陷犯罪的深渊。

因此,事实上某一犯罪行为的发生,可能有时并非某种单一因素所驱使,甚而并非长期预谋所致,有时亦系因某种"情景力量"所左右,具有一定的偶发性。因而对于女性犯罪的认识,应结合实际背景,因事、因时、因人而论,似乎更为契合实际,从而避免出现化约性的一统论倾向。

第二章 秩序重建：上海女监的监犯管理及运作

在上海女监的日常事务中，对于监犯的管理是为重中之重。对于人犯的监管，贯穿于自人犯入监、居监、出监的整个过程，形成一条完整且清晰的轨迹和链条。虽然监狱方面对于人犯安全及戒护方面尤为注重，但是由于主管人员失察疏忽，致使监内人犯管理不免出现疏漏。在江苏第二监狱分监时期，一系列重大狱政事故亦时有发生。与此同时，为保障女犯出狱后，能获得一定的救助，上海监狱第一分监还积极与宗教团体进行合作，组建了上海妇女出监人保护会，通过对出狱女犯提供必要的帮助，使其避免出狱后因生活无着而再次罹陷法网的困境。

第一节 规训森严：上海女监的日常管理及戒护事宜

监狱作为执行自由刑的处所，担负着拘禁以及教化人犯的重任，因而对监犯的日常管理、保障监所安全，预防发生事故就显得格外重要。监所管理无小事，任何疏忽或稍有不慎，即有可能发生各种狱政事故。在人犯的入监、在监直至出监各个环节，各项监管措施无不如影随形，无处不至。监所通过对人犯实施持续性、常态化的管理，创造出一种规矩肃然的秩序和氛围。借助日常生活中如同"毛细血管"般密布的各项管道，强化对于人犯的浸润，令人犯监狱化的特征日渐显现，更为驯服和温顺，从而保障监所内部秩序的井然和安全，达到再造新民的目的。

办理人犯入监，是对囚犯实施各项监管的开始。监所对人犯的羁押，须依法而行，而非滥行羁押。如1928年颁布的《监狱规则》规定，"入监者，监狱官非认定具备适法之公文,不得收之","入监者,医士须诊查之",以防止有恶性传染性疾病传入监内。若入监者有下列情形之一者,得拒绝收监:"心神丧失者、现罹患疾病因执行而不能保其生命者、怀胎七月以上者、生产未满一月者、罹急性传染病者。"1946年颁布的《监狱行刑法》在人犯收监方面亦有类似的规定和限制性条款①。通过上述法条可知,人犯收押入监,必须具备法院的判决书、执行书,这两项文件,记载人犯的各项信息,是作为监所审核收押以及入监之后办理假释、保释、期满释放等手续的依据。从法理意义上来说,缺少判决书及执行书者,则不予以收监。

上海女监对于人犯的收押,有一套较为完整的操作流程。简略言之,其入监流程如下:"审查执行文书、判决书——验明掣给回证——登入监簿通知各科所——检查携带物登记保管——搜身——理发——换囚衣——讯问身历——按捺指纹——施行健康诊断——施行入监教诲——指示刑期起止日期并告知遵守事项——指定监房收监。"②据报载,上海监狱第一分监时期,一个女犯从法院判决到监狱中来,"第一需要先沐浴剪发,换狱里头的衣服,自己的除了内衣一概不许拿,第二要办手续,打指纹填表格在五六种以上,然后锁在八个人睡的一个小房里"③。

而对于监犯出监,亦须按照既定流程办理。凡出监人犯,均须登记于出监通知簿,通知教化、卫生、作业、警卫等科及保管股,查阅盖章。由作业科清算赏与金交送总务科,保管股清查保管财物交付其本人,卫生科施行健康诊断,教化科举行出监教诲,再将人犯提出验明,交总务科举行出监询问核对指纹无异即发给出监证,通知各层门卫放行。对于期满释放人犯名籍股编有放免历,每日查阅将期满释放者,于释放三日前汇齐登记送呈科长转呈分监长核阅④。

依照上述流程,上海女监几乎每日均有人犯因各种名目而被开释出监,对于普通女犯而言,因极为寻常,乏人关注。但是对于某些重要案犯诸如女明星之类的人犯,无论入监、出监,都将会引起社会的广泛关注以及新闻媒体的围观报道。

如1946年10月12日,女星袁美云因吸食鸦片处徒刑六个月,在上海监狱第一分监服刑期满出狱。是日清晨,在该监大门前,已经围满了袁美云的亲朋好友和新闻记者。8时整,袁美云在法警陪护下低头走出监狱大门,记者试图采访她,但她却始终不言不语,当她在地检处办理手续时,"因好奇

---

① 山东省劳改局编:《民国监狱法规选编》,北京:中国书店出版社,1990年,第11、43页。
② 孙雄:《江苏上海第二特区监狱三年来工作报告》,上海档案馆档案,档号:Y5-1-20。
③ 梅:《生活在笼子里的一群,上海女监参观记》,《文汇报》1946年12月21日。
④ 孙雄:《江苏上海第二特区监狱三年来工作报告》,上海档案馆档案,档号:Y5-1-20。

而到那小室的铁栅洞去张望她的人,川流不息"①。甚而有中电一厂派员前往拍摄袁美云出监的镜头,以备在该厂出品的上海之窗新闻片中放映②。1947年7月份,因汉奸嫌疑入狱的女画家李青萍在出狱时,亦同样遇到了新闻媒体记者的围观、访谈和报道③。

对于人犯实施必要的询问和调查,也是人犯入监流程中的一项重要内容,亦是对监犯实施差别化管理的基础。1928年《监狱规则》规定:"入监者——调查其体格及个人关系,前项之规定对于在监者认为必要时亦适用之。"1946年《监狱行刑法》亦规定"受刑人入监时,应调查其本身关系及其他必要事项"④。

可知对于人犯实施必要的调查,乃监所法定的责任。通过对于人犯个性、心身状况、境遇经历等方面的调查,不仅可以获得人犯直接的个人资料,了解人犯详情,而且亦为其羁押期间,实施差别化的教化和管理提供了基本的依据。根据调查所得人犯资料,上海女监须编造详细的人犯身份簿,内容大致有:身历表记载人犯姓名、年龄、籍贯、罪名、刑期、家中人口、财产、生活教育、配偶品性等。作业表记载人犯在监作业情形。视察表记载由看守报告的该人犯有无特殊言行及状况。赏誉表记载犯人在监受赏誉的行为。惩罚表记载犯人在监受赏罚的行为。行状表记载犯人在监的教育状况、卫生、品行等各项动态。身份关系一览表主要记载人犯在监接见人物与次数的记录、物品送入记录、物品存监记录及健康状态。书信表主要记载人犯来往书信。人像表系人犯相貌记录。指纹纸乃人犯左右手指纹记录⑤。

指纹系人体手指上的纹路,它系由"多乳头隆线丛合而成,其排列之状态,千殊万别,不特人人不同,即个人之各指指纹,迄今亦未有相同者,夫吾人之毛发皮色颜貌等,均随年龄之成长而变化,独指纹纸隆线之洄度分歧联合部置,则终身不变"⑥。正是由于指纹具有长久的恒定性,明显的可识别性,故而指纹在司法领域中得以广泛应用。在中国传统时代,在刑讯后,人犯在口供记录上押捺指纹,以示对自己的言行负责。而在近代司法实践中,押捺指纹不只具有充当证明的作用,更多是起到作为物证鉴别的效果,在司法、刑事侦查、监所羁押人犯等方面均有指纹应用的价值。虽然指纹在我国

---

① 《低首默无言,斯人独憔悴,袁美云悄然归去》,《申报》1946年10月13日。
② 《明星出狱,摄入镜头》,《新闻报》1946年10月12日。
③ 《汉奸罪洗刷干净,李清萍恢复自由》,《大公报》1947年7月12日。
④ 山东省劳改局编:《民国监狱法规选编》,第11、43页。
⑤ 《上海监狱关于高院监狱科刘继盛调查犯人作业情况》,上海档案馆档案,档号:Q177-1-75。
⑥ 《上海地方法院法医月刊》,上海档案馆档案,档号:Q185-1-1378。

司法中应用时间甚久,但将指纹作为一门学说、科学,加以理论研究、推广应用则是兴起于近代时期西方国家。

民元以来,西方指纹学说逐渐被引入国内,1916年,司法行政部将佛斯缔克指纹法编订指导手册,通令各省监狱以及警察机关遵照办理。虽然有政府大力推广佛斯缔克指纹法,但是由于当时国内各地情形不同,致使各地实施新式指纹制度不但进展不一,而且所采用的指纹法亦各不相同。例如在上海,华界警察局基本上采用佛斯缔克指纹法,而工部局巡捕房则采用英国人亨利爱德华指纹法,法租界巡捕房则采用法国人爱蒙培尔指纹法。此外,其他各省监狱又有采用德国人若休指纹法者。通常情况下,由于佛斯缔克指纹法分类简单,且检查便利,故而中国警察及司法机关采用者较多①。

在江苏第二监狱分监时期,该监办理人犯指纹即采用佛斯缔克指纹法。该指纹法大致分为四大类十六种,即"甲、弓形纹、普通弓形纹、突起弓形纹;乙、内箕形纹:普通内箕形纹、类似箕形之内箕形纹、类似有胎箕形纹之内箕形纹、特别内箕形纹;丙、外箕形纹:普通外箕形纹、类似弓形纹之外箕形纹、类似有胎箕形纹之外箕形纹、特别外箕形纹;丁、斗形纹:普通斗形纹、有胎箕形纹、二种箕形纹、变胎箕形纹、变体纹、混合纹"。此外,佛氏指纹储藏法相较其他指纹法更为简单,储藏手续亦较为易,并便于检查。指纹柜的设置,"为甲乙丙丁四柜,每柜共计64抽斗,横为四行,纵为十六行,得将指纹编号分储于甲乙丙丁四柜各抽斗内,以便检查"②。

该分监办理人犯指纹所采用的主要设备有捺印长方桌一张、玻璃砖一块,橡皮一只,胶棒、墨油等物。在人犯入监捺取指纹时,先在玻璃砖上滴墨油少许,用胶棒碾匀,然后"用右手执犯人右手大指,将指端按于玻璃砖搽墨极匀之处,而后捺印于指纹纸(印右手指端外侧先下印左手指端内侧先下),余指皆仿此,印时先右手后左手"。对于所得人犯指纹,在审查利用时,该分监通常系以"右手大指之指纹为种,左手大指之指纹为类","右手左手大指各以甲乙丙丁表之,其余各指则以一二三四数字表之"。指纹编号方法如下"察其左右手大指及二三四小指指纹之形而编定种类及号数,如右手大指纹为弓形,即以甲种记之,左手大指为斗形,即以丁类记之,其余各指分别代以一二三四等号数,甲=1、弓形,乙=2、内箕形,丙=3、外箕形,丁=4、斗形"③。

在检查时,"检查种类,次检右手各指号数,再次检左手各指号数,若有种

---

① 赵晋俭:《沪市公安局指纹概述》,《警灯》1936年第3卷第6期,第64—72页。
② 赵晋俭:《沪市公安局指纹概述》,《警灯》1936年第3卷第6期,第64—72页。
③ 《江苏高等法院第二分院关于章太炎逝世及为蒋介石捐机祝寿事项》,上海档案馆档案,档号:Q181-1-1033。

类及左手各指号数均同者,则详细审核各指纹形状及指纹形状纹路以为区别"。该分监设有专用储藏柜用于存放人犯指纹纸,"指纹柜分为甲乙丙丁四种,每种分甲乙丙丁四类,每类排列号数,如指纹纸为甲种丁类,其余各指之号数如右手各指为1134号,即置入甲种丁类1111号至1244号格内,检查时,右手检得后,则检左手,如有损指断指屈指弯手六指等均置入特别种类柜内"①。

由于该分监人少事繁,故而并未专设人员负责办理人犯指纹事项,而是由第一科选派主任看守周婕栩兼办。该分监采用佛斯缔克指纹法,虽然办理较为简单,利用检查亦较为便利。但是这种指纹法一旦遇有人犯过多时,办理储藏及利用等方面,不免颇有窒碍,且当时各地司法机关、警察机关以及租界巡捕房等各个机构之间,在采取指纹方面,方法歧异,并不一致,这就给各机构之间在人犯指纹利用、查核对比等方面产生诸多障碍,难收指纹鉴别之效。故而,江苏第二监狱分监亦曾呈请司法行政建议从速就指纹统一事项采取措施②,司法行政部虽然亦注意到指纹方法纷乱的弊端,亦曾联合内政部数次调查全国办理指纹现状,甚而设立指纹调查委员会,试图统一全国指纹方法,但是截至抗战之前,该事项却一直迁延无果③。

江苏第二监狱分监自设立以来,办理人犯指纹事项,成绩较为显著,截至1933年10月底,共计押捺女犯指纹数目达1 844口,通过指纹比对,从中发现有累犯三口,还是起到了相应的效果④。1931年3月,分监长谢福慈向高二分院呈报称,执行女犯李俞氏(年30岁,扬州人,因犯吸食红丸罪,被处徒刑一月,罚金三十元)办理入监时,照例捺取指纹,后经对比发现该李俞氏指印与前女犯李袁氏(该犯系因鸦片罪,处徒刑三月,已于1930年8月执行期满出狱)的指纹毫无差异,且两犯左手残缺特征亦同。当即讯问李俞氏,据其供称李袁氏确系其本人,之前犯过鸦片罪,被判处徒刑3月,于1930年8月间期满出狱。李袁氏的指纹亦确为其所押捺,本次所犯鸦片罪乃第二次所犯。由此确认该犯李俞氏,亦曾名李袁氏,确系累犯,为此,该分监即将该犯两份指纹纸一并函送一特地院检察处,以便加重处罚,以儆累犯⑤。

---

① 《江苏高等法院第二分院关于章太炎逝世及为蒋介石捐机祝寿事项》,上海档案馆档案,档号:Q181-1-1033。
② 《江苏高等法院第二分院关于章太炎逝世及为蒋介石捐机祝寿事项》,上海档案馆档案,档号:Q181-1-1033。
③ 《江苏高等法院第二分院关于监犯指纹的文件》,上海档案馆档案,档号:Q181-1-943。
④ 《江苏高等法院第二分院关于章太炎逝世及为蒋介石捐机祝寿事项》,上海档案馆档案,档号:Q181-1-1033。
⑤ 《上海江苏第二监狱分监指纹事项》,上海档案馆档案,档号:Q177-5-77;《江苏高等法院第二分院关于分监核对指纹发生累犯事项》,上海档案馆档案,档号:Q181-1-813。

各监所自奉令办理指纹以来,由于方法歧异,无统一之定规,不免有所错讹和疏漏。有鉴于此,司法行政部曾于 1935 年 5 月 30 日制定颁发《押捺指纹应行注意事项》,同年 8 月又制发《押捺指纹简单方法》两项,饬令各监所遵照办理。施行未久,1936 年 2 月,司法行政部又重新制定《各省新监办理指纹事务注意事项》,对各监所尤其是新监在采集指纹、保管、呈送等环节予以细致性的指导,以期逐步规范化,保证所得人犯指纹的精确性①。

　　按照司法行政部的规定,江苏第二监狱分监须定期将所得人犯指纹纸送部查核。如 1935 年 6 月份,该分监将所有在监人犯指纹押捺齐全,所得指纹纸一扎共计有 242 份,一并呈送高二分院转呈司法行政部。虽然该分监声称自办理指纹以来并无错误,但事实上,该监人少事繁,兼办指纹事务主任看守周捷栩有时确实难以兼顾,因而在该分监所办理指纹事务中亦不免有所错讹。如上述在分监呈送的 242 份指纹纸中,经司法行政部鉴核即发现有女犯王小弟一名,其指纹纸年龄与生年月日填载不符,另有王二囡一名,指纹纸"正押捺栏"左右手顺序错误,遂将上述二犯指纹纸发还,令分监重新捺取之后,再行呈部鉴核②。

　　除了加强人犯入监、出监及身历调查等管理之外,人犯在监内的戒护工作亦极为重要。所谓戒护乃警戒守护之意,所以严防越逸也,监狱之"狱"字两傍皆从犬,亦取守之意义③。事实上,监所戒护,实具警戒与保护的双重意义,一方面警戒人犯脱逃,或防范其扰乱监内秩序,一方面在保护人犯身体之安全,其最终目的在教化人犯。监狱乃执行自由刑的特殊场域,国家借助强制力量将人犯拘禁于监所内,确保监内秩序,防范人犯逃逸等突发事件,保障监犯安全,实乃监狱主要实务也。监所戒护从其性质而言,大致含以下三种:"如建筑之设备、戒护之使用,此物质戒护也;如看守之支配,视察之周到,检查之严密,教诲之启迪,此人工戒护也;又遇暴动、脱逃、天灾、事变、紧急处置应变有方,此非常戒护也。"④

　　"查监所事务,首重戒护,而戒护之重要,尤以夜间为最,典狱长为监狱长官,自应常川驻署,以便督察。"⑤依据司法行政部的训令,各监所主管长官尤其是典狱长,应常驻监内,以防有突发事件而便于处理。在江苏第二监

---

① 《江苏高等法院第二分院关于监犯指纹事项》,上海档案馆档案,档号:Q181 - 1 - 908。
② 《上海江苏第二监狱分监指纹事项》,上海档案馆档案,档号:Q177 - 5 - 415。
③ 孙雄:《江苏上海第二特区监狱三年来工作报告》,上海档案馆档案,档号:Y5 - 1 - 20。
④ 孙雄:《江苏上海第二特区监狱三年来工作报告》,上海档案馆档案,档号:Y5 - 1 - 20。
⑤ 《上海高等法院第二分院训令 11 件、上海江苏第一特区地方法院指令九件等》,上海档案馆档案,档号:Q177 - 5 - 326。

狱分监,上至分监长,下至普通看守、职员,大部分均系在监内住宿,在戒护事项上,尚属合于部定规章。就该分监的日常戒护事务而言,通常由第二科也就是警卫科担负全责,"监房之内,终日下锁,由看守者往来巡察,目炯炯不稍瞬,以监视罪犯之举动,每八小时,换岗一次,罪犯戚族送来之物,或往来函件,均须一一检查,每星期派员至各监房搜查二次,如藏有违禁品,或行为不正者,轻则加镣,重则送法院加罪"。①

另据1935年9月份对于该分监的调查报告显示,为加强监内人犯戒护管理,该分监在每层楼房均配置女看守三人,日夜一周,共分三班,每班一人轮流担任戒护工作。此外,每夜由下午6时至翌晨6时,第二科长及女主任看守、教诲师、女医务、助理员等六人分上下夜轮班值勤,巡视各处,监督看守勤惰。日间亦有一人值班,以前原本系自上午6时至下午5时,与夜班者不相衔接,后调整为日班值至下午6时,以便与夜班人员相衔接。对于该分监外部戒护,该分监院门共有两重,设置有男看守三人,轮班守卫,每班值勤八小时,监门内重由外下筦,外重由内下筦,守卫看守在两门之间司其筦钥,无事不开。每日早5时余,清粪夫准时来监倾倒便桶,看守开门放其进入,除值班守卫外,尚有监门落班守卫一人及民所落班守卫三人到监门一同监视,便桶倾倒完毕之后即行离去,不得逗留,监狱大门亦随即关闭。此外,该分监附设民事管守所的戒护,各层监房通常配置男看守三人,日夜轮班守卫;下层看守职司门卫,设主任看守一人常川驻所管理;该监附设的临时收容所之戒护,选派女主任看守一人常驻管理,另派女看守三人,日夜轮班戒护,自下午6时至翌晨6时置男性监丁二人值司门岗守卫,分上下夜轮流值班,以确保人犯之安全②。

抗战爆发之后,在战争环境下,上海局势紧张,在此非常时期,江苏第二监狱分监保障监所安全、防范人犯逃逸的戒护工作更为重要和繁重,尤其是夜间执勤尤为重要。为补助夜间戒护人员的生活,调动其值勤积极性,在1941年1月份,该分监决定仿效部辖第二监狱及第二特区监狱署之成例,向监督夜勤职员及夜勤值班看守发放夜点费。具体发放办法如下:"1. 每日分上下夜,上夜或下夜均有男女职员各一人督勤,男女看守七人值勤,每月以三十一天计算,共计558班。2. 应由委任待遇职员督勤,计42班,每班给夜点费六角,共计二十五元二角。3. 应由主任看守及学习主任看守计督勤,计82班,每班给夜点费四角,共须三十二元八角。4. 看守值勤计434班,每班

---

① 《参观女监狱归来》,《新闻报》1931年5月16日。
② 《江苏高等法院第二分院关于整顿监务的文件》,上海档案馆档案,档号:Q181-1-904。

给夜点费二角,共须八十六元八角。5.以上三项统计每月须国币一百四十四元八角。6.凡遇月内三十天或遇委任待遇职员督勤四十一班轮派主任看守督勤八十三班时,其节余之夜点费由监长批准分给炊场主管及预备看守,俾资奖掖。"依据上开之办法,该分监是年1月份共需发放值勤夜点费144.8元,此笔款项后经高二分院指令在该分监办公费内撙节支用①。

为防止人犯扰乱监内秩序,防范发生重大事故或因故需将人犯提出监狱时以保安全起见,在监所中,戒具的配置和使用尤为必要。戒具是实施监狱戒护的重要工具和设备,合理使用将会对人犯产生有效的规制和震慑作用。司法行政部对于各监所戒具的种类以及如何使用皆有明确要求,1928年《监狱规则》规定,"在监者有逃走、暴行、自杀之虞及在监外者,得加以戒具,戒具设窄衣、脚镣、手铐、捕绳、联锁五种","戒具非有监狱长官命令不得使用,但紧急时得先行使用,再请监督长官指挥"②。此外,为防止各监所人员滥用戒具,借机向人犯进行折磨索取财物等弊端,司法行政部多次下发训令,要求各法院、检察官切实督察,饬令各监所非必要时不得滥施戒具。对于某些戒具的规格,司法行政部亦严加管理,如脚镣、连锁系监所中常用的戒具,依据该部规定,监所采用的脚镣最重不得超过三斤十二两,连锁最重不得过四斤,最长不得过一丈四尺③。

枪支亦是监所戒护必需的装备,对于枪支的使用,司法行政部规定,非必要紧急状态下,不得使用。若有下述情形时,可以动用枪支等武器,即"在监者对于人之身体为危险暴行或加以将为暴行之胁迫时;在监者持有足供危险暴行所用之物不肯放弃时;在监者聚众骚扰时;以危险暴行劫夺在监者及帮助在监者为暴行或逃走时;图谋逃走者以暴行拒捕或制止不从,仍行逃走时"。在上述情形下,使用枪支等武器平定事态后,"监狱长官须将实在情形呈由监督官署转报司法部"④。

在江苏第二监狱分监设立之初,监内值勤人员尚无枪支可用,后高二分院特向分监拨发手枪八支⑤。1932年6月份,时任分监长黄培沛因人犯过多,戒护事项繁重,原高二分院所拨枪支不敷应用,遂再次呈请加拨手枪两支,子弹若干颗,另外,原有手枪中,有24681号、33882号两枝机件锈坏,亦

---

① 《江苏上海第一特区地方法院看守所请领经费》,上海档案馆档案,档号:Q177-4-130。
② 山东省劳改局编:《民国监狱法规选编》,第12—13页。
③ 《江苏高等法院第二分院关于部令戒护至关重要应严防范及制订监所戒护事项》,上海档案馆档案,档号:Q181-1-932。
④ 山东省劳改局编:《民国监狱法规选编》,第12页。
⑤ 《上海江苏第二监狱分兼关于领发枪支》,上海档案馆档案,档号:Q177-5-60。

一并呈请予以更换①。

为保障人犯安全,江苏第二监狱分监对于监内建筑设施方面的维修与保养亦颇为重视,若有损坏或危险之处,即予以修整,以消除潜在风险。1930年,该监的电灯每逢大雨时即忽明忽灭,后经检查发现系电线问题。因该监所装的电灯电线为时已久,未曾加以更换,长期日晒雨淋,致使电线外面的包皮多处霉烂,已不堪用。若不及时予以更换,不但因电线漏电,虚耗电力,夜间戒护堪虞,且有走火,发生火灾的危险。为此,时任分监长谢福慈即拟定计划呈请高二分院更换监内电线,以保安全②。1932年5月份,该分监三楼、四楼走廊等处围墙出现破损,恐有倒塌之虞,另有房屋渗漏、泥幔脱落等现象,亟待整修,是年6月,分监长黄培汴经呈报高二分院允准,招工估价修整③。

此外,该分监为防范发生不测性的风险,还与保险公司接洽,投保监所房屋保险,每年保费需洋140.03元。该监还投保有火险,如1935年2月26日,中国保险股份有限公司致函分监称"本公司承保尊处火险75 900元,保险单第45343号,至1935年3月21日下午4时满期,倘蒙续保或更改处,即请示知"④。不只是投保规避风险,该分监在日常管理中,亦极为重视对监所火灾的防范以及对监所职员消防灭火技能的培训。1933年1月份,该分监在常备的救火机之外,又拟拨款采购更为先进的震旦灭火机,并另选派男性看守6名,女性看守8名于1月15日上午9时许前往一特地院参加救火演习训练,由工部局救火队队员现场予以指导⑤。

抗战之后,作为沪埠唯一的女性监狱,上海监狱第一分监对于人犯戒护尤为严密,平日该监门禁森严,"一道道的大铁门上,加上了重重的大锁,闲人是没有法子进去的"⑥。在该分监内,"高高的坚固的水泥大厦,层层叠叠的防守,如果犯人们想创造奇迹的话,那简直是梦想"⑦。由于该分监设备尚称完备,戒护周密,又得到上海监狱及军警机关的协助,在该监存续期间,

---

① 《上海江苏第二监狱分监关于领发枪支事项》,上海档案馆档案,档号:Q177-5-143。
② 《上海江苏第二监狱分监囚棉衣被》,上海档案馆档案,档号:Q177-5-66;《上海江苏第二监狱分监修缮及购置》,上海档案馆档案,档号:Q177-5-98。
③ 《江苏省高等法院第二分院关于视察监所及设备改良之报告》,上海档案馆档案,档号:Q181-1-821。
④ 《上海江苏第二监狱分监年度概算》,上海档案馆档案,档号:Q177-5-109;《上海江苏第二监狱分监关于》,上海档案馆档案,档号:Q177-5-28。
⑤ 《上海江苏第二监狱关于司法行政部、上海高等法院第二分院派员视察监所报告》,上海档案馆档案,档号:Q177-5-211。
⑥ 《探女监》,《申报》1946年7月11日。
⑦ 梅:《生活在笼子里的一群,上海女监参观记》,《文汇报》1946年12月21日。

并未发生人犯逃逸等重大事故,戒护成绩颇为显著。

在该分监的日常戒护事项方面,通常系由警卫科担负全责,实际事务又可分为督勤、门卫、工场、炊场、外岗、内岗、补勤、值日等多种。每日监内戒护工作均指派戒护主任看守一人负责,另外还设有督勤员、日巡看守、门卫看守、炊场看守各一人,工场看守两人,各司其职。此外,在各层楼房,亦设站班看守一人,各戒护人员"轮值岗位一昼夜,分六班,每班四小时,每一看守轮值日夜班各一班"①。在当值时间,警卫科长及戒护主任看守将随时在监内进行视察,督饬职员在岗尽职,日巡员及夜班督勤员亦分别负责监内各处巡逻,以确保监内秩序及安全。

为加强监内戒护力量,1946年1月17日,该分监特地装设电话一部,与上海监狱警卫钥匙间相联通,以便突发意外时,可由男监随时予以支援和协助②。在该分监中,各类人犯聚集一处,"品类既极复杂,而其性质又多属险诈,偶或不慎,大之足以酿成非常事变,小之亦难免脱逃自杀之虞,故平时必须防微杜渐,严加检查"③。因而,在该分监日常的戒护工作中,每日进行的例行检查是预防监内发生突发事件的重要举措。除了偶发特殊情形施行的临时性检查外,常态性的检查还有诸如出监检查、入监检查、接见检查、监房检查、工场检查、清洁检查等,即使是看守出入亦皆经检查。

戒具亦是该分监协助戒护工作的重要设备。对于监所戒具的种类和使用,1946年颁布的《监狱行刑法》相对以往有所调整,该行刑法规定"受刑人有脱逃自杀暴行或其他扰乱秩序行为之虞时,得施用戒具或收容于镇静室,戒具以脚镣、手铐、联锁、捕绳四种为限","施用戒具非有监狱长官命令不得为之,但紧急时得先行使用立即报告监狱长官"④。在上海监狱第一分监初设之时,监内戒具尚少,仅有铐子六副,链条一根⑤。1946年8月15日,分监请求添置捕绳。至1947年5月份,该分监尚有手铐九副、链条三根、捕绳12根,"戒具尚足敷用,能适当施用戒具"⑥。

因该监羁押人犯均系女犯,相对男犯来说,女犯的暴力倾向和能力相对较弱,故而该分监职员在监内平日值勤时,一般不持武器,而且在该监日常的监犯管理中,也很少使用强力性的手段。正如该监的管理职员所说,"我

---

① 《上海监狱关于高院派书记官林晓明协助成立女监》,上海档案馆档案,档号:Q177-1-74。
② 《上海监狱狱务日记》,上海档案馆档案,档号:Q177-1-667。
③ 《司法行政部直属上海监狱沿革纪实录》,上海档案馆档案,档号:Q177-1-444。
④ 山东省劳改局编:《民国监狱法规选编》,第45页。
⑤ 《上海监狱一分监关于陈任移交职员名册》,上海档案馆档案,档号:Q177-1-778。
⑥ 《上海监狱一分监视察报告等》,上海档案馆档案,档号:Q177-1-755。

们这里的感化犯人,从来不用威胁,她们中偶有不守狱规的分子发现,我们总在旁边监视,等她们自己发现我们在监视而自动改过,同时,我们也竭力避免她们发生以为自己是犯人的自卑心与悲观"①。

1948年,该分监警卫科长李梅魂曾颇为骄傲地对记者言道"别的监狱里一跑进去就是铁索啷啫的声音,而我们这里,虽然有二副镣铐,但镣铐已经生锈了,我们把这个引为女监的光荣"②。此外,为防止监内突发暴力事件或偶发精神问题,该分监还设置有特殊的处置设施,就是橡皮间。在该监二楼对着楼梯口有一间房,里面四周的壁上及地上都包裹着厚厚的橡皮。这种橡皮间的功效就是不会造成人身伤害,"当一个囚犯,神经错乱的时候,为预防不测,就把她关在这橡皮间里,以免她有自寻短见等情事发生"③。

为防范监内失火,确保人犯安全起见,上海监狱第一分监还在一楼至三楼各层楼房都设置有墙式消防设备,配置有太平水龙头、水带箱子、水带、喵子等物,并由上海市警察局消防处时常派员进行查验。若经发现有设备老化缺损等情事,即令分监予以整改修配,以确保监内消防设施的完备,若有突发火情,可随时予以扑救,保障监内安全④。

第二节　狱政事故:人犯脱逃、顶包及到期漏释

在民国时期的上海女监之中,形形色色的人犯汇集一处,俨然自成一个小型化的社会,因而在监狱内部不可避免会混杂着诸多不确定的危险性因素。虽然监狱方面力图通过一系列的规制手段,强化对于人犯的管理,令其在监内安分守己,专心服刑。而且,囿于其自身生理、心理特质的制约,这些女犯们的确也不会如同男犯一样进行诸如闹监、暴动、群殴甚或是自杀等各种激烈的对抗。但是,这并不意味着在女监内就一切风平浪静,正如同表象与实质之间总会有些偏差和扭曲。实际上,这些女犯们,她们亦有着自我的精明和算计,且若监内主管者任用非人,玩忽职守,怠惰职务,其结果就是对于女犯的管理不免会出现疏漏,从而发生不少诸如人犯脱逃、顶包、到期漏释等性质恶劣的狱政事故。

---

① 懿德:《提篮桥畔探女监》,《今报》1946年8月13日。
② 陆以真:《女监参观记》,《妇女(上海1945)》1948年第3卷第1期,第14—15页。
③ 《提篮桥女子监狱巡礼》,《罗宾汉》1946年7月1日。
④ 《上海监狱修理消防水管》,上海档案馆档案,档号:Q177-1-148。

监犯脱逃是监所管理中极为重大的狱政事故,战后设立的上海监狱第一分监,无论是在戒护安全措施或者是在监狱硬件设备等方面,都极为认真、精确和牢固。所以,在该分监存续期间,并无人犯脱逃事件发生。相对而言,战前的江苏第二监狱分监时期,由于监内职员在履职方面多有疏忽、失职、人浮于事等弊病,监内戒护措施以及硬件设备有着一定的缺陷,导致该监人犯脱逃事件时有发生。据现有资料显示,比较重要的大致有三起人犯脱逃事件,分别是1930年8月份的朱王氏监外就医期间脱逃案[①]、1931年2月份李梁氏在监跳楼脱逃案[②]、1935年9月份,韩爱珍在监脱逃案[③]。

分监女犯朱王氏,30岁,清江人,因绑票案处徒刑十年。该犯于1930年8月5日,因犯急性肺炎症,病情严重,被移送至上海红十字会北市医院疗治。在院疗治期间,为确保人犯安全,由分监选派女看守戴阿林驻院监护,以防人犯脱逃。8月27日晚7时,戴阿林因内急离开病房出外小解,待回病房后,发现病犯朱王氏已离开病房不知去向。戴阿林当即协同医院护士等人四下寻找,未能发现该犯踪迹,谅已逃之夭夭。戴阿林随即向分监打电话告知人犯脱逃事项,怎奈电话不通,遂转向各巡捕房打电话请求协助追捕。随后不久,逃犯朱王氏即被杨树浦捕房截获,因该犯脱逃时受伤,遂又将该犯解回红十字会医院诊治。

此时,分监长谢福慈已闻报朱王氏脱逃事件,亦来院调查案情。据朱王氏供述,自从她到医院治疗,每日均悉心观察医院状况,意图寻找机会脱逃。后来她发现病房右边通道走廊上的木门,均于每晚8时始落锁,实为脱逃的便利。案发当夜7时,朱王氏即趁监视看守离开及木门尚未落锁之机,溜出病房,穿过走廊,上至三楼阳台,觅得绳带一根,绑于阳台上,顺绳索而下。不料中途绳索断开,朱王氏从半空跌下,将手腕脚骨等处跌伤,幸尚能行动,遂跌跌撞撞前行。之后遇见一辆人力车,朱王氏欺瞒车夫王金文称伊系被人殴打所伤,并告知车夫将其送往公大纱厂工房,车夫虽见其身穿囚服,但亦未多问。朱王氏自从病房脱逃之后,各捕房已得到请求协助缉拿的消息,遂令各巡捕、岗警留意盘查,当朱王氏行至杨树浦捕房区域时,被岗警认出而被截获。

---

① 《上海江苏第二监狱分监人犯脱逃事项》,上海档案馆档案,档号:Q177-5-62;《江苏高等法院第二分院关于监所逃脱人犯的文件》,上海档案馆档案,档号:Q181-1-810。

② 《江苏高等法院第二分院关于监所人犯死亡证书》,上海档案馆档案,档号:Q181-1-819。

③ 《上海江苏第二监狱分监人犯脱逃顶替事项等》,上海档案馆档案,档号:Q177-5-387;《江苏高等法院第二分院关于官规奖惩考绩抚恤两院及监所职员奖惩事项》,上海档案馆档案,档号:Q181-1-167。

因该犯脱逃时不慎跌伤,不便再送监羁押,遂又将逃犯送至红十字医院。分监长谢福慈经实地调查,与朱王氏、戴阿林以及医院方面所叙述情形并无错讹。因朱王氏竟敢在医院就医期间乘机脱逃,实属目无法纪,驻院看守戴阿林虽于发现人犯脱逃后,设法报告捕房截获,但是其在值勤期间,疏忽大意,实属失职,后由一特地院对朱王氏、戴阿林予以从严查办。并与红会医院交涉,要求该医院将人犯所住病房加装铁门,昼夜均上锁,加强安全防护,以防再发生此类事件。

不过,此事后未久,1931年2月份,在该监内又发生一起人犯意图脱逃案。女犯李梁氏,42岁,绍兴人,因绑票案处徒刑12年。该犯曾因患脚气送医院医治无效,遂收回监所由监医自行治疗,病势虽得大减,但身体衰弱。1931年2月份,该犯意图脱逃,由四楼不慎摔下,致使跌伤腿部及肺部,口吐鲜血,遂紧急送往红会医院救治,延至是年4月17日下午12时50分在该院病亡。

如果说朱王氏、李梁氏的脱逃颇有些激烈的话,那么1935年9月分监羁押犯韩爱珍的脱逃,就显得颇有些戏剧性的味道了。是年9月18日清晨7时半,该监第二科科长朱培荣接到主任看守周婕珝报称,该监附设看守所羁押犯韩爱珍(33岁,苏州人,窃盗嫌疑)脱逃。朱培荣即紧急向值班看守酆静哉核实详情,并于中午11时向代理分监长及看守所所长王型礼做了紧急汇报。王型礼接报后,亦即前往并向朱培荣、周婕珝等人详询实情,确认窃盗犯韩爱珍已脱逃。王型礼即一面督饬职员、看守等分途追缉,一面通知各巡捕房请求予以协助缉拿。随后,即呈报一特地院及高二分院,要求将与人犯韩爱珍脱逃负有直接责任的女看守毛觉悟、酆静哉以及门岗看守吴持祥、孙广田等人移送一特地院检察处从严查办。

后据当天的日勤看守酆静哉称,是日凌晨5时45分,其上差后,在27号押舍清点人数时,发现屋内仅有八人,缺少两人,随即向夜班看守毛觉悟询问。毛觉悟答称一犯在洗衣室,一犯在倒痰盂。酆静哉亦未曾仔细前往寻找查核,即上楼继续清点人犯,点毕,夜班看守毛觉悟即行下差。至6时15分,酆静哉再往27号押舍查看,除一犯返回押舍外,另一倒痰盂之犯即韩爱珍仍未返回,遍寻无果,即知该犯或已脱逃。

据与韩爱珍同住27号监舍的在押犯章吴氏供称,酆静哉与毛觉悟同往27号押舍点名时,屋内确仅有八人,其时韩爱珍亦不在屋内。章吴氏还称,韩爱珍自入所后,即经常从押舍中窥探看守所大门的启闭情形,似早已谋划脱逃。另查,据该看守所惯例,每天清晨5时10分为人犯倾倒清洗痰盂时间,而逃犯韩爱珍出押舍倒痰盂经查证属实,其所持之痰盂确在看守所大门口被发现,且所内墙壁等处,并无攀爬及损毁迹象,可知该犯确系经由看守所大门口逃逸。

据查,该看守所大门为门外两重,毛觉悟、鄞静哉等负责在内管理押舍,门岗看守吴持祥及孙广田两人职司轮守该所大门。看守所大门除每晨5时5分至15分为例行由粪夫前来接倒便桶而短暂开放外,其余时间均严密关锁,从不轻易开启,人犯亦无潜逃的机会。门岗看守吴持祥的值勤时间为下午9时至次晨5时,孙广田则为上午5时至下午1时。

据孙广田供称,是日其上差时,比平时迟到一刻钟,迟至5时15分方到。当行至距大门有十余步的拐角处,尚见吴持祥在门外,当时孙因与同事陈丰鼎开玩笑致使鞋子脱落,当其穿好鞋子来到大门时,吴持祥已离开,手枪子弹等物置于台上,大门亦未关闭。而吴持祥则辩称其并未先行退班,并坚称已将大门关闭,并于交班时将枪弹交于孙广田,但其所言与事实显然不符。若按其所言,"门卫既无可乘之机,该逃犯岂有飞越之术",因而可知,吴持祥所言"显系属饰词,希图卸责"罢了。

经各项调查可知,是日清晨5时15分左右,夜勤看守毛觉悟允准27号押舍窃犯韩爱珍至院中处理痰盂,当时门岗看守吴持祥已先行下差离去。而接差看守孙广田行将进入大门但尚未入门,且大门未关。毛觉悟亦未曾在院中监视韩爱珍之行动,致使韩爱珍借吴、孙交接疏忽之际,乘机出门逃遁无踪,后被鄞静哉清查发觉。

一特地院检察处经调查确证后,除鄞静哉免诉外,依法将吴持祥、孙广田、毛觉悟等人向一特地院刑庭提起诉讼。一特地院刑庭后判决被告吴持祥、毛觉悟因过失致职务上依法拘禁之人脱逃,各处罚金100元,孙广田因过失致职务上依法拘禁之人脱逃,处罚金80元,如易服劳役以二元折算一日。除对上述直接责任人员予以刑事处分外,对于负有间接管理失职责任人员如代理分监长及看守所所长王型礼、二科科长朱培荣、主任看守周婕翔等人亦予以行政处分。经高二分院核准,对周婕翔记大过一次,王型礼、朱培荣因系司法行政部任命,10月9日,经该部批示,对上述两人分别予以记过处分,以示惩戒。

除了人犯脱逃之外,该分监还发生过监犯串通顶包案。1932年9月16日,江苏第二监狱分监暂代候补看守长沈瑛在奉令接收、清点卸任候补看守长叶耀华移交的人犯保管钱款名册时,发现有一女犯王包氏,询问其本人年龄、籍贯及钱款数目时,对答含糊支吾,言之不清,颇令人生疑。另据看守扈月英称,该犯有时曾自言其实为李钱氏,并非登记在册的王包氏,王包氏是其女儿,早已于是年9月7日放出。沈瑛自觉情况有异,遂向该犯再三讯问,该犯声称其确为李钱氏,39岁,苏州人,其对本人刑期长短并不知晓。沈瑛再次查阅人犯登记簿发现,据记录,有一女犯李钱氏,已于是年9月7日,由看守长叶耀华释放。如果该犯确为李钱氏,那之前已释放的"李钱氏"是何人?在监的这位"王包氏"又系何人?沈瑛更加感到此案颇有蹊跷,且案情重大,随即向分监长黄培汧汇报。黄分监长随即提审人犯进行讯问,李钱氏见无法隐瞒,亦即招供,至此,李钱氏与王包氏合谋串通顶替案浮出水面①。

据人犯供称,其确为李钱氏,又名李王氏,本年9月6日与其女儿王包氏(又名王宝珠,22岁,苏州人,有烟瘾)在二马路因涉嫌吸食鸦片被捕房捉获,先行移送分监附设的看守所等候审判。入所后,二人一同被羁押在看守所的弄堂里面,李钱氏坚称"在未提堂之前,我的女儿对我说如果我判有罪,你替我吃官司吧"。9月7日,二人提审返回后,看守长叶耀华即命看守严杏珍将其收押,其女王包氏即被释放。至于王包氏何时被放出去,李钱氏声称其一概不知。

而据与其一同被捕获的人犯王陆氏供称,本月6日,她在二马路吸食鸦片被捕房捉去,一同被逮的还有六个男人,三个女人,这三个女人除了她自己外,其余两人即是李钱氏及其女儿王宝珠即王包氏。7日晨八点多钟,一干人犯经审讯判决李钱氏无罪,王包氏及其本人均被处徒刑一个月,罚金20元。判决后,在返回的路上,她听见李钱氏对其女儿王包氏说道"你出去吧,让我在监吃官司,我死也不要紧"。回监后,司法警察将三人移交给看守叶先生(即叶耀华),并告诉叶先生说李钱氏无罪,王陆氏、王包氏各判一个月二十块钱。随后,叶先生问哪一个是李钱氏,王包氏就回答是我,叶先生就让王包氏在办公室外等候,随后即令看守将李钱氏和我一同收押于监房。

另据与李钱氏同押舍女犯吴陈氏供称,其于本月7日与李钱氏等人一同羁押于看守所弄堂中,她亲耳听到李钱氏讲要替其女儿吃官司等话。而据当事看守长叶耀华回忆称,当时人犯李钱氏、王包氏、王陆氏三口于9月7日上午8时奉票提审,审毕旋即票拟收押王包氏、王陆氏二口,释放李钱氏一口。而李钱氏、王包氏面貌相似,一时难以分别,当其询问谁是李钱氏时,王包氏即应声回答是我,因以人数相符、且人犯年龄、籍贯等均一一对答无讹,故没有意识到冒名顶替嫌疑,即将冒名的李钱氏(实为王包氏)开释。

---

① 《上海江苏第二监狱分监人犯脱逃顶替事项》,上海档案馆档案,档号:Q177-5-197;《江苏高等法院第二分院关于监犯王包氏、李钱氏等串通替罪案的文件》,上海档案馆档案,档号:Q181-1-830。

此事爆出后未久，10月3日，有名为李宝珠者因违警罪被捕，候补看守长沈瑛发觉该犯名籍年龄与串通顶替罪在逃案犯王宝珠名籍相同。当饬令在押的李钱氏指认，确定李宝珠即为其女儿王包氏（又名王宝珠），复询问李宝珠，亦供认不讳。据李宝珠即王包氏供称："本年9月6日在二马路吸食鸦片，被捕房将我和我的母亲李钱氏及王陆氏逮捕，7日我的母亲对我说'你有病我替你吃官司罢'，所以先生问那个是李钱氏的时候，我就冒充李钱氏，先生就放我出去了。"

通过上述各当事人的供述可知，虽然李钱氏坚称是其女儿王包氏首先主动提议说让她顶替坐牢的，但经证人王陆氏、吴陈氏及王包氏本人的供述，则是李钱氏主动对其女儿说要替其顶罪的。她们的说法虽有出入，不过通过实际情形分析可知，李钱氏有很大可能在撒谎，且不说有多人指证是其主动提议顶罪，即使就常理来讲，其女儿王包氏不但身染烟瘾，且患有疾病，这种身体状况在监内羁押，以监内的生活条件和待遇而言，很容易发生各种异常状况，搞不好在监内丢掉性命亦不是没有可能，所以其母李钱氏从爱女心切的角度来说，极有可能会主动向其女儿提议说由其来顶替，而换得王包氏开释出狱。至少李钱氏本人是认同顶替一事的，否则，当叶耀华点名李钱氏时，她为何不直接答应，当王包氏答应其为李钱氏时，她为何不予以揭发制止。

由此可知，不管她们二人是谁主动提议冒名顶替，其串通合谋顶包的犯罪事实和行为都是确定无疑的。而看守长叶耀华又不加审慎，疏忽失职，致使二人阴谋得逞。至于此案中有无受贿故意放纵人犯的情弊，后经调查及当事人犯的供述，可以排除沟通舞弊、贿放人犯的嫌疑。据李钱氏曾供称，她们串通顶替一事，"并没有人教唆，我的看守和先生们及叶先生都并没有要过我的钱，也没有问过我，始终的确我没有花过钱，这件事情先生和看守事前都不知道"。此外，上述人犯自被捕房移入看守所待审，至审决处理，中间仅间隔一夜时间，较为短促，分监看守叶耀华等人与人犯亦未有直接接触，由此可以排除双方勾结舞弊的嫌疑。

此案之所以发生，主要还在于李钱氏与王包氏合谋串通，达成默契，而看守长叶耀华又疏忽大意，致使人犯冒名出狱，实为渎职。后分监长黄培汴以叶耀华已经卸职，呈请高二分院应免于追究处分。但因职员失职致使错释人犯，兹事体大，因而，高二分院断然否决了黄培汴的请求，并令一特地院地院检察处将叶耀华、李钱氏、王包氏等人侦查起诉。后经一特地院刑庭判决，处李钱氏、王包氏徒刑各三个月，候补看守所长叶耀华因过失致职务上依法逮捕拘禁之囚人脱逃，处罚金六十元，缓刑二年。

近代以来，随着刑罚理念的革新，监狱被视为执行自由刑的处所。自由刑的执行在另一方面而言,只是在或长或短的时间内,限制人犯自由。除了无期徒刑之外,一般的自由刑总是有时间期限的,通常情况下,从下发判决执行书,人犯入监服刑,依照所判刑期,在牢狱中苦度岁月,直至刑满获释出狱,这是一个人犯自入狱至出狱的常态化状况。事实上,没有人犯不盼望早日出狱,重获自由。但是,有时由于监狱方面职员办事不力,疏忽大意,或人犯入监时手续不全,将会导致出现人犯期满而无法按期释放的问题,此种行为不但严重侵害人犯权利,而且对于监所管理而言,亦是极为严重的狱政事故。

1932年9月份,有人向高二分院投诉称江苏第二监狱分监因将押票遗失,致使女犯顾吴氏未能及时释放,而被延期羁押多日。接函后,高二分院即派员进行调查,经查阅该监人犯出入簿等文件获悉,该女犯顾吴氏,系于本年9月6日收押于分监看守所内,9日开释,共羁押三日。但该分监并未发现有此女犯收押的押票。经查系前候补看守长叶耀华不慎丢失,后经调阅一特地院审判及押票回执,发现该犯顾吴氏系轻微犯罪,判处罚金三元,应即于9月7号释放,但因分监将该犯押票遗失,无法确认其入狱出狱日期,从而导致该犯被多羁押两日。除顾吴氏期满漏释外,调查人员在该分监调查过程中,还发现类似此种遗失押票的在押人犯,尚有多人。高二分院对此颇为不满,但因负责人员即该分监前候补看守长叶耀华有另案尚在起诉中,暂不予以追究。该监分监长黄培汴,难免失察之咎,通令予以申诫,"嗣后对于所属人员尤应认真考核,勿令再有错误发生,致干重处"①。

此事之后,该分监办事人员理应吸取教训,谨慎办理,以免再有此类情事发生。但是由于该监在日常管理上仍有疏漏,管理不严,致使此种情事不但并未根除,反而在嗣后亦时有发生。1933年9月份,该分监暂代候补看守长朱佩璇因办事疏漏,未能看到人犯李张氏应行释放日期,又致使该犯被多押两日。李张氏系因违章案入狱,在其押票上本已注明"拘留一日,九月二日放"字样,但负责人员朱佩璇直到9月4日查阅文档时,方才注意到该犯释放日期,遂将该李张氏予以释放。但人犯期满漏释事故已然无可挽回,朱佩璇遂向高二分院自呈事故缘由,并自请处分。

但在呈文中,朱佩璇仍为自己辩护,称其"近因感冒,而公务纷繁,未敢轻率请假,力疾从公,以致发生错误",且监内办理人犯出入监者仅有其一人,且"近来人犯激增,每日所收各种院票以百计,上午提讯押放人犯出入更行拥挤,佩璇于公务匆忙间,见系李张氏押票,未及注意状貌特征及备考栏

---

① 《上海江苏第二监狱分监顾吴氏押票遗失致多押二日》,上海档案馆档案,档号:Q177-5-209。

内注有开释日期,以致有此遗误",但"疏忽之咎,自难卸责,唯有报请惩处"。时任分监长蒋凤仪亦因朱佩璇疏忽职务一事,请求高二分院予以处分,称"该员平日办事,颇知勤奋,此次因公务匆忙,对于押票,未及注意释放日期,自是疏忽,应请予以惩戒,监长职司督率,失察之处,咎亦难辞,并请一并予以惩处"。

后经高二分院呈报司法行政部,1933 年 9 月 26 日,奉部批示,"朱佩璇应予以记过一次",分监长蒋凤仪"未能即时察觉,应予申诫"。高二分院还再次告诫该监办事人员嗣后须切实勤慎于职,不可再行疏忽职务。"须知监所对于人犯释放日期不容稍有忽略,应释不释,既无端剥夺人民之自由,又因之损伤法院之威信,所关非细,嗣后务须审慎周详,若再有此令错误发生,定予呈部严惩"①。

综上所述,作为民国时期一所独立建制的新式女监,相对于传统时代的监狱而言,江苏第二监狱分监在监狱设施、职员配置、戒护安全等方面都有明显的改善和提高,在狱政日常管理和人犯安全等方面理应亦有全新的变化和面貌。但是,在事实上,江苏第二监狱分监在日常的狱务运作及女犯的戒护管理等方面反而存在着很大的缺失和疏漏,以致其狱政管理时常出现混乱,更导致诸如人犯脱逃等重大狱政事故时有发生。

而从上述各案例的最终处理结果来看,高二分院对于相关责任人员的处分基本上都是高举轻放,多予以罚金、诫勉谈话、行政记过等处分,最重亦仅是开革职务,并没有很严肃认真地严究其违反法纪的刑责。此种带有包庇职员嫌疑的处理方式,在一定程度而言,是将监内人员诸多违法行为客观上予以合法化,这在无形中事实上助长了监内的怠惰涣散之风,狱政管理更形疏漏。不但致使监内管理秩序多有纷乱,而且也严重影响了狱政制度的完善和司法体制的改良进程。

第三节 预防再犯:出狱人保护
制度的实施

所谓出狱人保护,即是指国家和社会为了帮助出狱人成功回归社会,避免重新犯罪而对出狱人采取的帮助、保护、教育等活动。"犯人出狱之

---

① 《上海江苏第二监狱分监关于职员考绩、奖惩、抚恤事项》,上海档案馆档案,档号:Q177 - 5 - 288。

始,几如自巅降地,至为可惧,无论其刑罚改善之程度臻于如何地步,如无保护机关,代谋身份之保障,生活之救济,则刑罚之改善精神,终难望圆满表现也。"①而且,囚犯出狱后,若因生计乏术或难以融入社会,而没有予以相当之处置,或再次触犯刑网。如此一来"则不啻前功尽弃,刑罚亦失其效用"②,由此可见,出狱人保护事业,与预防再犯,保障刑罚效能的延续性,关系至为密切,"即于社会安宁,国势隆替,影响亦非浅鲜"。③

出狱人保护事业在我国的出现,可以说是一种外源性的产物。对于该事业的起源,一般认为其发源于18世纪的美国费城,1776年,美国费城慈善家理查德·怀斯德,以"协助出狱人使其改悔迁善,为富者应尽天职"为口号④,发动当地居民,募集资金,创设了费城出狱人保护协会,扶助出狱人生活及就业,这一活动随后扩展至美国各地及世界多个国家,可以说是"欧美各国此项事业之滥觞"⑤。

晚清以来,随着中国监狱改良运动的兴起,源于西方的近代监狱学说和理论被引入国内,出狱人保护事业亦逐渐得到国人的关注。特别是日本著名监狱学家小河滋次郎通过在华讲学授课等方式,推动了出狱人保护思想在中国的传播。此外,晚清时期的官员、知识分子对于海外司法的考察,也加深了国人对于出狱人保护事业的认识,如金绍城对日本巢鸭监狱的调查之后认识到"出狱再犯者半由天性之不善,半亦由名誉既坏无以谋生所致,此免囚保护之制所以亟亟不容缓也"⑥。1910年底,清政府派遣赴美参加第八次万国监狱大会的徐谦在其呈递的奏折中强调出狱人保护会在欧美及日本甚昌。为此,他奏请清政府着力倡导,俾使此会能在国内慈善普及⑦。1911年5月清政府制定的《大清监狱律草案》亦规定"在监人作业赏与金之利息,没入之作业赏与金及不交付之作业赏与金,得经监督官署认可,充保护出狱人事业补助费"⑧。

及至民国时期,出狱人保护问题亦同样受到北洋政府的重视。民国元年,司法总长许世英在拟定的《司法计划书》中重申了创设出狱人保护会事业的必要性和规划。1912年12月份,在中央司法会议上,代表冯沛提出奖

---

① 孙雄:《监狱学》,详见河南省劳改局编:《民国监狱资料选》,上册,1987年,第79页。
② 钰:《出狱人之保护》,《法轨》1934年2期。
③ 《第二特院典狱长函各界,筹组出狱人保护会》,《民报》1936年1月7日。
④ 许宁:《出狱人保护制度问题研究》,上海:上海大学硕士论文,2007年。
⑤ 孙雄:《监狱学》,详见河南省劳改局编:《民国监狱资料选》,上册,第79页。
⑥ 金绍城:《十五国审判监狱调查记》,南京:凤凰出版社,2015年,第147页。
⑦ 薛梅卿主编:《清末民初改良监狱专辑》,中国监狱学会,1997年,第54页。
⑧ 小河滋次郎:《监狱学》,上海:上海人民出版社,2013年,第333页。

劝出狱保护团体案,又有代表提出加入万国出狱人保护会案,经大会议决赞成通过。随后,1913年初,北洋政府发布了劝告海内组织出狱人保护会的布告,称出狱之人再入监牢,非其之过,实乃"社会上未尽保护之责",为此,呼吁海内各界"组织出狱人保护会,担出狱保护之责任,达犯罪预防之目的"①。同年,北洋政府还颁布了《出狱人保护事业奖励规则》,规定对经营该项事业在十年以上功绩卓著者、捐金万元以上者,给予奖励,由司法总长呈请大总统颁发勋章,或由司法总长颁发褒状②。

南京国民政府时期,亦鉴于出狱人保护事业对于辅助狱政,维护社会安定的重要性,且为了调动社会各界参与兴办,于1930年2月,由司法行政部重行制发了《出狱人保护事务奖励规则》,调低了给予奖励的标准③。司法行政部期望社会各界,群起兴办出狱人保护团体,"地方多一良民,即囹圄少一罪犯,狱政前途,实利赖之"④,并通令各省高等法院院长及首席检察官,联合地方社会力量,广为周知提倡,以期多所成立。此后,为了规范出狱人保护事业的发展,1932年10月份,司法行政部又颁布了《出狱人保护会组织大纲》,该大纲规定,出狱人保护会以"保护执行期满及假释或保释出狱人,使有成就为宗旨"⑤。

出狱人保护思想自从晚清进入国内以来,尽管政府及有识之士不断督促、倡导,但社会对此反应迟缓,致使在相当长的一段时期内,出狱人保护很大程度上还只是停留于舆论宣传的层面上,在具体的实施操作方面乏善可陈。作为首善之区的北京迟至1919年才有新民辅成会之发起,而作为近代以来的国际性大都市上海,直到1930年之前,都缺乏对出狱人提供保护的专职性团体。

自开埠以来,上海逐渐发展成为一座繁华的大都市,而城市犯罪问题亦日趋严重。大量拘禁于监所的囚犯获释后,在城市化的环境中,往往因刑余之人而受到社会的歧视,谋业艰难,生存维艰。以致"再犯三犯所以层出不穷,强者铤而趋险,懦者无以聊生,社会秩序几荡然无存"⑥。因此,如何向出狱人提供必要的救助,使其不致再罹刑网,遂成为上海社会各界以及司法部门关注的重要问题,因此,建立专职的出狱人保护机构势在必行。

---

① 司法部:《布告海内组织出狱人保护会文》,《司法公报》1913年第5期。
② 山东省劳改局编:《民国监狱法规选编》,第348—349页。
③ 山东省劳改局编:《民国监狱法规选编》,第349页。
④ 司法行政部:《司法行政部规定出狱人保护事务奖励规则》,《监狱杂志》1930年第1卷第2期。
⑤ 山东省劳改局编:《民国监狱法规选编》,第350页。
⑥ 翁赞年:《论国家对于出狱人之责任》,《法律评论(北京)》1930年第7卷第35期。

在近代上海出狱人保护事业的兴起进程中，一些富有仁爱之心的地方名流无疑起到了身先示范的引导作用。上海著名士绅关炯之、袁履登等沪上中外人士十余人，于1930年1月份，创设了新民辅成会，该会主要是为公共租界华德路监狱出狱囚犯实施资助返乡、提供食宿并代谋职业等各项救助①。

上海的一些传统社团如沪埠同乡会在特定的时期内，亦曾参与出狱人保护的活动。1932年，国民政府实施大赦，宁波旅沪同乡会及江淮旅沪同乡会亦应工部局的邀请，对华德路监狱赦免出狱的本籍囚犯提供诸如寻找沪上亲属、教授工艺、提供资金等多种救助方式，救助每名人犯需费三元左右②。此外，上海律师公会、上海第二特区监狱亦分别于1935年10月、1936年1月力图发起出狱人保护会，但是在实施过程中，却是困难重重，有始无终③。在上海地方世俗力量组建或倡导发起出狱人保护组织的同时，致力于社会慈善事业的基督教救世军在接管新民辅成会的基础上，重新组建了新民辅成社。该社有较为丰富的救助经验和资金财力的支撑，以及一批专业性的社会慈善事业的从业者，其富有成效的工作，为上海出狱人保护事业的发展注入了新的动力。

上海出狱人保护事业自1930年创设以来，经过各方的努力，固然取得了一定的成效。但是在1946年之前所组建的这些出狱人保护团体，不论是新民辅成会、新民辅成社以及各同乡会所参与的救助，还是上海律师公会以及特二监狱筹拟设立而最终无果的出狱人保护会，这些机构他们的救助对象基本上都是以男性出狱人犯为主，对女性人犯缺乏关注。事实上，当时上海各个监所中，各类女性人犯亦是人数众多，这些熙熙攘攘的女犯们，她们出狱之后，亦同样面临着如何获得生计等方面的困境，甚至她们出狱后遇到的困难、所处的社会境遇要比男犯们更为严峻，她们也同样甚至更需要社会的救济和帮助。

上海第一特区地方法院看守所职员林晓明曾遇到一个有些残酷的案例，有一个被判无期徒刑的女犯，入狱十年间，遵守监规，表现良好，获得了假释的机会。但是半年之后，又因卖淫被判入狱，她的经历令看守所职员们

---

① 《关炯等创设释犯救济会》，《申报》1929年12月22日；《出狱囚犯救济会年会记》，《申报》1930年11月12日。
② 《甬同乡会办理甬籍赦犯出狱善后》，《申报》1932年9月12日；《江淮同乡办赦犯善后》，《申报》1932年9月14日；《江苏高等法院第二分院关于组织出狱人保护会及其他材料》，上海档案馆档案，档号：Q181-1-893。
③ 《各团体机关代表议组出狱人保护会》，《申报》1935年10月14日；《筹组出狱人保护会各界名流赞助》，《申报》1936年2月13日。

非常惊诧。据该女犯所言,她出狱后在心里面极想着要做一个好人,"但是好人不能空着肚子,光着身体,饥寒逼迫她又去做那女人唯一能做的事情——卖淫,她于是又成了举世唾弃的娼妓","我也希望着我自己去重造新生,然而社会那么冷酷,一条路也不能给我,除了当娼妓,我怎样来养活我自己呢?"①

此类出狱之后因生计无着而有可能再次犯罪的事例并非孤例和个案,而是一种普遍存在的事实。上海地院看守所曾羁押一名安徽籍女扒手李秀英,此人因偷窃七条毛巾而入狱,后因身体罹患疾病而得以缓刑开释出狱。嗣后未久,李秀英又跑回来,坐在上海地院门口吵闹不休,声称其出狱后因生活颇成问题,生计艰难,非常愿意再回监狱居住,如若法院不允,她将会再行偷窃,好再次被抓入狱,以便解决生计问题②。

诸如此类女犯如若在出狱后,能得到必要的救助,使其获得谋生的技能,或许不致再次罹陷法网。可见,对于出狱女犯提供救助同样亦极为必要,然而在抗战胜利之前,在上海,虽然也有一些慈善团体从事着对出狱女犯的救助,但这种行为更多还是一种自发的、零散的慈善活动,并没有形成一种专职性的保护团体,这不能不说是一种遗憾和缺失。但是,抗战胜利之后,这种局面得以改善,1946 年 7 月份,在上海监狱第一分监的支持下,洋泾浜天主堂妇女公教进行会在南市虹桥弄天佑里一号,创办了专门救助贫病及无家可归之出狱女犯的机构——上海妇女出监人保护会。

创办该保护会的上海洋泾浜天主堂妇女公教进行会,是由在上海长期办理各项社会救助事业的洋泾浜圣母院所设立的一个分支机构。洋泾浜圣母院于晚清 1871 年在上海创立,初创之时,只有数间小屋,后经来华的外国嬷嬷努力经营育孤、施诊给药等善行,逐渐得到各界的赞许和捐助。到 20 世纪 40 年代,历经七十余年的经营,洋泾浜圣母院已经发展成为拥有多个机构的善业团体,该圣母院所从事的社会善业活动,虽然相当广泛,但其主要的救助对象是妇女和孤儿。

除了救助社会上的贫苦妇女之外,洋泾浜圣母院还逐渐将在监女犯纳入救济范畴。1931 年 10 月份,该圣母院潘姆姆联合天主教女信徒以及一般家庭妇女,设立了洋泾浜妇女公教进行会,该会的主要工作就是前往各监狱为女犯们施诊给药以及进行宗教教化活动。最初是在北浙江路江苏第二监狱分监,后发展至北新泾部辖第二监狱等各处监所。其活动方式就是每逢

---

① 露薇:《特一区女看守所参观记》,《上海妇女(上海 1938)》1938 第 1 卷第 4 期,第 5—6 页。
② 《女扒手留恋监狱,闻开释嚎啕大哭》,《上海人报》1947 年 11 月 10 日。

礼拜三、礼拜六下午轮流前往各大监狱探望监犯,"病者施以医疗,发给药品,并鉴于囚犯衣食不足之苦,补给衣被食品,每月至少四次,同时对她们作精神教育,除传道外,又教以新知识,以礼辅刑,以教启蒙"①。

日据上海时期,社会动荡,生计艰难,她们又开始对释放后无家可归的出狱女犯提供收容救助,并在肇嘉路租赁房屋两栋,设立仁善贫民工厂。除了收纳出狱女犯外,而且还兼收贫苦无依的社会妇女,"向她们讲些必要的常识、教义道德,服务意义以及日常技能,使她们对世界与人生且有正当的认识,走上新生的大道"②。部分收容妇女习得谋生技艺,通过该会代谋职业,获得自立的能力。但是,这种对于女犯的救助活动,持续并不太久,即因严重的战乱和资力的匮乏而中断。尽管如此,洋泾浜妇女公教进行会还是积累了较为娴熟的经验和能力,这就为之后创立专门性的妇女出狱人保护团体创造了良好的条件。

事实上,上海监狱第一分监之所以特邀洋泾浜妇女公教进行会组建妇女出监保护会,也正是基于该会所具有的救助在监和出狱女犯的经验和能力,以及该会所具有的办理救助活动的物质设施和条件。抗战胜利之后,1945年12月底,上海监狱第一分监正式组建,负责收押全市各类女犯,嗣后因该分监人犯急剧增加,甚至远远超过该分监的容纳定额。面对急速增加的人犯,分监长狄润君一方面为如何疏通人犯发愁,另一方面亦为人犯出狱后的去向而忧虑。因为根据分监对入监人犯家庭状况等方面的调查,很多女犯出狱之后将面临无家可归、贫苦无依的境地。

按照常理,对于羁押人犯来说,一旦获得假释、保释或者执行期满可以出狱的时候,本应是一件值得庆幸的事情,但是却有许多女犯为此更为忧愁、悲哀。"因为几年的监狱生活,隔绝了外间一切的关系,一旦获得释放,就变成了无家可归,甚至连出狱时一个铺保都难找,这种痛苦,比失去自由的日子还是难堪"。因而,就有不少可以获释的女犯"哀求监狱当局,不要放她们出去,免得在出狱后感到彷徨"③。为此,组建一个可以向这些无依无靠的出监女犯提供保护、救助的团体,就显得尤为必要和迫切。

要组建这种能切实有效向出狱女犯提供救助的保护组织,必须得有一个具有相关经验和一定设施基础的组织者,而上海洋泾浜妇女公教进行会恰好具有这样的条件。不仅如此,该进行会自从第一分监组建以来,每周均

---

① 《洋泾浜圣母院参观记(四)》,《申报》1943年8月24日。
② 《洋泾浜圣母院参观记(五)》,《申报》1943年8月28日。
③ 夏方雅:《无家可归的女犯出狱后的新路——记收容女犯的妇女出监保护会》,《大公报》1949年1月18日。

派员前往布道,并馈菜施药,不但令在监女犯受惠良多,而且亦借此与该分监建立了良好的合作关系。为此,上海监狱第一分监遂于 1946 年 4 月向该进行会发函,邀请其恢复之前救助出狱女犯的业务,并正式出面组织出狱人保护会。洋泾浜妇女公教进行会亦给予了积极回应,随即设立筹备会,组织临时董事会,并推选王徐瑛为正会长,胡张紫虹为副会长负责,同时拟具相关章程,经过筹备,于 1946 年 7 月 15 日在肇嘉路虹桥弄天佑里仁善育婴堂召开正式成立大会①。

是日到会者有该会董事长朱志尧、董事王艮、葛叔庄及副会长胡张紫虹,暨该会会员等数十人。首先由胡张紫虹主席报告该会成立经过及其目的,继而由会员顾薇君报告了举办上海妇女出监保护会所需社会人士予以协助的问题。略谓公教进行会同人顾念在监女犯多为无家可归者,"若无处收留,势必造成社会上之紊乱,故特由本会发起举办出监保护会——此次组织本会,除须各界人士以精神力量援助外,并恳望以金钱协助,本会除由各董事等分别向各友好开始募捐外,并热望各报社能设一代收捐款处,以促成本会之功德圆满为幸"。之后,由上海监狱第一分监候补看守长林晓明以及地院看守所代表袁佩莲介绍了监所人犯的大致状况。会议还对之前制定的保护会章程进行了审核和追认,会议结束后,进行会向与会代表分送了圣母院育婴堂收养儿童所制作的绸布小兔作为纪念②。

根据保护会的章程规定,该会以保护执行期满及假释或保释出监妇女使有成就为宗旨,凡出狱女犯贫无所依且确有自新实据者可以享受诸如资送回籍、介绍职业、资助借贷衣食费等(须有职业后归还)保护事项。凡愿尽义务者,不分国籍、性别、个人及团体均可入会,入会者有特别劳绩或曾捐助会费在十万元以上者,可为名誉会员,捐助会费五十万以上或为物质之捐助者可为赞助会员,普通会员则需缴基金 20 元及每年年金一千元,会员办理事务卓有成绩者,将由该会呈报嘉奖,并发送奖品,以示优待。该会设置董事,组成董事会,由推选之常务董事处理日常事务,各董事任期为一年,但可连选连任,该会重要事务取决于董事会,若董事会不能决定,则提交会员大会表决,并呈报上海高院。会员大会每年举行一次,若会员三分之一以上请求时,可临时召开,董事会每月举行一次,常务董事会每周一次,所提决议由出席者过半数同意得通过,同数时由会议主席决定。并设总务股及教导股,负责该会文书、会计、庶务及调查、指导、劝募等业务,各股主任干事及普通

---

① 《上海监狱公函,出监保护会》,上海档案馆档案,档号: Q177 - 1 - 527。
② 《为出狱之女犯服务出监保护会昨成立》,《东南日报》1947 年 1 月 6 日。

干事均由董事会推选。每届年终,须将所办各项成绩呈报上海高院转呈司法行政部①。

　　上海妇女出监人保护会于1946年8月底获准备案,12月份正式启用图记。在该保护会的组建过程中,上海监狱第一分监对进行会所遇到的困难给予了相应的援助,双方也保持和发展了良好的合作关系。1946年4月,在保护会筹备时,因公教进行会会所有一徐姓租户,拒不迁出,虽屡经通知劝告,仍置之不理。无奈之下,进行会只得向第一分监求助。之后,分监即专函该租户徐新宝,晓以大义,令其尽早迁出,归还会所。是年9月,该进行会又致函分监,称该会会所原本拟准备为出监人保护会所用的房屋一栋,被该会退职人员王益三强行占据,虽经多次劝说,王益三非但"设词拖延,意图久占",甚至"串造租约,扬言恐吓",为此,公教进行会请分监联系肇嘉路警察局予以协助,分监亦随即与警察局联系,请其派遣警察勒令王益三迁出,归还房屋②。

　　分监还经常提调人犯前往保护会进行参观,以增加人犯对该保护会的了解。如1946年12月25日,分监提钱孙氏、汤顾氏等八名人犯,由看守赵取义、戴甫琴等四人负责戒护,前往出监保护会观看实际情形,并在该会享用午餐,当天下午4时携带大批糖果回监分赠在监人犯③。为了协助保护会的运作,分监还应该会请求,向其增派看守。1947年4月,保护会因恐其所收容出狱女犯"故态复萌,有不法行为发生,为防患未然计,非有相当管理经验之人随时随地管理监视不可"。为此,她们请分监选派负责直接戒护,且品性优良、年龄较大、无家累及有耐性的看守来会协助管理,并表示由该会提供看守的膳宿,并给以报酬,后由分监选派看守王雪梅前往驻会协助管理④。1948年5月,第一分监分监长柯俊杰、总务科长林晓明还特意出席了仁善育婴堂的十周年纪念活动,柯俊杰分监长就与潘姆姆合作创办出监保护会的经过做了专题报告⑤。

　　上海妇女出监人保护会收容的女犯,基本上属于穷困之人,出狱无家可归或者是因为家乡距离上海较远,一时无法还乡,暂时寄居保护会,有部分人犯也会长期留会工作,甚而经过洗礼等宗教仪式加入天主教。如1947年10月23日,女犯李胡氏,33岁,安徽宁远人,因过失致死罪,徒刑8个月,期

---

① 《上海监狱第一分监文卷呈送本监建筑图样事件》,上海档案馆档案,档号:Q177-1-93。
② 《上海监狱公函,出监保护会》,上海档案馆档案,档号:Q177-1-527。
③ 《上海监狱狱务日记》,上海档案馆档案,档号:Q177-1-666。
④ 《上海监狱公函,出监保护会》,上海档案馆档案,档号:Q177-1-527。
⑤ 《上海监狱狱务日记》,上海档案馆档案,档号:Q177-1-452。

满释放后,因家乡远在安徽,上海举目无亲,送保护会暂予收容。1948 年 3 月 26 日,女犯张朱氏,37 岁,烟毒罪,徒刑 1 年 6 个月,因家贫,送保护会暂予收容。

除了收容成年出狱女犯之外,该保护会还受分监委托,代为收容在监女犯幼儿以及未成年女童犯。如 1946 年 8 月份,女犯杜杨氏入监时随带其 6 岁女儿杜凤英一口,因无家属领回,一直随母在监。分监认为该女久在狱中有伤儿童身心,因此,特致函保护会,将杜凤英函送该会暂时留养,俟杜杨氏出狱之后再行领回自养。9 月 28 日,分监又函保护会,将杜凤英交给杜杨氏之母杨陈氏领回。同年 9 月 18 日,分监接收幼年犯王大毛一口,因该监地方狭小,缺乏对幼年犯进行感化教育的条件,遂由保护会将王大毛领去,并转送至徐家汇贝当路善牧会收养。10 月 26 日,王大毛由善牧会圣心姆姆领去感化。12 月 28 日,该犯期满,交由家属领回①。出监人保护会同时亦向在监人犯提供一定的救助,如 1947 年 10 月 29 日,该会由潘福姆姆入监送来三字经 96 本及疯药酒一瓶,以供人犯课外阅读及治疗疯病②。

出监保护会的重要成员潘福姆姆,基本上每周都会入监探望女犯,除了宣传教义,进行宗教教化,还替在监女犯诊治疾病,捐助物品。见到潘姆姆后,"女犯们感到特别的安慰,像是见着亲属一样的欢迎着她,这样潘姆姆和女犯们之间,已经发生了相当的感情"③。因此,许多无家可归的出狱女犯一般都由潘姆姆办理出监手续,领往保护会。如 1946 年,上海监狱第一分监大赦时,"有百余女犯出监,其中无家可归者有十余人,时适值阴历年三十夜下午 5 时,到堂时,由潘姆姆领进圣母院小堂,时近党教友正齐集堂中公念谢主经,遂令该十余女犯一同敬谢天主特恩,谢主礼毕,同进年夜膳,从此彼等自由恢复,莫不欣喜异常"。被保护会收容的女犯,除了部分人被家属领回之外,其余人员则由保护会根据其能力的高低,分配给适当的任务,"或为育婴堂看护,或为工场间管理,或则充当劳役"④。

这些女犯们在保护会附设的小型工厂内做些缝衣、织毛衣、做鞋底之类的手工,自食其力。她们也只有努力工作,方能求得生存,因为保护会的费用大半都是靠妇女公教进行会募捐来的,食米亦依赖民调会的配给,因此,收容的女们通过自己的工作,也可以换取些经费,以弥补保护会的开支。

---

① 《上海监狱公函,出监保护会》,上海档案馆档案,档号:Q177 - 1 - 527。
② 《上海监狱狱务日记》,上海档案馆档案,档号:Q177 - 1 - 453。
③ 夏方雅:《无家可归的女犯出狱后的新路——记收容女犯的妇女出监保护会》,《大公报》1949 年 1 月 18 日。
④ 《洋泾浜女公进成立出监保护会》,《上海教区公教进行会刊》1948 年第 1 卷第 4—5 期合刊。

一位留在保护会的烟犯说她自己因无知而误蹈法网,丈夫战死,大儿子流落失踪,小儿子随带入监,虽获保释出狱,但是已经家破人亡,无家可归,只好到保护会来容身。"现在我可以为此地的育婴堂做点事,尽点责任,我们大家都是吃过苦,受过难的人,因此,我们大人孩子们生存在一起,像一个大家庭那样,非常的融洽、快乐"①。

上海妇女出监人保护会对女犯们的关照,甚得她们的感激和信任,即使是出狱有家可归的女犯们出狱之后,也经常到会来活动。"凡出监有家之女犯月必到会开座谈会一次,或听道理,或谈论家庭状况,闻每届会期参加人数颇多"。对于这些身陷囹圄特别是那些无处容身的出狱女犯而言,上海出监人保护会无疑是她们唯一的依靠、她们的庇护所,在动荡不安的社会中,给她们提供一条自生之路,她们就在这样的环境里,默默地生活下来。

上海妇女出监保护会的设立,为茫然不知何处去的贫苦无依出狱女犯提供了一个相对较为安全的港湾和庇护所,使她们能在乱世中有一个安身立命之处,不致因生计乏术而被迫再陷法网,其所具有的积极意义和必要性无疑是值得肯定的。但是,上海妇女出监保护会的运作,基本上仍是注重对出狱人提供基本层面的收容、资送等物质救助,加以一定的宗教感化,而对于出狱人的知识教育方面仍有不足,更遑论建立必要的获助者跟踪调查机制。这种救助方式,在其他传统社会慈善活动中亦多为常见,实质上仍未跳脱传统慈善事业的范畴,从而影响出狱人保护事业设立的宗旨和实施的效能。

---

① 夏方雅:《无家可归的女犯出狱后的新路——记收容女犯的妇女出监保护会》,《大公报》1949年1月18日。

第三章　异度空间：女犯的狱内生态

"讵知监狱之为监狱,固一小型社会也,社会上形形色色,一切事情,莫不与之有密切关系。"①监狱中各色女犯羁押于一处,容貌、秉性各异,芸芸众生,各有其故事和精彩,因而在高墙之内,亦会有别样的风景。女犯甫入狱门,即被强制赋予一个编码和一套具有识别性的囚衣。给女犯打上监狱化的标识,也就意味着女犯身份的一种转化,即将从社会性的人向监狱化的人转变。这些女犯们在"笼子"般的囚房中,拥挤不堪地生活着,其在监内的日常生活都将按照既定的时间表来实施,若有违反监规,将会受到相应惩处;女犯在监内,每日可享有定量的囚粮及衣被的供应,还可定期与其亲属会面和通信,在得到家属所给予的给养补充之外,更为重要的是,将会给这些囹圄之中的女犯带来必要的心理上的慰藉,以伴其度过漫长的枯寂岁月;在单调乏味的牢狱生活中,为数甚少的文艺娱乐活动,尤足珍贵。这些形态、秉性各异的女犯们,在监狱这种特殊的场域之中,卑微地生活着,丰富的芸芸百态,上演着多彩的人生变幻,从而造就了狱内别样的生态和图景。

第一节　监狱标识：女犯的编码与囚衣

谁都是一个编号,属于一个称谓,
受刑人
每个受刑人的过去都是或长或短的故事,
有的是桃色的传奇,有的是黑色的罪史

---

① 孙雄:《监狱学》,详见河南省劳改局编:《民国监狱资料选》,上册,第1页。

每篇故事的结局,都是或长或短的刑期
都是一袭青灰色囚衣掩藏着回忆与忏悔①

人犯自从判决入狱的那一刻起,不仅意味着其与过去的诀别,亦意味着其新的身份的转化,将要从个体性的社会性的人,向集体性、监狱化的人转变。监狱作为规制的场所,强调秩序和纪律,致力于人犯的教化和矫正,为强化对人犯的规制,摧毁其原有的自我意识之后加以重新形塑,使人犯与其原有的社会化的身份彻底分离,实现向监狱化身份的转型,在人犯入监时,就对其进行编码,赋予其一个新的身份。

每个人犯都将有一个固定的编号,这个号码将会取代其原有的社会性的名姓,在狱期间,在其日常的生活作息中,这个编号将会一直伴随左右,编号即人犯,人犯即编号,人犯原有的社会印记就被这一串数字符码所代替。此外,人犯在入监后,在获取编号的同时,亦将会被强制脱去原有的普通服装,换上监狱内统一的带有编号的囚衣。一方面是出于监内卫生的考量,更重要的是,通过囚衣这种高度模式化的制式服装,在监内建立起一套明晰的标识系统和秩序,每个人的角色和行为都一目了然。而且通过囚衣这种更为明显的身份化、仪式化的符号和象征物,不仅形成一种区隔和识别,亦让人犯对于其新的监狱化的身份形成清晰明确的认识和定位。

凡入监者皆服囚衣,在国民政府相关律条中皆有明文规定,如1928年颁布的《监狱规则》规定"在监者给与灰色囚衣"②。以灰色为囚衣色彩,除了耐脏、耐用外,这种色彩所体现出的暗淡与单调的意味,与监狱内压抑沉闷的氛围相吻合。在江苏第二监狱分监中,人犯入监后,经过检查洗浴,即行发给带有编号的灰色囚衣裤,冬棉夏单,按照季节进行更换。单囚衣每犯发给两套,棉囚衣每犯一套,天气寒冷季节,另发毛毯、棉被一条,令两犯共用,夏季每犯另发扇子一把,每两犯合给席子一条③。人犯的囚衣被,均须定期洗晒,以保持监内卫生。

该监人犯囚衣除了带有特定的编号以及限定为灰色之外,其实际样式,与普通民间劳作女性所穿的衣服基本相同。通过少量的该监人犯照片可知,该监女犯囚服大致为上衣下裤式样。囚犯上衣分为对襟式以及大襟式

---

① 简婉莉:《战后前期台湾狱政之研究:1945—1967》,中正大学历史学研究所硕士论文,2011年。
② 山东省劳改局编:《民国监狱法规选编》,第15页。
③ 《上海江苏第二监狱分监教诲教育卫生(囚棉衣被)》,上海档案馆档案,档号:Q177-5-167。

两种,对襟式即两襟相对,纽扣在胸前正中,样式与现代上衣相同,唯纽扣系用布制成的纽襻,袖筒较宽大。大襟式即传统中式上衣之一种,小襟在右,大襟在左,大襟从左侧向右覆盖小襟,一直延伸到右腋下侧部,然后在右腋下系扣,衣服纽扣亦系用纽襻,扣缀于大襟边缘,扣门则在小襟与后襟结合处排列,衣服之袖筒从腋部至腕部渐成梯形状。女犯下身所穿的裤子,类多宽松型,裤腿较肥大,裤口亦较宽,穿用时用绳或布带子系在腰间。女犯的囚衣总体上而言是偏于宽松肥大,至于修身与否,对于女犯们而言,并不是需要考虑的问题。此外,女犯们所穿的鞋基本为浅口式的手工布鞋,有袜者穿袜,无者或许只能打赤脚了。

由于监内人犯日渐增多,且流动不居,再加上人犯每日均需劳作,且监房内较为阴湿,囚衣被材质不佳等因,致使人犯的囚衣被,多易损坏,而不敷分配应用。人犯的囚衣被,在该监内实属严重的易耗品。为保障人犯穿用之需,该监基本上每年临近夏令或冬令时节,都要着手添置囚犯衣被,夏季还要添置人犯所用的席扇,以备人犯御暑。此类费用,对于经费委实有限的分监而言,确系一笔不小的开支。依据部令规定,该分监每月都有固定的人犯添置囚衣被所需费用的预算,大致每月为九十九元左右,若添置囚衣被的费用超过预算限额,不足之款只能先行从其他款项中挪用借垫了。

1930年4月份该分监建立之初,监内所存的棉衣裤大部分都已破烂,不堪再用。及至是年9月份,该监所羁押的已未决犯已达210余人之多,天气渐寒,监内积存的御寒衣被严重短缺,不敷分配人犯应用。为此,分监长谢福慈除一面从监犯中选择善缝补者,将旧存的棉衣被等物,进行改制、拆洗、缝补,共花费棉线以及弹棉花等费用约计洋22元。然而改制的衣物仍不敷应用,为保障人犯所需,谢福慈经呈请高二分院许可,决定在监外另觅合适的商家,定制灰色斜纹布单衣裤100套,灰色斜纹布棉衣裤60套,灰色棉被60条。另外添购棉花100斤,为该监附设的民事管收所添置棉衣裤20套,棉被14条,上述添置衣被的费用共计洋1 071.738元①。

该监自组建以来,历次添置囚犯衣被,多系选择监外合适的商家进行定制。虽然该监在选择合作商家时,亦会进行比对和筛选,但是在囚衣布料以及费用等方面,难免也会出现一些问题。为此,自1932年5月份,该监准备添置人犯单囚衣时,决定不再选择监外成衣店包制,而改为自行采购布料,在监内选择善于缝纫的女犯自行缝制。是年5月4日,分监长黄培沚在致高二分院的呈文中称该监羁押人犯已达260余人,且所有上年添置的囚人

---

① 《上海江苏第二监狱分监囚棉衣被》,上海档案馆档案,档号:Q177-5-70。

单衣裤均多破烂,实难再用。除令人犯将其中尚能修补穿用的单衣裤,从事拆洗缝补外,决定另拟添置新单衣裤290套,以保障人犯夏季能有两套衣裤,以备换洗。在呈文中,黄培汴还提到,该监上年由成衣店承制的囚犯单衣裤,所用的布料洋斜纹布,虽然看起来光色较好,但却不耐洗晒,耐用性差。

有鉴于此,该分监决定此次不再交由监外的成衣店制作,而在监内选犯自行缝制,并选用料质较厚的厂布,以期囚服之耐用。对于做工的人犯,给予一定的赏与金,如此一来,既可以在一定程度上保障囚衣的质量,同时亦可以节省一定的经费开支,并能带动监内作业,于做工人犯可获一定的赏与金收益,一举而数得。后经高二分院许可实施。此次添置囚犯单衣裤290套,需费489.92元。所需费用暂时在该监附设的民事管收所1931年度各月结存款内挪垫,俟该监所因衣被费用领到之后,再行归垫①。此后,该监添置囚衣被等物,基本上都是在监内自行缝制,有时出于节省经费的需要,亦会选择较廉价的布料。如1933年5月,该监添置人犯单衣时,即选用了每尺仅需洋一角的阴丹士林蓝灰布,与每尺需洋至少一角三以上的纯灰色厂布相比,前者确不如后者耐用②。

随着国民政府监狱管理机制的调整,对于人犯囚衣的规定亦有所变化。1945年国民政府在国民会议上通过的《监狱法草案》将人犯细分为徒刑囚和拘役囚两种,并规定徒刑囚继续穿用灰色囚衣,而拘役囚则须穿用蓝色囚衣③。但是在1946年1月颁布的《监狱行刑法》中并没有继续沿用上述草案的规定,只是要求各监所"对于受刑人应斟酌保健上之必要,给予饮食物,并供用衣被及其他必须器具"。只强调要对人犯供给囚衣被,但对于囚衣被的颜色并没有予以明确的要求④。不过,在监狱的实际运作中,人犯所穿用的囚服大体上仍沿用传统的灰色,不排除亦有其他类型颜色的囚服。

这种现象在上海监狱第一分监内表现较为明显,该分监人犯入监后按照规定亦同样须换用监内囚服。冬棉夏单,冬季每人给予棉衣裤一套,绒毯五条或棉被一条,夏季每人发单衣裤两套,绒毯一条,另发席子一条,扇子一把⑤。关于囚服的颜色,据现有资料显示,该分监人犯的囚衣,既有蓝色的,

---

① 《上海江苏第二监狱分监教诲教育卫生(囚棉衣被)》,上海档案馆档案,档号:Q177-5-166。
② 《上海江苏第二监狱分监教诲教育卫生添置囚棉衣被》,上海档案馆档案,档号:Q177-5-228。
③ 山东省劳改局编:《民国监狱法规选编》,第28页。
④ 山东省劳改局编:《民国监狱法规选编》,第47—48页。
⑤ 《上海监狱一分监视察报告等》,上海档案馆档案,档号:Q177-1-755。

同时也有灰色、白色等其他颜色。如 1946 年 2 月，分监在给上海高院的呈文中称该监除有冬季灰色棉衣裤外，还有白色对襟单衣①，是年 7 月《申报》载该分监的"犯人都须穿一律的蓝布制服"②。

是年 9 月《申报》又载杀夫案重犯詹周氏在该分监关押，该犯"身衣蓝布短衫裤囚服——赤足穿灰布搭扣鞋"③。是年 11 月《大公报》载，影星夏佩珍因吸毒案在分监服刑，该犯身穿"青灰色棉质囚衣"④。1947 年 11 月 15 日《和平日报》记载，该分监囚犯"服装也很整洁，一律深灰布，短衫裤——头发一律是短的"⑤。该监囚衣的样式，基本上是上衣下裤，上衣有对襟和大襟两种，应该主要是大襟式上衣为主，因为该监认为女犯穿用对襟单衣，殊属欠雅，因此逐渐用大襟替换掉她们认为不雅观的对襟式上衣。

对于女犯囚衣上的编号，据现有的少量照片显示，该分监女犯的编号是出现在大襟式上衣的后背中部的，大致呈菱形，在菱形中间写有具体的数字标号⑥。而据有些报纸记载，这些编号有时会出现在其他部位，如 1946 年 9 月份《申报》记载，该监女犯詹周氏"胸前绣有白色 226 号码"，226 号是詹周氏在监内的编号，这个编号不是出现在后背，而是在胸前⑦。另据 1947 年 11 月《和平日报》所记载，该监女犯"衣襟上钉一块长方形的监犯号码"⑧。虽然编号在囚衣上的位置有所不同，但是每名囚犯囚衣上须带有编号应该是确定无疑的。

此外，由于该分监经费不足，有时监内人犯囚衣无钱自行置办，需要通过社会渠道进行必要的募捐。尤其是在冬令时节，"在严寒的冬天里，女监的犯人们，都穿的很厚的布棉袄、棉裤，这些衣服，多半是教会及各慈善机关捐来的"⑨。而募捐来的这些衣服，并非都是专为监内特意定制的，所以，并不排除该监内人犯也会穿用其他颜色或样式衣服的可能性。

该监人犯在监须穿用囚衣，但在出庭应讯时，既可以穿囚衣，也可以选择穿普通衣服。如 1946 年 9 月詹周氏出庭时即穿着蓝布囚服⑩，1947 年 5 月 8 日，汉奸嫌疑韩又杰（又名中岛成子）出庭时上身穿"青绸旗袍、黄绒线

---

① 《上海监狱一分监总务科行政卷宗等》，上海档案馆档案，档号：Q177-1-766。
② 《探女监》，《申报》1946 年 7 月 11 日。
③ 《刀劈亲夫分尸案重判，詹周氏仍处极刑》，《申报》1946 年 9 月 17 日。
④ 《夏佩珍吸毒》，《大公报》1946 年 11 月 17 日。
⑤ 陈羽新：《看上海监狱女犯》，《和平日报》1947 年 11 月 15 日。
⑥ 《上海监狱监狱杂贴》，上海档案馆档案，档号：Q177-1-16。
⑦ 《刀劈亲夫分尸案重判，詹周氏仍处极刑》，《申报》1946 年 9 月 17 日。
⑧ 陈羽新：《看上海监狱女犯》，《和平日报》1947 年 11 月 15 日。
⑨ 《上海女监囚犯四十人将获释》，《大公报》1949 年 1 月 6 日。
⑩ 《刀劈亲夫分尸案重判，詹周氏仍处极刑》，《申报》1946 年 9 月 17 日。

外套",下身穿"紫绸裤子"①。5月15日,该犯再次上庭时又身穿"天青色旗袍、外套短大衣"②。是年6月17日,因汉奸嫌疑入狱的李清萍出庭听判时即身穿"浅绿色女士西装、玉色丝袜、奶油色皮鞋"③。可见,该监对于人犯出庭并没有强制要求必须穿用囚衣。

该分监在初始阶段之所以有大批的蓝色囚衣,确系事出有因。该监于1945年12月底正式组建,在成立之初,监内仅有人犯94口。至1946年初,人犯数量激增至240余口,原有棉衣裤不敷分配,而囚犯单衣裤更是完全无着。该监当时又因经费困扰,无力自行采办原料缝制。无奈之下,遂于1946年2月份呈请上海高院要求将前日本刑务所遗留的和服、单夹衣被等物品折价拨发,以便改制人犯囚服。后经上海高院允准,即由接收日本刑务所残留物资的上海监狱向分监调拨衣被等物,所拨发的物品除保留原样一件以便中央信托局照实估价外,其余物品均由该分监自行改制囚衣。

1946年3月,上海监狱向分监拨发日本刑务所遗留的蓝色和服计单上衣144件,夹衣长164件,单短衣101件,除破旧不堪者,计可用者有单长衣87件,单短衣24件,后经该分监作业科改成囚衣97套分发囚犯穿用。后又因人犯继续增加,所改制的囚衣亦不敷应用,该分监又于是年7月31日向上海监狱具领刑务所遗留的蓝色棉囚被大小310条,蓝色棉和服116件,棉长衣98件,棉短衣29件,蓝色单长衣102件、短衣100件。此批物品亦由该分监改制成单囚衣432套、棉囚衣115套,大被72条、中被132条、小被90条,合计共改制所得蓝色单棉囚衣557套,大中小棉被294条。为改制这批衣被,该分监共支出各项工料等费用达131 162 395元,该监无款可资垫支,遂呈请上海监狱转呈上海高院准予追加拨发溢支囚人用费,以资支付此笔款项④。

在上海监狱第一分监时期,该监的经费基本上处于紧缺的状态,再由于当时形势动荡,沪埠物价一度持续暴涨,同时该监人犯亦持续增加,以致该分监在囚犯衣被的置办方面要比江苏第二监狱分监时期承受着更多的压力和困难。该分监于1946年度利用日本刑务所遗留的衣被等物改制而来的

---

① 《女间谍抱儿上堂,供词十分荒谬》,《申报》1947年5月9日。
② 《中岛成子判刑七年,庭上赋诗赠蒋夫人》,《大公报》1947年5月16日。
③ 《女画家汉奸嫌疑,李清萍宣告无罪》,《申报》1947年6月18日。
④ 《上海监狱第一分监文卷呈送本监建筑图样事件》,上海档案馆档案,档号:Q177-1-93;《上海监狱监犯曹永清刑满未满自杀未死》,上海档案馆档案,档号:Q177-1-123;《上海监狱本监承购中央信托局接收日本刑务所家具》,上海档案馆档案,档号:Q177-1-318;《上海监狱一分监总务科行政卷宗等》,上海档案馆档案,档号:Q177-1-760;《上海监狱一分监总务科行政卷宗等》,上海档案馆档案,档号:Q177-1-766。

囚衣被,在一定时间内基本满足了该监人犯囚衣所需。然此等衣被终系旧物,经一年的穿用洗晒之后,至1947年下半年,大部都已损坏残缺,无法再行缝补改制。但该监又因人犯加多,急需衣物,为此,1947年7月底,该分监呈报上海监狱,催促追加囚人用费,其中含衣被费106 725 000元。该分监在呈递的预算清单中特别注明并强调上述费用系当月即7月份之物价费用,要求上海监狱从速拨款,以免下月物价继续上涨而不敷开支[①]。

如上所述,在上海女监之内,在人犯入监后,即被强制接受一串数字代码、一套具有辨识意涵的囚衣,似在时刻提醒人犯自己身份的定位和转化。囚衣对于人犯而言,不仅是具有护身保暖等具体的实际用途,更重要的是,它亦是权力规训的具象。而监狱机构正是透过这种编号、囚衣等带有强制性的具象物件,将监狱内的各类人等界定清楚,并予以明确的定位,既取代了人犯原有的社会性格,消灭了其个人特色,让其彻底融入监狱化、单元化、均质化的氛围之中。

同时,亦凸显出监犯在监狱阶级中默默无名的地位,并在"被囚禁者身上造成一种有意识的和持续的可见状态,从而确保权力自动地发挥作用,也因此让被囚禁者持续处于被看的状态下,同时产生权力的持续效应"[②]。国家权力即借助于这种符码和象征物,渗透进人犯的日常,规制着其行为模式,实现了对人犯身体的掌控。权力亦借助于此,在监狱这一特殊情境场域中创造出另一种类型的社会和秩序,制造出另一种特殊身份的监狱化的人。当人犯明确知道自己的身份并对之做出相应的回应时,她的身体在无形中已经转换成为权力和监狱机制所支配的载体。

第二节 以食为天:女犯的日常餐饮

女犯们羁押于监内,除了穿衣之外,其日常的餐饮亦是至关重要的问题。监内饭食的优劣、分量的多寡、能否准时发放等,不仅事关人犯基本的生存所需,亦事关人犯的身体健康,甚而攸关人犯性命,同时亦是监狱方面对人犯进行奖惩规制的策略和手段之一,可谓监内的头等大事。

司法行政部对监犯囚粮问题非常重视,多次下发训令,要求各监所对人

[①] 《上海监狱分监各项文件》,上海档案馆档案,档号:Q177-1-158。
[②] 林正升:《从Foucault规训观点分析一所台湾监狱场域的运作》,中正大学犯罪防治研究所硕士论文,2006年。

犯所需的"粮食菜蔬,应即按照当地市价,核实备办发给,纵使犯人尽量食饱,毋任饥饿,并由该院严密稽核其开支,是否实在,不得借口节余,任意折减,以杜流弊,而重给养"①。此外,由于监内人犯囚粮经费有一定的额度限制,而监内女犯每天都有进有出,变动不居,多寡不定。因而上海女监对于在押女犯的日常餐饮必须进行精确的计划和管制,方能在恪遵部令的情况下,保障人犯的囚粮供应。

上海地处南方生产稻米的区域,对设置于上海的江苏第二监狱分监而言,该监内羁押的人犯亦多为南方人,所以其监内人犯每天的餐饭,一日三餐,两干一稀,基本上都是大米饭。除了稻米,其他诸如水果、肉蛋奶之类的副食,只能是可想而不可得。因而监内人犯大多营养不足,极易罹患脚气等营养缺乏所致的疾病。

具体而言,该分监女犯们的每日三餐,"早7时余发给稀饭一次,将近10时至12时发给干饭一次,下午3时余至5时发给干饭或稀饭一次(干饭或稀饭由犯人自择)"②。另据分监医士侯光迪的记载,该分监女犯日常饮食如下:"早餐,每人食粥一大碗;午餐,面或麦二成、米四成、赤豆一成、菜蔬一成、油盐适度;晚餐,米八成、绿豆一成、菜蔬一成、葱半成、油盐适度;女犯除国庆等节日外平常并无肉类之供给,食米以糙黑而非光洁者为佳,每人每餐磅重二十四两,茶水在餐后分给,日给计三次。"③

每名囚犯每餐的饭量最初是额定发放十二两,之后又增至二十两。但对于饭量较大、消化能力强的囚犯,额定饭量不足以饱腹时,可酌情加量发给,最多给至三十两。对于因患病或食量较小的囚犯,亦可酌量少予饭食,但是均须保障人犯饱食为限④。每次发放囚饭时,先由调拨在炊场服务的囚犯往每层楼的监房内向囚犯散发木筹,以根据人犯数量统计发放囚饭的数量。在收木筹时,向人犯询问欲食饭量的多寡及干饭或稀饭,然后到炊场按份取饭到监发放。

在炊场发饭时,"有女犯一人专司其事,旁置小磅秤一具,以旧秤重二十两之饭为每一全份(合新秤24两),每全份皆置秤上称准分量,其食半份者

---

① 《上海江苏第二监狱分监官规、处务(整顿监务)》,上海档案馆档案,档号:Q177-5-298。
② 《江苏高等法院第二分院关于监所监禁戒护劳役程时韶等查分监簿册报告及部令公布制定监犯外役规则等》,上海档案馆档案,档号:Q181-1-870。
③ 《上海第一特区地方法院看守所之卫生医务状况》,《警声月刊》1939年第1卷第2期,第8—9页。
④ 《上海江苏第二监狱分监监所卫生事项》,上海档案馆档案,档号:Q177-5-54;《江苏高等法院第二分院关于两院处务情形调查报告等事项》,上海档案馆档案,档号:Q181-1-1173。

为十两,则去其半,食加饭者,为三十两,则增其半。尚有一人专司菜蔬,饭称毕,盛入铅罐内,司菜蔬人即每罐加菜两勺,菜系青菜豆腐等类,带汤,晚间发放稀饭,则用大铅桶携至各楼,在各监房问各犯欲食多寡,按份照发,多则两大勺,少则一大勺余,稀饭甚厚,两大勺稀饭在罐内容积,较全份干饭约多四分之一强,亦有与干饭相同之菜蔬,每房发给一罐"。监内早餐米粥,比晚餐稀饭要稍稀薄一些,不过,早餐时监方不发蔬菜,各犯多自备咸菜佐餐[①]。

该监发饭时利用磅秤衡其重量,以确保人犯囚食的精确,防止滋生弊端。其实,通过标准器具对人犯囚食进行规范和衡量,在传统时代的监牢中,亦有先例。如赵舒翘在《提牢备考》中曾有记载[②]。通过这种衡制囚食的方法,在一定程度上可以保障人犯食粮按照额定的标准发放,防止出现滥行克扣囚粮的恶行。同时,亦可以实现对于监内囚粮的精确管制,以防止短缺或残饭剩余,保证囚粮的合理使用。

此外,该分监煮制囚食所用的稻米,亦并非纯机制的精细白米,一般多选用粗加工的糙米。机制的精细白米,要经过多次碾制研磨,稻米所含的重要营养成分尤其是维生素等会大量流失。对于上海普通市民而言,多喜选用机制白米,较为可口,而不喜欢糙米,即使是价格便宜,亦不愿选购。米店职员曾言"这种糙米红黄夹杂,不堪下咽,连黄包车夫也弗要吃,哪能卖得出去啊"[③]。这种机制米虽然营养元素流失较多,但是普通市民可以通过其他食品进行补充,倒也无妨。但是分监内的女犯们是另外一种情形,她们的日常食谱较为单一,除了主食稻米之外,其他食物来源较少,若选用机制白米,很容易导致人犯因维生素等营养成分摄入不足而引发疾病,于人犯健康不利,所以选用此种糙米较为适宜。

该分监选购囚米时,多依据市场行情以及品相等进行选择。此外,在实际煮制时,还须在糙米中掺加诸如小麦、赤豆甚或是麦麸等添加物。这些添加物一般占囚食总量的百分之二左右,加入上述物品同样是出于预防人犯罹患脚气病等方面的考量。这种糙米虽然比机制米的营养元素含量高,但由于此种米外面尚有未被碾掉的红皮谷皮,在煮制时,较为费时,所制成之饭,多呈红色,估计会在一定程度上影响人犯的食欲吧。在人犯饮水方面,该分监规定,冬春季节每天向各犯发放两次,夏秋是三次,患病人犯不受此限,有需要即可给予,人犯所饮之水均为开水,用壶装,以示卫生。

---

① 《江苏高等法院第二分院关于监所监禁戒护劳役程时韶等查分监簿册报告及部令公布制定监犯外役规则等》,上海档案馆档案,档号:Q181－1－870。
② 赵舒翘著,张秀夫点校:《提牢备考译注》,北京:法律出版社,1997年,第175页。
③ 马军:《国民党政权在沪粮政的演变及后果》,上海:上海古籍出版社,2006年,第133页。

如上所述，分监女犯除了食用一日三餐的糙米饭之外，每天还有一定量的菜蔬供给，每犯每餐大致为四两。其实，在该分监初建之时，在人犯菜蔬方面，基本上沿用工部局管理时期的旧例，在烧制囚饭时，将油盐菜等一起放入大锅内煮制，令人犯分食，并无单独发给蔬菜情事。1930年9月份，分监长谢福慈以此种方法"殊非矜恤狱囚之道"。事实上，亦确实如此，将新鲜菜蔬放在米饭内烧煮，一锅乱炖，很容易破坏掉蔬菜的营养成分，对人犯健康确系不利。

为此，谢福慈呈请高二分院许可，对于人犯所食菜蔬，决定另行烹制，以示体恤①。1932年3月，为预防监内发生青腿牙疳等病症，司法行政部训令各监所须向人犯提供各种应时新鲜菜蔬，以补充人犯所需的营养。随后该分监即遵令对监内人犯菜蔬进行调整，根据季节选用时令新鲜蔬菜，轮流换用不同种类，用油盐适度烹煮，选派一名女犯专司菜蔬烹制及发放事项，按每犯每餐四两的标准给予人犯食用。而对于食量较大的人犯，若认为额定蔬菜量不足食用时，可在适当范围内予以酌加，或准其自费购买若干小菜食用。此外，对于监内的患病人犯，若不能正常进食，即另外单独给予肉类及其他营养品等特别给养，监内"并另设一特别给养处，如有患病囚徒而思食规定以外之食品者，只须经监医许可，即由该给养处照发"②。而具体给予各种食物，则由监内医士审查确定，即可开单具报采购，每犯每周二次，每次每人食物以价值洋一角为限③。

上海地区其他监所女犯囚食状况与该分监互有异同，如在上海法租界第二特区监狱署，该监女犯每日亦吃饭三次，第一次早饭时间在每日上午5时半，发放米粥，第二次午饭时间在下午九点钟，第三次晚饭是在下午三点钟，午饭、晚饭吃干饭，每犯每餐有饭一小铅桶，饭量与江苏第二监狱分监相同，另配发素菜二色，除了由监狱方面按时发饭以外，其他时间内，监犯不准私自购买其他食物加餐，另外吃过中饭和晚饭后，人犯按照规定须在空场上排队轮流散步三十分钟。

而在华界漕河泾的江苏第二监狱内，该监女犯每天只能吃两顿饭，第一次在上午6时，第二次在下午1时，每餐有饭一小桶（容量和前面两监相同），另有青菜豆腐一小盘。这些女犯倒是可以自己买菜，每月可以开账一次，犯人里面有带小孩子的，这小孩的饭食，一般均由该监典狱长贴发。吃

---

① 《上海江苏第二监狱分监整顿监务》，上海档案馆档案，档号：Q177-5-64。
② 《改良监狱声中，第一特区女监参观记录》，《申报》1933年5月21日。
③ 《上海江苏第二监狱关于司法行政部、上海高等法院第二分院派员视察监所报告》，上海档案馆档案，档号：Q177-5-211。

饭的时候，犯人可以任意挑选粥或饭，不过不得兼吃。据有参观者所见，该监在女犯管理方面较为松懈，"犯人的行动，非常自由，监房在白天并不下锁，犯人可以任意来往，高声谈话，狱卒与犯人，相处和家里人一样"。该监女犯吃饭时，发饭挑水等都由犯人自己动手，"当进餐时，喧哗哄笑的声音，不绝于耳"①，"她们的菜，也看不见，只见稀薄如菜汤模样的向饭上倒"②。

　　江苏第二监狱分监对于人犯囚食的供应有一个逐步调整的过程。在该监组建之初，一度未曾启用监内的炊场，而是沿用以往惯例，实行包饭制。也就是将人犯的囚食承包给一个名为杨袁氏的人负责烹煮供应，每日一粥两饭，虽有米价上涨，但尚能维持供应。及至1930年8月份，杨袁氏病故，在未曾知会并获得分监许可的情况下，将该监囚饭的承包权私自转予戎黄氏接手。而戎黄氏接手后，每天改购低劣的机制洋籼米煮制囚饭，此种大米因粘腻不易消化且缺乏维生素等营养成分，致使人犯食用之后，患腹胀、脚气等病症增多。

　　虽在饭内亦添加豆麦等物，亦无明显效果，该分监屡次告知承包人更换稻米，但戎黄氏声称洋籼米并无毒质，而不肯更换。双方僵持不下，反而由监犯承受苦果，因食用戎黄氏的洋籼米所制囚粮，该分监是年9、10两月之内患病人犯数量均较以前各月增多。因此事与人犯生命健康关系至重，为此，1930年11月，该分监决定终止戎黄氏的承包权，按照其他监所成例，由分监自行采购适宜卫生的稻米在监内自制囚食。由该监雇佣男工一人，专司采购菜蔬等事项，另选适宜的女犯在监内炊场煮制饭食，并调派炊场看守负责监督管理③。至1931年4月份，高二分院又训令称"该分监纯系女犯，炊事为其所长，所有人犯口粮极应选犯自炊，毋再雇人包办，以重劳役而省工资"④。接令之后，该分监即不再另行雇人采办食菜，监内囚食全部由监所自行采购并选犯自行炊制，以符法令，并撙节经费。

　　该分监煮制囚食的炊场，相比较为简陋，仅有泥灶一座，大饭锅三只，其中一锅用来炊制菜蔬，另外两锅用来煮制米饭，因人犯较多，经常是前锅饭熟，再继续煮制第二锅。该分监制作囚食所用的燃料均为木柴、煤炭。该监囚食每天须按时发放，且因灶小，所用糙米又不易煮熟，较为费时，所以对燃料燃烧的火力和硬度要求较高。为此，该监在选用煤炭燃料方面，一贯选用

---

① 徐蕙芳、刘清於：《上海女性犯的社会分析》，《大陆杂志》1932年第1卷第4期，1—23页。
② 王静香：《江苏第二监狱女监印象记：印象之四》，《新女性》1935年第2期，第124—125页。
③ 《上海江苏第二监狱分监整顿监务》，上海档案馆档案，档号：Q177-5-64。
④ 《上海江苏第二监狱分监监所卫生事项》，上海档案馆档案，档号：Q177-5-75。

品质较优之头号适中烟煤,以确保饭熟且能准时供应人犯食用,"每日用量——冬季每日约须用四百斤左右,其余三季每日需用三百斤左右"①。该监炊场虽形粗陋,但是亦甚为注意炊场卫生,炊场门窗均装置蒙纱,以防蚊蝇,食材亦用纱罩储藏,并在倾倒污水处,喷洒臭药水,经常疏通,以保持炊场的清洁。

在囚粮经费方面,江苏第二监狱分监对于人犯囚食有明确的定额,每名人犯每日三餐额定预算经费为一角二分。但实际人均支出可能因各种原因与额定预算或多或少有所差距,而且每个月的人犯囚粮定额亦有所调整。据现有资料显示,自1930年7月份至1933年6月份,该监月均囚粮定额为612元;1933年7月至1934年6月,每月定额为1 044元,1934年7月至1935年6月份,又调整为1 242元。

囚粮每月定额之所以经常调整,原因就在于,该分监每天人犯流动频繁。在监人犯变动不居,有时在监实际人数过多,致使囚粮实际开支远远超过额定数量,为弥补这种差额,不得不根据实际情形调整囚粮开支额度。如1931年7—9月份,三个月之内,该分监人犯实际囚粮份数合计为28 040份,按人均每日一角二分计算,共计实际支出金额为3 365.64元。而当时每月的额定囚粮款仅为612元,三个月共计额定预算款为1 836元,如此一来,实际开支要比额定预算超支1 529.64元②。这笔逾额款,对于经费有限的分监来说,不是一笔小数目,该监无法垫补,只能请求高二分院拨款以资救济。

该分监对于每月的囚粮用款均有明确的计划,须将每月的囚粮采购详情、开支详情以及每日的囚粮份数、所需钱数等项详细登载,以凭查核。通过这些账目,大致可以了解该分监每月囚粮用费的实际情形,如1933年8月份,该监所实际支出囚米、菜蔬以及燃料等项共计洋920.86元。

详单如下:"实用籼米15 648斤,合一百石三斗零八合,平均单价五元九角五分半弱,值洋597.3元;本月实用赤豆217斤,平均每百斤价洋5.34元,值洋11.69元;本月实用蚕豆267斤,平均每百斤价洋3.43元,值洋9.15元;本月实用菜豆309斤,平均每百斤价洋5元,值洋15.45元;本月实用轧麦149斤半,每百斤价洋4元,值洋5.98元;本月实用烟煤9 489磅,合四吨又十分之三弱,单价17元,值洋73.2元;本月实用木柴218个,每元18个,每个平均五分五厘五,值洋12.11元;本月实用豆油197斤半,平均每百斤16.66元强,值洋32.92元;本月实用官盐218斤半,每百斤平均价洋7.977

---

① 《上海江苏第二监狱分监会计、支出计算月报》,上海档案馆档案,档号:Q177-5-371。
② 《上海江苏第二监狱分监囚粮》,上海档案馆档案,档号:Q177-5-156。

元,值洋 17.43 元;本月实用精盐 62 包,每百包平均价洋 6.67 元,值洋 4.14 元;本月实用豆腐四板,每板价洋三角八分半,值洋 1.54 元;本月实用蚕豆 805 斤,平均每百斤价洋 1.78 元,值洋 14.3 元;本月实用茄子 553 斤,平均每百斤价洋 1.48 元,值洋 8.2 元;本月实用冬瓜 2 055 斤,平均每百斤价洋八角四分四厘,值洋 17.34 元;本月实用绿豆芽 88 斤,平均每百斤价洋 2.22 元,值洋 2 元;本月实用青菜 1 232 斤,平均每百斤价洋一元八角八分半,值洋 23.23 元;本月实用雪里蕻菜 519 斤,平均每百斤价洋 4.416 元,值洋 22.92 元;本月实用济善医院代办囚粮 433 份,每元一角二分,值洋 51.96 元。"

上述各项用费 920.86 元中亦含有分监附设的民事管收所囚粮款 128.24 元。也就是说该分监及看守所实际支出囚粮金额仅为 792.62 元,是月该监所囚粮份数为 13 605 份,每日人均实际囚粮金额仅为洋五分八厘左右。按照该月额定 1 044 元的囚粮经费,该分监于是月尚能节余洋 251.38 元①。就该月的囚粮实际支出情形来看,人均每月的囚粮钱数仅为五分八厘左右,相比部定的人均每日额定经费一角二分的标准缩减一倍左右,估计可能会存在克扣囚粮等舞弊情事。

抗战之后组建的上海监狱第一分监,在设立之初,因监内仅有四层楼房一座,空间狭小,并无专用炊场之场所与设备,设施不足,人犯亦相对较少,故暂时并未自行办理囚食事项,而是由上海监狱兼为办理。每日在上海监狱炊场将囚食做好,选派男犯往返送饭,"女犯们每天吃两顿,上午是赤豆饭,下午是高粱粥"。由于这些餐饭营养很差,这些女犯们"大都面黄肌瘦"②。嗣后上海监狱方面以男犯一日数次往返女监,深感不便,遂于 1946 年 5 月决定不再兼办该分监囚食,而由女监自行办理,该分监遂从是年 5 月 1 日起开始自办囚食,选派看守赵取义负责炊场的监督和管理,另选派四名女犯到炊场负责炊煮囚食③。

为开办炊场,该分监呈请上海监狱转呈上海高院拨发专项经费一百万元用于购置用具④。炊场开办后,随着人犯日增,其各项用品亦损耗严重,该分监由于经费不足,不得不多次呈请上海监狱拨发经费,以资添补相关用品。如 1947 年 5 月 24 日,分监呈报上海监狱请予以拨发国币六百四十七万三千元,用于添置女犯所需的饭罐、铁桶、炊具等物。后奉司法行政部指令,以该部无款可资拨发,指令分监先行垫款购置,分监无奈只得自行筹措

---

① 《上海江苏第二监狱分监囚粮用款四柱清册》,上海档案馆档案,档号: Q177-5-284。
② 夏丁彬:《女监参观记》,《前线日报》1946 年 1 月 23 日。
③ 《上海监狱狱务日记》,上海档案馆档案,档号: Q177-1-666。
④ 《上海监狱第一分监文卷呈送本监建筑图样事件》,上海档案馆档案,档号: Q177-1-93。

二百五十一万三千元，用于添置物品，暂资应用①。为加强对炊场的管理，以防滋生弊端，该分监于1948年7月遵照部令，令该监科员以下全部看守轮流前往炊场值勤督导，每次在炊场服务时间以一月为限，并将轮值名册呈部备核②。

上海监狱第一分监人犯的囚食，同样也是以稻米为主食。在监人犯每日两餐，大致上午10时许一餐，下午4时许一餐，有时是"一日二顿，早上8时一次，及下午2时一次"。人犯每餐主食分量依照部颁《稽核监所囚粮办法》之规定，每日以给予干米二十两为限，每餐各为十两，依照一两干米可煮成二两四钱熟饭的标准，每名人犯每餐大致可得到二十四两左右的熟米干饭，以使人犯饱食为度。

抗战胜利之后，时局日趋动荡，沪埠市场米粮来源渐稀，囚粮的采购也日趋艰难。该分监所用的囚粮亦多种类庞杂，如有蚌埠籼、白粳、缅米、暹罗米、美黄米等数种米粮，甚或因米粮供应不足，一度大量配售碎米以充囚食。如1947年6月28日，上海高院配发该分监囚米28石，其中碎米19石，整米仅9石，是年7月3日、10月13日，又分别获得碎米2 945斤、4 030斤③。此种碎米颗粒较小，无甚胀性，且蒸煮不易成熟，以致囚饭夹生较多，不仅有碍人犯身体健康，而且易引起囚犯哄闹。为此，1947年11月，经上海监狱与上海民食调配委员会交涉，决定此后将减少碎米配售数量，按照"整米四分之三，碎米四分之一"的比例进行混合配发④。

人犯的副食方面，每人每日大致发放油一钱、盐三钱、新鲜菜蔬八市两及咸菜四市两，每日另给开水两次，每次一磅⑤。为弥补监内由于经费缺乏而致使人犯囚食供给不足的困扰，该分监特别允许并逐步增加人犯家属前来接见或递送饭菜的次数，而且该分监还利用监内诸如慈惠费等专款，为人犯购买食品以补充给养。如1947年12月20日，拨发慈惠费十万元为人犯加菜⑥。此外，该分监甚至曾于1948年4月30日，拨款五十万元，购买小鸡仔二十只在监内喂养，俟其长大后亦作为人犯福利之用⑦。

---

① 《上海监狱分监各项文件》，上海档案馆档案，档号：Q177－1－158。
② 《上海监狱一分监煤气、囚粮（内有外文）》，上海档案馆档案，档号：Q177－1－729。
③ 《上海监狱狱务日记》，上海档案馆档案，档号：Q177－1－447；《上海监狱狱务日记》，上海档案馆档案，档号：Q177－1－453。
④ 《上海监狱囚粮购置》，上海档案馆档案，档号：Q177－1－170。
⑤ 《上海监狱重要法令》，上海档案馆档案，档号：Q177－1－553；《上海监狱一分监视察报告等》，上海档案馆档案，档号：177－1－755。
⑥ 《上海监狱狱务日记》，上海档案馆档案，档号：Q177－1－453。
⑦ 《上海监狱狱务日记》，上海档案馆档案，档号：Q177－1－452。

除了日常性的给养补助外,在每逢如端午节、中秋节、新年元旦等重要节庆日时,"失去自由的人,是容易触景生情的,她们有着每逢佳节倍思亲的感觉,在她们的心绪上,感到分外的悲伤与凄凉"。在这些特殊的日子里,监狱方面为避免她们哭哭啼啼思家起见,通常亦会通过募捐、集资等方式,为人犯购买食物、营养品,增添些小菜,作为人犯特别福利给养,令人犯分食,"使这些失去自由的人们,可以得到一些精神上的安慰"①。

如1946年6月份,恰逢旧历端阳节,分监长向何小姐、阿福、韩先生等人劝募国币五万元:购买猪肉十五斤,三万元;咸蛋十三只,二千六百元;酱油两斤,八百八十元;粽子七十七只,七千七百元;猪油七斤,八千八百二十元,以补充监犯副食②。此外,在囚食方面,除了上述家属送菜、监方给予适当福利补助之外,该监人犯还可以利用自己在监内积存赏与金或者家属给予的钱款,委托监内职员代为购买食品。如1946年10月19日,监犯张秀英支款4 080元,购买青葡萄干及大头菜食用③。

在人犯所需囚粮经费方面,上海监狱第一分监在统计方面更为规范和详细,将囚粮经费划分为主食费及副食费两大类,分别进行登载统计。主食费即每日、每月监内人犯开支米粮的费用,副食费除了开支人犯必须的油、盐、菜等项外,亦负担监内人犯所用的煤气、自来水等费用。

抗战胜利之后,全国时局动荡,沪埠亦深受影响,囚犯所需的米粮、菜蔬、油盐等各项费用之价格波动不止,甚而一日数变,特别是价格持续上涨的趋势尤为明显,这就为该分监主食及副食费用的开支带来沉重的压力。以致该监时常处于入不敷出的境地,只能向上海监狱、上海高院请求拨借款项,以资救济。如1946年7月8日,该分监因人犯增多,开支不继,向上海高院借来囚人副食费五十万元,以应急需。至是年8月1日,又因钱款缺乏,再次向高院借到副食费五十万④。不过,如若司法行政部能及时下拨人犯费用的话,那么该分监在主副食费开支方面将会较为宽松,甚或有所结余。

至于该监人犯具体的主副食开支状况,多随着该监人数以及物价的涨落而波动。具体来说,如1947年8月1日,当日该监实有人犯221口,当日共支出人犯主食计米278斤12两,副食方面,支出盐4斤2两9钱,油1斤6两3钱,菜55斤12两。是年8月12日,分监实有人犯223口,支出主食计米281斤4两,副食支出盐4斤3两5钱,油1斤6两5钱,菜蔬56

---

① 《关闭女人的堡垒——上海提篮桥女监记》,《大公报》1948年10月3日。
② 《上海监狱狱务日记》,上海档案馆档案,档号:Q177-1-666。
③ 《上海监狱一分监人物购物登记簿》,上海档案馆档案,档号:Q177-1-702。
④ 《上海监狱第一分监文卷呈送本监建筑图样事件》,上海档案馆档案,档号:Q177-1-93。

斤4两①。当月以31天计算,在这一月份内,该分监共实支囚口粮6 925份,共食米5 899斤,折合37石8斗1升4合1勺,每日每犯合洋1 100.837 7元,共计食米金额即主食费开支为7 623 301.296元。副食费方面,该月份实支囚粮6 925份,每日每犯副食合计为650.633 2元,合计本月份副食费公支出4 505 635元,详数如下:油30斤12两,计172 200元;盐107斤8两,计53 295元;煤气884度,计3 505 140元;菜1 550斤,计775 000元。

因本月份由上海监狱拨发主食费一千二百万元,副食费六百万元,所以该分监本月份囚粮主食费、副食费除去实际开支之外,尚能有所盈余,合计主食费结存6 790 055.658元、副食费结存2 643 129.11元②。该月份主副食尚能有所存余,实属不易。不过,并非每个月份都能如此幸运地结存部分款项。事实上,从总体上来看,该分监囚人主食费、副食费经常是处于入不敷出的境地。在其存续期间,向上海监狱、上海高院及司法行政请求借款、催促拨发或者追加主副食费款项,几乎已是该监一种常态化的行为。否则,该监人犯的日常给养将难以为继,迫使该分监不得不采取诸如准许家属送菜或者向社会求助等各种途径和方式,以资补救人犯的给养。

上海监狱第一分监是在原工部局提篮桥西人监的基础上组建而成,其监内各项设施相比战前江苏第二监狱分监时期要好一些。在该监的炊场方面,主要是采用煤气作为燃料,该分监所用煤气火表11997号,原定每月限量为280度。分监从自办炊场后,因人犯日增,煤气消耗量亦大为增加,屡屡超过该账号的限额。自办理炊场之后的1946年5月份,即消耗煤气350度,超出限额70度,6月份达到572度,超额292度之多。因该分监煤气屡屡超额,以致人犯副食费亦难以为继,面对此种窘境,该分监设法应对,后经上海市公用局与上海煤气公司协商,同意将从上海监狱借来的11996号火表与原分监火表账号两表限额归并。

此后,该分监11997号火表内每月即有901度的限额,每月煤气用量均大幅持续超支的现状得到一定程度的改善。此外,由于时局动荡,沪埠燃料问题亦日益紧张,为防止因煤气中断,出现人犯无饭可食的状况,该分监还多次与经济部上海燃料配给处、上海区燃料管理委员会进行联系,请其配给煤炭以备急需以及日常人犯所用③。该监甚至于1948年11月特拨专款二百元,购买存储部分柴薪,以防止燃料困乏,以备不时之需④。

---

① 《上海监狱一分监疾病死亡人数及口粮物品》,上海档案馆档案,档号:Q177-1-712。
② 《上海监狱一分监训令等》,上海档案馆档案,档号:Q177-1-711。
③ 《上海监狱一分监煤气、囚粮(内有外文)》,上海档案馆档案,档号:Q177-1-729。
④ 《上海监狱狱务会议记录》,上海档案馆档案,档号:Q177-1-689。

该分监炊煮囚食,自然少不了用水,而且人犯日常亦须饮水解渴,所以除了煤气外,该分监还需面对如何处理囚犯用水的问题。该分监所用的水,来自上海自来水公司供应的自来水,但该监却没有自己的单独的水表账户,而是和上海高等法院看守所共用一个水表,两处每月用水量各不相同,致使水费分配颇难公允,甚为麻烦。为此,1947年4月份,该分监曾与上海自来水公司联系试图自行装置单独水表,但据自来水公司估计若单独装置水表各项费用开支将需1 656 000元,分监无力负担,只得作罢。继续与高院看守所共用水表,不过两者就每月用水比例大致商定为分监占每月总用水量的百分之二十[1]。

对于监内人犯用水量,该分监最初估计以每人份囚粮所需用水量在20加仑计算,水费的开支,分监拟定以15加仑在人犯囚粮副食费项下开支,其余5加仑在该监囚人用费项下列报。但司法行政部经审核后认为人犯每份囚粮需用水量20加仑未免过多,遂饬令分监再行估算。此后,该分监遂遵照部令,将每份囚粮用水量进行核减,以每份15加仑计算,在囚粮副食费项下开支[2]。

该分监每月囚犯实际水量大致占到全监用水总量的一半,随着人犯数量的变动而有所变化。该分监囚犯每月用水费用亦是一笔不小的开支,有时在囚犯副食费项下无法拨款时,该分监只能从慈惠费等其他费用上筹措支付。及至1949年5月初,该分监还曾计划筹措经费,并征用上海监狱男犯,拟在监内自行开掘水井一口,以备监内用水之需[3]。

第三节 空间管理:女犯的监禁及居住状况

民国时期监狱内拘禁人犯,通常而言,大致分为独居制及分类杂居制两种。在江苏第二监狱分监时期,由于该监地域窄狭,监房无多,人犯又时常超过定额,出于充分利用监舍起见,该分监羁押人犯均采用杂居制。全监含附设的看守所在内,所有监舍系四层楼房一座,共有杂居监房29间。第一层四间,第二层八间,第三层八间,第四层九间,各监房内均为水泥地板,且

---

[1] 《上海监狱一分监煤气、囚粮(内有外文)》,上海档案馆档案,档号:Q177-1-729。
[2] 《上海监狱囚粮主付食费报告表》,上海档案馆档案,档号:Q177-1-286;《上海监狱一分监训令、指令等》,上海档案馆档案,档号:Q177-1-713。
[3] 《上海监狱狱务会议记录》,上海档案馆档案,档号:Q177-1-690。

大小不一。每间监舍羁押人数，随该监收押人犯总数的增长而变化，如1932年6月份，该监在押人犯246口，监房较大者羁押人犯八九口，小者现押人犯五六口①。至1933年3月份，该分监人犯增至370余口之多，各杂居房容犯多达十二三口，颇形拥挤②。

监舍内一般陈设较为简单，在每个监舍，也就是囚犯所通称的"笼子"里面，除床铺之外，几乎别无长物。而这些床铺，半属木板架成的单铺，但也有部分高铺。监房较大者，置木板床三张，小者置木板床二张。因监舍空间狭小，高铺原本无多，小房间一般放置两三张高铺，大房间则三四铺。床铺大小又不一，通常大者每床卧三口，小者卧两口。但因该分监人犯过多，拥挤不堪，时有无处容纳之虞，甚而有时将各监舍"原有单铺并合成方，且不足供人犯之安睡"③。

因监舍床铺不敷分配应用，很多人犯只能在地板上席地而卧，权且安身。每间监舍的板铺上，没有帐子，"上面铺着一律的灰绒毯，裹边的被头单被，是何质料，是何颜色，都被蒙住了，无从看到，大概每张铺位，至少要睡三个或四个女犯，犯人拥挤的时期，也许要睡六七个或者七八个人，除板铺以外，没有一件杂物"④。此外，该分监羁押人犯的分布，一般而言，刑期较长或无期徒刑人犯，多关押在顶层。"刑期愈长，所居愈高"，"本监囚犯二三年以上之刑期均禁于四层楼，二、三层楼均禁一月至一年以上之刑期囚犯，下层羁押未决人犯，向已如此分配"⑤。1931年谋杀庶母案女犯张文卿，被处无期徒刑，即羁押于该监最上层⑥。

对于施行杂居制的监所，对人犯分类关押颇为重要。虽然司法行政部在《监狱规则》等法令中屡次强调，各监所杂居人犯须斟酌其"罪质、年龄、犯数、性格及职业身份等使之隔离——以防止罪恶之传播"⑦。但事实上，该分监由于羁押人犯过多，"分配因房尚未注意及此"⑧。一度并未切实将人犯分类监禁，"同一监房刑期有高至十五年或无期徒刑，及低至徒刑几月者，各犯犯罪性质在同一监房内，有犯掳赎者，有犯略诱者，有犯轻微伤害及

---

① 《江苏省高等法院第二分院关于视察监所及设备改良之报告》，上海档案馆档案，档号：Q181-1-821。
② 《江苏高等法院第二分院关于整顿监务的文件》，上海档案馆档案，档号：Q181-1-840。
③ 《上海江苏第二监狱分监改良设备》，上海档案馆档案，档号：Q177-5-108。
④ 露薇：《特一区女看守所参观记》，《上海妇女（上海1938）》1938第1卷第4期，第5—6页。
⑤ 《江苏省高等法院第二分院关于视察监所及设备改良之报告》，上海档案馆档案，档号：Q181-1-821。
⑥ 《公共租界女监参观记》，《申报》1931年6月15日。
⑦ 薛梅卿：《中国监狱史》，第274页。
⑧ 《上海江苏第二监狱分监都院派员视察监所事项》，上海档案馆档案，档号：Q177-5-146。

鸦片者"①。分监此种人犯羁押混乱的状况,不但与部定规章不合,且对于人犯的管理和教化亦极为不利,为此,高二分院亦多次饬令分监予以整改②。

对于高二分院的指令,该分监虽也力图整改,但囿于监所房舍有限,而人犯过多,拥挤不堪,有时确实亦难完全按照部令规章及高二分院的要求予以分配监房。分监亦不得不向高二分院陈述困境,称监所"容犯早经超过定额,苦长期犯住房分配人数较少,则短期犯住房益形拥挤,办理实感困难"③。不过,在高二分院的屡屡督促下,该分监在有所余地的情况下,亦注意对监犯分配在可能的范围内予以一定的调整。如1932年12月,该分监将所押的人犯"按房数人数分别刑期长短,犯罪轻重重行分配,系自第四层楼一号监房起至楼下第29号监房止,其中就第二层楼划出三间专做病室,以一间为产犯室,其余平排四间设为戒烟所,已将病犯、烟犯分别迁入,以资隔离,而重卫生"④。

该分监监舍内的床铺,绝大多数系木板架成的单铺,仅有少量双层高铺。在人犯较少时,尚可敷用,但人犯过多,即告紧缺,以致不少人犯只能睡卧于地板之上,久卧地板,在夜间不免身受湿气。有人犯曾称在地板上过夜,"早起之时,身体觉不适宜"⑤,于人犯身体健康有损。因而,出于预防人犯患病起见,1932年5月份,高二分院亦令该分监设法添加床铺,对于人犯无处安睡的情状,时任分监长黄培汴亦认为有添设床铺之必要。

但是,就该分监的实际状况而言,因监舍空间狭小,人犯过多,若只添增常用的木板单铺,"则监房小者无处容置,大者虽能容置一二铺,但有碍于人犯起立行动,且仍不敷用",无法起到应有的效果。有鉴于此,黄培汴决定尽可能多的添置双层高铺,以缓解监内床铺紧张问题。事实上,就当时的情形而言,该分监决定多置双层高铺,无疑是较为明智的选择。若监内有足够数量的高铺,不但可以充分利用监舍空间,而且亦可容纳更多人犯睡卧,不仅便于人犯起立活动,亦甚舒适,其效果比单铺要更为明显⑥。

为此,1932年6月份,分监长黄培汴在其增设床铺的计划中,拟将该监现有板床49张及铺板73块,略添木料改造双层高铺50张,并拟再重新购置双叠铁床或木床50张,共计添设床铺100张。该分监并请朱庆记营造

---

① 《江苏高等法院第二分院关于整顿监务的文件》,上海档案馆档案,档号:Q181-1-904。
② 《上海江苏第二监狱分监都院派员视察监所事项》,上海档案馆档案,档号:Q177-5-146。
③ 《江苏省高等法院第二分院关于视察监所及设备改良之报告》,上海档案馆档案,档号:Q181-1-821。
④ 《上海江苏第二监狱分监整顿监房》,上海档案馆档案,档号:Q177-5-221。
⑤ 《上海江苏第二监狱分监都院派员视察监所事项》,上海档案馆档案,档号:Q177-5-146。
⑥ 《上海江苏第二监狱分监修缮及购置》,上海档案馆档案,档号:Q177-5-122。

厂、陆森泰水木作、吴堃记营造厂等就建造上述床铺予以估价,其中以吴堃记所报价格最为低廉。依据吴堃记的估价,分监将原有板床及铺板改造双层高铺50张,共计需洋375元。而新做双层木床50张,每张价洋15.3元,共计需洋765元,两项共计合洋1 140元。另外,据该营造厂估价,若新做双层铁床50张,每张需价洋18元,共计洋900元①。

对于上述报价,黄培汴认为既然双层铁床价格与双层木床价格相差无多,且考虑到"木床易于损坏,常需修理,所费更巨,铁床则可节省修理费,且免臭虱蛰藏,于人犯卫生获益匪浅",两相对比,添置双层铁床更为适宜。故而,最终决定除利用原有床板改造50张双层高铺外,另行新做双层铁床50张,此次添置床铺共需洋1 275元。至于所需费用之来源,因该分监原有的筹办费2 635元,于谢福慈、赵凤贤任内已经动支2 559.23元,黄培汴接任后又支用部分款项,此笔筹办费已经所剩无多,不足以支付此次添置床铺所需,故而,分监决定请高二分院另行拨款,俾便从速办理②。

对于分监添置床铺计划,因需费过巨,以致高二分院亦颇为踌躇,并令该院书记官前来分监进行"切实复勘",以凭核办。分院书记官沈澄经到分监调查后,在呈复高二分院的报告中称分监所拟添置床铺计划,实为急务。该监空间狭小,监房有限,"今改置双层床铺,以化一为二之方法,收事半功倍之效果,裨益人犯实非浅显"。并称分监所拟添置双层铁床,其价格与双层木床相差无多,且木床易藏臭虱,"亦系实情"。因而,该分监所请拨款添购床铺,"似属必要之图"③。

虽然该分监呈请拨款添置双层高铺极为必要,但是毕竟需费甚巨,囿于经费,高二分院最终决定只批准该分监暂行添置双层木床八张,分配于楼下四间监房,每间放置两张,原有木床49张,铺板73块,全数移至楼上各层监房。并令该分监将订购的八张床铺交由第二特区监狱监狱制造,以节省经费。所需费用可由该监开办费余款项下开支,若有不敷,再由每月预算经费内撙节垫补,无需另行请款。

1932年7月,八张双层木床制造完成,经高二分院书记官王翀验收后,即分配人犯应用④。以该分监人犯超额之多,此次定制八张高铺,确系不敷应

---

① 《上海江苏第二监狱分监修缮及购置》,上海档案馆档案,档号:Q177-5-122。
② 《上海江苏第二监狱分监修缮及购置》,上海档案馆档案,档号:Q177-5-122。
③ 《江苏省高等法院第二分院关于视察监所及设备改良之报告》,上海档案馆档案,档号:Q181-1-821。
④ 《江苏省高等法院第二分院关于视察监所及设备改良之报告》,上海档案馆档案,档号:Q181-1-821。

用,但实际条件所限,只能就现有之床铺酌情分配,尽力保障监犯之所需,"总以犯人不至感受潮湿为度"。1932年10月,该分监将二、三层楼各号舍的地板洗涤清洁,并将原放置于上述监舍之部分高铺移至一楼监舍,"以免楼下人犯缺少高铺者感受潮湿"①。后经配置,至是年12月份,分监所有的高铺"已按监房大小布置适宜,大间四铺,小间三铺,均一律照式列置,以资整洁"②。

该分监出于疏通监犯起见,曾于1933年7月在监所附近租赁民房一座,设置临时收容所,于是年8月1日正式启用,专用于收押违警及短期人犯。此临时收容所原本即系临时性质,最初拟办三个月,到期即予以撤销,后因人犯过多,无处容纳,迫于疏通监犯的压力和需要,后经呈请准予到期后接续办理,"有续办永久性质"。

羁押于该临时收容所的人犯,最初均系在号舍地板上席地而卧,为御寒,每两名人犯发给棉被一条。至1933年12月份,天气严寒,人犯躺卧于地板,棉被又不足御寒,"自非所宜"。故而高二分院指令分监可设置高铺,并增发棉被,令人犯保暖,但该分监原有之高铺本已不敷应用,自不能从分监向临时收容所移拨床铺。唯一之计,只能呈请从新购置,因制造需时,在高铺完工之前,该分监决定暂时向临时收容所人犯多发毛毯,作为垫被,俾免感受潮湿,亦可御寒。

对于临时收容添置床铺一事,江苏第二监狱分监初步拟购置双层木架高铺十张,预计可供40人之用。经招营造厂估价每张工料需费均在十元以上,价格较高。后该分监请特二监狱估价,十张高铺共需洋94.3元,报价较为低廉。故而分监决定由特二监狱代为制造,所需费用则拟在年度囚粮节余项下开支。对于特二监狱的报价,高二分院仍觉较高,即指令分监转告特二监狱重新核估价格或另行招工估价。分监接令后,向高二分院解释称此次添置床铺"尺码略微加大,合于供四人之用,故用料较多",但仍转函特二监狱重新估价。后经该监狱署核估,床铺价洋有所削减,估计每张需工料洋8.65元,添置十张,共计86.5元。经呈报高二分院允准,即由特二监狱署赶工制造,所需费用在分监囚粮节余项下开支。至1934年4月,制造完工,此次添置高铺共花费工料洋86.5元,外加运送费2元,共计86.5元,经高二分院派员验收之后,即分发临时看守所人犯使用③。

---

① 《上海江苏第二监狱关于司法行政部、上海高等法院第二分院派员视察监所报告》,上海档案馆档案,档号:Q177-5-211。
② 《上海江苏第二监狱分监整顿监房》,上海档案馆档案,档号:Q177-5-221。
③ 《上海江苏第二监狱分监官规、处务、整顿建设(修缮及购置)》,上海档案馆档案,档号:Q177-5-293。

1946年颁布的《监狱行刑法》对于人犯监禁,明确规定"刑期不满六个月者,因犯他罪在审理中者、恶性重大显有影响他人之虞者、曾受徒刑之执行者",应独居监禁。"刑期在十五年以上者,有犯罪之习惯者、对于其他受刑人显有不良之影响者、精神耗弱或身体衰弱者""受刑人之衰老疾病或残废不宜与他犯杂居者",上述情形之人犯应分别监禁之①。

虽然司法行政部对于各监所人犯如何监禁,定有明确法条,但是由于各监所实际情形千差万别,加以战后人犯拥挤,以致各监所羁押人犯未必都遵照部定法令实施。在战后的上海监狱第一分监,由于该监地域狭隘,监舍较少,全监仅有四层楼房一座,仅二楼部分房间及三楼房间可供羁押人犯之用,全部监舍共有16间,房少人犯多,无法实施监犯的独居监禁,只能采取杂居制。

由于该分监是在原提篮桥监狱外籍女犯监的基础上改制而来,所以上海监狱第一分监监舍内的设施要比江苏第二监狱分监监舍稍好一些。在各间监室均设有抽水马桶,监房内放置有日式榻榻米,普通房间一般有八人,共同睡在此类的地铺上。有时因人犯过多,亦会关押多至十一二人,每张榻榻米上均铺有草席或毛毯、褥子等类,供人犯睡卧御寒之用。

由于分监对于监舍卫生颇为注重,各个监舍内都收拾得相当整洁。"铺板之上只有毯和褥,室隅一圆桶,泥壁铁窗,如是而已","就卫生方面说,东西愈简单,愈容易收拾清楚,就人生哲学上说,身外之物愈少,种种烦恼愈少,囚犯们的这种环境,真是最好不过的悔过和自省之乐园"②。1947年9月份,上海高院奉部令转饬各监所须严加注意监房内人犯随身携带物品的整洁,若任意放置,凌乱不堪,殊属有碍观瞻及卫生。为此,要求各监所视其"监房或工场之大小,人犯之多寡,在每一监房或工场之内添置木柜一只,令人犯将日用物品随时收存柜内,以免零散"。随后,该分监即雇工估价添造木橱,放置各监房,令人犯放置私人物品③。

有时该分监由于人犯过多,监房内无处容纳,亦只能令人犯在监舍门外之走廊上暂且栖身。1948年初,该分监三楼走廊外玻璃破碎,导致每逢风雨之夜,躺卧于走廊上的女犯每每难以安眠。但是该监由于经费紧缺,一直拖延将近半年之久,于是年5月14日,方在狱务会议上决定从经临费项下暂且借垫,将破损玻璃予以修复④。

---

① 山东省劳改局编:《民国监狱法规选编》,第44页。
② 《上海监狱参观记》,《申报》1945年5月19日。
③ 《上海地方法院第三看守所监所法令》,上海档案馆档案,档号:Q177-3-529;《上海监狱狱务日记》,上海档案馆档案,档号:Q177-1-453。
④ 《上海监狱狱务会议记录》,上海档案馆档案,档号:Q177-1-689。

另外,依照司法行政部的规划,各监所对于羁押之人犯,若其刑期在一年以上者,"为促其改悔向上,适于社会生活,应分为数阶段以累进方法处遇之"①,并于1946年3月颁布了《行刑累进处遇条例》,饬令各监所实施。但实施此种累进处遇制度,需有充足的监房和足够的空间,对于此点,上海监狱第一分监很显然并不具备。该监建筑虽"尚称完备,惜号舍狭小,人犯拥挤不能分房,且无独居间,有碍实行累进处遇"②。故而,累进处遇制度在该分监并未得以切实实施,直到1948年3月12日,该分监在狱务会议上通过决议,决定在人犯因服上悬挂白色"V"字形标识,每进一级则增加一条,权且实行累进处遇③。

第四节 囹圄百态：女犯的众生相、奖惩及娱乐

在监狱这种典型的规训场域中,人犯入监后,言行举止,皆须受到规制和管控。其每天的生活轨迹基本上都是固定的,秩序且有规律,如同监狱机器上的一个零部件,机械、单一而又乏味。数百人犯,如何做到整齐划一,繁忙而不紊乱,除了以强有力的权力机制为后盾之外,时间表这一项古老的遗产,在这种监狱人犯的日常生活中,依然持续发挥着其重要的作用。

监狱管理者精确规定和划分时段,制定明确而又详细的时间表格。"规定节奏、安排活动、调节重复周期"④,并令人犯按表行事,通过精密的时间表的划分,时间亦成为惩罚的直接操作者,将人犯笼罩于其间,对其进行规训,培养其习惯,并对其肉体加以限制。监狱以此种规训方式和手段,渗透进人犯每天的日常之中,迫使原本散漫不羁的人犯进行改变和反省,令她们有正常的生活起居,从而养成有规律的生活习惯,专心致志,遵纪守法。

在江苏第二监狱分监中,每个人犯都要遵守规定的时间起居和作息,基本上每日均须于5时起身,之后洗漱、整理监房,倾倒洗涤痰盂等活动,6时早餐,11时午膳,下午4时晚膳,6时收封,8时熄灯就寝。除了病犯外,每名人犯还须做工,每日工作时间自早7时至下午5时,在此期间,还要进行必

---

① 山东省劳改局编：《民国监狱法规选编》,第45页。
② 《上海监狱一分监视察报告等》,上海档案馆档案,档号：Q177-1-755。
③ 《上海监狱狱务会议记录》,上海档案馆档案,档号：Q177-1-689。
④ 米歇尔·福柯著,刘北成译：《规训与惩罚》,第169页。

要的运动和教育、教诲活动①。

在时间表的规制下,上海监狱第一分监中的女犯们生活亦极有规律,人犯亦均须于每日5时起身(如若是冬季,则推迟在6时半起身),盥洗、洒扫、7时进工厂做工,下午5时半(冬季4时半)收封,各归监房。她们每天做工九小时,读书两小时,运动一小时,饭食每日两餐,上午10时,下午4时各一次②。如是规律的生活,不仅是监狱机制有序运作的保障,亦对人犯自我的身心健康有所裨益。

江苏第二监狱分监羁押的女犯们,"年龄大都在三十至四十之间,所犯案情,以烟案最多,约占百分之四十,其余妨害风化、窃盗等案,则约占百分之十以至十五、二十之间"③。刑期也长短不一,"有判五年的,有判十年的,有判十五年的,也有一个处无期徒刑的。犯人中年纪最大的是八十岁,最轻的只十五六岁,至于那些站立街头的野鸡,都给关在临时羁押室,今日出去了,明日又换上一批,因为人数太多了,许多野鸡便坐在地板上打盹"④。

这些女犯们在既定的条目清晰的时间架构下,每日除了例行的运动、接受教育教诲等活动之外,最重要的事项就是根据个人的具体状况,进行相应的劳作。凡是有手工技能或者有学习兴趣的,都可以做些手工,借以排遣她们被囚禁时内心的苦闷与无聊。监内一名谋杀案女犯张文卿,因被指控谋杀继母,判处无期徒刑。该犯之父曾任县令,系大家闺秀,工女红,善刺绣,她在狱中心无二用,终日埋首工作。因而在女监中所出品的刺绣成品以张女所绣者为最佳。与张文卿同押舍的女犯是屠美琳,她是曾名闻沪上舞界的交际花,因盗窃其二房东的首饰财物,判处徒刑一年。该犯入监后,原本娟秀的姿容,已不复往日,颇显憔悴,她在监内每日向张文卿拜师学艺,努力学习刺绣⑤。

监内人犯鱼龙混杂,泥沙俱下,恶性顽劣人犯亦不罕见,狱友之间稍有不慎或遭算计。有名为王二囡的女犯,因窃盗罪处徒刑二月,在狱中她装作无意闲聊获知同监房女犯沈王氏的家庭住址,还曾向同房女犯谬于氏打听其住址,被其拒绝。后来,当谬于氏在监房内请职员代写家书,从判决书上

---

① 郑若苏:《上海第一特区地方法院女看守所参观纪》,《上海警声月刊中文版》1939年第1卷第4期,第19—20页;《江苏高等法院第二分院关于建设改良视察监所》,上海档案馆档案,档号:Q181-1-1004。
② 涓:《参观中国唯一女监》,《新妇女》1947年第7期,第19页。
③ 《改良监狱声中,第一特区女监参观记录》,《申报》1933年5月21日。
④ 《第一特区女监狱巡礼》,《铁报》1936年3月7日。
⑤ 郑若苏:《上海第一特区地方法院女看守所参观纪》,《上海警声月刊中文版》1939年第1卷第4期,第19—20页。

誊抄家庭住址时，被王二囡偷窥得知，遂将上述两位同房女犯之住址默记于心。当王二囡出狱后，其按住址前往沈王氏、谬于氏家中，假冒分监职员名义向该两犯家属骗取财物。

后该人犯家属来监接见时，询问是否收到上述物品，沈王氏、谬于氏皆答不知。分监看守发觉有异，详询之下，王二囡诈骗之事，遂告事发。该王二囡诈骗得手后，即挥霍享用，还很高调地返回分监接见人犯，被看守认出，遂被当场抓捕，移送捕房治罪。但因被骗人犯家属不愿追究，王二囡又被释放。该犯被放后，心中大为愤恨，遂捏造事实向司法行政部呈控分监长王宝三滥用职权，非法拘禁，虐待人犯。后经高二分院查证皆是虚言，此事遂寝。然该王二囡不思悔改，后又因盗窃被捕，被加重处徒刑一年，其人可谓顽劣之极①。

在上海监狱第一分监中，羁押女犯亦为数众多，"有烟毒犯、有窃盗犯、有妨害家庭的人，也有杀人犯及伤害案的人犯"②，另外还有汉奸犯、掳人勒赎犯等。这些女犯们，形态各异。"她们的脸型，圆脸、长脸、刀脸、大脸、小脸，各式各样都有，年纪大都在二十岁以上，六十岁以下，她们身上穿的一样的都是阴丹士林（青蓝色）布短衫囚衣，整齐清洁，不难看，也不好看"③。此外，这些身陷囹圄的女犯们，她们的犯罪原因各有不同，但是因本身智识不足或贪图钱财或情感冲动而涉案的不在少数，"许多人都是被骗的，譬如绑票案中送信，她们根本目不识丁，以为送一封信，有这么些钱拿，便做了，于是便造成了她们犯罪行为，统计她们犯罪的人多凭了自己一时的感情冲动，譬如谋杀丈夫的詹周氏，便犯了法，过后却悔之不及了"④。

在这些女犯中间，有不少入监前都是名流权贵，但是一入监门，剥夺了外在的权势和财富，都被一视同仁对待，一样都要穿囚衣，做劳役。像著名影星袁美云，因犯吸食鸦片罪，被判徒刑六个月，"最初进来的时候，她伤心的不得了"。入监之后，她和六个女犯同住，"监内的同伴都对她非常好，她们像患难姐妹般的你帮助我，我帮助你"⑤。她的狱友中有一个还是她的同行，另一位电影明星夏佩珍，她们都是因吸食鸦片被判入狱的烟毒犯。袁美云在监内戒断了烟瘾，现在已经很安心地工作了，而且工作的效率也很好，

---

① 《上海江苏第二监狱分监关于奖惩考绩抚恤究办等》，上海档案馆档案，档号：Q177-5-351；《江苏省高等法院第二分院及监所职员违法失职事项调查报告》，上海档案馆档案，档号：Q181-1-146。
② 《关闭女人的堡垒——上海提篮桥女监记》，《大公报》1948年10月3日。
③ 《提篮桥女监见闻录》，《和平日报》1946年9月30日。
④ 懿德：《提篮桥畔探女监》，《今报》1946年8月13日。
⑤ 懿德：《提篮桥畔探女监》，《今报》1946年8月13日。

她每日在工场里做工,安静地打绒线。"她穿着八十一号囚衣,烫得卷卷的头发已经剪短了,面容倒并不见得消瘦",①"白皙的皮肤,似乎比电影里更胖了,从外表观察,的确找不出一丝的烟容"。当看到有参观的记者进来时,她还会面带微笑抬起头来观看,当看到记者手中的相机时,"她的头马上低了下去,第一张照片拍成后,她的头是更低了,等到拍第二张照片时,她竟然以手帕蒙脸,立时唏嘘起来了"。或许是因为难堪,或许是她"追想起昔日活跃在水银灯下的明星生涯,抚今追昔,难免要流一滴悲怆凄凉的眼泪了"②。她的狱友,当红影星夏佩珍,"她穿着112号囚衣,低下了头,斜转了身,在织手套,看她的样子,是要避开我们的视线——她怕羞吧"。③她们这两个昔日的大明星,如今都因同样的罪名而要在分监内服刑,她们在工场内"面对面坐着做同样的劳动——她们很感叹地说,这好像也在演戏,只是这个戏长些"④。

涉嫌两路局贪污案的重要人犯郁香岩亦在该分监服刑。她在看守所羁押时,常与人吵架哄闹,颇有精神失常的模样,她自移入分监后,"颇善吹牛皮,即在监内,仍不改往日作风"。郁香岩以前做过律师,她仗着法律知识丰富,入狱以后,依疯做邪,在监狱中时时脾气发足,吵闹不休。她初进监时,嫌弃监内饭菜太劣质,不合胃口,无法下咽,曾与警卫争吵,"并扬言将上书蒋主席、请求增加经费,改善监内伙食",言行颇为怪诞⑤。后来她被分监看守长李梅魂收拾得服服帖帖,安分守己了。在郁香岩哄闹时,李看守长特意对她说"你这样在狱中吵闹,我晓得,你一定是具有神经病的,我们狱中有一间橡皮小房间,是专门放这种神经病女犯到那里住,我看你非移住到那里去不可"⑥。郁香岩听到这话,或许是慑于监内的规制权力,其态度有所好转,也就不敢再无理吵闹了。

抗战之后,受审的一批涉嫌汉奸罪的女犯们,也羁押在上海监狱第一分监。如吴四宝之妻吴佘爱珍、李士群之妻李叶吉卿、朱蔡氏、石姜氏、樊静芳、韩又杰(又名中岛成子)等人。李叶吉卿是浙江遂昌人,早年毕业于复旦大学,是女犯中学问最好的,她在监内"短装打扮,头发变得更白了一层","外表已像一个老太婆","真是个白发红颜的有古典美人型的女子"。吴佘

---

① 《提篮桥监狱内,女囚犯生活素描》,《益世报》1946年7月11日。
② 《探女监》,《申报》1946年7月11日。
③ 《提篮桥女子监狱巡礼》,《罗宾汉》1946年7月1日。
④ 懿德:《提篮桥畔探女监》,《今报》1946年8月13日。
⑤ 《提篮桥女监巡礼》,《中央日报》1947年5月5日。
⑥ 《李梅魂智伏女囚》,《飞报》1947年6月24日。

爱珍是广东人,"绰号叫蛇蝎美人",曾就读于上海启秀中学,也算是女犯中较有学问的。她在监内给人感觉带有"一股广东婆娘腔",她在狱中很达观,"很爱谈谈讲讲,无事看看书"。

朱蔡氏,江湾人,是一个没有什么文化的女犯,因在战时"充敌人情报员,已判决了三年有期徒刑",她在监内生了一个儿子,给寂静的监内生活,带来了些热闹和生气。女犯石姜氏,才二十岁,是上海新闸路荣华理发室一个扬州理发师的老婆。还有一个女犯樊静芳,她们两人都是因其丈夫曾充任敌伪军事职役蒙受牵连而入狱。与吴佘爱珍、李叶吉卿同监房的还有两人,一是陈赵云秋,二十四岁,南浔人;一是高汤氏,是高孝先的老婆,都"因陷害地下工作同志刘某而被捕入狱的"。她们这些人入监后,身着囚衣,素妆淡服,将往日的嚣张跋扈收敛无余,"收起昔日凶焰,都变成驯服温和",很安分,毫不争吵,"和平常人一样","并常念着佛经,表示她们在忏悔呢"①。

女奸韩又杰携其新生幼子咪咪移入第一分监,在狱中,还挂念着她不知其踪的丈夫和她的另外六个孩子们。后来该犯被判七年有期徒刑,宣判时,该犯"怀抱幼女,神色泰然",宣判后还向法官提出了四点要求:"1. 准许延医诊治牙病及盲肠炎;2. 请代小孩医病;3. 请求托人将某日本军医之尸体烧成骨灰,送回日本;4. 请庭上准赋诗一首寄呈蒋夫人。"②后经法官允准,韩友杰当庭挥毫,写了日文诗一首,大意为"在中国已生活了二十年,在战时为中国难民的保姆,如今判罪,表示不服,现两岁幼婴,随之在狱,六个爱儿,尚在东北,不知音信,请求蒋夫人慈爱"等语③。

除了"名流权贵"女犯外,在上海监狱第一分监中,更多的还是来自普通阶层的女犯们,她们因涉嫌不同种类的罪案而入狱。有记者曾问一位因涉嫌毒品罪入狱的三十岁以上的中年女犯,她是因为吃"白面"进来的,"你一个人每个月可以拿到多少赏金?""三四千,最多五六千,拿来自己买点小菜吃。""为什么要吃白面呢?""日本人在的时候,大家都可以吃,我又不知道犯法的。"一位六十三岁的老年犯,在监中日久,眼睛朦胧无神,失去了光彩,她"拼命的睁大眼睛"想和记者说话。"老太太你为什么来此地啊?"她颤颤抖抖地诉说着,"哎,小姐,我真冤枉啊","我有一个儿子,打仗那年就去重庆了,至今没有音讯,在伪政府的时候,邻居做强盗逃走了,官爷们却把我误

---

① 《女汉奸在监里》,《新闻报》1946年5月15日,问竹轩主:《上海女监鳞爪:叶吉卿、佘爱珍的除虫运动》,《新上海》1946年第23期,第8页;《女监中的文艺会》,《和平日报》1949年1月6日、7日。

② 《女奸韩友杰宣判》,《和平日报》1947年5月16日。

③ 《女间谍当庭写诗,判罪时面不改色》,《申报》1947年5月16日。

作犯人捉进来,我气得哭啊哭的,眼睛都瞎了,媳妇也上吊死了,小姐啊,满以为胜利了可以出来,现在还要关我一年,我即使出来了,还有什么办法呢"。说着,眼泪就在其布满皱纹的脸上流淌①。

还有一位脸色浮肿的烟犯也向记者诉苦说:"小姐,我是吃鸦片的,男人是卖鸦片的,在警察局里已经关了七个月,结果他们还要送我进牢,我家里还有三个孩子呢,她们要饿死了。""那么你们为什么要做鸦片生意呢?""要饭吃啊。"一位来自苏州的年轻女犯,二十二岁,眉目清秀,有初中文化程度,因帮助丈夫抢劫东西,结果丈夫被枪毙,她也因强盗罪入狱,处七年有期徒刑,入监之后"性格温柔,做事认真,绝不像一个强盗"②。

曾轰动沪埠一时的酱园弄杀夫碎尸案主犯詹周氏也在该监服刑。她住在监内二楼,"个子很矮小,眼光很柔和,一些都没有杀人的凶相,大家都感到惊异"③。还有一位名叫陈娟娟的女犯,因杀人罪处五年徒刑,她在狱中以缝纫出名,结绒线堪称一绝,曾有某报记者特意来监,愿出相当代价,求其代为编结绒线背心,可见其手艺之精美④。

该分监内还有一个较为特殊的女犯,就是被称为"人妖"的沈俊如,绰号"沈五爷",她的女性生理特征没有异常。其人"外貌有着男性美,个子高高的,一口北平话,能演铁公鸡,能唱独木关,能扮翠屏山的石秀,也能扮儿女英雄传的安公子,能文能武,模样儿好,武艺又高","任来往于太太小姐们之间不讨人厌,颇得人怜"。她长期以来"专事女扮男装,引诱良家妇女,先以妨碍风化之猥亵行为使之就范,继即以鸦片等毒品供彼吸食,务使上瘾后,终身为其俎上之肉",因事发被捕入狱,她说"我像一个脏东西一样,谁碰了我,谁就沾了一身脏去"⑤。

监狱对于女犯来说,具有多重意义和影响,常规来说,人犯入监,被限制自由,言行举止皆受规制,远不如在社会上生活得潇洒自在。监内生活待遇自不必说,温饱亦实属不易。因此对于不少监犯而言,监狱的高墙、铁笼无法阻断她们内心深处对于自由的渴望。她们都想着能尽快出狱,甚而有千方百计,不惜以身试险脱逃越狱者。盼望早日出狱,恢复自由,应是很多女犯们较为常态化的一种想法。但是,亦有另外一种可能性的存在。人犯自

---

① 梅:《生活在笼子里的一群,上海女监参观记》,《文汇报》1946年12月21日。
② 梅:《生活在笼子里的一群,上海女监参观记》,《文汇报》1946年12月21日。
③ 懿德:《提篮桥畔探女监》,《今报》1946年8月13日。
④ 何鲁文:《上海监狱的秘密》,《大路》1947年第1期,第8—10页。
⑤ 《女监中的文艺会》,《和平日报》1949年1月6日、7日;《人妖女扮男装,勾引良家妇女》,《申报》1947年4月29日;柳黛:《我像一个脏东西,谁碰了我,谁就沾了一身脏去,监狱访郁香岩,巧遇人妖沈俊如》,《上海风光》1947年第4期,第1、5页。

入监后,在长期的羁押中,人犯自然而然已经适应了监内的生活习惯和环境,监狱已经成为其精神的寄托或者是其生命中的一部分。如此一来,这些人犯对监狱就会产生一种自我的认同,甚至是一种依恋和不舍。如上海监狱第一分监一名俄籍女犯马斯克那太夫娜,她曾是白熊酒吧间的舞女,因情感纠纷杀人入狱,她在其内心就感觉很喜欢监内的生活,"因为与外面的世界绝然不同"①。

1947 年因汉奸嫌疑入狱的李清萍,尽管她在狱中深受失去自由之折磨,"幽居铁窗里,玉容更清癯"②。她也曾说"九个月的铁窗风味,使我更深深的感觉到一个失掉自由的人,该多么的痛苦,多么不幸,尤其是在辗转难眠的黑夜里,我常常梦到许多狰狞的面目,它们环绕在我的四周,做出各式各样的鬼脸,等我被它们吓得醒转来的时候,一阵阵的冷汗湿透了我将要失去健康的身体"③。但这并不妨碍她在无罪释放后,依然向分监写信表示谢意,并对分监赞扬备至。她在信中说"九月来的铁窗风味使我深深的感觉到是一个慈善机关,并不是人们想象中的那样可怕的监牢"④。无独有偶,1948 年 5 月份,该分监毒品犯王小娘、窃盗犯卢亚珍两人获准假释出狱。在出狱的时候,她们两人与"各难友分别时,均大哭不止",她们觉得"女监对她们太好了","虽然坐了几年监狱,等于在学校读了几年书"⑤。

监狱生活要求秩序和纪律,在权力的规制下,众多人犯依照时间表的条块规定起居作息,日复一日,循环不息,以养成人犯的纪律性和良好习惯。而为保障时间表各项活动的有序运作和落实,需对人犯强化管制。对于有违反监内规定或不依照时间规则行事者,将予以相应的惩罚,而对于表现良好者,则予以相应的奖励,奖惩结合,宽严相济,从而保障监狱机制的有序运作。

事实上,赏善惩恶亦是监内管理人犯与实施教化的关键,"务须信赏必罚,公正无私,方足以除恶劝善,化莠为良",否则"是非不明,难服其心,匪特易滋狡黠之风,抑且杜绝自新之机,故赏罚者治人之要道,亦监狱行刑教化之妙用也"⑥。有鉴于此,上海监狱第一分监对于人犯的赏罚一项亦特为注重,对于人犯有过或故意扰乱者,予以处罚,以儆效尤,而对于行状善良,有

---

① 曹灵佑:《上海监狱五千监犯的职业训练》,《大陆报》1948 年 4 月 17 日。
② 《狱中李清萍,无计度芳春》,《申报》1947 年 3 月 5 日。
③ 《汉奸罪洗刷干净,李清萍恢复自由》,《大公报》1947 年 7 月 12 日。
④ 《九月铁窗风味,恍如慈善机关》,《大公报》1947 年 7 月 19 日。
⑤ 《女犯两人昨天获释》,《大公报》1948 年 5 月 22 日。
⑥ 《司法行政部直属上海监狱沿革纪实录》,上海档案馆档案,档号:Q177-1-444。

改悔表现者,予以奖励,以为模范。

从该分监对于人犯的惩罚情况来看,对于一般性过失,多予以停止接见、停止活动,罚没赏与金一部或全部、暂缓保释的惩罚,对于情形特别严重者,则采取加铐禁戒的强制手段。如1946年3月8日,女犯徐葛氏及冯陆氏两人因窃取公物,情节较轻,故处罚停止接见一次。7月16日,女犯蔡薛氏以死要挟恐吓看守,打铐十二小时以示惩戒。女犯苏雪梅协同恐吓,亦加铐六小时①。1948年12月22日,女犯陶吴氏,在拟办保释期间意图诱良为娼,罚暂缓保释。而该分监对于人犯的奖赏,一般多为赏奖金、奖赏食物、增加接见次数等。所给予的奖赏,有时亦斟酌人犯实际状况而有所区别。若有接见人犯,则多为赏增加接见一次;若为无接见人犯,则多发给奖金。如1947年10月21日陈秀凤拾物不昧,赏国币五千元;1948年1月24日,王小娘性情善良有悛悔表示,赏增加接见一次;6月22日,施赵素芳因恕人责己,赏□一坨,饼干一磅及大头菜②。

众所周知,狱中的生活确系较为机械、单调和乏味,长此以往,人犯不免会有倦息。为调节监内气氛,活跃人犯精神,上海监狱第一分监亦会组织一定的休闲娱乐活动,有时会组织女犯集体观看有意义的电影,既能消遣休闲,也能起到教化人犯的作用。如1948年5月30日下午,在上海监狱第一分监的二楼,分监特意邀请上海市教育局电化教育队陈永利干事到监内放映各种新闻片及五彩卡通"捕虎配"以及"水的清洁"等片。女监职员特备花生米、西瓜子、饼干三小碟,白开水数杯招待陈干事。

监内羁押的女犯连病犯在内,共二百余人,在警卫科长李梅魂组织下分两次观影。汉奸李士群、吴世宝的妻子叶吉卿、佘爱珍及日本女犯韩友杰,以及韩之最小女儿(该孩在军统局内出生)均前往放映处观看。五彩卡通片"水的清洁"最为精彩。片中水能说话,水说"我是你们的朋友,也是你们的敌人,你们用得得当就有益处,用不得当就会发生危险,因为我的本身是清洁的,都是因为你把污秽的东西弄到水中,所以就发生危险了,我希望你们当心清洁,我愿意做你们的朋友,不愿意做你们的仇敌"。据说许多乡下人一向就没看过电影,当她们看见危险的汽车横冲直撞时,都吓得面无人色,怪叫起来"哎呦呵,吓煞哉",惹得全场大笑,有趣之至,下午5时放映毕,全体女囚皆起立向女监当局致谢。③

---

① 《上海监狱狱务日记》,上海档案馆档案,档号:Q177-1-666。
② 《上海监狱在监人赏罚簿》,上海档案馆档案,档号:Q177-1-642。
③ 《叶吉卿佘爱珍女监看电影,扬子建业公司施射滴滴涕》,《和平日报》1948年6月1日。

除了放映电影之外,该分监有时还举办文艺晚会,令人犯自主表演相关节目,除了可以陶冶情操,这也是教化人犯以及展示她们在监所学成绩的良机。1948年8月20日上午九点钟,该分监女犯们经过数日筹备而进行的文艺会正式开始。"有百余女犯齐集课堂,一律身穿灰布短衫裤罪衣,个个清洁整齐,精神饱满"。此次文艺会由擅讲北平官话的57号女犯出任司仪主持,首先由其带领人犯一起合唱国歌,继而由79号女犯报告举办文艺会的宗旨。

嗣后,各个节目开始次第登场,231号女犯表演朗读国文《半学》一篇,盗犯121号讲述婆媳如何相待的故事,另一盗犯则讲述了一呆痴的故事;紧跟着是由219号、231号、247号及123号四个女犯带来的四重唱《长城谣》,音调优美。79号女犯以及247号女犯又进行了珠算竞赛,结果不分上下;文艺会司仪57号女犯以其优雅、清亮的口音,现场解说国语课文。此后,121号女犯、79号女犯又各自献上歌曲独唱一首,121号女犯演唱的曲目是由分监科长李梅魂所做之曲《秋》,79号女犯演唱《一轮明月》,都极为精彩。其中李梅魂所做之曲颇有意境之美:"万紫千红眼底收,老圃黄花景色优,落叶潇潇风满楼,春去夏尽又清秋,过去光阴似水流,朱颜易改使人愁,寻求寻求快寻求,莫等闲白了少年头。"

紧接着237号、164号女犯表演幽默笑话,"她们说什么护助啊,乘电报去寻包裹啊,不要换了,还有煮鸡蛋的趣事等等,引得大家都笑了"。72号女犯现场讲演,给人犯讲述了许多家事常识,譬如如何矫正儿童的不良习惯,讲演得入情入理;最为精彩的是由七位53岁至64岁的老年女犯们一起带来的七人大合唱,赢得满堂喝彩。稍后,247号女犯又请大家猜谜语,她说:"阿大阿二不像人,阿三阿四是个人上人,阿五阿六是个下流人。"后来给另一个女犯猜中是"從"字。最后,这些表演的女犯们还分别演唱了火炬歌、劳动歌、满江红歌、恩光歌、天恩歌等各种歌曲。

最后分监长柯俊杰发表了总结讲话,勉力女犯们积极向上,她说:"人在黑暗中需要光明,希望你们都能向善,都有光辉,将来刑满出狱,你们所到之处都照得光明,人人都这样,国家的前途一定有很大的成就。"①8月21日,该分监又从慈惠费内开支,购买了馒头二十只,水果糖八十颗,分发给在文艺会上演出节目的各位女犯,以资奖励②。

到1949年1月4日下午2时半,分监女犯们又在监内举行了一次庆贺

---

① 陈羽新:《人在黑暗中需要光明,女监犯举行文艺会》,《和平日报》1948年8月21日。
② 《上海监狱狱务日记》,上海档案馆档案,档号:Q177-1-452。

元旦的文艺会,全监二百余名监犯齐聚一堂,颇为热闹。首先由分监长柯俊杰发表开幕讲话,因她是耶稣信徒,所以她就讲了不少"什么因信得救,效法耶稣,什么施比受更容易得福"等的宗教信条。之后,由女犯歌咏队分别用中文、英文两种语言合唱了一首快乐新年歌;唱完之后,由 219 号女犯讲述此次文艺会的举办宗旨;紧跟着就是由 23 号女犯朗诵古文《立志》一篇;诵读完毕,237 号女犯和 12 号女犯分别讲述了卖油条的孩子、天地良心等两个富有教育意义的故事;此后,219 号、245 号、247 号、231 号女犯们还演唱了军歌。

监内尚有四个国语流利的女犯亦登台演艺,在此次文艺会上出足了风头,其中一位六十五岁的女犯,能用流畅的国语讲述孟母三迁的故事,颇得大家好评。随后,又有不少女犯上台表演了诸如演讲常识、打算盘、讲笑话、独唱、二人合唱、五人合唱、歌咏队合唱、猜谜语等各种娱乐节目。被称为"蛇蝎美人""七十六号女巫"的佘爱珍,在文艺会上也极为活跃,"闹得不亦乐乎,那时候简直没有监狱的严肃气氛了——她那天参加的歌咏节目很多,除在独唱中高歌快乐新年一曲外,还独唱及二人合唱了几支军歌"①。

整场文艺会大致有二十四个节目,全监二百余名女犯,自十七岁至六十五岁,都积极登台献艺,大显身手,各有表现,精神充足,愉快的神情更显示出她们良好的姿态。"无论你怎样细心去视察她们的表情,真不可能从她们身上找出罪恶来"②。此次文艺会后,同年 1 月 29 日至 30 日,该分监全体人犯又举行了一次活泼的新年同乐会③。这一场场的文艺娱乐活动,既展示了女犯们的才情,又活跃了监内气氛,令人犯们都能享受了难得的快乐,这为她们灰暗、单调的牢狱生活增添了一抹愉悦的亮色。

第五节　精神慰藉:女犯的情感宣泄及接见

从监狱行刑的角度来说,作为一种积极的改造手段,监狱对于在押囚犯的一切对外活动和交往,理应"严予杜绝,俾其静心改过,得入自新之路,此正本清源之要务,亦即监狱行刑之本质"④。因而,在上海女监中羁押的女

---

① 《佘爱珍狱中唱歌》,《飞报》1949 年 1 月 18 日。
② 《女监中的文艺会》,《和平日报》1949 年 1 月 6 日、7 日。
③ 《上海监狱狱务日记》,上海档案馆档案,档号:Q177-1-451。
④ 《司法行政部直属上海监狱沿革纪实录》,上海档案馆档案,档号:Q177-1-444。

犯,在高墙之内,在封闭的场域中,令其进行自我反省和忏悔,亦是监狱行刑的应有之义。但是,这些女犯社会化的属性并未完全泯灭,依然有着对外交往的渴求与愿望,在其内心深处仍然保留对于家人亲情的挂念和留恋。

因而在不妨碍狱政管理的原则下,允许在押女犯通过与其亲属进行定期的接见会面,令女犯们与外界保持适度的社会交往,一方面既符合监狱行刑近代化重视人道的潮流,同时亦有助于人犯的教化与改造。因而监狱方面对于女犯与其"亲属之正当联谊而有益于教化者,非独不加禁止,有时予以奖励之,借为仁孝之提倡,劝善之辅助"。不过,对于女犯与其亲属之间的接见,监狱方面亦须"慎重周密严格施行",制定相应的规章制度,以为约束,"否则流弊滋多,害莫大焉"①。

在江苏第二监狱分监组建之前,公共租界在押人犯家属的探监,依照工部局的管理制度,每三个月方准许人犯与家属会见一次。1930年4月,在江苏第二监狱分监正式成立之后,首任分监长谢福慈认为工部局的这种管理制度,"殊非矜恤之道",再加上该分监在押人犯家属请求接见者日益增多,若依旧采用工部局的旧规,人犯接见间隔过长,接见次数甚少,每至接见之日,众多人犯家属纷至沓来,"时间短促,难免不无拥挤,有未能尽其欲言者"。有鉴于此,谢福慈决定依照国民政府所颁发的《监狱规则》对于在押人犯接见的相关规定,就该分监人犯接见时间进行了调整。

自1930年5月1日起,该分监所有在押人犯,除因受惩戒停止其接见者外,其余狱囚如有其家属请求接见者,徒刑囚每月各一次,拘役囚每十日一次,如有特殊情形者,可不受此限制,以示体恤。具体接见日期为"每月一日、四日、七日、十一日、十四日、十七日、二十一日、二十四日、二十七日",每次接见时间为"上午9时起至12时止"②。

该分监人犯接见家属,均在该监正门内侧专门的接见处进行,并选派看守专司监视及维持秩序。接见处内,以铁栅分割为三处,人犯与家属会见时,"各立一隅,中间方寸地,则系监长所派监督双方谈话者之位,使犯人与接见者,不能作不规则之谈话"③。此外,依据《监狱规则》的规定,人犯每次接见时间"不得过三十分钟",为避免接见人犯家属与看守之间因接见时间上发生争执。该分监在接见场所设一钟表,每次接见时,即由看守将起讫时刻详细告知接见人,然后再令其谈话,以免争执,同时由监视看守将其谈话

---

① 《司法行政部直属上海监狱沿革纪实录》,上海档案馆档案,档号:Q177-1-444。
② 《上海江苏第二监狱分监犯人在监所接见制度》,上海档案馆档案,档号:Q177-5-213;《狱囚通信与见家属之规定》,《申报》1930年4月8日。
③ 《公共租界女监参观记》,《申报》1931年6月15日。

内容要旨填载于接见簿内,以凭稽核查考①。

此外,该分监对于人犯接见的时间规定,并非一成不变,随着该分监具体情况的变化而多有所调整。延至1933年3月份,由于该分监羁押人犯数量激增,以致每到接见时日,该监门口各人犯家属"麇集门外挂号,恐后争先极形拥挤"。以往对于人犯接见日期和时间的相关规定,已无法满足现有人犯家属接见的实际需要,亟须调整。分监长孙雄认为,对于人犯接见已不宜再过多加限制,而是应当进一步放宽人犯家属接见的次数,并延长每次接见的时间。

为此,该分监将原定的逢每月一、四、七日予以接见的规定予以取消,此后"除星期、国庆、纪念、年节、节日外,每日均许接见,其接见时间次数,拘役囚及处监禁者每十日一次,徒刑囚每月一次,其接见时间每日午前10时起至12时止,午后1时起至4时止",如此一来,"俾接见人得分期按日接见,庶免拥挤而维秩序"②。人犯及其家属均可得其便利,而监狱方面亦可减少由于人犯家属过多而无法处置的压力。到1934年7月份,因时届夏令,天气酷热,分监长王宝三又对人犯每次的接见时间进行了一定的调整,决定自7月1日起,对于每日人犯接见"改定午前8时起至12时止,午后停止接见"③。

为加强对人犯接见的管理,防止发生意外,规范人犯家属在接见时的行为,该分监于1933年拟定了一份《分监及看守所已未决人犯接见规则》。该规则规定,未决犯之接见可不限于家族亲属,但已决人犯只限与本人的家族亲属接见。不过,如有特别理由者,可不在此限,等等。对于接见人向人犯所赠送之物品食料则须经监视看守详细检查确认后,方准收受。所送之食物仅限于盐卤干菜,不得持送油、汤、腥荤、腐败水果及其他妨碍卫生纪律之物。凡违规送物品者,则有监视看守即向主管职员报告,视情形为别予以申斥、停止接见等处分,若有夹带诸如鸦片、吗啡等严重违禁物品者,将由分监移送法院惩办④。

此外,人犯若因案情需要,亦可获准接见律师。在接见前,律师须将其名片交由分监核对,经查核无误,即发给由监长盖章的接见条,持此条方可入监会见人犯。若有时监长不在监内,则由第一科科长或主任看守代行查

---

① 《上海高等法院第二分院训令等》,上海档案馆档案,档号:Q177-5-223;《上海江苏第二监狱分监看守训练所用费开具清单等》,上海档案馆档案,档号:Q177-5-225。
② 《江苏高等法院第二分院关于整顿监务的文件》,上海档案馆档案,档号:Q181-1-840。
③ 《上海江苏第二监狱分监服务、休假办公时间规定》,上海档案馆档案,档号:Q177-5-350。
④ 《上海江苏第二监狱分监看守训练所用费开具清单等》,上海档案馆档案,档号:Q177-5-225。

核盖章。此种方法，作为变通之策，倒也无可厚非，但有时因分监长与主管看守交代有误，亦会引起一定的麻烦。在黄培汴任内，1932年5月间，沈孝祥律师前来接见案犯李桂英，手持主任看守余锡康核准盖章的接见条。而当时分监长黄培汴恰在监内，理应由其核准许可，主任看守余锡康擅行盖章，涉嫌逾越职权，当即被主任看守朱佩璇以未奉监长许可为由拒绝其入监接见①。

人犯家属在前来接见时，总会携带衣物食品之类，以补充人犯在监之所需。为保持监内卫生以及秩序，该分监对于人犯家属所送的物品以及种类有着明确的规定，并多次张贴告示以提醒接见人遵守规章制度。尤其是在炎夏季节，该分监更是屡次强调人犯家属在"接见时，送入食物应以清洁合于卫生者为主，现下气候渐热，关于腥荤食物易于腐坏而不能持久者一概不准送入，以重卫生而杜疾病"②。而对于诸如私自夹带鸦片等违禁物品的行为，该分监更是予以重点清查和处理。

但总会有些人犯及其家属置法规于不顾，铤而走险。如1932年8月1日，分监长黄培汴在巡视人犯接见时，有名为吴昔佩的接见者，在向人犯吴王氏递送的衣服等物品中，经监视看守检查搜检出鸦片烟泡一小包，随即令看守将该吴昔佩当场扣押，并移送一特地院检察处究办。后经一特地院判决，令吴昔佩缴纳罚金40元后，将其释放。该犯所交罚金，并由一特地院按照成例拨发给该分监作为奖金使用③。

抗战胜利之后，南京国民政府在1946年1月颁布的《监狱行刑法》中亦继续赋予并保障人犯接见亲属的权利。该行刑法规定，在监受刑人接见亲属，"每半月一次，其接见时间以三十分钟为限，前项规定之次数及时间，有必要时，得增加或延长之"。同时还规定"对于请求接见者，认为有妨害监狱纪律及受刑人之利益时，不许接见，许可接见者，得许携带未满三岁之儿童"④。

上海监狱第一分监，在人犯接见问题上，虽然大体上遵照和贯彻监狱行刑法准予人犯接见的原则性规定和精神，但是在实际操作方面，该分监却并未完全依照该法规条文行事，而是有着其自身一定的运作逻辑和灵活性。

---

① 《江苏高等法院第二分院关于分监呈报看守长方剑白因免职挟怨情形等问题的文件》，上海档案馆档案，档号：Q181-1-826。
② 《上海江苏第二监狱分监犯人在监所接见制度》，上海档案馆档案，档号：Q177-5-213。
③ 《上海第一特区地院看守所关于究办候补看守长方剑白失职等事项》，上海档案馆档案，档号：Q177-5-219；《江苏高等法院第二分院关于分监呈报事项》，上海档案馆档案，档号：Q181-1-841。
④ 山东省劳改局编：《民国监狱法规选编》，第49—50页。

上海监狱第一分监印制有人犯亲属接见证，接见人犯时，须持证方可办理相关手续。若有人犯家属请求接见，分监接见处接到请求接见的申请后，即查阅接见证，并查对接见稽核簿。如果到达接见时期，然后询明姓名、住址、职业及其关系与接见事由，登入接见簿，经由警卫科查阅相符，且接见人犯并无处罚停止接见或逾越接见次数等情事，即予以批准。并向请求接见人发给铜牌一块，令其在接见室静候，按照号码顺序等待接见。不过，同一犯人不得有三人以上同时接见，而且军警人员亦不得携带武器来监接见。在接见人静候时，由主管看守长填写探望单，将被接见人犯号码抄下，加盖名章，派看守赴监房提出被见人犯至接见室，先示以接见起讫时间，令其开始接见。接见时，双方亦须使用普通言语，以便监视员能了解、行使职务。接见室值勤看守须严密监视双方接见之过程，并须在接见簿上登记其谈话要领，如发现有违反规定情事或违禁物品时，得立即予以停止接见①。

在具体的人犯接见日期及时间方面，该分监在1946年1月份的规则中限定为每星期六的上午9时至12时为人犯接见时间，每月准予人犯接见一次②。之后，该分监视实际情形，对于人犯接见日期和时间多次予以灵活性的调整。如1946年7月1日，该监将人犯接见时间提早一个小时③。1947年6月30日，又增加了人犯接见的次数，改为每两星期一次，而且人犯的接见日期已不再限定于每周的星期六，除了星期日以及例假日之外，每周的星期三、星期四、星期六均可安排人犯接见，接见时间每日自午前8时至12时，下午1时至4时④。

之后又因人犯过多，遂按照人犯编号分批次准予接见。如1948年9月22日星期三安排1—100号人犯接见，9月23日星期四安排101号起人犯接见，9月25日星期六安排201号起人犯接见⑤。对于一些有特殊状况的女犯，经分监长准许后，可令人犯进行特别性接见，如1947年3月1日，77号女犯刘彭氏因病重，准其家属来监特别接见⑥。

对于双方每次接见谈话时间，则视实际情形有所变化，以当事双方所接谈之问题为标准，有时十分钟，有时三十分钟，可酌情延长或削减。由于每

---

① 《上海监狱公函》，上海档案馆档案，档号：Q177-1-699；《上海监狱关于高院监狱科刘继盛调查犯人作业情况》，上海档案馆档案，档号：Q177-1-75。
② 《上海监狱公函》，上海档案馆档案，档号：Q177-1-699。
③ 《上海监狱狱务日记》，上海档案馆档案，档号：Q177-1-666。
④ 《上海监狱狱务日记》，上海档案馆档案，档号：Q177-1-447；《司法行政部直属上海监狱沿革纪实录》，上海档案馆档案，档号：Q177-1-444。
⑤ 《上海监狱狱务日记》，上海档案馆档案，档号：Q177-1-452。
⑥ 《上海监狱狱务日记》，上海档案馆档案，档号：Q177-1-447。

次前来接见的人犯家属甚众,所以通常情况下,人犯与家属会面谈话时间基本不会较长,所以对于人犯及其家属而言,每次会见都是一次较为心酸甚而是痛苦的经历。

"每月仅仅一次的会面,几分钟的时光,能说些什么呢,一同来探望的只允许二人,不能多,并且和犯人讲话又只许一人,除了淡淡的招呼和相互的寒暄几句之外,不能说什么,接见的时间既短,要说的话也往往给眼泪凝住了,她们的给泪珠模糊了的双眼,仍张的大大的,贪婪地看着自己的亲人——丈夫、儿子、母亲或兄弟姐妹,希望在哪短短的一刹那间获得一些精神上的安慰。因为离的太远了,别想抚摸一下,就是想从鼻子里闻到一些亲人的气息都不可能,时间只有一会儿,连多看几眼也办不到,只能含着泪低着头,双手捧着家里送来的盐、咸菜、草纸、肥皂——然后毫无气力的走上三楼,沉思着,呆望着"[1]。

只要到了接见截止时间,执勤的看守们是不会允许她们哪怕是多停留一分钟的,就催促她们赶紧离开,因为她们也要执行看守长的命令,而且门外还有更多的家属在等待接见。即使如此稀少且短暂的接见,也并非每个人犯都能顺利按期接见的,只有在监表现良好的人犯,才能按期接见家属。如若在监行状不良,甚而违反监规、纪律的人犯,作为一种惩罚手段,监方将会取消其接见资格,令其反省,这对人犯来说,确也是一种心灵上的折磨。如1947年11月1日,231号女犯费凤仙因诳语骗物,取消接见一次[2]。

该分监人犯与家属接见会面,除了晤面谈话,以解心中思念和牵挂情外,最主要的还是由家属向人犯接济食品、药品、衣物等各种生活用品,以弥补监内给养的不足,以期改善人犯在监内的生活。分监方面由于各项经费缺乏,也希望通过人犯家属定期送物,以资补救,所以该监对于人犯家属递送物品还是持赞同态度。有时会专门确定时间,令人犯家属前来只送物品,但不接见人犯,如1946年8月2日星期五,该分监令羁押犯家属前来送菜[3]。

当然,出于监内卫生以及纪律的考量,该分监对于家属送物还是有着一定的规定和要求。如1946年1月,该分监规定,家属所送物品须经检查后方准送入,不得夹带烟酒、麻醉品及赌具等物,食品以无骨骼、壳、核、霉、臭、腐烂者为限,罐头食品之铁罐及瓷碗瓦钵等不准携入[4]。所送物品由监房

---

[1] 华珊:《记上海女监》,《家》1946年第7期,第5—6页。
[2] 《上海监狱在监人责罚簿》,上海档案馆档案,档号:Q177-1-642。
[3] 《上海监狱狱务日记》,上海档案馆档案,档号:Q177-1-666。
[4] 《上海监狱公函》,上海档案馆档案,档号:Q177-1-699。

开列详细送物单交于人犯点收,并在送物单上签名盖章,如有送入银钱衣物等均由监房开给收据,一面由专人登记并转交保管处存储,一面通知人犯本人持收据账单至保管处备用登账。但若人犯有受到停止送物处分时,则令其停止一切接济物品。

上海监狱第一分监的人犯家属前来接见送物时,总是在监门前排起长龙,"男的、女的、老的、少的,里面不乏达官贵人的眷属,装束入时的摩登女郎"。每个人都携带着或大或小的包裹、篮子什么的,里面装着各种物品,这些物品"就和春天的风一样透进森严的铁窗,使犯人获得一点温暖,一点安慰"①。

家属所送物品的种类和数量,由于个人贫富、经济条件的差异,将会有较大的不同。一般来说,家庭较为富裕的达官贵人,其所送物品亦较为丰富、高档和多样,前来接见送物的次数亦较多;而家庭较为困乏之人,其送物品则较为单一,接见送物次数亦不多。通过该分监的人犯接见送物登记簿,可以很直观地看出人犯所收的物品详情和其中所体现出的差距。如1946年9月7日,明星袁美云之弟侯勇康前来接见,向其所送的物品有"短裤两条、面包、饼干、草纸、袜子、咸肉、笋干、鸡肉、肉松、绒线马甲、酱瓜",这是有地位、有背景的富人。相对而言普通人犯家属所送的物品就较为简陋了,如1946年8月20日,人犯钱周氏之女钱立英前来接见,所送物品仅为:大头菜、饼干、草纸、萝卜干②。

甚或有人犯家属因家中无钱,无力置备物品,而不来监接见送物者。如监犯刘邵氏致信其姐妹吴翠宝"盼来接见,带女儿照片来"。吴翠宝复信称"无钱买接见物,故不能来接见"。之后,刘邵氏告其"请到康泰生处去借钱来接见"③。对于确实无家属接见者,则由分监自购或募捐所得的物品,不定期分发给此类人犯,以资救济。如1946年9月19日,分发对襟棉马甲与无家属接见的人犯④。

该监在押女犯除了与其亲属接见会面、送物接济之外,出于案情的需要,亦经常有律师来监与人犯进行必要的接见和会谈,所谈内容多与人犯的案情或庭审、上诉等问题有关。同人犯接见亲属一样,该分监对于律师接见亦须将接见的内容登载于接见簿上。该接见簿上除记有接见日期、接见人犯姓名、番号、律师姓名、接见目的外,主要就是登载双方谈话概要,并

---

① 《温情透入上海监,囚犯家属送菜来》,《申报》1947年3月3日。
② 《上海监狱犯人接见簿》,上海档案馆档案,档号:Q177-1-604。
③ 《上海监狱人犯书信登记簿》,上海档案馆档案,档号:Q177-1-486。
④ 《上海监狱狱务日记》,上海档案馆档案,档号:Q177-1-666。

须由监视看守签押名章，以凭查考。律师前来接见人犯，在前工部局时期，必须在上海律师公会登记在册为会员者为限，若该公会"会员录中有者，方许接见"①。上海监狱第一分监对来监申请接见的律师亦有一定的审查，并将其律师公会会员证号抄录于接见簿上。

通过律师与人犯会见的谈话记录，大致可以了解当时双方所谈的内容，如1946年5月27日、6月5日，律师俞钟骆来监向人犯吴余爱珍询问案情，"询问被告所犯案由是否属实及告知该犯今日上庭时，第一须态度好，使推事同情，口供不周到之处，由我补充"。是年6月12日、7月8日，律师邹玉接见人犯李叶吉卿，询问其护送爱国分子吴开先等脱离敌人防线去内地及李士群因以致死详情，并询问其在公诉事由内称曾任经济委员会委员一项是否属实。7月26日，律师杨俊麟与人犯王汝兰讨论案情，询问被告身怀六甲，是否达月，俾替请求办理交保出外待产手续②。

通常情况下，律师与人犯会谈时间多以二十分钟为限，但有时因案情较为繁复，二十分钟难以详谈，为此有些律师即要求分监适当延长接见时间。如1946年8月，人犯李叶吉卿的委托律师邹玉致函分监称律师接见辩护人犯与普通家属接见，情形迥不相同。"此区区二十分钟之时间，实难详询案情之全部"。为此，尚请酌予将接见时间充分延长，以免徒劳往返，后经分监批复"如遇案情复杂，得声请延长之"③。

在有限的接见时间中，特别是每次与亲属接见之时，无疑都是对人犯心灵上的一次冲击和洗礼，她们渴望着与家属的会面，渴望着得知其子女、亲人的点滴讯息，也希望将自己在监内的状况告知亲人，以了却彼此之间的那份牵挂和惦念。然而这种接见总是有限制的，总是短暂的，并非是自由的，无拘无束的晤谈和交往，每次分别总是那么依依不舍，在监狱的规章面前，虽心中不情愿，但也无可奈何。

对于此种困境，在押的女犯们定会思念往昔的自由，思念无限制的亲情的宣泄，她们将会进行自我反省和忏悔，当此之时，若监方善加引导，可激发人犯心中之良善，而不复为恶矣。此外，上海女监允许女犯家属在接见时，可向人犯接济物品，如此一来，既可使人犯在一定程度上得以改善其监内生活的处境，同时，又可弥补监狱方面由于经费不足而无法满足人犯所需的困窘，这对双方而言亦都是较为有利的，可谓一举而数得也。

---

① 《华德路监狱律师接见人犯办法》，《申报》1935年8月3日。
② 《上海监狱律师接见簿》，上海档案馆档案，档号：Q177-1-556。
③ 《上海监狱公函》，上海档案馆档案，档号：Q177-1-699。

第六节 心随境转：女犯的内心世界及通信

在民国时期的上海，伴随着女性社会化的历史进程，很多女性由于自身智识的不足，或出于贪图经济利益、或出于贫困等诸多原因，进而在这种高度商业化、都市化的氛围中，迷失自我，误入歧途，从而因触犯刑网，不得不在上海女监的牢狱之内度过或长或短的刑期。正如人如其面，相由心生，心相相连，心随境转，这些在上海女监内服刑的女犯们，芸芸众生，她们不特相貌、秉性各异，而且其各自的内心世界和心理状态亦因各自情形和处境的不同，进而呈现出错综复杂的特征。

不同于诸多男性人犯，这些在押的女犯们，由于自身的性别特质和区隔，在很大程度上也决定了她们的心理状态与男犯们也有着明显差异，其应有的性别特征表现得尤为突出，正如倪丽宏所言："女犯复杂化犯罪心理的形成与其人格的变化，从身份到契约有着密切的关系。这种复杂化的犯罪心理源于女犯情绪化的犯罪人格。女犯的犯罪人格往往表现出两面，一方面，受女性耐受力不足、自尊心强、生理心理特点等影响，犯罪人格具有强烈的盲动性，容易产生难以预防的冲动行为；另一方面，女犯的犯罪人格更容易受到消极情绪、社会环境、不良性格特征等内源性刺激，进而产生较之于男犯更为隐蔽、更为具有欺骗性的行为。"[1]

民国时期走向犯罪道路的女犯们，因智识贫乏，眼界狭隘，社会独立性相对较差，因而当其面对社会及生活的重压及挫折时，往往容易感情用事，极易发生心理扭曲和变态，在不稳定的情绪化的影响下，从而走向极端化行为表达，要么"对生活丧失信心，疯狂报复，从而破罐破摔"，要么"凭感情用事，固执狭隘，容易被表面现象迷惑"[2]。当其因犯罪而入监服刑之后，失去了原有的生活自由，开始由社会化身份向监狱化身份的转变，再加以牢狱内规训化的氛围与其入监之前自由散漫的常态化的生活环境存在明显差异，而这种生活环境严重的落差和身份的转化，致使很多女犯在入监之后，一时难以融入，从而在心理上会产生严重的不适和变化。

---

[1] 倪丽宏：《"五大改造"在云南女子第一监狱的实践研究》，《犯罪与改造研究》2020年第2期，第54—59页。

[2] 严军、唐希媛：《女犯自我意识的重构》，《中央政法管理干部学院学报》2001年第1期，第29—31页。

女犯身陷牢狱,环境的落差和扭曲,会使其极易产生"消极性的情感体验,如孤独、苦闷、恐惧、对立等,并且这种消极性的情感体验外露性强,波动性大,常常左右其行为"①。因而,在监内服刑的女犯将会有着显而易见的外在的情绪化表现,"有的嚎啕大哭,有的低声细语,有的苦不堪言,有的茫然不知所措,表露出迫切的渴求的心理援助"②。此外,这些女犯在经历了犯罪、被捕、羁押待审、判决、入狱服刑等一系列的司法流程之后,其"原本脆弱的情感更加脆弱,心理承受能力已达到极限"③,在监期间,若遭遇某种挫败或委屈,或家中有某种不良变故等因素的刺激,有很多女犯就会产生一系列的心理障碍问题,诸如"忧郁焦虑心理、报复、逆反、猜疑、自杀、自责自卑"等④。在诸多不良心理状态的影响和折磨之下,很多女犯在监内度日如年,甚至"彻夜难眠,惶惶不可终日,还有的精神恍惚,焦躁不安,情绪十分低落"⑤。

在民国时期上海女监内服刑的女犯,其犯罪类型虽较为多样化,但是总体上是以经济类犯罪、烟毒类犯罪居多。这种类型的女犯,对金钱有着强烈的渴求,贪图虚荣和享受,为了获取金钱,偷盗、抢劫、绑架、坑蒙拐骗,可以说是不择手段,无所不用其极。而当其案发入狱之后,仍不改其贪财本色,怀着侥幸、报复的心理,无视监规监纪,继续设法骗财骗物,甚至在监内偷盗物品。

如在江苏第二监狱分监时期,1934年,有名为王二囡的女犯,因偷盗成性,实系累犯,当其因窃盗被捕,在该分监服刑期间,贼心不死,千方百计和同监房的其他女犯套近乎,拉关系,先后获取同牢女犯沈王氏、谬于氏等人的住址、家庭情况等信息,当王二囡出狱之后,即按地址前往沈王氏、谬于氏家中,对二人的丈夫诈称其为分监看守,骗取钱财物品。先是在沈王氏家中"骗去衣物钱财,计二元十角",后又去谬于氏家中"骗去袜子四双,鞋子一双及食物等件",所获财物均被其消费挥霍一空⑥。无独有偶,在上海监狱第一分监时期,亦有不少女犯在监内非法获取财物。如1947年7月,女犯

---

① 赖修桂:《改造女犯的对策刍议》,《政法论坛(中国政法大学学报)》1992年第1期,第46—51页。
② 赵兰、赖国清:《狱内女犯心理咨询的实践及启示》,《犯罪与改造研究》1999年第4期,第33—38页。
③ 赵兰、赖国清:《狱内女犯心理咨询的实践及启示》,《犯罪与改造研究》1999年第4期,第33—38页。
④ 赵兰、赖国清:《狱内女犯心理咨询的实践及启示》,《犯罪与改造研究》1999年第4期,第33—38页。
⑤ 赵兰、赖国清:《狱内女犯心理咨询的实践及启示》,《犯罪与改造研究》1999年第4期,第33—38页。
⑥ 《江苏省高等法院第二分院及监所职员违法失职事项调查报告》,上海档案馆档案,档号:Q181-1-146。

施阿花,在监内受教育时,偷窃纸张和笔为不正当使用,后被罚停止活动及接见一个月。同年11月,女犯费凤仙,向其他女犯诳语骗物,亦被罚停止接见一次。1948年10月,女犯成李氏,偷窃公物,私相授受,同样被罚停止接见一次①。

在上海女监内羁押的有些女犯,其身份较为特殊,入狱之前多为名流权贵,地位权势显赫,品行张扬,入狱之后,其秉性不改,"为了维护自己的所谓尊严,而对监狱规定和他人的要求采取相反的态度和言行"②,"以反常的心理状态来与常理背道而驰,以显示自己的聪明和与众不同"③,甚而对监狱的管理怀有严重的逆反、抵触心理。如在上海监狱第一分监时期,涉嫌两路局贪腐案的郁香岩,在入狱之后,即仰仗其之前的地位高、文化水平高,法律知识丰富,仍不改往日作风,仍一如既往嚣张跋扈,言行怪诞。她在监内时常大发脾气,吵闹不休,故意扰乱监内秩序④。

还有些女犯入狱之后,当其"面对陌生的环境,面对特殊的人群,面对严格的管理"⑤,再加以因对从未体验过的牢狱生活深感不适应,监狱的高墙刑罚使其内心极易产生消极、恐惧悲观的情绪,尤其是一些犯有严重罪行的女犯,其刑期漫长,铁窗苦度,甚有"刑期长过命"思想,她们对未来更是深感无望,意志消沉,精神崩溃,其心理的恐惧感更是尤为强烈。此外,还有很多女犯因对自己的未来和前途茫然无知,无所适从,悲观绝望时,也会产生一定的恐惧心理。如上海监狱第一分监时期,1948年8月,杨崔氏因吸食鸦片罪,被处徒刑十八个月,在其刑期将满而要出狱时,她却因无处可去而深感恐慌和绝望,她说"我出去真是前途茫茫,若是我姐姐死了,我可就苦死了,到哪儿去呢,有哪儿可以让我去呢"⑥。

有些女犯还会产生一定的抑郁、焦虑,乃至想自杀的心理,这些人大多"多愁善感,对人对事敏感,有的行为孤僻,不善于交往,常感到孤单无助"⑦,当内心的苦闷长期积压,又无法排遣时,就容易走极端。如1946年7月,上

---

① 《上海监狱在监人赏罚簿》,上海档案馆档案,档号:Q177-1-642。
② 赵兰、赖国清:《狱内女犯心理咨询的实践及启示》,《犯罪与改造研究》1999年第4期,第33—38页。
③ 赵兰、赖国清:《狱内女犯心理咨询的实践及启示》,《犯罪与改造研究》1999年第4期,第33—38页。
④ 《提篮桥女监巡礼》,《中央日报》1947年5月5日。
⑤ 侯国栋、王娉:《女犯的特征及改造对策》,《犯罪与改造研究》1998年第5期,第39—41页。
⑥ 陈羽新:《人在黑暗中需要光明,女监犯举行文艺会》,《和平日报》1948年8月21日。
⑦ 侯国栋、王娉:《女犯的特征及改造对策》,《犯罪与改造研究》1998年第5期,第39—41页。

海监狱第一分监女犯蔡薛氏、苏雪梅两人意图自杀,并以死要挟恐吓看守,后被该分监制止并处加铐处分①。1948年8月,又有该监女犯孙周氏,在监品行不良且意图自杀并要挟看守,亦被处加铐处分②。因该分监此事多有发生,为预防人犯自杀身亡,该分监内部还设有一间特殊的橡皮间牢房,凡有自杀行为或意图及精神不正常的女犯,一律关押于此处,以做预防并兼顾惩戒。

还有些女犯在入狱之后,"认为自己的名声臭了,前途完了,昔日座上客,今日阶下囚,因而有着深深的自卑感"③,因缺乏自信,所以导致这种自责、自卑感会日渐加深,甚至产生严重的自我怀疑。如号称"人妖"的沈俊如,因吸食鸦片、引诱良家妇女、感情纠葛等行为被捕入狱,在上海监狱第一分监服刑期间,她曾对记者表示对于自我的否定和嫌弃,她说自己就是一个"脏东西","谁碰了我,谁就沾了一身脏去"④。

部分女犯在入狱之后,会对自己的罪行进行反思,或怨恨自己时运不济,或怨恨自己被人出卖,或怨恨自己不懂法,社会不公等,从而产生一定的悔恨、埋怨的心理。1946年12月,一位三十多岁,因"吃白面"毒品罪而在上海监狱第一分监服刑的中年女犯,当记者问她"为什么要吃白面呢?"她非常懊悔地说自己不懂法啊,"日本人在的时候,大家都可以吃,我又不知道犯法的"⑤。

此外,与以上的消极悲观等心理表现不同,有些女犯虽然因犯罪而入监服刑,但在监期间,其身份转化较为顺利,也能很积极地适应并融入监狱化的生活和规训化的环境,能服从监狱纪律,积极改悔向上,从而产生一种监狱化的人格及对于监狱生活的一种认同,因而这些女犯的心理状态则表现得相对较为平和与积极。如1948年4月份,一位因杀人罪而被判处有期徒刑十五年的名为马斯克那太夫娜的白俄女犯,当她在上海监狱第一分监服刑期间,在管理人员的教育感化之下,她积极改悔向上,每日脸上充满微笑,表示她"日后出监时,必不重度旧日生涯",并还怀着欢悦的心情说她"很欢喜此处生活,因为与外面的世界绝然不同"⑥。1948年5月,上海监狱第一分监举行人犯假释,有两个女犯王小娘及卢雅珍在举行完假释典礼即将出

---

① 《上海监狱狱务日记》,上海档案馆档案,档号:Q177-1-666。
② 《上海监狱在监人赏罚簿》,上海档案馆档案,档号:Q177-1-642。
③ 侯国栋、王娉:《女犯的特征及改造对策》,《犯罪与改造研究》1998年第5期,第39—41页。
④ 柳黛:《我像一个脏东西,谁碰了我,谁就沾了一身脏去,监狱访郁香岩,巧遇人妖沈俊如》,《上海风光》1947年第4期,第1页、第5页。
⑤ 梅:《生活在笼子里的一群,上海女监参观记》,《文汇报》1946年12月21日。
⑥ 曹灵佑:《上海监狱五千监犯的职业训练》,《大陆报》1948年4月17日。

狱之时，但因深感"女监对她们太好了"，故而她们不忍离开各位难友及监狱的管理者，从而在动情之下，"均大哭不止"①。

此外，在民国时期的上海女监之内，为了帮助人犯克服入狱的种种不适和纠正不良心态，更是为了能促进人犯改悔向上，以实现再造新民的目的，女监方面除了注重感化行刑，对女犯们组织实施必要的教诲、教育、劳役作业之外，还充分利用女犯们所具有的性别特质，诸如感情细腻、牵挂家人、渴望亲情关爱等，通过允许女犯与其亲朋好友相互通信和联络的方式，来安抚女犯破碎的心灵。这些女犯们通过小小的信件，与监外的亲友们搭建起相互联络沟通的桥梁和纽带，将万千的言语，满腹的亲情，诉诸纸端，正所谓纸短情长，女犯们通过书信与其亲友互相倾诉思念之情、眷恋之苦。这些书信不但如同冬日暖阳，温暖了女犯们凄冷的铁窗生涯，而且这些信件的内容，也更充分且真实地展示出了女犯们的所思所想及其复杂的、多层次的内心世界及心理状态。

众所周知，女犯虽然被关押在牢狱之中，但是其应有的社会化的属性仍然是存在的，在其内心深处，仍然渴望与外界的交往，怀念着监外的亲朋好友，渴望亲情的关爱和眷顾，尤其是为人母、为人妻的女犯，其在监牢内对子女的牵挂、对于丈夫的思念，对于家事的关切之情，更是强烈不已。倘若她们既无家人亲属接见探望，亦无亲友书信往来，在监无人关切，无人问津，她们的内心将会无比煎熬，其情绪就会显现出消极、自卑、苦闷、悲观，甚至是自暴自弃，而若有亲友的关切和信件的问候，她们就会感到无比激动、兴奋和安慰。

在江苏第二监狱分监时期，该监正式组建之后，首任分监长谢福慈很快就废除了以往工部局时代不准人犯与外界有任何通信往来的禁令，不但准许女犯与其亲友通信，而且还明确了不同性质的在押监犯收发书信的具体时间和次数，大体为：徒刑囚每月一次，拘役囚及未决犯每十日一次，若有特殊情形者，可不受此限制，加发信件，以资宽大和体恤②。不过，虽然监方准许人犯定期与亲属互通信件，但是由于该监女犯文化水平普遍不高，不识字者甚众，很多女犯不能自行写信。所以，该监囚犯所发的信件大部分都是由监内职员受囚犯本人之请求代其书写而成，有时监所职员所代写的信件"每日不下十余封"③。

---

① 《女犯两人昨天获释》，《大公报》1948年5月22日。
② 《上海江苏第二监狱分监犯人在监所接见制度》，上海档案馆档案，档号：Q177-5-213。
③ 《江苏高等法院第二分院关于控告监所期满不放人犯及职员疏忽背职的文件》，上海档案馆档案，档号：Q181-1-806。

该分监女犯与亲属之间的私人邮件往来,所需的邮资费用,原则上以自备为主。实际上该分监对于女犯收发邮件的费用多予以补贴,特别是在谢福慈担任分监长期间,该监"人犯发信所用邮票、邮片,概由公家给予,从无一人自备"①,"每月支出经常邮费项下,约计需洋四五元之谱"②。

对于女犯收发书信的具体详情,在该分监成立之初,一度并未严加管控。嗣后为纠正狱政管理中的弊端,江苏第二监狱分监即按照司法行政部的要求,特备书信收发簿,将监内女犯收发书信的详情均登记于内,以便加强对监犯的管理,并掌握女犯们的思想、心理动态的变化,以便有针对性予以介入和引导。此外,该分监还依据相关法规,对女犯们往来书信的内容严加审核,以防有不良信息传入,影响女犯的教化和改造。

该分监羁押的女犯,作为女性,她们的情感较为深沉和细腻,其对父母、丈夫、儿女等近亲家人多为挂念,其与家属的信件往来除了讲述在监的状况之外,亦多以谈家事为主。在女犯的内心世界中,她们对于家人、子女的思念和牵挂,对于家事的担忧和思虑,是永恒的主题,而这种浓浓的思念、恋家之情,就通过小小的信件,毫无保留地倾诉于纸端。

如在抗战时期,上海沦为"孤岛"期间,一位在江苏第二监狱分监服刑的名为张王氏的女犯收到由其父亲自常熟邮寄的一封信件。这封信估计是对张王氏之前从狱中发出的家信的一封回信。在信中,其父称"旧年接你信片两封,就发回信到你处,未知可收着否,至今十月二号接到之信,一切均悉"③。表明在战争状态下,张王氏与其家人之间仍能保持一定的联系,至少暂时尚未因战乱而家人失散。在以前写给其父的家信中,张王氏可能告知了她在监内生病之事,并询问其父亲及其他亲人的近况,可能也谈到了希望家人能到上海来探监的事项。因此其父亲在此封回信中,就向张王氏讲述了可能是她的一位至亲,在太仓名为"士良"的人的死讯以及其家产房屋被烧毁殆尽的情形。称自士良死后,其无所依靠,苦度时日,并告知近期将会令九娣来上海接见张王氏。

其信函详情如下:"士良去年四月十三日血症病故,云及父家苦楚,一言难尽,从士良死后,无所依靠矣。老苦。得知女现在内病重,医药不效,家中两泪双流,日夜思念无奈也。欲思来申接见,诸多少便,则得停日叫九娣来申接见是耳。旧岁兵灾逃难,已乎性命而亡,叩天庇佑,全家保命。你的信

---

① 《上海江苏第二监狱关于院令饬办事项》,上海档案馆档案,档号:Q177-5-301。
② 《上海江苏第二监狱分监关于》,上海档案馆档案,档号:Q177-5-260。
③ 《江苏上海第一特区地方法院看守所关于江苏二分监国民党组织上海市三区第三十七分部成员刘立三、蕙而孚等人》,上海档案馆档案,档号:Q177-4-6。

片九月六日发出,直至十月二号收接,因为常地邮政九月三十号开局,故而迟之。女如其病可痊效,家中方可安心,而太仓士良家屋全部烧去了,家私物件无存,他医生心血苦□去了","九娚大约一礼拜左右来申接见","家父则得念念经文,靠靠天地,苦过光阴,祈望女儿可能早日最好,总要求天地保佑,以年老了"①。

在抗战胜利之后的上海监狱第一分监时期,该监依据《监狱行刑法》的规定,亦准许人犯与其亲属每半月发受书信一次,若有特别理由时,也可准许其与其他之人发受书信,书信所谈事项不得妨害监狱纪律。人犯的来往书信亦须经过监狱主管人员的检阅,如认为有妨害监狱纪律者,则不许发受,不许发受之书信得废弃之,其一部分认为有前项情形者,得令删后,再行发受。如1947年7月31日,有名沈汉章者向监犯张郁香岩发信一封,该信内容经分监检核之后认为,"实与在监人不适,反加收信人烦恼,与事实无补",故将此信重行退回②。

此外,人犯往来的书信,经本人知晓内容后,应由监方收回保管,必要时亦可令收信人犯自行持有。若人犯有不识字者,则由监狱职员代其书信或阅读信件,使其明了内容为止。人犯所需的邮资,亦由本人自备为主,但对于监内之贫苦囚犯,其所需邮资无法支付时,若为邮寄外埠之紧要信件,则由分监从慈惠费内拨充补贴。若为寄上海本地的普通信件,则托付每月前来接见的人犯家属代为转交,以资节省费用。

该分监对于女犯往来书信,均须将信件概略记载于书信簿之上,以备稽考。通过书信簿中相关内容的记载,不但可以明确监内女犯频繁往来书信的主要对象是以亲属、同学、好友、律师等居多,而且还可以通过这些书信的内容进而明晰该监女犯往来书信的状况及其心理和情绪的变化。因不同的女犯其在监内的境遇不一,其家庭状况互有差异,各自关切和挂念的对象及情形、事由不同,因而其来往书信信中所涉及的内容亦较为庞杂,这些纷繁杂乱的书信内容,在很大程度也是反映出了该监女犯各自复杂性、多层次的内心世界和情绪变动。

有些女犯因在监内出现诸如生育、患病、物品不足或紧缺等特殊情况,生活出现困难,因而其与亲友往来的书信,更多反映出她们极为急切、焦虑的心理,她们望眼欲穿盼望亲友前来接见、接济物品或者给其购买药品用以

---

① 《江苏上海第一特区地方法院看守所关于江苏二分监国民党组织上海市三区第三十七分部成员刘立三、蕙而孚等人》,上海档案馆档案,档号:Q177-4-6。
② 《上海监狱人犯书信登记簿》,上海档案馆档案,档号:Q177-1-487。

治病,以便能有效弥补或缓解其所遇到的诸种困难问题。如 1947 年 8 月 5 日,监犯刘莲英在写给其家人的信中称"已生小孩三月,没有衣穿,盼嘱富生来接见"①。1947 年底,监犯张郁香岩在致其友人范寿田的信中,请其尽快送御寒衣物前来,其信称:"寿田兄如晤,冬至阳历年关,想业务甚忙,为烦兹来信请棉袄裤即日送来,实在等穿。棉鞋需做七寸,因水门汀地上实在冷,生冻疮,小了不能穿,所以要放二分也。另甘油一瓶,手帕两条,现在应在威海威□民国中学郁宗汉处,请与郁先生接洽后,同来接见可也。来时仍请带些小菜及方糖。又据家中说仍送交尊处 20 万元请做棉花毯,未知做就否,请一并面告。"②1948 年 7 月份,监犯王吴桂芳因在监内身患疮毒,病情严重,所以她非常急切地连续给其丈夫王建中及其家公发信数封,告知他们速速设法购买治疗用的药水,并叮嘱其夫去找她姐夫将接见卡拿来,交给她弟弟,以便其能前来接见和递送药品③。

也有些女犯虽然身在牢狱,但是仍然心系家庭,虽然在监服刑,但仍念念不忘家中的大事小情,对家中之事仍一如既往的关切、挂念不已。如 1948 年 1 月份,监犯张郁香岩在致其舅父许成甫及兄长郁佑任的家书中,嘱咐他们不要把米一起卖掉,留着随用随卖,并叮嘱每月寄一担米钱来监④。1948 年 11 月 5 日,监犯吴董氏给其弟董和甫写信,一方面托付他处理好家中房屋的事情,一方面因天气渐寒,嘱咐他尽快做好棉袄送来⑤。

还有些女犯入狱前家境富裕,或从事经商等活动,在其入狱之后,亦仍然牵挂家中生意,唯恐出现疏漏。如 1948 年 7 月、12 月份,监犯胡戴氏在家书中反复叮嘱其儿媳朱林弟要其增加租住房客的房租。亦有女犯在家书中急切地嘱托亲友尽快寻觅铺保办理保释手续的,如 1948 年 11 月 29 日,人犯张张桂芬在写给其丈夫张乃元的信中告知其可以保释,唯须铺保,要其托人尽快设法寻觅保人前来⑥。

除了上述内容之外,诸多为人母、为人妻的女犯,她们在往来的家书中,更多的是表达了她们对于其子女的关爱和割舍不断的亲情。虽身在监狱服刑,但其内心却无时无刻不在担忧其子女在监外的生活,种种思虑担忧之情跃然纸上,唯恐其子女生活不好,担忧他们的饥寒饱暖,担忧他们是否会生

---

① 《上海监狱人犯书信登记簿》,上海档案馆档案,档号:Q177-1-487。
② 《上海监狱犯人接见簿》,上海档案馆档案,档号:Q177-1-604。
③ 《上海监狱人犯书信登记簿》,上海档案馆档案,档号:Q177-1-486。
④ 《上海监狱人犯书信登记簿》,上海档案馆档案,档号:Q177-1-487。
⑤ 《上海监狱人犯书信登记簿》,上海档案馆档案,档号:Q177-1-486。
⑥ 《上海监狱人犯书信登记簿》,上海档案馆档案,档号:Q177-1-486。

病,甚至还在操心子女的终身大事,真是"可怜天下父母心"。如1948年1月27日,监犯孙周氏在信中叮嘱其丈夫孙达九将其四个小孩拍一张照片寄来①。1948年10月、12月份,监犯徐兰嘱咐其姐徐林弟要其每天给小孩吃三次牛奶,要其转告母亲带小毛到潘嬷嬷处看病。1949年2月、4月份,监犯施阿花要其兄朱庆云代其严加管束女儿,并托付其表兄吴阿毛帮忙解决其女儿的婚事②。

在该分监女犯与其亲属的往来信件中,有一份萧费氏写给其子金根的书信,这份相对完整的家书,可谓集中体现了这些为人母的女犯对其子女的舐犊之情和关切之意。在信中,萧费氏写道:"金根吾儿见字,非别因,母好,没有写信给儿,谅必儿身体如常,吾在狱非常挂念,外面的生活非(飞)高,各物非(飞)涨、吾儿在也是重担不易,又要双方接见,吾心内非常的(难)过,吾是新衙门解到上海监狱,你妹妹一次没有来处,吾很不放心,不知你妹身体如何也,不可(知)上学去否,望儿叫妹妹生冷东西不要吃,酸的东西也不要吃,儿要注意,你弟妹两人目前也有好,希望来了蒙恩,赦免你弟弟出狱,吾也少一分心思,□前有信写来给吾,也不知谁写的,邮票不是存一张罚票在吾处,大概是你弟写信给吾,你接他的时,叫你弟弟在(再)写封给吾,免得吾挂念,吾的手饰东西,儿到新衙门去取来,儿□信去,线戒两只、方戒□□两只、洋合□□金圆美金一□、银洋一元,美金角子大小22角,笔不多写,祝你近好,母书,5月19日,萧费氏。"③

综上可知,民国时期上海女监内羁押的各类女犯,由于各自境遇不同,其对于监狱规训化生活环境的感触各有差异,因而其各自的内心世界亦较为繁杂,并呈现出多层次性叠加的态势,女犯们的心理活动和情绪表达,相对于男性人犯而言,其应有的性别特质亦有鲜明凸显。由于女性感情细腻,情绪化明显,因而当有些女犯因无法适应陌生的监狱生活,无法顺利实现由社会化人格到监狱化人格转化的时候,在她们内心世界,不可避免会出现一系列消极性的心理障碍问题。不过也有女犯入狱之后,能很快适应监内生活,其心理状态就表现得相对稳定和积极。

这些女犯们虽身在牢狱服刑,但是其原有的社会属性仍然存在,她们仍然渴望亲情的关爱和温暖,仍然渴望与其亲友沟通和联络,仍然牵挂着家中诸多事务,仍然念念不忘其子女在监外的生活,种种思念、舐犊之情,溢于言

---

① 《上海监狱人犯书信登记簿》,上海档案馆档案,档号:Q177-1-487。
② 《上海监狱人犯书信登记簿》,上海档案馆档案,档号:Q177-1-486。
③ 《上海监狱一分监人物购物登记簿》,上海档案馆档案,档号:Q177-1-702。

表。因而通过准许女犯与外界进行必要的通信联络,纸短情长,不但有助于女犯们宣泄种种情绪和思念之苦,而且有助于缓解女犯焦虑、恐惧、忧郁等一系列的心理障碍问题,此外更有助于利用这种书信维系的亲情来促进对于女犯的感化和改造。

"一个人即使因犯罪而被剥夺自由甚至剥夺生命,但却不能受到有损人类尊严的对待;无论犯罪人的罪行多么严重,也不能以违背基本人性的方式做出回应。随着人类文明程度的提高,情感在人性上的分量愈来愈高。"①由此可知,上海女监对于女犯的感化行刑,除了必要的教诲、教育及劳役作业之外,还通过允准女犯与外界之间进行必要的书信往来,充分采用此种通信联络所体现的亲情关系,借助于此种柔性的、人性化的手段,利用女性与生俱来的敏感、温婉、缠绵、情绪化等天然的心理特质,注重对于人犯情感、心灵的劝悔。这种亲情的力量不但如同春风一般吹进灰暗冰冷的监房,吹拂着人犯阴暗的心田,使其在每日的单调乏味的牢狱生活中,能获得一些心灵、精神上的慰藉,而且这种亲情的感召力更有助于唤起人犯心中残存的善念,"使之受到感化,自觉消除情感意结,培养积极的情感情绪"②,进而积极改悔向上,化除恶性,再做社会良善之人。

---

① 周晓虹、杨敏:《"刑释量化三比对"的探索与实践——以浙江省女子监狱为例兼论女犯健康回归路径选择》,《中国司法》2017年第6期,第60—65页。
② 赖修桂:《改造女犯的对策刍议》,《政法论坛(中国政法大学学报)》1992年第1期,第46—51页。

第四章　生死攸关：上海女监的医疗及卫生

监狱作为各类人犯的羁押场所，在封闭的场域内众多人犯麇集，偶有不慎，极易酿成群死群伤性事故。不仅人犯因此而伤亡，即使监内职员以及社会公共卫生亦将受其影响，因此监狱内的医疗以及卫生防疫事项关系至重。在上海女监中，监狱方面在人犯入监时，即注重对人犯个人卫生的检查和清洁，同时对监内的公共卫生注重消毒，并设法对人犯易染的传染病加以防控，避免疠疫在监内流行。

第一节　人命关天：上海女监的卫生及疫病防治

"人类之犯罪，国法森严，不得不剥夺其自由，限制其行动"[1]。监狱中人犯，固然理应受到剥夺自由的惩罚，但是其在监内基本的健康权、生命权也理应得到保障，特别是在近代新式狱制之下，对于人犯的处置，更应注重罪当其罚，而不是以折磨苦辱为主旨。正如福柯所言"刑罚应有章可循，依罪量刑——违反人道的酷刑应予废除"[2]，"在所有主张更仁慈的刑法制度的要求中，包含两个因素，尺度和人道——惩罚必须以人道作为尺度"[3]。

作为自由刑的执行场所，在监狱在这一相对封闭的特殊空间内，大批人犯聚集，因生活条件所限，衣食起居，日常生活，皆受监狱规则的束缚，较之

---

[1] 胡定安：《改良监狱卫生之呼声》，《社会医报》1930年第130期，第1421—1422页。
[2] 福柯著，刘北成、杨远婴译：《规训与惩罚：监狱的诞生》，北京：生活·读书·新知三联书店，2020年，第77页。
[3] 福柯著，刘北成、杨远婴译：《规训与惩罚：监狱的诞生》，第79页。

常人更易罹患疾病。如果监狱中卫生情形不良,偶有不慎,各种疠疫极易滋生蔓延。若病菌肆虐,罪囚感染,则影响人犯健康,轻者遭受病痛折磨,重者折损人命。若偶发重症传染病,传播全监,死者枕藉,"不啻将处以自由刑者,而处以残酷之身体刑或生命刑也"①。因而,不卫生之监狱,名为执行自由刑之设施,实际则为"无形之断头台",这就严重违背了刑罚的主旨和监禁的本意,更有悖于惩罚的人道主义原则。此外,狱内疫病如若处置不当,甚而有可能传染至监外,威胁社会公共卫生的安全。正如时人所言"犯人被拘,罪名重大,无可悛悔者,处以死刑,凡人莫不称快,至彼不足以处死者,倘任其蓬头垢面,常居斗室,因疾病之传染,而致牺牲性命者,讵法律之真义所能容许? 故为实现法律之真义计,为讲求公共卫生计,为避免疾病传染计,为保护囚徒之性命安全计,狱中卫生方面之改良,不得不加以注意焉"。②

监所中保持良好的卫生防疫制度,既维持了监内环境的整洁,保障了人犯的基本权益,同时还可以在更深层次上促进对人犯的规制和管理,形塑人犯的日常行为和思想,有助于对人犯的教养及感化,因而,其具有多方面的功效和意义。正如民国时期著名监狱学家王元增所言:"清洁乃卫生之本,宜普及于监狱中之人及物,务使各处皆如明镜之纯洁无垢。其尤要者,在使在监人自知服从清洁之纪律为道德上之义务,而既为维持其人格健康之必要条件。"③

众所周知,监狱中羁押的人犯,大多系道德败坏,缺乏良好习惯和纪律之人。因而监狱方面通过制定各项有关卫生方面的规章制度,"通过强制来规范无纪律者或危险分子的行为"④,借此加强对人犯良好行为的引导和培养。通过对人犯日常行为的规制,进而使得人犯养成守秩序和服从的习惯,"这种习惯开始纯粹是外在的,但很快就变成第二天性"⑤,而监狱方面正是借助诸如纪律、卫生制度等一系列规制手段的实施,形塑人犯的日常行为及思想,助力人犯的感化教养与改造,使得人犯安分守己,监内井然有序,"这将大大有助于犯人的新生,恶劣的教养、坏榜样的习染、游惰——造成了犯罪,那么,就让我们尽量把这一切腐败的渊薮堵塞住,让健康道德的准则在监狱中畅行无阻"⑥。由此可知,监狱中的卫生问题不仅是有关人犯的身体健康,同时也是监狱权力对于人犯进行规训、培养纪律、规则意识、进行教化的重要举措。

---

① 胡起鹏:《监狱卫生之我见》,《上海警声月刊》1940年第3卷第1期,第14—16页。
② 周克传:《改良监狱卫生刍议》,《民报》1933年6月5日。
③ 王元增:《监狱规则讲义》,北京:京师第一监狱出版,1917年,第90页。
④ 福柯著,刘北成、杨远婴译:《规训与惩罚:监狱的诞生》,第327页。
⑤ 福柯著,刘北成、杨远婴译:《规训与惩罚:监狱的诞生》,第258页。
⑥ 福柯著,刘北成、杨远婴译:《规训与惩罚:监狱的诞生》,第252页。

可见,监狱内卫生之维持,疫病之防治,与人犯生命的保护、社会公共卫生的保障及人犯的教化关系甚大。有鉴于此,国民政府司法行政部对于监所卫生与防疫事项甚为重视,多次下发训令,督饬各地监所"对于卫生事项,务须按照定章,切实实行,未病人犯,应严加预防,如血清之注射、虫虱之扑灭,房屋之扫除,衣被之洗晒、饮食之清洁,身体之沐浴运动等——已病人犯,应照章设法隔离,或保外医治,或送病院,并将病犯所用卧具杂具及所住监房,设法消毒,以免传染,而重人道"①。

在司法行政部的严令督饬下,上海女监对于监所卫生及防疫问题的处置亦未敢懈怠。卫生防疫首重预防,上海女监在接收人犯入监时,即注重对新收人犯的卫生检疫工作。每有人犯送监收押时,除了对新收人犯办理各项入监手续之外,最重要之处即对人犯进行身体检验,看其有无传染性疾病,并令其沐浴、理发、更换清洁囚衣。如1940年4月,有女犯王陈氏入监时"虮虱满身",如若不令其理发并沐浴更衣,势必成为监内卫生之威胁②。此外,江苏第二监狱分监还视监内收容人犯数量状况,酌划一间或数间监房,专用于新收人犯居住,俟其经过一段适应期,若无其他病症发生,再将其移入普通监房收禁,以减少潜在的传染性疾病发生概率。上海监狱第一分监除采取上述举措外,还注意对新收人犯所携带的衣物进行全部消毒处理。

人犯入监后,即从衣被换洗、饮食、沐浴、理发、运动等多个方面加强对人犯个人卫生的管理。羁押于江苏第二监狱分监的女犯,其在监所用的衣被,按例皆由公家制备发给,冬棉夏单,按季节更调。除号衣外,另发毛毯及棉被,以免人犯有冻馁之苦。囚犯所用衣被,由监狱方面督饬勤于更换洗涤,以维清洁。该分监规定,人犯号衣每星期更换二次,囚衣的洗濯,冬季每周一次,秋季每周两次,炎热的夏季则每周三次,被褥则每月一次,而病犯的衣服,随时洗晒之。

上海监狱第一分监对于人犯衣被的供给,冬季每人棉衣裤一套,绒毯五条,夏季每人单衣两套,绒毯一条,席一条,扇子一把。犯人的囚衣,自1947年7月10日起,要求隔天须行更换;囚人衣被的洗濯,规定冬季每星期洗涤一次,春夏秋季每星期二次。在监犯饮食方面,为预防人犯罹患诸如脚气、青腿牙疳(即坏血症)等传染病的发生,补充人犯维生素,江苏第二监狱分监规定在囚犯米饭中酌加小麦、红豆等杂粮十分之二,并辅以时令菜蔬一并发

---

① 《江苏高等法院第二分院关于疏通监犯的文件》,上海档案馆档案,档号:Q181-1-892。
② 《江苏高等法院第二分院关于监所人犯死亡证明书》,上海档案馆档案,档号:Q181-1-978。

给。不准私自饮用生水,每日由监方供给囚犯开水,开水用壶装,以资卫生。烹煮囚食的炊场,门窗采用双合洋式,蒙以纱帘;食物亦用罩储藏,以防蚊蝇;炊场用具及囚犯食具,俱随时洗濯清洁;炊场倾倒污水处,亦喷洒臭药水消毒,并时时疏通清洁积污;炊场之内另加派看守随时监察,并由监长巡视,以保人犯饮食安全。上海监狱第一分监每日向人犯提供添加橘子皮煮成的开水两次,每次一磅,以补人犯之维生素 C。此外,为补充人犯营养,该分监将从社会募捐所得的一千多磅的脱脂奶粉,每日掺于饭内,与人犯分食,并将蛋壳洗净晒干研细成粉令人犯服用以补钙①。

江苏第二监狱分监令人犯每日清晨按时洗面,最初是于每日清晨,用铅桶装温水,每个监舍发给一桶,同舍人犯皆在此桶内洗濯,擦面巾由人犯自备或向同室人犯借用。嗣后高二分院指出多人在一桶水内洗濯且共用擦面巾,殊与卫生有碍,遂责令分监予以整改。对于监犯无力自备者,由监方核实发给;上海女监之内羁押者皆为女性人犯,这些女犯们遇有月经及日常如厕,皆用草纸处理,江苏第二监狱分监对于人犯需用草纸,一向由人犯自备,但若有人犯无自备者,则由分监付给②。上海监狱第一分监则向人犯提供所需草纸,该监的狱务日志中经常可见采购草纸的记录,如 1946 年 12 月 11 日采购人犯所用草纸一扎,花费 23 500 元③。

保持人犯个人卫生清洁最重要的方式,即督饬人犯定期洗浴及理发。江苏第二监狱分监在监内设有浴室,最初规模较小,浴池面积仅二工尺,每次只能同时供六人洗浴,一天最多沐浴六十余人,池水每浴一次即行更换。后由于人犯过多,不敷使用,遂加以改建,在女职员宿舍之前,设浴室大间,内有长方形大浴池一个,面积 2 193 方寸,椭圆瓦缸浴盆三个,面积 445 方寸,除装有冷热水龙头外,复有莲蓬头可以盥洗,每次可同时共浴 16 人,每天可供浴一百二三十人。监犯洗浴次数,冬季每周一次,夏季每周至少三次,但病犯及劳役犯不拘次数;人犯理发次数根据天气寒暖而调整,一般每月须理发两次④。

上海监狱第一分监亦在监内设有浴室供人犯洗浴,每次沐浴均用煤气供热,相关费用在囚粮副食费项下开支。人犯沐浴次数,夏日每犯每星期沐

---

① 涓:《参观中国唯一女监》,《新妇女》1947 年第 7 期,第 19 页。
② 《江苏高等法院第二分院关于监所禁戒护劳役程时岿等查分监簿册报告及部令公布制定监犯外役规则等》,上海档案馆档案,档号:Q181-1-870。
③ 《上海监狱一分监训令等》,上海档案馆档案,档号:Q177-1-711。
④ 《上海江苏第二监狱分监监所卫生事项》,上海档案馆档案,档号:Q177-5-54;《上海江苏第二监狱分监监所卫生事项》,上海档案馆档案,档号:Q177-5-75。

浴三次,春秋二次,冬日一次,洗浴时并添加来沙尔以防皮肤病①;沐浴时,人犯须依次排队进入浴室,不得争抢,等候者保持肃静不得喧哗,洗浴时须动作迅速不得故意延迟,且保持肃静,不得任意高声谈笑,沐浴后须服装整齐,有秩序地返回监房;若有人犯鬓发已长时,须定时理发②。

为防止人犯在监内枯坐致使血脉不畅,上海女监还每天督饬女犯分批进行必要的运动,以活动筋骨,接触阳光,呼吸新鲜空气,促进新陈代谢。江苏第二监狱分监由于空间逼仄,并没有专门的运动场,每日人犯运动都是在监内庭院内,如遇雨雪等恶劣天气,则转移至监房外走廊上进行。人犯运动采取分批进行,每批次人数不等,视监所收容人犯数量的多寡而调整。运动时间,每批次一般运动一个小时,运动方式采用急走或徒手体操方式,做体操时,由一名有经验的女看守带领,数十名女犯站在庭院四周围成一个长圆形状,女看守在圆圈内喊着口令,指导人犯进行运动。不少女犯可能在入监前不曾知晓此项运动,而在监内却"不得不勉励自己去学习那不习惯的举动,这在她们的生活中,的确是最科学的一项了"③。

上海监狱第一分监亦因监所狭小,没有专门的运动场,不过,该监监房屋顶由于面积较宽,阳光充足,且四面围有一丈余高的铁栅栏,安全亦有保障,因此分监人犯运动多在此地进行。每天"上午7时至8时,羁押犯运动,8时至9时30分,病房人犯分组运动,下午1时至2时半,三四楼人犯分组运动"④,每次运动时间为一个小时,患病人犯有时亦由看守带领至分监庭院种植花木之处散步一小时。运动时,人犯须列队整齐,不得任意变更顺序,听从主管看守口令,不得任意行动,如有特别情形不能做指定运动时须经允准后始得退出,运动时须保持肃静,不得谈笑,运动完毕依次返回监房,如有违反者将予以相当之惩戒⑤。

在督饬人犯厉行个人卫生的同时,上海女监还对监内的公共卫生颇为注意,对监内的庭院、监房、厕所以及水沟等处所,督饬人犯进行打扫、清洁,并定期进行消毒处理,杀灭蚊蝇、瘙虱、臭虫等传染病源。江苏第二监狱分监时期,对于监内庭院部分的卫生,令人犯每日进行洒扫,用自来水冲洗,清洁去污,清除污渍残留,并将监内垃圾运往监外处理。对于庭院及其他出入

---

① 《上海监狱一分监视察报告等》,上海档案馆档案,档号:Q177-1-755;《上海地方法院奉令调查上海监狱案件》,上海档案馆档案,档号:Q185-1-694。
② 《司法行政部直属上海监狱沿革纪实录》,上海档案馆档案,档号:Q177-1-444。
③ 露薇:《特一区女看守所参观记》,《上海妇女(上海1938)》1938年第1卷第4期,第5—6页。
④ 《上海监狱狱务日记》,上海档案馆档案,档号:Q177-1-452。
⑤ 《司法行政部直属上海监狱沿革纪实录》,上海档案馆档案,档号:Q177-1-444。

场所均定期喷洒臭药水进行消毒。监内水沟,注意定期疏浚,清除沟内垃圾及积水,以免孳生蚊蝇;监内厕所,采用双合洋式,罩以窗纱,人犯便溺每日运除,并洒以臭药水消毒,各监房便桶每日倾倒清洗一次。此外该分监还对人犯接见送物加强管制,尤其是在夏季,禁止人犯家属接见时送入不洁食品,凡来监探望携有食品者,均须严加检查,以防止疫疠传染。监房是人犯居住之所,女犯们一天大部分时间都是在监房内度过,监房内的卫生对于人犯身心健康有极密切之关系。因此江苏第二监狱分监每日均督饬人犯对监房号舍洒扫两次,整饬监内物品,床铺、地板及墙壁力求整洁,并注意喷洒臭药水进行消毒,扑灭虫虱。监房内的空气是否流通,气积容量的多寡,亦对人犯健康产生影响,按照国际标准,监舍普通杂居房,收容人犯3—6人者,人均气积应为16—18立方米,该分监监舍实为普通杂居房,额定容纳人犯为5人,但是该分监有时因收容人犯过多,每间杂居房有时甚至容纳十余人,这令监房内之空气有时颇为污浊,于人犯健康不利。

  上海监狱第一分监利用庭院内空地,在四周种植花木,中间开辟菜圃,广约二亩许,既可以收获菜蔬补充囚犯饭食,亦可增强绿化,改善囚犯居住环境。对于监房卫生,令人犯将监房内外早晚各打扫两次,每周均举行大扫除,各监房门后均安置有抽水马桶一只,工场、走廊亦添设马桶,每日早晚洗刷两次,以消除异味,保持清洁,"所以不像其他各地的监狱,走进去就嗅到一种恶性的气味"①。囚人用品各用包裹包好,藏置于监房,保持号舍之整洁。此外,该分监还极为重视监内号舍及各公共处所的卫生消毒事宜,定期函请上海市卫生局消防队来监进行消毒作业。该分监消毒利用的是臭药水及DDT粉剂,DDT粉剂的利用频率更多一些,如1946年7月10日,分监在三楼监房及工场喷射DDT药水,同月19日又在全部监房喷射DDT药水②。

  上海监狱第一分监所用的DDT粉剂以及臭药水等杀虫剂主要是从上海市卫生局消毒队募捐来的。DDT药剂的杀虫作用,要比臭药水强很多,正是由于该分监对于DDT药水的使用,有效杀灭了蚊蝇、臭虫等害虫。"上海的女监狱里,本来也有很多白虫的,自从——洒了几次杀虫药水,再经过人力的清除,这样努力于除虫运动之后,白虫居然绝迹,所以,现在每个女犯的监房内,都已找不到一个白虫。"③整个女监之内也"没有发现有一只苍蝇,或一只在飞的小昆虫",女犯们身上"都很清洁,身上从未有虱子等类

---

① 《关闭女人的堡垒——上海提篮桥女监记》,《大公报》1948年10月3日。
② 《上海监狱狱务日记》,上海档案馆档案,档号:Q177-1-666。
③ 问竹轩主:《上海女监鳞爪:叶吉卿、佘爱珍的除虫运动》,《新上海》1946年第23期,第8页。

的东西"①。通过对监内害虫效果显著的扑灭和控制,从而预防了不少传染病的滋生,保护了不少女犯的生命。

上海女监在督饬职员及女犯做好个人卫生及监内公共卫生的同时,增强监犯抵御传染病侵袭的能力,特别是春夏之季,本即是疫病多发季节,再加上监内时常人犯拥挤,秽气蒸腾,饮食不慎则极易诱发霍乱等传染性疾病。为此,每到春夏之季,上海女监即同上海市卫生局联系,请其派员到监为人犯注射各类防疫针剂,有针对性地扑灭传染病的滋生。一般来说,上海女监为人犯所注射的防疫针,在春季多为种植牛痘以预防天花,夏季则注射霍乱、伤寒等类疫苗。每次前来注射,上海市卫生局即向上海女监发放各类预防传染病的宣传品,并嘱在监所内广为张贴,以便周知。

民国时期,天花是法定传染病之一种,此病一经流行,为害至烈,轻则瞎眼残废,重则伤身丧命,此病若在监所中滋生蔓延,为害更甚。为此,每到春季,江苏第二监狱分监即联系上海市卫生局请其派员来监为人犯及职员布种牛痘,以资预防。霍乱是夏秋季节极易流行的一种重要传染病,每届夏令时期,江苏第二监狱分监亦照例函请上海市卫生局前来注射霍乱及伤寒混合性疫苗,这种混合疫苗一经注射之后,既可免染霍乱,又可预防伤寒,是为省时节费,一举两得②。为给人犯注射防疫针剂,上海监狱第一分监亦同样与上海市卫生局有着密切的来往,如1946年3月17日,该分监致函上海市卫生局请其来监为女犯及职员布种牛痘。之后,4月1日,上海市卫生局第二区卫生所即派该所护士罗佳雯、朱澍美前来办理,并免除一切药料等费③。1948年4—5月份,上海市卫生局防疫总队向分监女犯注射霍乱防疫苗,共两次,每次均为251人④。

在上海女监中,女犯的囚食,以稻米为主食,并掺和一定比例的杂粮等物,人犯佐餐的菜蔬分量较少,相对不足。更多的佐餐菜品是以各类腌菜、干货等为主,新鲜食品不易得,且监所囚饭的制作方式,多以煮熟为主,有时即如同乱炖一般,"将食米及油盐菜一并煮入饭内",即使有新鲜菜蔬,亦使菜蔬有益的营养、维生素等遭到破坏,难以为人犯所吸收。上海女监中此等饮食习惯及饭食结构,很容易导致监犯各类维生素以及营养不足,易患各类维生素缺乏症诸如青腿牙疳、脚气病等传染病,此类疾病实为监所中最易爆发的病种。

---

① 《提篮桥监狱内,女犯生活素描》,《益世报》1946年7月11日。
② 《上海江苏第二监狱分监监所卫生》,上海档案馆档案,档号:Q177-5-86;《上海江苏第二监狱分监监犯患病》,上海档案馆档案,档号:Q177-5-92。
③ 《上海监狱一分监医疗卫生公函》,上海档案馆档案,档号:Q177-1-769。
④ 《上海监狱关于卫生事项、医药事项、病犯医药费》,上海档案馆档案,档号:Q177-1-328。

青腿牙疳，又称坏血症，是因人体内丙种维生素缺乏，加之夏受潮湿，冬受风寒，怠于工作，不喜运动所致。传统中医理论认为，"凡病腿肿色青者，其上必发牙疳，凡病牙疳腐血者，其下必发青腿"①，"间有仅青腿而不牙疳或牙疳而不青腿者，其病较轻"②。此病之预防则在于令人犯多食新鲜菜蔬果子，加强运动，监房流通空气，避免潮湿，莫受风寒。而对于不幸罹患此病人犯的治疗，传统中医的治疗方法主要分为内治法及外治法两大类，内治法包括服白马脑法、服中药法；外治法包括太阳照晒法及浸洗法。

1932年，在上海漕河泾江苏第二监狱内曾大规模爆发青腿牙疳病症，由司法行政部函请内政部卫生署转饬上海市卫生局派员前往调查诊治。因上海一地各处监所饮食大致相似，为预防此病在其他监所滋生蔓延，司法行政部遂训令上海主管高院，转饬所属监所切实整顿预防，"嗣后人犯所用菜蔬以应时新鲜菜蔬为主——所定菜蔬至少七八种，逐日轮流更换，周而复始"③。此后，江苏第二监狱分监即遵照部令，对监内人犯因食种类根据该监经费状况以及季节变换，予以一定程度的调整，增加人犯菜蔬的种类和分量，多用时令性菜蔬轮流与人犯食用，以资预防。如1933年3月份，该监人犯所食青菜即为"白菜、菠菜、油菜、豆芽、萝卜等轮换，参以豆腐用油烧煮，每人每餐发给四两"④。

脚气病亦是因人犯饮食失调，致使缺乏必需的维生素而产生的一种病症，此种病在各监所中应该说是比青腿牙疳更为常见，各人犯之间只是有着发病程度的差异而已。在江苏第二监狱分监中，据1941年9月份的统计显示，监内患有脚气病者有一百零一人，"已超出全数之半"，"因近数月来市上糙米缺乏，难于购办，久食机米易生脚气病"⑤。上述脚气病患者人数虽多，不过都是病势较轻，仍可以在监房做工，这些只是程度较浅且较为幸运的一批脚气患者。

但是，此种脚气病如若严重发作起来，亦可夺人性命，综观该分监各年度因病死亡人犯之报告书，可以发现，因罹患脚气而身亡者亦不在少数。如1930年10月17日上午3时，分监女犯周张氏因患脚气，致使全身麻痹而亡，据其治疗报告称"该犯因患干性脚气，在监予以相当食品外，复投以种种

---

① 郑叔纶：《对于浙江第四监狱发生青腿牙疳之研究》，《现代中医》1934年第1卷第4期，第7—8页。
② 《江苏高等法院第二分院关于整顿监务的文件》，上海档案馆档案，档号：Q181-1-840。
③ 《司法行政部训令》，《司法行政公报》1932年第4期，第37—39页。
④ 《上海江苏第二监狱分监监所卫生事项》，上海档案馆档案，档号：Q177-5-75。
⑤ 《江苏高等法院第二分院关于建设改良视察监所》，上海档案馆档案，档号：Q181-1-1004。

治疗脚气等药剂,如士的年注射及强心健筋等药,卒因病重送医院",最终因不治在院而亡①。脚气病不仅严重折损人命,而且易于传染,如有不慎,处置不当,极易造成监内蔓延,不可不防。

因饮食所限,在江苏第二监狱分监中罹患脚气病者较多,为预防此病滋生传染,高二分院曾于1933年初督饬该分监医士沙凤华与法医研究所合作,共同研究预防方法,以资改善。嗣后,沙凤华即遵令会同魏法医、张法医进行调研,并提出了数条改良建议:1. 改善人犯囚粮,通常该分监规定每名人犯每餐米饭二十两,加赤豆百分之四,麦皮百分之一,蔬菜一勺,其中乙种维生素固较平时增加,但犹恐不足。因此,建议对于有脚气病嫌疑人犯提供面食、米饭各半,加增蔬菜,并附加有脂肪食品,如菜油等;对于已发病者,将米饭完全取消,费用即以规定之口粮价为限,或于特殊情形时酌加之。2. 增加人犯运动时间,该分监监舍由于阳光难以照射入室,致使光线不足,难免阴暗潮湿,易生病患,为此可再为酌增人犯户外运动时间,勤加运动,则心身舒爽,血行活泼,体内抵抗力强。3. 保持室内空气流通,凡在工场、学校及集会之场所,大体皆有一定装置以流通空气,但该分监由于经费所限,无力安装,因而每到天气寒冷时期及晚间,监舍窗户时有封闭,以资御寒,致使监房内气味龌龊,大不卫生,嗣后可令看守将部分监舍窗户轮换按时打开,务使室中空气减少潮湿②。

在抗战期间,上海外部米源几近断绝,全市粮食大形恐慌。江苏第二监狱分监采办囚粮亦极为困难,特别是囚犯所食的糙米亦无从购办。无奈之下只能采用西贡白米以代之,此种白米相比糙米,人体所需之部分维生素明显不足,食用此米之后,监犯患脚气者骤增,医疗上顿形紧张。该监囿于经费困乏,加之西药昂贵,无力采办大量维生素乙供人犯用。为缓解监内人犯病情,该分监想尽办法,找来数斗糠粉,向患脚气病之人犯,每天发给糠粉半两至一两,加糖,用沸水调匀后食之,并附以必要的治疗,令医士严密观察,"一月以后,各症渐渐缓减,近数月来,脚气症已稀少"。此外,分监还积极努力采购芜湖糙米,以替换机制白米,以充囚食,可资预防人犯脚气病之发生③。抗战胜利之后,上海监狱第一分监内亦时有人犯罹患脚气病,该监对于患病人犯的治疗,亦令其食用糖拌麸皮。如1948年2月6日,该监将存储的15斤白糖,拨给炊场8斤,为患脚气病人犯调拌麸皮疗治④。

此外,上海女监内有时还有其他一些偶发性的传染性疾病。如1934年

---

① 《江苏高等法院第二分院关于监所人犯死亡证书》,上海档案馆档案,档号:Q181-1-809。
② 《上海江苏第二监狱分监监犯患病》,上海档案馆档案,档号:Q177-5-200。
③ 《上海江苏第二监狱分监监犯患病》,上海档案馆档案,档号:Q177-5-200。
④ 《上海监狱狱务日记》,上海档案馆档案,档号:Q177-1-452。

4月,江苏第二监狱分监女犯张王氏在监染天花病,为预防此病在监内传染,该分监即派女看守一人押同该犯前往工部局传染病医院救治,并函催市卫生局来监布种牛痘,以资预防①。在上海监狱第一分监时期,1946年12月23日,84号女犯徐张氏忽患白喉症,经分监医师陈澄诊断并经卫生试验所化验确诊为系真性白喉病②,该病可通过患者之唾液飞沫及所接触之物品等途径进行传播,传染性较强。因此,为预防此病在监蔓延,第一分监遂即派看守赵取义、唐志禾将徐张氏戒送至上海市第二传染病医院医治,由看守唐志禾留院专责戒护该犯治疗。同时,该分监还函请上海市卫生局防疫处速派员来监施行预防工作,以免传染而重卫生。同月30日,分监花费45 000元购置白喉血清,以资人犯预防之用③。1947年1月12日,徐张氏在传染病医院医治得愈,由看守唐志禾提回分监继续执行④,由于该分监发现及时,并迅速做好了相应的防疫工作,此病并未在监内蔓延,酿成事故。

综上所述,卫生、防疫是监所人犯生命安全的保障,亦与监所职员的生命安全密切相关,国民政府司法行政部对于监所卫生防疫事务颇为重视,不仅在《监狱规则》《监狱行刑法》等法规中对于监所卫生有着明确的条款规定,还多次就具体问题下发训令,督饬和指导各地监所注意人犯卫生的清洁以及传染病疫情的防治。与此同时,由于监所卫生亦与社会公共卫生休戚与共,各监所的卫生及防疫事务亦获得了各地市政卫生部门的协助,在一定程度上保障了监所卫生防疫工作的进行。由于经费不足,上海女监无力购置卫生防疫所需的器械及药品,无力保障人犯较为均衡的饮食供应,以致脚气等病症在监内时有发生。同时监内收容人犯过多,监舍押犯拥挤不堪,在很大程度亦导致了监所卫生环境的恶化,在一定程度上抵消了监所致力于卫生防疫工作的努力。

第二节　生死由命:上海女监内女犯的疾病概况及对策

在民国时期的上海女监中,由于羁押人犯时常超过定额,致使监内人犯

---

① 《上海江苏第二监狱分监教诲教育卫生(监犯患病)》,上海档案馆档案,档号: Q177-5-277。
② 《上海监狱一分监疾病死亡》,上海档案馆档案,档号: Q177-1-707。
③ 《上海监狱一分监疾病死亡》,上海档案馆档案,档号: Q177-1-707;《上海监狱狱务日记》,上海档案馆档案,档号: Q177-1-666。
④ 《上海监狱狱务日记》,上海档案馆档案,档号: Q177-1-447。

拥挤程度甚至超过常人之想象,监内设施常态性超负荷运载,人潮汹涌。在有限的狱内空间内,尤其是炎热季节,暑热蒸腾,气体污浊,秽气难闻,致使狱中的卫生防疫工作面临着很大的冲击和压力,再加上监内生活条件所限,人犯饮食营养失衡,致使人犯罹患各种疾病者为数不少。此外,人犯入监之前即患有各种疾病以及沾染烟瘾、毒瘾而带病入监者亦为数甚众,导致上海女监内人犯的疾病状况较为繁杂,同时也增加了监所医疗的负担和难度。虽然,在上海女监内亦配设有医务所以及医士、药剂士,但是囿于经费不足,监内的医疗设施较为简单,除了提供基础性必要的医疗救治、卫生防疫的职能之外,无力承担众多患病人犯尤其重病人犯的救治职责。作为一种疏通和补救之策,上海女监在国民政府相关法规的范围之内,酌情将病重人犯予以保外医治或寻找监外社会医院进行合作,将病重人犯移送至合作医院进行救治,以弥补监内医疗不足的缺失。

在江苏第二监狱分监时期,由于该分监对保外就医或需移送医院救治的女犯,都需要监内医士进行必要的核查,并出具人犯疾病状况诊断书,从而保留了较多的女犯疾病的记载。此外,在由监狱方面出具的死亡证书上面,也会有关于女犯死亡于何种病症的详细记录,通过这些资料,可以在一定程度上洞悉该分监女犯所患相关疾病的大致状况。

根据现存的江苏第二监狱分监医士所开具的已决人犯保外或送院的病情诊断书以及由该监出具的人犯死亡证书,综合梳理之后,大致可获得418人次的人犯疾病记录[①]。根据这些疾病记录显示,在江苏第二监狱分监存续期间,监内人犯所患疾病种类最多的为各种程度不一的肺痨、肺炎类疾病,大致有70人,占总数的16.7%,尤其是第三期深度肺痨人犯不在少数。肠胃类疾病如肠胃炎、胃痛、胃溃疡、痢疾、腹泻等人犯有69人,占全数的

---

① 该数据系根据以下案卷整理而来:如《上海江苏第二监狱分监监犯患病送医院诊治》,上海档案馆档案,档号:Q177-5-50;《上海江苏第二监狱分监监犯患病》,上海档案馆档案,档号:Q177-5-91;《上海江苏第二监狱分监监犯患病》,上海档案馆档案,档号:Q177-5-92;《上海江苏第二监狱分监教诲教育卫生、监犯患病》,上海档案馆档案,档号:Q177-5-163;《上海江苏第二监狱分监监犯患病》,上海档案馆档案,档号:Q177-5-200;《上海江苏第二监狱分监监犯刘玉氏、周刘氏等七名患病送院诊治等》,上海档案馆档案,档号:Q177-5-230;《上海江苏第二监狱分监教诲教育卫生(监犯患病)》,上海档案馆档案,档号:Q177-5-276;《上海江苏第二监狱分监教诲教育卫生(监犯患病)》,上海档案馆档案,档号:Q177-5-277;《上海江苏第二监狱分监监犯患病》,上海档案馆档案,档号:Q177-5-330;《江苏高等法院第二分院关于教育、给养、卫生案犯患病跌伤送医治等的文件》,上海档案馆档案,档号:Q181-1-875;《江苏高等法院第二分院关于教育、给养、卫生女病犯送医院治病的文件》,上海档案馆档案,档号:Q181-1-881;《江苏高等法院第二分院关于女犯卫生医疗问题的文件》,上海档案馆档案,档号:Q181-1-912;《江苏高等法院第二分院关于监犯卫生医疗问题的文件》,上海档案馆档案,档号:Q181-1-936等。

16.5%，此类患病人犯较多，估计与监内的饭菜质量不佳有关，该监人犯因食多以普通糙米为主，佐餐之菜大多为各类腌菜，即使有部分青菜亦数量相对较少，长此以往，再加上冷热等空气侵袭，人犯肠胃难免不出问题。监内疾病人数较多的还有伤寒疟疾类疾病，有 50 人，约有 12%；脚气病患者 48 人，约占 11.5%；心脏衰弱、心脏炎症、心脏麻痹、心脏水肿、心脏瓣膜闭锁不全症等各类心脏者，约有 45 人，占全数的 10.8%；罹患周身浮肿者有 24 人，占全数的 5.7%。

除上述疾病种类之外，患病人数相对较为分散和数量较少者还有诸如患梅毒等性病者 11 人，患有气管炎者有 10 人，患有耳聋、沙眼、鼻子大出血、喉头发炎等五官类疾病者 8 人；不明原因吐血不止者 7 人；痛风患者 6 人；因沾染烟瘾毒瘾甚深，全身泄漏不止而至身体虚脱者 6 人；淋巴结核症者 5 人；脑出血者 4 人；中风偏瘫者 4 人；无名疮毒皮肤溃烂者、患有骨痨者以及肾脏炎者各为 3 人；患有恶性贫血、小便不通及尿失禁者、神经衰弱者、癫痫抽搐者均为 2 人；此外，尚有诸如胸痛、昏迷、肿瘤、内伤、干血痨、腹膜炎、外伤骨折、天花、筋膜炎、血热证乃至肛门痔漏者，各为 1 人；该分监是为女监，人犯所患之各类妇科疾病亦时而有之，主要是各种诸如子宫出血、血崩症、子宫炎症、白带异常以及因分娩而引发的产后感染、难产等类，大致约有 18 人，约占全数的 4.3%。

此外，在该分监诸多的疾病人犯中，尚有一类较为特殊的人犯，即罹患精神性疾病的病犯，大约计有 5 人。此类人犯在监无法自主，昼夜喧闹，不仅妨碍监内安宁与秩序，甚而有因此而死者，致使分监对于此类人犯感到极为棘手。如 1930 年 8 月份，监犯陆阿毛自患神经病以来，虽经医治，均无效果，后病情日重，"昼夜吵闹，哭骂无常，精神尽失"，甚至水米不进，又吐泻不止，移送红十字会医院医治无效，终因身体亏耗而亡①。高二分院曾指令分监将此类人犯设法隔离监禁，但该监人犯拥挤，无空暇之地，只能将此神经病犯开释了事。该分监并呈请高二分院嗣后对于此类疯狂病犯应设法移送医院治疗，不再签发监所收押执行，以资隔离，以保监内秩序及安宁②。

通过上述疾病的种类以及数量分布可以看出，在该分监人犯罹患的诸多疾病中，主要还是以呼吸系统、消化系统、循环系统以及营养缺乏症等类疾病为主体，而此类疾病的多发虽与人犯体质以及既往病史有关，但是监内生活待遇及居住条件的恶化亦难脱干系，可见该分监在人犯的医疗保障方

---

① 《上海江苏第二监狱分监监犯患病》，上海档案馆档案，档号：Q177-5-91。
② 《江苏高等法院第二分院关于整理监务的文件》，上海档案馆档案，档号：Q181-1-873。

面存在着较为明显的缺陷和问题。

与江苏第二监狱分监不同之处在于,抗战胜利之后,上海监狱第一分监时期保存了较为详实和明确的人犯每日门诊记录。依据这些资料,可以较为清晰地了解该分监人犯日常的患病情形。为了更为全面地掌握该分监人犯常态性的疾病状况,特选取 1947 年 8—10 月份三个月之内的每日人犯门诊记录,共计 1 404 人次来进行相应的考察①。

具体来说,该分监人犯所患疾病最多的当属感冒与咳嗽共计 185 人次,占总数的 13.2%;患体癣者 174 人次,占总数的 12.4%;患湿疹者 134 人次,占总数的 9.5%;患胃胀气者 114 人,占总数的 8.1%;患皮肤溃烂、脓疡、黄水疮者 101 人,占总数的 7.2%;另尚有罹患诸如青光眼、沙眼、赤眼及眼皮红肿等眼睛疾病者 66 人次,腹泻痢疾者 59 人次,便秘者 51 人次,头痛者 44 人次,牙痛者 39 人次,身体虚弱者 39 人次,外伤者 38 人次,淋巴腺炎者 37 人次,寒热疟疾者 34 人次,消化不良及四肢酸痛、红肿者各 29 人次,小便频繁或不通者 25 人次,脚部肿胀者 22 人次,身染丹毒者 20 人次,喉头发炎 16 人次,关节炎 15 人次,不明原因泻血者 13 人次,脚气者 11 人次;还有罹患痔疮者 8 人次、荨麻疹 7 人次、失眠、头晕及梅毒等各 6 人次,营养不良者 5 人次,中暑者 4 人次,肾脏炎、肋骨痛、腰痛、胃痛、中耳炎及肩胛骨痛者各 3 人次,皮炎、呕吐、腹痛、手指红肿及筋骨酸痛者各 2 人次,另外还有诸如颈骨痛、腹部膨胀、骨折、脸颊红肿、膀胱炎、不明原因吐血、扁桃腺炎及肋骨疝痛者,各均为 1 人次。该监女犯所患之妇科类疾病从此三个月内的门诊记录来看,人数较少,总共仅有 31 人,占总数的 2.2%,此种疾病以女性各种如下带、白带、赤带等带状病较多,约有 16 人次,其次为月经失调、月经过多、月经痛等月经类疾病约有 11 人次,余者为患有子宫下垂、子宫炎症者,约有 4 人。

通过上述 1 404 人次的人犯门诊记录的汇总显示,该分监人犯所患疾病类型亦较为繁杂和多样,较为分散,但也有部分疾病类型呈现小范围集中的特征,这些病症多为普通日常性的疾病,很多疾病类型与监内环境及设施条件有着密切的关系。

对于患病人犯的处置,依照惯例,若为轻症,一般是将病犯移入监内所设的病房,由监内医士进行必要的诊治,由药剂士按照医士所开的药方给人犯开药服用。如上海监狱第一分监时期 1947 年 8 月 2 号的一份人犯诊治记录,显示当天该监医士对于患病人犯的处置状况,其详情大致如下:154

---

① 《上海监狱犯人疾病死亡登记册》,上海档案馆档案,档号:Q177-1-586。

号及 113 号人犯,因头晕复诊,给予咖啡因纳 3 包;137 号及 197 号人犯因感冒复诊,发给 A.P.C 药片 3 片;63 号人犯患脓疡,系初诊,发给消治龙药消炎杀菌①。

  而对于重病人犯,在监内确系无法治疗或者已经丧失治疗机会的人犯,则由监狱方面酌情予以保外医治或者移送专门医院进行救治。在人犯保外医治方面,江苏第二监狱分监与上海监狱第一分监在关键处理程序上并无多大区别,唯在移送人犯住院方面,江苏第二监狱分监主要是将病犯移送至与该监订立合约有着合作关系的监外社会医院,而上海监狱第一分监则是由上海监狱医院承担病重人犯的救治职责,从而无需在监外寻找合作医院。

  人犯保外医治,主要是针对监内病重人犯,在监确系无法治疗,或者已濒临严重之危境者。似此之类,"若强在监狱内医治,不只病者无益,且或于监狱之秩序有害或恐传染其他在监人"②,因此对于上述人犯,可在一定条件及范围之内予以保外医治。对于保外医治的人犯,在法律意义上而言,并非是让其恢复常人一样的自由,或者说一经保外,即意味着人犯刑期的停止执行。人犯准予保外医治的原意乃是因监内医疗条件所限,不得已而行之,令人犯暂时出监医治,并有担保者或监狱方面指派专人,时常汇报或亲往调查保外医治人犯之病况及医治进展情形,一旦人犯有所好转或经治愈者,即收押回监继续执行人犯之剩余刑期,人犯保外医治期间,根据相关法令明确表明不得计入人犯刑期之内。

  在江苏第二监狱分监,人犯保外医治的程序,大多由人犯本人或其家属向分监提交保外声请书,同时还须由人犯家属寻找到愿意提供担保者,向分监提供担保书,声明自愿为在监人犯提供担保,并负监督、汇报及随传随到等职责。分监方面得到声请书及保证书后,即令分监医士对人犯进行诊断,并开具详细的关于人犯病况的诊断书。医士之诊断书对人犯病况的确诊和描述,可以说直接决定着人犯能否获得保外医治的机会。

  在医士对人犯进行诊断的同时,分监还须指派专人对向人犯提供担保者的详细情形进行实地调查,亦确认担保者的资产、住址等信息是否属实,是为"对保"。如若担保者调查无误,且经医士诊断确系重症,须保外医治者,即由分监将人犯需保外医治情形,向江苏高等法院第二分院呈报,并附送医士的诊断书为证明,请其审核。若高二分院核准,即由分监通知人犯家属前来办理保外手续。在保外医治期间,分监将要求保证人定期汇报人犯

---

① 《上海监狱疾病调查簿》,上海档案馆档案,档号:Q177-1-551。
② 《江苏高等法院第二分院关于整顿监务的文件》,上海档案馆档案,档号:Q181-1-956。

近况,若仍处于危险期者,即由该病犯或其家属向分监提出延期保外的申请,经派看守调查人犯病况属实者,经核准后,可酌量延长保外时间。若人犯保外申请未被高二分院许可,被驳回声请的人犯,或继续在监内由医士诊治,或移送监外医院诊治。

1933年10月份,沈云甫提交声请书,提出要将其妻沈张氏保外医治。分监方面鉴于沈张氏的病况,一面将该犯先行移送济善医院医治,一面令医士沙凤华进行诊断,开具诊断书。医士诊断后认为该犯身患"第三期梅毒,全身浮肿,心脏衰弱,恐有生命之虞"。与此同时,该犯的担保人绪昌祥号店主姚绪卿、美文印刷店主张子良,向分监呈交担保书一份,该分监经核对无误之后,即据情向高二分院呈请将人犯沈张氏予以保外医治。后经高二分院核准可行,分监即通知其家属,并致函济善医院,派人前往该院办理保外手续。沈张氏于是年10月22日获准保外,直到是年12月23日,已有2月,该犯病况仍未获治愈,该犯丈夫沈云甫及其保证人姚绪卿、张子良共同向分监呈请延长保外期限,表示若该犯病体痊愈,即当由保人送监执行。同日,分监调查主任看守黄荣喜,在南京饭店面见人犯沈张氏,核实病况,验得该犯"面上黄瘦,足部虚肿",病情确未治愈,分监即据情核准了该犯沈张氏保外延期之申请,"所请应予以照准"①。

当然,并非所有的保外医治声请都能有幸获准。江苏第二监狱分监对于人犯保外医治的审核和控制还算是较为正规和严格,若经医士诊断,病情并非严重者,人犯保外的声请将被驳回,即使声请多次,若经诊断无须保外者,一概驳回。如1933年10月21日,有监犯田刘氏,其家属呈请将该犯保外,分监医士沙凤华于10月23日诊断该犯"烟瘾甚深,现已戒除,并无异状。且体胖食增,其本有右臂风气亦较入监前轻减",10月28日又诊断该犯"右臂风痹已有多年,神经早已麻木不仁,无治愈之希望——似无他虑"。据此,分监即驳回该犯声请,延至是年11月13日,该犯丈夫田其珠再次声请将田刘氏保外,医士沙凤华经再次诊断之后,认为该犯"全身营养佳良,较前略愈,步行矫健,唯右手臂因神经不仁,肌肉萎缩过久,仍为残废状态",并无其他异常,为此,分监再次批示驳回该犯的声请,"该犯现已无保外或移送医院之必要",所请应毋庸议②。

抗战胜利之后,上海监狱第一分监对于监内的病重人犯亦酌情予以保

---

① 《上海江苏第二监狱分监教诲教育卫生(监犯患病)》,上海档案馆档案,档号:Q177-5-276。
② 《上海江苏第二监狱分监教诲教育卫生(监犯患病)》,上海档案馆档案,档号:Q177-5-276。

外医治。不过,该分监办理人犯保外医治的程序与江苏第二监狱分监时期有所差异,根据现有的第一分监人犯保外医治的案例显示,该分监人犯的保外,既有人犯家属或友人提出保外申请的,不过更多却是分监方面根据医士对人犯病状的诊断,确系严重者,由分监提出拟请保外医治,并通知人犯家属觅具妥保前来办理相关手续。

监狱方面主动拟请将人犯予以保外医治,除了对病重人犯以示宽大,以重人道的因素之外,亦含有避免人犯在监内病故,"以免增加死亡率"的考量;该分监对于人犯交保医治,除了参照人犯实际病情之外,有时亦需参照该犯残余刑期之长短。不管是人犯家属或友人提交保外申请,或者是分监方面拟请将人犯保外医治,都需要由该监医士对人犯病况进行确认和诊断,并出具诊断书。第一分监即据此除函请上海地方法院检察处予以办理保外之外,有时亦呈请上海监狱转呈上海高等法院予以核实办理。此外,若拟保外人犯确系无家属或者无法觅得担保时,该分监即酌情联系诸如上海妇女出监保护会等社会慈善机构予以担保、收留。

1946年5月21日,分监毒品犯陆凤仙家属沈有根提交保外声请称,该犯患有颈部淋巴腺结核,已经穿破溃烂,势甚沉重,"恐有性命之虞"。分监医师戴远如经诊断认为该犯病情在监确系不能予以适当的治疗,应保外医治。分监即将该犯家属的声请书、担保状及医师诊断证明等文件一并函请上海地方法院检察处查照办理。地院检察处接函之后,即派该院法医沈大钧来监实地查看陆凤仙的病状,确认属实。之后,6月4日,上海地院检察处首席检察官黄亮即致函分监表示对于沈有根所请将陆凤仙保外医治应予以照准,并要分监将该人犯移交给该处办理交保手续①。

1947年9月23日,分监女犯周爱玲因患肺结核,病情危重,该监医师梁碧云报告该犯"体温每日下午增至102度左右(注:此102度为华氏温度,大致折合普通摄氏度为38.9度),以致饮食难进,恐有生命危险——为避免增加死亡率起见,似可准予保外治疗"。上海监狱魏医师亦确认该犯病况危急,但该犯平日并无家属接见,亦无保可觅。为此,该分监即分别函请上海地方法院检察处、上海监狱,拟请将该犯周爱玲送往上海妇女出监保护会妥为医治。嗣后,上海高院监狱科郑科长亦来监确认周爱玲的病况。10月6日,该分监即再次电请上海地院将周爱玲迅予保外开释②。

1948年3月,分监女犯顾卢氏在监患心脏病,经上海监狱医院医师林振

---

① 《上海监狱一分监疾病死亡》,上海档案馆档案,档号:Q177-1-707。
② 《上海监狱一分监保外医治》,上海档案馆档案,档号:Q177-1-714。

家诊断称该犯全身浮肿,小便不得自主,恐有生命之虞。据此,分监即呈请上海监狱称该犯病势确属严重,随时有生命危险,拟将该犯予以保外医治。上海监狱即转函呈请上海高院予以审核。上海高院接函之后,即派监狱科主管及法医陈澄到监核实,经查无误,即批准将顾卢氏予以保外医治。随后,分监即通知该犯家属觅具担保办理保外手续。该犯丈夫顾仁成即委托康定路1190弄5号隆兴祥南货号商人姚育之为担保人,提交保证书及声请书,于3月13日将顾卢氏领回治疗。及至是年9月份,顾卢氏保外医治已有6月有余,在此期间,其担保人姚育之未呈报该犯病况。为此,该分监即致函姚育之,令其收到通知之后,三日内到监报告顾卢氏之病况。姚育之随即致函分监表示,该犯病情仍未脱离险境,并未好转,并附送医生赵锡庠处方笺一纸以示证明,并恳请分监予以延期,准予继续保外医治①。

如上所述,上海女监对于监内病重人犯,若符合保外医治条件者,即依照监狱规则的规定例行保外医治,而对于那些既无法进行保外医治,又无法在监进行适当之治疗的病重人犯,上海女监还有另外一种处置方式,即将患病人犯移送监外社会医院进行治疗,监狱规则第66条规定患病人犯除可保外医治之外,亦可"移送病院"。

事实上,将患病人犯例行保外医治,要经过较为严格的审核程序,限制较多,并非每个病重人犯都能获准予以保外,而且对于监狱方面来说,将人犯释放出监,亦潜含着人犯私自脱逃的风险。所以相对于有着一定风险的保外医治来说,监狱方面更喜欢将人犯移送至监外的合作医院进行诊治。从上海女监对于病犯处置的案例来看,将人犯移送至社会医院的总量,明显比保外医治的人犯总量要多。

在上海监狱第一分监时期,其重病人犯多移送至上海监狱医院,因而无须与社会医院进行合作。而在江苏第二监狱分监时期,其监内医疗设施既形简陋,又无其他专门服务监犯的医疗机构可资移送,唯有设法寻找较为合适的社会医院进行必要的合作,以资补救,一来可以弥补监内医疗的不足,对无法予以保外的重病人犯进行治疗,以重人道,另外亦可借此将部分人犯疏散至监外,在一定程度上亦可起到疏通监犯的作用。因此与监外社会医院进行合作,对于江苏第二监狱分监而言,是有着多方面的益处的。所以与监外社会医院进行合作的事项,主要是集中出现在江苏第二监狱分监时期。

在江苏第二监狱分监于1930年4月份正式组建之初,接收自前公共租

---

① 《上海监狱一分监保外医治》,上海档案馆档案,档号:Q177-1-714。

界临时法院女押所之人犯为数不多。对于监内病犯的处理一度沿用前临时法院时期的惯例,将病犯一般移送至广仁医院医治。但持续时间并不久,大致在是年5月份,江苏第二监狱分监即停止将病犯移送该院,转而移送至一个新的合作医院——位于上海新闸路的红十字会北市医院进行治疗,双方议定送院疗治之病犯总额以6名为限,每名病犯住院费用每日约开支大洋六角①。

江苏第二监狱分监对将病犯移送红会医院肯定是抱有一定期望的,认为病犯在院将会得到良好的治疗。然而事实上送往该院的病犯死亡者却较多。如自1930年5月份始,至1931年2月底止,该监移送红会医院诊治各种病犯40名,其中死亡18口,另有移送该院待产之人犯8口,死亡3口,合计死亡21口,这令分监对红会医院甚为不满,要求该院设法补救②,此外,由于分监与红会医院协定送院病犯名额为6名,有时因监内病犯过多,移送该院之人数会突破限额,对此,红会医院也表达了对于分监的不满,如1931年10月,因该分监移送住院病犯达到10人,超过原定限额,红会医院即致函分监,以该院女病房病床紧缺,无法容纳多余人犯为由,要求分监将超额病犯转送他院,以利病人③。

在接到红会医院要求迁移超额人犯的通知之后,该分监即着手开始寻找新的合作医院,决定终止与红会医院的合作。事实上,对于分监而言,不再将病犯移送红会医院,除了双方之间因争执引发的相互不满以外,还有一个重要因素,就是费用的问题。分监移送红会医院住院病犯,每人每日须费六角,监内病犯人数较少时,尚可维持,但疫病人犯日增,重症者有时不止6人,长此以往需费将大为超过额定预算,为此,该分监亟待寻找一个需费相对更少的医院。

嗣后,该分监认为位于法租界蒲石路,由医师王振川私人开办的济善医院较为相宜。双方经过协商,签订合约,建立了合作关系。不过,该分监与济善医院的合作,最初并不是专门针对患病人犯而进行的,主要出于监内烟瘾人犯戒烟所需,从其协约名称《江苏上海第二监狱分监、上海济善医院协定烟犯送院就医临时规约》,即可知其规约内容主要是针对烟犯住院戒烟的

---

① 《上海江苏第二监狱分监教诲教育卫生、监犯患病》,上海档案馆档案,档号:Q177-5-163;《上海江苏第二监狱分监关于教诲教育卫生(烟犯戒烟)》,上海档案馆档案,档号:Q177-5-170。
② 《上海江苏第二监狱分监监所卫生》,上海档案馆档案,档号:177-5-86。
③ 《上海江苏第二监狱分监教诲教育卫生、监犯患病》,上海档案馆档案,档号:Q177-5-163。

条款。在移送病犯住院治疗的问题上，分监与济善医院并没有订立专门的规约，只是通过与该院院长王振川的简单协商，征得其同意，可将病犯送往该院诊治，费用标准定为每人每日大洋四角，送院病犯最初亦没有具体的数额限制。如此一来，对于该分监而言，济善医院相较于红会医院确是较为合适的，既能减少开支，又无病犯住院之限额，可增加送院病犯人数，为此，1931年12月初，经过筹备，在向济善医院移送第一批烟犯之后，该分监即开始向该院移送病犯①。

对于病犯移送济善医院的管理问题，亦参照住院烟犯的管理方式进行，由分监在该院派驻看守负责戒护等项事务。由于济善医院距离分监较远，患病人犯来回奔波不易，后经呈请高二分院之许可，患病人犯若刑期届满者，亦参照住院烟犯处置办法，由分监派人携带相关文件到医院办理释放手续，即行在院开释②。

在分监与济善医院合作初期，双方的关系还是相对较为融洽的。然而随着分监移送该院烟病人犯的增多，社会物价的高涨，致使双方在贴补住院人犯的费用问题上渐生嫌隙。1932年8月份，济善医院多次要求分监补贴住院烟犯戒烟所需医药等费用。因分监并无烟犯送院戒烟的预算列支，经权衡之下，该分监决定对住院病犯的预算费用进行调整，每月向该院补贴医药各费100元，并对送院疗治的病犯数量进行限制，定为以8人为限，若不及8名或无病犯住院时，亦照拨此数，由此所剩余的资金用以挹注烟犯戒烟所需③。除了因费用问题引发的争执之外，双方还在诸如滥收人犯费用、戒护不周等其他问题上亦产生矛盾，这就给双方之间的继续合作产生了阴影，延至1935年5月份，该分监以济善医院"近来业务不甚发达——难免影响本监病犯之安全，亟应改迁相当处所，用符恤囚之旨"为由，终止了与济善医院的合作④。

在结束与济善医院的合作之前，该分监即着手寻找新的替代者，分监长孙雄曾与南市上海新普育堂创办者陆伯鸿进行试探性的联系⑤。后蒙陆伯鸿允准，双方经过协商，于1935年5月份签署了临时规约，确立了合作关

---

① 《上海江苏第二监狱分监关于教诲教育卫生（烟犯戒烟）》，上海档案馆档案，档号：Q177-5-170。
② 《江苏高等法院第二分院关于分监呈请烟犯刑满即在医院释放的文件》，上海档案馆档案，档号：Q181-1-854。
③ 《上海江苏第二监狱分监烟犯一百二十四名送济善医院戒烟（附有花名册）》，上海档案馆档案，档号：Q177-5-233。
④ 《上海江苏第二监狱分监监犯患病案》，上海档案馆档案，档号：Q177-5-368。
⑤ 《上海江苏第二监狱分监监犯患病》，上海档案馆档案，档号：Q177-5-200。

系,在向高二分院呈报与新普育堂的合作事宜时,新任分监长王宝三,对新普育堂大为赞赏,称该堂"地址广大,空气清新,医药设备,尚称完善,堪为监犯疗病之所"①。

该分监与新普育堂签署的合作规约,很快得到高二分院的批复许可。随后,分监即于5月21日下午3时,调派看守前往济善医院,将住院病犯陈王氏等9口提出,随即雇车将上述病犯押送至新普育堂,经该堂工作人员验收无误,随即妥为分派病房铺位,并加以诊治②。新普育堂系社会慈善组织,按照其日常惯例,该堂每日晚8时以后,即闭门落锁,不再进出,而分监方面,则不分昼夜,轮班执勤,遇有病重人犯,即随时移送医院医治,不得延误,特别是炎夏季节,监内人犯拥挤,疫病堪虞,分监方面得随时准备移送病犯至新普育堂进行医治。为此,双方在作息时间上面产生冲突,1935年6月,该分监为解决纠纷,遂提出一个折衷的建议,嗣后晚上8时以后之病犯,不再直接移送该堂,而改为移送至由新普育堂附设之时疫医院进行医治,但仍由新普育堂签写收据,以资信守,如此一来,可免冲突而利公务,后即照此办理③。

江苏第二监狱分监与新普育堂之间的合作关系相对较为融洽。然好景不长,至1936年6月底,该分监奉令撤销,改建上海第一特区地方法院看守所,所有该分监已决人犯全数移送至北新泾部辖第二监狱羁押,而该分监与新普育堂所定的规约,亦因分监的撤销而随之失效。至此,自1935年5月份双方协商合作至1936年6月份分监撤销,共向该新普育堂移送各类病犯达117口之多,至该分监撤销时,尚有病犯6名在该堂医治,这些人犯按照规定将由部辖第二监狱负责接收处理。

该分监撤销之后,在上海一特地院看守所期间,该所病重人犯无法继续移送新普育堂。经与陆伯鸿接洽和协商,遂改为移送其在杨树浦开设的圣心医院进行医治。对于住院病犯的费用,双方约定"凡病犯住院每人每日医药费洋五角,派往戒护之看守每人每日酌贴伙食费洋二角,均系按日计算,该项费用,即在本所药费内列支"④。1937年抗战爆发之后,圣心医院沦为战区,病犯无法继续移送,随即临时改送同孚路同德医院医治。但因该院医药设备不甚完善,1938年3月,复经与爱尔文义路广仁医院商洽,再次向该

---

① 《上海江苏第二监狱分监监犯患病案》,上海档案馆档案,档号:Q177-5-368。
② 《江苏高等法院第二分院关于教育、给养、卫生女病犯送医院治病的文件》,上海档案馆档案,档号:Q181-1-881。
③ 《上海江苏第二监狱分监监犯患病案》,上海档案馆档案,档号:Q177-5-368。
④ 《上海第一特区地方法院看守所教育教诲卫生等》,上海档案馆档案,档号:Q177-5-447。

院移送病犯,"约定每人每日住院医药费一元,验血及特别注射等另行计算,看守人每月酌贴住院费六元"①。

广仁医院虽允准接收一特地院看守所的病犯,但该院限收产妇,对于其他病犯概不收诊,致使病犯继续移送极为困难。无奈之下,该看守所只能继续寻找新的合作者,后经看守所所长王宝三一再筹洽,经与上海市平民疗养院院长杨钟甫协商,征得其同意,双方于1938年11月签署了一份临时规约,约定将该所病犯移送疗养院医治②。

一特地院看守所与平民疗养所院订立的临时规约,其内容基本与第二监狱分监和新普育堂所定的规约类同,送院病犯亦不限定额,唯人犯所需的药费有所调整。双方约定为"病犯医药费及伙食费每人每日法币五角,按日计算,月终结算一次,由所方如数拨付,前项病犯医药费及伙食费无论病犯何时进院均以一日计算,上午出院不计"③。因上海平民疗养院取费低廉,所以当江苏第二监狱分监于1939年7月份重新奉命恢复建制之后,双方之间的合作并未中断,得以继续维持,然此时战乱甚剧,社会物价持续飞涨,上海平民疗养院对于分监之病犯深感赔累。为此特于1939年8月致函分监,要求调整病犯住院费用,增加病犯资费补贴。对此分监方面亦因经费困难,深感棘手,以之前与该院协定住院病犯医药伙食费法币五角之标准,该分监"已属竭蹶从事","若再有所增加,实感力不能及",然为顾及疗养院之困难,经呈请高二分院许可,将住院病犯费用标准由法币五角酌加二角,改为七角,自是年9月份施行④。

江苏第二监狱分监虽应疗养院之请酌增病犯费用,然而每名病犯仅增加二角,相对于飞涨的物价而言,无异于杯水车薪,无济于事。为此,是年10月,该疗养院再次致函分监陈述该院之艰难,提出"即日终止契约"的请求,而第二监狱分监则以是项契约非片面行为所可变更为由,拒绝了该院之所请。稍后,该疗养院提出一折衷办法,要求分监将住院病犯每名每日的费用增加为一元,对于增加费用一节,该分监虽经费本已极为困难,但深恐若拒绝疗养院的条件,则该监重病人犯将有无处可送之虞,不得不呈请高二分院

---

① 《江苏高等法院第二分院关于教育、给养、卫生的文件》,上海档案馆档案,档号:Q181-1-952。
② 《江苏高等法院第二分院关于教育、给养、卫生的文件》,上海档案馆档案,档号:Q181-1-952。
③ 《江苏高等法院第二分院关于教育、给养、卫生的文件》,上海档案馆档案,档号:Q181-1-952。
④ 《江苏高等法院第二分院关于教育教诲,囚口粮及其他给养的文件》,上海档案馆档案,档号:Q181-1-972。

之许可,忍痛允准疗养院之要求,在经费内极力撙节匀支①。

该分监除一方面与疗养院进行协商,力图延续双方的合作,另一面即着手另行寻找其他适当的医院,以资补救,然而在当时的"孤岛"环境之下,沪埠一般的医院均以物价腾贵为由,拒绝接受病犯。正当该分监竭尽所能却一筹莫展之际,上海市平民疗养院又致函分监提出终止合作的要求,对此,该分监考虑实情,认为"该院乃商民营业,自难令其长此亏蚀",双方终止合作,势必难以挽回。

但与该疗养院结束合作之后,监内病犯应当如何处置,实属极为困难,而且该监内人犯持续拥挤,病犯激增,照此计算,每月住院医药各费须达三四百元之巨,以该监经费不敷情形,实无法挹注。无奈之下,1940年3月,该分监只能呈请高二分院予以设法救济,或请该院代为寻觅适宜的公立医院,或请该院将七浦路原址的办公室暂借二间作为病房之用②。至此,自与上海平民疗养院的合作终止以后,江苏第二监狱分监再也无法寻觅到能与之进行合作,可资移送病犯的社会医院,所有病重人犯除了酌量令其保外医治之外,无法获准保外者只能在监内由医士自行设法医治了。

第三节　图圄之死:上海女监内女犯的死亡及处置

人之生老病死,对于普通人而言,原本习以为常,不觉有异,但是对于在押的监犯而言,由于身处监狱这一特殊场域内,不管是由于疾病等原因导致的正常性死亡,抑或是由于其他原因导致的非正常性死亡,在狱政管理方面,都是极为重要的事项。如若死亡人犯过多,死亡率居高不下,不仅有损监狱声誉,亦将会受到主管官署的指责和压力。同时也会引起社会公众的关注,成为社会舆论抨击政府狱政腐败、黑暗、囚犯待遇恶劣、视人命如草芥的口实。因此在押人犯发生死亡事件,对于监所而言,委实较为棘手。在民国时期的上海女监中,由于监内特殊的氛围和环境,人犯死亡事件亦时有发生,特别是在江苏第二监狱分监时期,在押人犯死亡颇多。

不论是江苏第二监狱分监、还是上海监狱第一分监,在其存续期间,都

---

① 《江苏高等法院第二分院关于教育教诲,囚口粮及其他给养的文件》,上海档案馆档案,档号:Q181-1-972。
② 《江苏高等法院第二分院关于教育、给养、卫生的文件》,上海档案馆档案,档号:Q181-1-980。

不可避免存在着人犯死亡的现象。这两所监狱中人犯死亡的实际状况有何特征，有无异同之处？下面将利用记载女犯死亡详情的170余份死亡证书①，围绕上述两所监狱之内人犯死亡总量、死亡人犯年龄、籍贯、犯罪类型以及死亡病因等方面进行相应的量化统计分析，以期明了上海女监人犯死亡问题的大致概况。

据统计，江苏第二监狱分监在其存续期间，即1930年4月—1936年6月，1939年7月—1941年12月份，共死亡各类已决人犯达160人之多。其中1930年死亡13人、1931年死亡19人、1932年死亡28人，1933年死亡21人、1934年死亡7人，1935年死亡6人，1936年（上半年）死亡1人，1939年（下半年）死亡6人，1940年死亡30人，1941年死亡29人。排名靠前的年份分别1940年30人，占死亡总数的18.8%；1941年29人，占死亡总数的18.1%；1932年28人，占死亡总数的17.5%；1933年21人，占总数的13.1%。在40年代最初的两年，其死亡总数就达59人，占死亡总数的36.9%，比重颇大。从各年月份死亡人数分布来看，以8月份死亡最多，为21人；4月份次之，为19人；9月份为17人。可见在监狱这一特殊的场域中，夏季、秋季气候炎热之时，是为监内疾病以及疠疫多发季节，从而导致人犯亦沾染或复发旧病而亡。

从该分监整个年份死亡人数的分布趋势来看，人犯死亡呈现出上升、下降、缓慢上升然后再急剧上升的发展态势，整个人数分布并不均衡，畸多畸少现象明显。这表明该分监在发展进程中或许遭遇过急剧的变动，从而对分监人犯的死亡数量产生了相应影响。从1930年分监成立至1932年，死亡人数持续上升，可能是由于该监成立之初，人犯较少，之后人犯急剧增加，导致监内环境恶化，从而致使人犯死亡数量增长。而此后，从1933年开始到1939年，人犯死亡数量持续下降，这与分监在主管官署督饬下，设法疏通监犯，预防及诊治监犯疾病有关。而从1939年至1941年，死亡人数急剧数倍上升，则与当时的社会局势相关。自1937年抗战爆发后，上海逐渐沦为

---

① 对于死亡女犯分析所得之数据主要来自上海档案馆馆藏下列档案史料：Q181-1-809《江苏高等法院第二分院关于监所人犯死亡证书》、Q181-1-819《江苏高等法院第二分院关于监所人犯死亡证书》、Q181-1-844《江苏高等法院第二分院关于监所人犯死亡证书》、Q181-1-871《江苏高等法院第二分院关于监所人犯死亡证明书》、Q181-1-886《江苏高等法院第二分院关于监所人犯死亡证明》、Q181-1-913《江苏高等法院第二分院关于监所人犯死亡证书的文件》、Q181-1-968《江苏高等法院第二分院关于监所人犯死亡证书的文件》、Q181-1-978《江苏高等法院第二分院关于监所人犯死亡证明书》、Q181-1-979《江苏高等法院第二分院关于监所人犯死亡证明书》、Q181-1-1001《江苏高等法院第二分院关于监所人犯死亡证书》、Q177-1-332《上海监狱分监呈报病故女犯死亡证书》、Q177-1-707《上海监狱一分监疾病死亡》、Q177-1-714《上海监狱一分监保外医治》等。

"孤岛"状态,在战争环境下,监犯所需的囚粮、医药等物资紧缺,监犯拥挤,不可避免导致人犯死亡率上升。

相对于江苏第二监狱分监上百人的死亡总量,上海监狱第一分监人犯死亡总数则少得多。据统计,上海监狱第一分监自1945年12月底组建,至1949年5月上海解放,在其存续期间,共死亡人犯总计为17人。其中1946年死亡7人,1947年死亡2人,1948年死亡8人,1949年无人犯死亡。死亡人犯数量相对较为均衡,并未出现大起大落的趋势,表明上海监狱第一分监之内人犯死亡走势较为平稳,监内局势以及环境未有大的波动。

从死亡人犯的月份分布来看,该分监各年9月份共死亡5人,4月份及1月份均死亡3人,10月份死亡2人,与江苏第二监狱分监人犯死亡的季节分布有所相似,与为人犯注射防疫针剂的季节亦大致相仿;上海监狱第一分监在存续的三年有余的时间之内,共死亡人犯仅为17人,最多的1948年仅为8人,相较于江苏第二监狱分监死亡最多的1940年的30人,相差三倍有余。战后第一分监人犯死亡数量较少,固然与该分监存续时间相对较短有关,但更重要的是,由于第一分监是在原工部局外人监的基础上组建而成,监内设施要比江苏第二监狱分监改善不少。另外,上海监狱第一分监在人犯医疗方面可由规模较大的上海监狱医院提供支持,再加上第一分监职员在狱务管理方面尽职尽责,这些因素的存在,使得该分监人犯在生命安全方面能得到相对较多的保障,人犯死亡较少,亦在情理之中。

从江苏第二监狱分监160名死亡女犯的年龄分布来看,在10—20岁年龄段者5人、21—30岁年龄段者36人,31—40岁年龄段者57人,41—50岁年龄段者36人,51—60岁年龄段者17人,61—70岁年龄段者8人,70—80岁年龄段者1人;死亡人数较为集中的年龄区段是31—40岁之间,约有57人,占死亡总数的35.6%,其次为21—30岁、41—50岁,均为36人,占死亡总数均为22.5%。也就是说,从21岁至50岁之间,共计死亡人犯129人,约占死亡总比的80.6%,而年龄较小的组别10—20岁者为5人,约占死亡总数的3.1%,61—70岁者为8人,约占5%,70岁以上者仅为1人,约占0.6%,年龄越大或越小者死亡人犯越少。此外,从整个分监死亡女犯的平均年龄来看,则大致为39岁,这就可看出该分监死亡女犯呈现出两头小、中间大的类似于橄榄球形状的年龄分布趋势。

也就是说,该分监死亡女犯主要是以青壮年为主,其原因在于,在上海这一崇尚浮华、名利的商业性城市社会中,很多女性尤其是年轻女性为了生计不得不走出家门,走向社会,在这一过程中,这一群体犯罪的可能性和几率要远远高于年幼者和年老者。因犯罪而被羁押于监内的女犯亦大致以青壮年为主,这批青壮年女犯们,依照常理,身体应当较年幼或耆老者更为健康,死亡概率应该较小。但事实上,第二分监内死亡女犯反而以此种女犯居多,只能表明这些人在入监前或即已罹患疾病,或者由于某种原因致使其身体状况原本就并不健康,以这种病弱之躯,在监狱之内,由于生活条件所限,或刺激其原有的基础性疾病,或令其沾染病菌,最终导致死亡。

该分监死亡人犯中年龄最大者已有 72 岁,名为王李氏,河南人,因吸食鸦片而被处徒刑 6 个月,罚金 60 元。该犯入监前已有烟瘾甚深,身体较为虚弱。入监之后,被移送至济善医院进行戒烟,嗣后在医院因罹患肠炎,医治无效,于 1932 年 4 月 21 日下午 11 时在医院内亡故①。死亡年龄最小之人犯仅为 14 岁,尚未成年,该犯名为赵阿毛,上海人,因犯诈欺罪,处徒刑 1 年 6 个月。该犯年龄虽小,却恶习满身,在入监之前即染有吸食海洛因的嗜好,其所犯的诈欺罪,估计可能是为毒瘾所迫,想方设法谋取钱财,用以购买毒品所为。也因其吸食毒品,致使身体颇为衰弱,入监前即已患有痨病以及脚气病,她是带病入监,在监内经医治,病体稍好,之后又肺痨复发,身体寒热两月不退,全身虚肿,心脏衰竭,全身虚脱,于 1941 年 6 月 18 日下午 3 时 50 分,在监病亡。其验尸报告记载:"验得死者身长 160 公分,仰面,面苍白色,全身肤色苍白色,两眼泡闭,口闭,肚腹平,合面肤色红色,委系生前因病身死。"该犯死后,因无家属,只得将其尸体交由普善山庄进行殓葬②。

从上海监狱第一分监 17 名死亡人犯的年龄态势来看,该分监死亡人犯多集中于 21—30 岁年龄段内,有 6 人,其次为 31—40 岁、41—50 岁年龄段内,均为 4 人,余下 61—70 岁内为 2 人,71—80 岁以内者 1 人,10—20 岁以及 51—60 岁则无人犯死亡,也就是说,从 21—50 岁之间,该监死亡人犯最多,有 14 人,占死亡总数的 82.4%。此外,上海监狱第一分监死亡女犯的平均年龄大致为 40 岁,这与江苏第二监狱分监死亡人犯年龄分布趋势以及平均死亡年龄基本相类似,这表明,上海监狱第一分监之内死亡女犯同样是以青壮年女犯为主。

该分监死亡女犯年龄最大者亦为 72 岁,最小者为 22 岁。年龄最大的死亡女犯为吴凤金,常熟人,因鸦片罪处徒刑 7 年,该犯因年老身体状况不佳,入监之后,于 1948 年 9 月 25 日在监内罹患肠炎症,后移入监内病房医治,终因医治无效心力衰竭,于 1948 年 9 月 29 日下午 3 时 15 分在监内身亡,该犯验尸书内载:"身长四尺九寸,膀圆一尺一寸,胸高六寸,仰面面色瘦

---

① 《江苏高等法院第二分院关于监所人犯死亡证书》,上海档案馆档案,档号:Q181-1-819。
② 《江苏高等法院第二分院关于监所人犯死亡证书》,上海档案馆档案,档号:Q181-1-1001。

黄,全身肤色骨瘦黄色,两眼泡闭,两眼睛均呈黄色,上下唇吻干焦,口合,两臂伸直,两手心苍黄色,十指拳握,肚腹低陷,两腿伸,合面肤色黄瘦色,谷道有粪污,两脚心皮均黄色,验得吴凤金尸体委系生前因病身死。"该犯尸身移交普善山庄收殓①。

死亡年龄较小者为金美英,浦东人,因犯掳人勒赎罪,处徒刑8年,后减刑为4年。该犯身体状况较弱,在监执行期间,罹患慢性肠炎,经医治无效,于1946年4月22日上午5时5分在监内病故。该犯尸体检验"膀阔一尺一寸,胸高七寸,面色苍白色,全身肤色黄白,泡合口闭,十指甲黄白色,验得该尸委系生前因病身死",无遗留物品,其尸身亦交由普善山庄殓葬②。

据江苏第二监狱分监160份人犯死亡证书的记载显示,所有该监人犯的死亡无一例外都是由于罹患诸种疾病或者多种疾病并发,最终救治无效而身亡。尽管死亡人数之多确实有些不正常,但是这些死亡人犯确实都是属于因病身死的正常性死亡,而非由于自杀、监内暴力、战争等因素所导致的非正常性死亡。这些导致人犯身死的疾病既有呼吸系统疾病、肠胃消化系统疾病,亦有妇科类疾病、传染性疾病、心脏类疾病、精神病类疾病等多种,需要指出的是,这些女犯患病身死,有时可能并非只是患有某种纯粹的单一性疾病,而是先后罹患有多种疾病,在各种疾病的综合作用下,致使人犯死亡。

不过,依据人犯致死的主要病因及疾病类型,这些死亡女犯所患疾病大致如下:肺痨肺炎类疾病计有61人,其中45人系带病入监,16人在监发病;肠胃类疾病计有21人,其中12人系带病入监,8人在监发病,1人不详;心脏类疾病计19人,其中12人系带病入监,7人在监发病;脚气类疾病计有19人,其中6人带病入监,13人在监染病;伤寒类疾病计有15人,其中8人带病入监,7人系在监发病;梅毒类疾病及产后感染类,均有4人,气管炎症计有3人,赤痢腹泻类、子宫出血以及腹痨、腹膜炎类疾病,均为2人,另外还有浮肿类、脑出血、难产、肾脏炎以及骨痨、烟漏虚脱、精神病、结核病等类疾病,均为1人;在各类因病致死人犯中,有93人系在入监之前即已患有各种严重疾病,此类人犯在死亡人犯总数中约占58.1%。

从上述疾病数据看来,因患肺痨肺炎病致死者最多,共有61人,占死亡总数的38.1%;其次为肠胃类疾病21个,占死亡总数的13.1%;居第三位的为心脏病类以及脚气病类,均为19人,约占死亡总数的11.9%。在肺病类

---

① 《上海监狱分监呈报病故女犯死亡证书》,上海档案馆档案,档号: Q177-1-332。
② 《上海监狱一分监疾病死亡》,上海档案馆档案,档号: Q177-1-707。

疾病中，入监之前即已患病者有45人，占该病总数的73.8%，亦占全部带病入监人犯总数的48.4%；此外，从该病的年份分布来开，主要集中发生在1940年及1941年，分别为15人、22人，两年合计达37人，占此病总数的60.7%，其原因可能在于1940年、1941年的上海正处于战争的混乱时期，各种疾疫流行，监内收容烟毒人犯较多以及监犯生活条件恶化所致。

江苏高等法院第二分院亦注意到了分监之内人犯因肺病而大量死亡的反常，于1941年10月，命令分监"亟须设法补救，并加以预防"，并表示若分监方面遇有困难，需要"卫生处或其他医院协助之处，可由本院书记室代为接洽"①。江苏第二监狱分监长王宝三及医士侯光迪经过研究认为将患有肺病人犯移送上海市肺病医院进行医治，可资补救。但该监额定医药等费的预算因物价飞涨，严重不敷，且无其他款项可资挪用，而且该院地处上海越界筑路地带，该分监亦不便直接将人犯移送该院医治并派驻看守戒护。作为折衷变通之法，分监向高二分院提议，可令患肺病人犯家属觅具妥保，为人犯办理保外医治，将上海市肺病医院指定为治疗医院，令人犯家属自行将病犯送往该院医治，病愈之后仍送回监内执行，并请高二分院与上海市肺病医院就"可能容纳铺位及免费移送手续"等问题代为先行洽商②。

与江苏第二监狱分监人犯致死之疾病类型有所不同，抗战胜利之后，在上海监狱第一分监之内使得人犯致死的疾病主要是各种肠炎类疾病，而非肺部疾病。据统计，第一分监因罹患肠炎疾病致死者共有6人，其中带病入狱者3人，在监染病者亦为3人，除肠炎病之外，尚有心脏病类疾病，计有3人，结核性类疾病2人，伤寒类疾病2人，肺部疾病2人，梅毒性疾病1人，气管炎类疾病1人；在各类疾病中，带病入狱者有9人，占死亡总数的52.9%，约占五成以上；此外，从年代分布来看，大致为1946年人犯致死之疾病有：肠炎、结核性肠炎症3人，结核症2人，梅毒1人，支气管炎1人；1947年人犯致死之疾病有心脏病1人，肺结核1人，1948年人犯致死之疾病有心脏病2人，伤寒2人，肠炎3人，肺结核1人。

此外，江苏第二监狱分监这些亡故的女犯们，在1940年之前基本上都是在监外的社会医院中身亡，1940年、1941年这两年病亡人犯绝大部分都是在监内病亡。出现这种差异的原因在于，该分监自1930年4月份成立之后，至1940年初期，在该监存续期间，虽然监内亦设有医务所以及医士、药

---

① 《江苏省高等法院第二分院下设分监呈报教育教诲工作报告》，上海档案馆档案，档号：Q181-1-996。
② 《江苏上海第一特区地方法院看守所设法疏通监狱例为继续办理保外服役看守个人伙食费支用表》，上海档案馆档案，档号：Q177-4-145。

剂士等专职人员,但是医疗条件仍相对不足和简陋,只能从事基本的医疗保障工作,遇有重病人犯,在监无合适的方法医治时,需将人犯送往监外社会医院进行疗治,以弥补监内医疗资源不足的缺失。为此,该分监与监外特定的社会医院多保持一种合作关系,这些与分监进行合作的社会医院,由于费用纠纷等原因,时常会发生变动。因此,这些病重人犯也将会被移送至不同的合作医院内进行治疗,因而这些可怜的女犯们就将会在不同的医院内迎接死亡的到来。而1940年以及1941年,人犯多在监内死亡,主要是由于抗战期间,该分监所在的租界已处于一种"孤岛"状态,与外界交通困难,且加上"医院索费过昂",而该分监经费不敷,以致难以寻找到适宜的合作医院,这些病重人犯也只能在监内权宜疗治了。

据统计,该分监女犯死亡的场所详情如下:1930年在广仁医院病亡1人、红会医院病亡12人;1931年在红会医院病亡18人,济善医院病亡1人;1932年在济善医院病亡25人,新普育堂病犯1人,江苏第二监狱病亡2人;1933年、1934年分别在济善医院病亡21人、7人;1935年在济善医院病亡2人,新普育堂病亡4人;1936年在新普育堂病亡1人;1939年在平民疗养院病亡4人,同德医院病亡2人;1940年在平民疗养院病亡9人,在监内病亡3人,另有18人不详(估计是在监内病亡);1941年在监病亡29人。

与江苏第二监狱分监有所不同的是,上海监狱第一分监时期,由于该监的医疗事务基本上是由上海监狱医院负责,该分监无须寻找其他社会医院进行合作。因此该监人犯除了重病获准保外医治而不幸在监外病亡者外,其余大部分都是在监内亡故的。该分监1946年在监内病故7人,1947年在监内身亡1人,上海平民医院亡故1人;1948年在监内病亡7人,在女犯家中亡故1人。

在江苏第二监狱分监时期,对于人犯死亡的处理有一套较为完整的程序。由于该监很多女犯的死亡并非是在监内,而是在监外的社会医院中。如有住院女犯死亡,首先由医院通知分监,告知有人犯因何病、何时在院身亡,并将死亡女犯的尸体移送至专门的验尸所候验。接到医院的死亡通知后,分监方面即通知主管法院的检察处,请其派员前往验尸所检验死亡女犯的尸体,确认人犯死亡情形,并按照部颁格式,填写人犯死亡验断书,并在由江苏第二监狱分监填制的人犯死亡证书上面签名盖章,最后由分监将人犯死亡证书呈送主管法院转呈司法行政部备核。如有人犯在监内死亡,处理程序亦照此办理。

对于死亡女犯尸身的检验,是非常重要的一个环节,江苏第二监狱分监主要依托专业的验尸所进行。1930年4月,江苏第二监狱分监建立之初,与该分监进行合作的主要是中国红十字会北市医院,如有人犯在医院死亡,即向该分监发函通告,随后该分监即致函上海第一特区地方法院检察处,由该处联系巡捕房将死亡女犯尸体移送至斐伦路验尸所,并派员前往该验尸所检验,以便收敛。1932年初,江苏第二监狱分监中止了与红会医院的合作,转而将重病人犯移送至济善医院进行疗治。当时因"一二八事变"爆发,交通不便,如有人犯在该院死亡时,由该院先行将死亡女犯尸体暂时移送至仁济医院验尸所,并函知该分监转函一特地院检察处派员前往检验。之后战争结束,交通恢复,济善医院死亡女犯尸身检验又重新恢复送往斐伦路验尸所候验①。1935年,江苏第二监狱分监与济善医院的合作终止,转而与新普育堂进行合作,由于该堂位于华界的南市,依照管辖权的规定,在新普育堂死亡之人犯亦转而移送至华界的验尸所,并由江苏第二监狱分监致函上海地方法院检察处派员前往检验②。

  人犯死亡证书是记载在监女犯死亡事项的重要文件,主要由江苏第二监狱分监负责编造,详细填写死亡女犯信息,填写清楚之后,由分监长以及分监医士、候补看守长签字,加盖印章。之后,以每名死亡人犯一式四份的标准移送至负责尸身检验的上海一特地院检察处或上海地方法院检察处,请前往验尸所检验尸身的检察官在人犯死亡证书上面将尸体检验部分详细填写,并签名加盖印章。之后,法院检察处自留一份备案,其余死亡证书返还给第二监狱分监,该分监再自留一份备案,将剩余两份一并呈送主管法院,江苏高等法院第二分院转呈司法行政部备核。对于证书内尸体检验部分的填写,检察人员有时颇为简略,有时甚至仅填写"因病身死"四个字即草草了事,甚为敷衍,此种行为令司法行政部亦大为不满。为此,1932年12月份,该部将高二分院呈送的填载简略的死亡证书全数返还,并训令将尸体检验栏内遵照部令详细填载之后,再行呈送③。

  抗战胜利之后,上海监狱第一分监对于死亡女犯的处理参照上海监狱的处理程序,相较于江苏第二监狱分监而言,更为细密和详实。当病犯在监死亡后,即由分监医士将其死亡日期、病名、病因等填载于诊断书,并填就死亡证书四份,连同诊断书移送名籍股。名籍股凭该诊断书调取该犯的身份簿,并在该簿上的出监年月日记事由栏中填明死亡日期,并将诊断书附于身份簿,将死亡之人犯记载于人犯出入日记录以及出监簿,于次日呈分监长核

---

① 《上海江苏第二监狱分监教诲教育卫生(监犯死亡、死亡报验)》,上海档案馆档案,档号:Q177-5-165。
② 《上海江苏第二监狱分监监犯死亡报验事项》,上海档案馆档案,档号:Q177-5-346。
③ 《江苏高等法院第二分院关于监所人犯死亡证书》,上海档案馆档案,档号:Q181-1-844。

阅，再记入死亡登记簿。将身份簿之身份记录卡取下，连同死亡卡（记载犯人之姓名年龄等，擘于犯人手上以资识别）交于太平间，在手印卡上捺上死犯之右手大拇指手印，即送回主管人员察看，再送警察局指纹股核对该犯死亡后之指纹是否与入监时相同，如确认无讹，即予签字送回。

名籍股见卡收回后，即填发死亡证明书二份，一份附于身份簿，一份交普善山庄，以便该山庄凭证明书向太平间搬运尸体送往胶州路验尸所候验。同时，还须将医师送来的四份死亡证书中之人犯姓名等项一一填明，送分监长盖印，后再备函呈送上海地方法院检察处，由其派员径赴验尸所检验。验毕由检察官将尸体之处置及检验等二项填明并盖章，除抽存一份外，余返回分监。分监再留一份备案，剩余之证书均呈送上海监狱，由上海监狱按月汇集成册，呈送高检处分别存转。于函请检验时，同时填写死亡通知书一件，邮递其家属告知犯人死亡日期及病因，领尸之地点，嘱其前往领取，及向监狱领取死亡犯人之遗物。领取遗物时，由主办人将该犯人的身份簿送保管处，依照入监时所登记的物件发付，并令领取人签名盖章，将身份簿送保管室并于放免卡中减去该犯人之号数。此外，分监尚须将每月有无人犯死亡情形向上海监狱汇报①。

另外，如有因病保外医治之人犯在监外死亡时，即由保证人或人犯家属告知分监，之后，分监即致函上海地方法院检察处前往尸体存放地进行检验，然后按照部颁格式填写验尸书，并签字盖章，同时还须仔细核实人犯死亡的具体情形，以确保无误。如1947年9月份，该监女犯顾阿多因患肺炎，在监久治无效，获准保外医治，出监后即入上海南市平民医院治疗，因医治无效，于9月10日下午3时在该医院病故，即由保证人朱耀芳报告分监该犯死讯，之后分监即致函上海地院检察处派员前往民国路平民医院进行调查，检验尸身。检察官前往该院调查检验属实，并请该医院主任医师陈锡海出具证明书一份："住院病人顾阿多，住院号2946号，于民国36年9月7日入院，经诊断系慢性鸦片中毒及营养不良症，于同年9月10日下午3时衰竭死亡，用特证明。"②

在江苏第二监狱分监时期，该监女犯死亡后，若有人犯遗留有物品，其有亲属者，该分监即令其家属具结领回，若无人认领者，则由监暂行保管处置。据死亡证书中的相关记载，江苏第二监狱分监死亡的160名人犯中，有

---

① 《上海监狱关于高院监狱科刘继盛调查犯人作业情况》，上海档案馆档案，档号：Q177-1-75。
② 《上海监狱一分监保外医治》，上海档案馆档案，档号：Q177-1-714。

76名女犯遗留有多寡不等的各种物品,占死亡总人数的47.5%;如1932年,女犯秦俞氏患胃溃疡,移送济善医院医治无效,于11月15日上午1时5分在该院病亡,遗留有"大洋16元,银押发一只,耳环一副,银针一只,皮夹一只",由其女秦金梅领去①。

上海监狱第一分监的死亡女犯中,有5人有遗物留存,人数较少,仅占死亡总数的29.4%,这些遗留物同样亦是以钱钞、衣物以及其他日常用品为主。死亡人犯有家属者,即由分监通知前来领取,如1946年2月,该监女犯徐彩贞素患结核症,带病入监,在监内身体虚弱,医治无效,于是年2月19日下午2时45分在监内病故,即由分监拟具告知书通知其家属沈天来具领该犯遗物国币1 320元②。

人犯死亡后,其遗体当妥善处置,否则不仅有违人道,亦妨碍卫生。江苏第二监狱分监对于死亡人犯的遗体,若暂时无法联系其亲属前来收敛者,即暂为浮厝一处,做好标识待领归葬,是为"浮厝标记"。若能与其亲属联系者,即令其亲属来监办理手续具领安葬。若死亡人犯无亲无故,或有亲属而无力安葬者,即由监狱方面委托社会慈善机构予以收敛。据统计,江苏第二监狱分监死亡人犯中,有53人因无法归葬而暂为浮厝标记,有28人被死亡人犯之女儿、丈夫、儿子、妹妹、母亲、兄弟等亲属或者同乡领去安葬;另有4人处理方式不详;有74名女犯遗体是由社会慈善机构负责,提供薄棺一口运往郊外安葬,其中普善山庄收敛70人,新普育堂收敛3人,同仁辅元堂收敛1人。

除上述处置途径之外,尚有一种较为特殊的处理人犯遗体的方式,即应沪上医学院校教学所需,将人犯遗体移送医学院校以供解剖教学实习、学术研究之用。因为这种方式在国人传统观念中难以接受,因此,监狱方面一般只是将确系无家属认领之尸体酌情赠予,且数量极少。在江苏第二监狱分监死亡女犯中,亦仅有一口被移送至上海同德医学院供解剖研究之用。该犯名江华氏,此犯因毒瘾甚深,且素患有肺痨病,在监内身体衰弱不堪,又兼染脚气,终因医治无效于1941年9月20日上午3时45分在监内病亡,其遗体即移交同德医学院解剖,以资研究,之后,该犯遗体又由普善山庄妥为收敛③。在上海监狱第一分监时期,死亡人犯之遗体亦多由社会慈善机构收敛,如普善山庄共收敛9人,同仁辅元堂收敛1人,此外,由分监通告死亡人

---

① 《江苏高等法院第二分院关于监所人犯死亡证书》,上海档案馆档案,档号:Q181-1-844。
② 《上海监狱一分监疾病死亡》,上海档案馆档案,档号:Q177-1-707。
③ 《江苏高等法院第二分院关于监所人犯死亡证书》,上海档案馆档案,档号:Q181-1-1001。

犯家属殓葬者5人,处理方式不详者2人。

　　从整个人犯死亡的总量以及比例来看,江苏第二监狱分监要远多于上海监狱第一分监。事实上,对于人犯死亡过多的现象,江苏第二监狱分监以及其主管官署江苏高等法院第二分院,并非无动于衷,漠然置之。高二分院多次训令分监,饬令监所医士仔细研究病源,预为防范,有病者妥为医治,俾免死亡。

　　江苏第二监狱分监亦因移送合作医院疗治之病犯死亡甚多,而对这些医院颇多抱怨。如1931年3月份,该分监在致上海红十字会医院的函中称,该监自1930年5月15日起至1931年2月末日止,九个月时间内,移送该院医治之病犯以及怀孕期满分娩者,先后死亡已未决人犯多达21口之多,而在临时法院管理监所时,自1929年7月1日起至1930年3月末日止,亦系九个月,人犯仅死亡2口,两者相差十倍有余。为此,该分监对红会医院甚为不满,声称因人犯死亡过多,"以致监督官署对敝监所时有责言",并要求红会医院应设法补救,俾患病者均获回生①。对于该分监在人犯死亡问题上的指责,并非所有合作医院都会赞同,如1933年济善医院在给该分监的函中称"贵监送来之病犯大多病在危急,以致药石罔效,施救束手",为顾全人犯生命起见,"请贵监长如有人犯患病,请早为设法医治,以重道德"②。

　　事实上,通过对上海女监人犯死亡具体状况的分析,就会发现,这些死亡人犯中有相当一部分原本在入监之前就罹患有各种基础性疾病,甚至是恶性疾病,诸如肺痨、梅毒、胃肠病等,带病入监者比例颇重。而且在监羁押人犯中还有众多沾染烟瘾、毒瘾的烟毒人犯,这部分人犯原本就因长期吸食毒物,致使身体亏耗,元气不足,或者亦患有各种因吸食毒物引发的并发症,甚或有上瘾至深,泄漏不止者,这部分人犯不但烟瘾、毒瘾难断,偶染病患,亦难医治。此等人犯在监内羁押期间,因生活条件所限,可能会加速或刺激其原有病情的恶化,致使原本衰弱的身体不堪重负,最终身亡。

　　不过,就客观实情来说,类似上述类型的烟病人犯,即使不羁押于监所,其在监外,就其病情以及身体状况而言,基本上同样也是难逃一劫。带病入监者、吸食毒物成瘾者、吸食毒物成瘾兼带病入监者,此种类型人犯对上海女监人犯死亡总量的增加以及死亡率的提高,可算是"贡献颇多"。为此,监所之中人犯的死亡,可能并非监所环境恶劣所致,并非全然是监所之过失,以监所死亡人数之多寡来衡量狱政之是否腐败、黑暗、草菅人命等类,失之偏颇。

　　当然,监内人犯死亡,特别是如江苏第二监狱分监这种死亡160人,最

---

① 《上海江苏第二监狱分监监所卫生》,上海档案馆档案,档号:Q177-5-86。
② 《上海江苏第二监狱分监监犯患病》,上海档案馆档案,档号:Q177-5-200。

高峰时,一年死亡30人者,亦不是小事,监所亦须承担一定的责任。毕竟监内人犯死亡并不是一件好事,原非死刑人犯,羁押于监所反而送了性命,确系有悖于人道。江苏二监狱分监人犯死亡之多,就监狱方面的缘由来讲,很大原因在于医疗经费不足,致使监内医疗设施缺乏保障,该监医士以及药剂士,就其出身及技术而言,并无不当,但缺乏充足的药品和器械,有技而无法施展,难以对病重人犯施行有效之治疗。即使移送至合作医院,因移送病犯住院经费短缺,病犯人数增多,医院方面亦不肯对病犯施行认真的诊治。试想,如果上海女监能得到较为充足的医疗经费保障,可能将会是另外一番景象,至少有部分人犯幸免于死吧。

第四节　囚狱新生:上海女监内孕犯的生育及婴幼儿处置

　　江苏第二监狱分监及上海监狱第一分监,这是民国时期位于上海的两所独立建制的新式女监。作为刑罚执行的场所,在这两所戒备森严的女监内,除了羁押有各类普通女犯之外,还经常有一些较为特殊的群体被关押在其中。这些较为特殊的群体,一部分是怀有身孕的孕犯,另一部分是在监内出生或跟随其母亲一同入监的婴幼儿。这些怀有身孕的女犯原本就行动不便,需人照料,但却因犯法不得不拖着臃肿的身体在狱中服刑。然而更为凄惨的却是那些刚刚来到这个世界,就不得不随母饱尝牢狱风味的婴孩。身怀六甲的孕妇以及幼小婴孩的组合,原本呈现出的应是一幅温馨可爱的浪漫图景,它与沉重的铁门,阴暗、狭小、拥挤不堪的牢房是那么格格不入,然而这一景象却在上海女监中真实存在着,看似不可思议的事情真实地发生了。

　　对于怀有身孕的女犯,无论从人道主义角度考虑,还是从客观现实出发,都是不适宜收监羁押的。早在北洋时期,司法部曾有过指令对于怀孕女犯应停止收监执行,予以设法救济,若不得已安置于监内时,监狱方面应妥善处置,其待遇应较普通女犯略加区别,以示体恤。在南京国民政府时期,对于孕犯的收押也有明确的限制条款,如1928年颁布的《监狱规则》第十八条规定,怀胎七月以上者得拒绝收监;1946年颁布的《监狱行刑法》第十二条又重申了这一规定,并添加一项即"分娩未满一月者"得拒绝收监[①]。根据这两部监狱法规条文,怀胎七月以上行将临产或已分娩未满一个月,尚在

---

① 山东劳改局编:《民国监狱法规选编》,第11、43页。

哺乳期之女犯,是不得将其收押监所的,在法理意义上而言,至少体现了政府对于女性的一种体恤和关照。

如果这些法规能切实执行的话,那么,很多孕犯将会免于牢狱之灾。然而,良善之法未必能达到其应有的效果,法律条文的制定和表达,与其具体的实践和运作总会有些距离和变形。事实上,无论是江苏第二监狱分监抑或是上海监狱第一分监,在对孕犯的收押方面,都未能真正遵照上述条文的规定。之所以出现这种有法不依的局面,很大程度上与当时的司法体制及人犯收押制度有关。

依照国民政府的监所管理制度,法院是监所的直接监督和管理机关,对于主管法院判决签押的人犯,监所只能接受,很难提出异议。此外,当时的司法制度也缺乏对于特殊人犯予以明确及完善的缓刑或监外执行等措施。正是由于上述因素的存在,上海女监在收押人犯时,不管这些女犯是否怀有身孕,孕期长短,只要有法院的判决书和执行书,且符合收押程序,基本上都是照单收押。因而在民国时期的上海女监之内,时常有怀孕女犯这种特殊群体的存在也就不足为奇了,甚至有些孕犯在入监当天就在监内分娩了。如1932年5月4日,江苏第二监狱分监收押孕犯吴秀宝入监,当天即在监内产下男孩一口①。

将这些孕犯收押入监,她们的分娩问题应当如何应对,这对监方来说,确实是一个很大的问题。事实上,对于江苏第二监狱分监而言,在其组建之初,因监内条件所限,该监确实也没有为孕犯在监内进行接生的计划和准备。因而当有孕犯即将临盆时,该分监就将这些临产孕犯一概送往与其有合作关系的医院待产,待分娩之后,若无其他病症,再将该犯带回监内继续执行。最初,该分监是将临产女犯送往广仁医院,稍后又改为送往红十字会医院,但是由于移送上述两所医院分娩的孕犯产后患病死亡的事件时有发生,致使该分监承受着很大的压力,这令监方亦非常难堪和痛心,该分监曾向红十字会医院抱怨道,送该院孕犯"其患病死亡者或别种病因,唯无病生产者之死亡亦几及半数,甚有母子均不救者,言之殊堪痛悯"②。

除了因孕犯死亡而带来的压力之外,移送孕犯前往医院待产,同时也需要一笔不小的开支,而第二监狱分监每年列支病犯移送医院疗治的经费仅有117元③。送院分娩者所需费用亦从该项费用下开支,且住院病犯名额仅

---

① 《江苏高等法院第二分院关于监所人犯死亡证书》,上海档案馆档案,档号:Q181-1-819。
② 《上海江苏第二监狱分监监所卫生》,上海档案馆档案,档号:Q177-5-86。
③ 《上海高等法院第二分院训令》,上海档案馆档案,档号:Q177-5-223。

限于六名,送院待产孕犯亦会占用这些名额,由于分监病犯较多,而孕犯临产须送院者亦复不少,致使分监移送医院之病犯、孕犯时常超出定额,且费用亦常因此超支。但是即使超额支出医药各费,却并没有达到应有的效果,尤其是分娩孕犯相继因产后发病而亡故,"靡用经费,而收效如此"。

这令该分监对与上述医院的合作非常不满,进而对其移送孕犯前往医院生产的政策进行了反思和调整。1931年5月底,分监长谢福慈向江苏高等法院第二分院提议以后分娩孕犯不再移送医院待产,而是整顿监内医务所,由该监女药剂士为人犯接生,若遇有难产或产后患病者再行移送医院诊治,这一提议后经高二分院同意施行[①]。此后,分监孕犯若无其他重要病症,基本上即在监内由女药剂士为之助产接生,并终止了与广仁医院、红十字会医院的合作,对于难产或产后病症人犯则另行送往法租界蒲石路济善医院医治。

按照国民政府相关法规,监所内的药剂士,其主要职责是驻守监内,配合监所医士为人犯调和分配药物,巡视监犯有无病症发生以及监所卫生等事宜。但是第二监狱分监的女药剂士除了承担上述职责之外,还要承担为女犯助产接生的责任。这些女药剂士基本上都接受过医学、护理以及接生等方面的专业教育,并具有相应的工作经验,因此为女犯助产对她们而言并不陌生。如女药剂士刘慧真毕业于上海南洋医科大学,曾在上海安生医院内科及产妇科等处就职[②],"学识经验均称宏富","人犯助产事务,向由该员办理"。由于该监孕犯较多,其分娩时间亦无法预知,或早或晚,助产亦非易事,"每值深夜之际或难产三数日",刘慧真一人有时难以照料周全。为此,1934年4月,分监呈请增派女助理员张孟钗担任辅助,该助理亦系产科专门学校毕业,同样具有助产及护理经验,"佐理以来,尚无贻误"[③]。后继者袁佩莲同样也是苏州更生医院护士产科班六年毕业,曾在多所医院任职,亦具有丰富的护理、助产经验[④]。在这些助产药剂士的协助下,凡是正常状态下在监内分娩的孕犯,基本上都能顺利生产,因分娩而死亡的事件亦大为减少。

抗战胜利之后的上海监狱第一分监也沿袭了江苏第二监狱分监的政

[①] 《上海江苏第二监狱分监关于公务员任用规章及遵守事项》,上海档案馆档案,档号:Q177-5-49。
[②] 《江苏高等法院第二分院关于监所人犯死亡证书》,上海档案馆档案,档号:Q181-1-820。
[③] 《上海江苏第二监狱分监教诲教育卫生》,上海档案馆档案,档号:Q177-5-151。
[④] 《江苏上海第一特区地方法院看守所关于职员考成表,王宝三等共九人》,上海档案馆档案,档号:Q177-4-8。

策,临产女犯基本上都是在监内分娩,亦未发生孕犯及婴儿死亡事件。如1947年2月20日下午3时15分,张李秉昆在监生产女孩一口,取名张瑞春,大小平安①。为该犯分娩,分监购置草纸四刀,计八千元,另购置分娩物品五千二百元,合计花费一万三千二百元②。不过,该分监对于棘手的难产孕犯,出于安全的考虑,一般也会将孕犯送往专门的产科医院分娩,产后若无其他病症,再将人犯提回监所羁押。如1947年,女犯夏张氏是年3月带孕入监,至6月2日上午开始出现阵痛,有难产迹象,分监于当月5日上午4时将该犯送往上海市产科医院生产,于当天5时45分在该院生产男孩一口,取名夏甦(字更生),大小平安,并于当天7时30分返回监所③。

上海女监对于孕犯分娩的处置,除了移送医院生产、在监内由药剂士助产之外,对于有特殊情况的孕犯,若该犯家属呈请保外生产,经女监认为符合保外条件并呈请主管法院同意的情况下,亦可允准孕犯保释外出生产,俟产后再行收监执行。如1939年12月8日,江苏第二监狱分监女犯张顾氏将届临产,其母顾乔乔因其女前有数次难产经历,此次"临盆在即,在监既多不便,对于生产恐再有难产,以致生命确有极大危险之虞"。为此,特声请将其女予以保外生产,并觅得天一车行主曹正鹤作担保。分监接到声请书及担保书之后,出于慎重起见,即派职员金之芳对担保等事项予以详细调查。经查对核实之后,12月13日,分监即据此并附加医士诊断书一并呈请高二分院拟准予保外医治,后经高二分院同意,张顾氏得以保外出狱分娩④。

上海监狱第一分监对于患有重症的孕犯亦准予保外分娩,不过,与江苏第二监狱分监由家属呈请保外医治不同,该分监是主动联系人犯亲属,通知其寻觅担保,来监办理保外手续。如1946年8月16日晚,孕犯朴贞玉突发子宫出血,经医师戴远如诊断认为有流产风险,应即通知其家属保外医治,以防有生命之虞。随后分监即通知其家属寻觅妥保尽快办理保外手续。8月19日,玄正柱提交保证书前来,表示愿为朴贞玉提供担保,愿负随传随到之责任⑤。该分监经审核并呈请上海高院同意,于8月22日将女犯朴贞玉准予保外医治。嗣后,该分监还分别于1946年10月2日、1947年9月12日为孕犯王汝兰⑥、胡王氏先后办理了保外分娩事宜⑦。

---

① 《上海监狱一分监总务科行政卷宗》,上海档案馆档案,档号:Q177-1-757。
② 《上海监狱一分监训令等》,上海档案馆档案,档号:Q177-1-711。
③ 《上海监狱一分监总务科行政卷宗》,上海档案馆档案,档号:Q177-1-757。
④ 《江苏上海第一特区地方法院看守所教育卫生》,上海档案馆档案,档号:Q177-4-200。
⑤ 《上海监狱一分监疾病死亡》,上海档案馆档案,档号:Q177-1-707。
⑥ 《上海监狱狱务日记》,上海档案馆档案,档号:Q177-1-666。
⑦ 《上海监狱狱务日记》,上海档案馆档案,档号:Q177-1-453。

上海女监孕犯呈请保外分娩,除了提供声请书、寻觅铺保之外,尚须监狱方面进行审核,对孕犯的实际情况进行诊断和评估,然后再决定是否呈报主管法院核准。也就是说,整个流程下来,并非所有声请的孕犯都能获准保外分娩,也有不少孕犯的保外申请被否决,也由此导致了这些孕犯各有其不同的境遇。如1931年2月,江苏第二监狱分监孕犯王钱氏因分娩在即,呈请保外生产,未获允准,后分监将其移送红十字会医院待产,结果导致该犯在医院因产后感染而亡故①。与王钱氏的悲惨结局不同,另一个孕犯洪曹氏则幸运得多,1941年6月份,女犯洪曹氏因怀孕足月,即将临产,其夫洪华山向分监呈请保外待产,监方经审核后认为,该犯之状况无须保外,"驳回,毋庸议"②。虽然也未能获准保外,但稍后该犯于8月份在监内顺利分娩女孩一口,母女平安③。

就民国时期的普通产妇而言,分娩是一件高风险的事情,如若处置不当或产后护理不周,极易因难产或感染诱发各种疾病,最终导致产妇、婴儿身亡或者母子双亡,而对于牢狱中的孕犯来说,其分娩所面临的死亡风险显然更高。在这些怀孕女犯中,总会有部分孕犯会因分娩引发各种问题而身亡。从上海女监孕犯死亡的情形来看,这些因分娩而亡故的孕犯大都是在移送医院之后因各种原因身亡的,并没有孕犯直接在监内因分娩而亡的案例。

具体来说,这些因分娩而在医院身亡的女犯,其死亡原因大致可分为以下三种情况:第一,因孕犯自身在入监前即患有梅毒等恶性疾病,后因分娩诱发病情加重而亡,如1930年5月30日,女犯傅沈氏因生产在即,被江苏第二监狱分监移送广仁医院待产,最终在该院身亡。该犯在入监时即怀有身孕且患有梅毒,身体瘦弱,在监内曾服解毒剂多日,6月份在医院产子之后梅毒发作,一周内突发狂热,致使下部溃烂,于7月8日下午7时5分病故④。

第二,因孕犯难产医治无效而亡,如1934年6月29日,女犯李二宝即将临产,但因前置胎盘,出血过多,先后移送至济善医院、广仁医院,经两院医师合作手术,破腹急救,终因医治无效于7月2日上午4时在医院病故,其尸检报告记载"委系生前难产,心力不足身死"⑤。

---

① 《上海江苏第二监狱分监监犯患病》,上海档案馆档案,档号:Q177－5－92;《苏高等法院第二分院关于监所人犯死亡证书》,上海档案馆档案,档号:Q181－1－819。
② 《江苏上海第一特区地方法院看守所监犯张二姑娘等在监生育》,上海档案馆档案,档号:Q177－4－140。
③ 《江苏高等法院第二分院关于监犯发现事故分监呈报事项》,上海档案馆档案,档号:Q181－1－991。
④ 《江苏高等法院第二分院关于监所人犯死亡证书》,上海档案馆档案,档号:Q181－1－809。
⑤ 《江苏高等法院第二分院关于监所人犯死亡证明》,上海档案馆档案,档号:Q181－1－886。

第三，怀孕女犯由于分娩之后感染或引发心脏衰弱，全身虚肿而死。如 1930 年 10 月，江苏第二监狱分监移送至上海红十字会医院分娩的孕犯赵唐氏，由于产后感染，高烧不退，终不治，于是年 11 月 9 日上午 10 时 15 分在医院病故。1931 年 10 月，该分监移送济善医院分娩的孕犯方孙氏，因产后周身虚肿，心脏衰竭，于 1932 年 2 月 8 日上午 4 时在该院身亡①。

除了孕犯因分娩致死的情形之外，还有部分婴儿因各种原因在刚出生时就身亡的。如 1939 年 12 月 6 日，孕犯曹王氏，分娩男孩一口，但因其母患有梅毒症，该男婴产出即已气绝夭折②。1940 年 4 月 7 日，监犯王凤英因罹患寒热症，致使早产女孩一口，没有成活。同年 5 月 16 日，孕犯王白氏生产男孩一口，因该犯怀孕未足月，且分娩前摔伤腹部，致使婴儿因受伤害及早产而亡③。此外，还有因孕犯产后感染及婴儿遗传其母疾病，致使母子俱亡的，如 1932 年 5 月 4 日，孕犯吴秀宝产下男孩一口，该犯分娩之后一周内因突发高热，腹部胀痛，且阴道流出脓液状之分泌物，送医院不治而亡，而其子亦因遗传其母之花柳病而死亡④。除了上述这些不幸夭折的婴孩，那些因分娩而死的女犯，虽然没有明确的资料记载她们所生产的孩子结果如何，但是依据她们的状况而言，估计亦是凶多吉少，可能多已夭亡。

由以上的案例可知，由于女犯自身的原因或医疗条件所限，导致上海女监之内的孕犯和婴儿死亡事件时有发生。不过，所幸的是，这些悲惨的案例相对来讲所占比重不算太高，总体而言，在上海女监内，还是有很多孕犯和婴儿闯过了生死关，幸运地存活了下来。

据统计，江苏第二监狱分监在存续期间，即自 1930 年 5 月至 1936 年 3 月、1939 年 7 月至 1941 年 9 月，上海监狱第一分监自 1946 年 1 月至 1947 年 11 月，在此期间，约共有 72 名带孕入监女犯，除了张顾氏、朴贞玉、王汝兰及胡王氏等 4 人得以保释出监待产之外，其余 68 名孕犯，有 16 人在医院完成分娩，其余 52 人在监内完成分娩。其中有 9 名孕犯因分娩而死亡，占分娩孕犯总数的 13.2%，另有 5 名胎儿死亡，占总数的 7.4%，其中 1 例母子俱亡，占总数的 1.5%。

---

① 《江苏高等法院第二分院关于监所人犯死亡证书》，上海档案馆档案，档号：Q181－1－819。
② 《江苏高等法院第二分院关于监犯发现事故分监呈报事项》，上海档案馆档案，档号：Q181－1－965。
③ 《江苏高等法院第二分院关于监犯发现事故分监呈报事项》，上海档案馆档案，档号：Q181－1－986。
④ 《江苏高等法院第二分院关于监所人犯死亡证书》，上海档案馆档案，档号：Q181－1－819；《上海江苏第二监狱分监教诲教育卫生、监犯患病》，上海档案馆档案，档号：Q177－5－163。

在因分娩而亡的孕犯中,有3名是原本即患有梅毒等恶性疾病,占死亡孕犯总数33.3%;1名难产,占死亡总数的11.1%;3名产后感染,占死亡总数的33.3%;2名产后虚弱而亡,占总数的22.2%。在有确切记载死亡的5名胎儿中,有3名系因遗传其母所患之梅毒等恶性疾病而亡,占死亡胎儿总数的60%;另2名系不足月而早产身亡,占死亡胎儿总数的40%。而且这些因染病或感染而死亡的孕犯和胎儿,都是集中于江苏第二监狱分监时期,上海监狱第一分监内并未出现孕犯及胎儿死亡现象。

此外,在这批怀孕女犯中,有6人年龄不详,在其余有确切年龄记载的66名女犯中,41—50岁者有4人,31—40岁者有23人,21—30岁者有28人,11—20岁者有11人,从年龄分布上来看,主要集中在21—40岁这一年龄段内,合计51人,约占77.3%。这些女犯年龄最大者49岁,最小者仅16岁,平均生育年龄为28岁,生育年龄略大,偏向于中青年阶段。此外,从孕犯的犯罪类型上来看,排名靠前的如涉及鸦片、毒品及烟毒等毒品类犯罪的有33人,涉及略诱、和诱、拐卖等诱拐类犯罪的有7人,另有窃盗罪5人、强盗罪3人、伪币罪、盗匪罪、赌博罪及掳人勒赎罪等分别为2人,其余汉奸、妨害婚姻、诈欺等犯罪类型均为1人[①]。

上海女监内的婴幼儿,除了部分是由其母带孕入监,在羁押期间诞生的之外,还有一部分是在其母亲入监时,一同携带进来的。这些随母在监的婴幼儿,在这高墙之内,陪伴其母亲苦度时日,并可享受到一点难得的天伦之乐,她们每天稚嫩的童声,打破了女监内死气沉沉的静寂,从而为灰暗单调的狱内生活带来些许欢愉与活力。

对于女犯携带子女入监,按照常理而言,应当是不允许,应予以拒绝的。因为女犯有罪,其子女无罪,所谓罪人不孥,不株连家人,何况其幼小的子女。但是在民国时期的上海,并没有一个较为可靠的育儿、托儿体系。虽有一些慈善机关如育婴堂之类的,亦主要收容贫苦无依的孤儿、流浪儿,所以当女性触犯刑律且带有子女又贫穷无依,确无处可寄养,而不得不请求携带子女入监时,监狱方面亦不得不予以通融处置。虽然女监内的环境不适宜

---

① 上述数据系根据上海档案馆馆藏档案综合整理而来:《上海江苏第二监狱分监关于公务员任用规章及遵守事项》档号:Q177-5-49;《上海江苏第二监狱分监监犯患病送医院诊治》档号:Q177-5-50;《上海江苏第二监狱分监监犯患病》档号:Q177-5-92;《上海江苏第二监狱分监教诲教育卫生、监犯患病》档号:Q177-5-163;《上海江苏第二监狱分监监犯邹阿宝等7名怀孕生育》档号:Q177-5-232;《江苏高等法院第二分院关于监犯发现事故分监呈报事项》档号:Q181-1-965;《江苏高等法院第二分院关于监犯发现事故分监呈报事项》档号:Q181-1-986;《江苏高等法院第二分院关于监犯发现事故分监呈报事项》档号:Q181-1-991;《上海监狱一分监总务科行政卷宗》档号:Q177-1-757等。

幼儿的发育,但是如若强行将女犯母子分离,令其幼小的子女流落街头,那无疑是将其幼儿送上绝路。

因而对于确有困难的女犯,请求携带子女入监,南京国民政府在立法方面亦有所体恤和照顾,但是对其所携带子女的年龄以及在监的时间,都有明确的规定和限制。如1928年国民政府颁布的《监狱规则》第十六条规定"入监妇女有请携带其子女者,非认为不得已时,不得许之,许携带之子女以满一岁为限,在监内分娩之子女亦同,若子女已达前项年龄无相当领受人又别无安置方法,监狱长官得延长携带期间,但不得逾二岁"。1939年司法部又规定"各监所收禁之女犯携带三岁以上之子女,如实系无法安置,应准——变通办理,量予延长携带期间,以免困难"。

1946年颁布的《监狱行刑法》第十一条亦规定"入监妇女请求携带其子女者,得准许之,但以未满一岁者为限,前项子女满一岁后,无相当之人受领又无法寄养者,得延期六个月,满期后,交付救济处所收留,前二项规定于监内分娩之子女亦适用之"①。虽然这两项法律对于女犯携带子女的准入年龄以及随母在监的年限规定有所不同,但是准许女犯在特定情况下,携带子女入监的内在精神是一致的,以示对女犯的通融和体恤。

依照上述法规,上海女监对于女犯请求携带子女入监时,多予以允准。如1933年3月,江苏第二监狱分监许可女犯周刘氏携带其出生仅六月"肥硕可爱的"女婴一口入监②。但是,若女犯请求携带入监的子女年龄较大,不符合法律所规定的准入年龄时,该分监将会拒绝女犯的请求,不准其子女随同入监。如1934年10月,有温州妇人陈吴氏因吸食红丸被捕,该犯以其女家中无人抚养,请求携带入监,但其女已年至十三岁,年龄过大,未获允准,遂将该女托付其居所的二房东暂为留养③。

在上海监狱第一分监时期,有些女犯因为其"丈夫死了,家里没有亲人,自己犯了罪,怀中的孩子就无人照料"④,"孩子太小,怕别人不疼爱他们,她不放心"⑤,所以就向监方请求携带入监,若符合法律规定,监方特别通融,就允许她们把孩子带进来。如1947年11月25日,新收女犯吴谢氏携带其五个月幼子吴永正一口入监⑥。据是年12月份统计数据显示,上海监狱第

---

① 山东劳改局编:《民国监狱法规选编》,第11、43页。
② 《上海江苏第二监狱分监监犯刘玉氏、周刘氏等七名患病送院诊治等》,上海档案馆档案,档号:Q177-5-230。
③ 《女犯要求携女入狱》,《申报》1934年10月15日。
④ 《探女监》,《申报》1946年7月11日。
⑤ 《提篮桥女监见闻录》,《和平日报》1946年9月30日。
⑥ 《上海监狱狱务日记》,上海档案馆档案,档号:Q177-1-453。

一分监内共有随母在监婴幼儿八名①。

这些随母在监的婴幼儿,年幼不谙人事,自不知其身处之牢狱为何地,更不解其母在狱内之愁绪,天真烂漫,倒也颇讨人之欢喜。江苏第二监狱分监女犯陈小宝在羁押期间产一幼子,取名保罗,随母在监。可能该犯在犯案之前,注意保养安胎之缘故,保罗出生之后,"肥硕白嫩,看去很健康的模样"。虽然其母因一念之错,闯成大罪,可怜他一出世,就无辜做了小囚徒,幸而监内几位女职员们很喜欢小孩,给了他不少热情的爱护,"据说,只要告诉他接见两字,他就高兴笑着要往门口去"②。

在上海监狱第一分监时期,对于随母在监的婴幼儿,监方悯其之无辜,亦给予特别优待,每天向这些婴孩发放牛奶喂养。为方便照看这些婴孩,分监还特意安排,"为他们开出了一个小监房,由他们的母亲们轮流地负责照护"③。这些小天使们看到人便张开小嘴嬉笑。女犯韩又杰之女,年甫四月,咿呀作语,甚为可爱,其名韩狱生,乳名咪咪,但因其母为日本人,故囚犯们一致戏谑地称呼其为小东洋④。这些随母在监的婴孩,有可能是其母意图博人同情,或担忧他人照料不周,抑或是幼儿不舍离开其母,因此,有时亦会被其母亲抱着一起上法庭过审。如1946年10月份,韩又杰经常怀抱其女赴高院特刑庭过审,对其进行审讯时,该犯"手中尚抱有手执花旗橘子,年约一岁左右之小孩"⑤。

这些跟随着其母亲生活在女监内的小孩子,"他们没有犯过罪,可是他们所过的日子和犯人们一样,饮食起居有定时,一些不乱,每天除了半小时在监内园中,随着他们母亲散散步以外,其余的时候都在铁笼子里"。"孩子没有见过大世面,他们不知道世界上有各种糖果,和做梦也想不到的儿童玩具,他们小心灵上,只希望有白糖和面包皮"。他们的小眼睛,"不大看见天,什么树木花草都没有他们的份儿,他们看惯了的是士敏士的地和钢铁般的窗,别的不懂,一点儿也不懂"⑥。

1948年儿童节那天,有热心的和平日报记者陈羽新特地购买了糖果到上海监狱第一分监中去看望此时尚随母在监的七个幼童。在李梅魂看守长的安排下,七个小朋友被他们的妈妈抱出了监房,记者将糖果分发给他们。

---

① 《上海监狱一分监总务科行政卷宗》,上海档案馆档案,档号:Q177-1-757。
② 露薇:《特一区女看守所参观记》,《上海妇女(上海1938)》1938第1卷第4期,第5—6页。
③ 陆以真:《女监参观记》,《妇女(上海1945)》1948年第3卷第1期,第14—15页。
④ 何鲁文:《上海监狱的秘密》,《大路》1947年第1期,第8—10页。
⑤ 《川岛芳子型女奸韩又杰》,《申报》1946年10月8日。
⑥ 陈羽新:《把儿童节带一份到女监,给七个随母受罪的孩子》,《和平日报》1948年4月5日。

女犯韩友杰的女儿韩狱生非常有礼貌,她向记者深深地一鞠躬,说谢谢陈先生,还用小手对着嘴唇飞了一个吻给记者。当陈记者把她抱起来问她"你喜欢吃什么糖,下回我买给你吃,她回答我说,陈先生,我喜欢吃白糖,还有面包皮",看着这七个天真烂漫的儿童,他们那些天真良善的小动作,真令记者看了感到心酸①。

由于女监内卫生条件有限,这些随母在监的婴幼儿有时不免会横生病患,他们所患之病多为水痘、天花、发疹等具有传染性的疾病,如若处置不当,极易在监内滋生蔓延。为此,如有婴幼儿患病,监狱方面会立即将病儿及其母亲一并送往医院医治或者由监狱职员带领患儿出狱求医。

1935年11月江苏第二监狱分监女犯陈张氏年仅2岁之幼子,在监经施种牛痘之后,发生痘疮甚盛,遂将其母子一并送往新普育堂医治,以便照料哺乳。是年12月,该监张王氏之女突发疹甚重,亦将其母子送往该堂治疗。1936年1月,女犯胡方氏、徐王氏之幼孩,突患疑似水痘症,经送新普育堂医治,后经确认实为患天花,乃即设法隔离医治②。上海监狱第一分监时期,1947年10月份,数次派看守王莲清携带女犯张李秉昆、刘莲英之幼孩张瑞春、刘亦麟前往仁善堂施诊所治病③。

随母在监婴幼儿所需的衣被食物,依据《监狱规则》之规定应由人犯自备,"妇女携带之子女,得自备衣食及日用必需杂具",《监狱行刑法》亦重申"携带子女之食物及衣类均应自备",但顾及女犯之困窘,该行刑法又规定对于无法自备者,当由监方"给与或供用之"④。上海监狱第一分监对随母在监之婴幼儿大致按照2∶1的折合率供给必要的给养,如1947年12月10日人犯口粮表内载,当日有孩童8名,折合4口计算口粮⑤。

由于经费困窘,上海监狱第一分监保障在监女犯的日常给养已实属困难,对于随母在监之幼孩所需物品的供给,颇感力不从心。面对嗷嗷待哺的幼孩,亦不能置之不理,为了获得婴孩所需的衣物、药品及牛奶等营养品,第一分监不得不通过多种途径积极向社会寻求援助,以便保障这些监内婴幼儿的供给。

1946年4月11日,该分监致函善后救济总署上海分署请按月拨发牛奶

---

① 陈羽新:《把儿童节带一份到女监,给七个随母受罪的孩子》,《和平日报》1948年4月5日。
② 《上海江苏第二监狱分监监犯患病送新普堂就医》,上海档案馆档案,档号:Q177-5-390。
③ 《上海监狱狱务日记》,上海档案馆档案,档号:Q177-1-453。
④ 山东劳改局编:《民国监狱法规选编》,第15、48页。
⑤ 《上海监狱一分监疾病死亡人数及口粮物品》,上海档案馆档案,档号:Q177-1-712。

以资补养。该分署接函之后,决定对于随母在监儿童,按照每名每月配给炼乳六听为标准,向分监拨发 1946 年 4—7 月份,四个月份的炼乳共计 120 听。是年 5 月 21 日分监领到配给之炼乳,即分发给婴孩服用。此后,分监如有新增在监婴儿,即将增加婴儿数量通报救济总署上海分署,请其按照既定每人每月六听的标准,增加拨发炼乳的数量。如 1946 年 7 月,该监新增幼儿两名,上海分署即向分监增拨该两孩童 7、8 月两月淡奶 24 听①。1947 年 4 月,上海监狱第一分监还致函上海市疗养医院,请其慨增"奶粉一百磅与本监随母在监婴儿服用"②。

成立于 1947 年 4 月份的上海儿童福利促进会,以为全市孤苦儿童谋取福利为主旨,致力于上海儿童的社会救助等福利事业,为救助上海监狱第一分监内无辜的幼童,两个机构之间保持了较为密切的联系。1947 年 12 月份,该分监向儿童福利促进会发求助函,请求"惠赐牛乳及鱼肝油精及衣被等类若干,以资救济"③。随后,该促进会即派职员徐女士前往分监调查详情,并于 1948 年 1 月,向分监捐送了五箱牛奶、一大瓶鱼肝油精。

此后该促进会多次派员前往分监看望监内幼童,1948 年 7 月,该会职员金明镇及陈策庄在分监调查之后,向该监幼童捐助了牛乳十五听,鱼肝油二瓶,罐头食品一箱,并允诺再行提供牛乳六十听,以资补救儿童之营养④。是年 11 月,该促进会通知分监称,若该监内有年在 12 个月以内之婴儿,必需奶粉时,可前来该会登记,并表示该会拟"每半月派员赴贵监一次,协助处理有关儿童福利事宜,并资联系,如有必要时,则可随时来会商洽,本会当可予以适宜之帮助"⑤。除了向外界求助之外,有些社会人士在到监内参观时,亦向这些幼童给予一定的捐助,如 1948 年 4 月 4 日,和平日报记者陈羽新捐送苏饼四十只,与监中七名小孩分食⑥。

依靠社会各界的救济和援助,上海女监在一定程度上可以保障随母在监婴幼儿的衣食所需。但是,这些幼童毕竟不是人犯,无法长期羁押在监,监所内的环境很不适宜幼童的身心健康以及成长,如若将幼童长期羁押于监牢,这些幼童将沦为一种变相的囚犯,而监狱方面亦将面临很大的负担。此外,国民政府允准女犯携带子女入监,原本只是一种权宜和体恤之计,并

---

① 《上海监狱一分监医疗卫生公函》,上海档案馆档案,档号:Q177-1-769。
② 《上海监狱狱务日记》,上海档案馆档案,档号:Q177-1-447。
③ 《上海监狱一分监总务科行政卷宗》,上海档案馆档案,档号:Q177-1-757。
④ 《上海监狱一分监关于李任移交慈善费清册》,上海档案馆档案,档号:Q177-1-770。
⑤ 《上海监狱公函》,上海档案馆档案,档号:Q177-1-699。
⑥ 《上海监狱狱务日记》,上海档案馆档案,档号:Q177-1-452。

非长久之法；而且依照国民政府《监狱规则》及《监狱行刑法》的相关规定，随母在监幼童的年龄，基本上都不得逾二岁。为此，出于幼童良好发展的考虑以及监所减轻负担的现实需要，将达到法定年限的随母在监幼童遣送出监另行安置是很有必要的。对于那些即将遣送出监的在监幼童，若确无人受领且又无法寄养者，则由各地的公私立救济及育幼院所予以收容，以收切实的救济之效，而免幼童之冻馁，以安其母在监之心。

上海女监对于随母在监幼童的处置大体上有三种方式：第一，幼童母亲刑期届满释放时随同出狱或通知女犯家属领回。在监幼童随母一同出狱，主要是针对一些刑期并不是特别长的女犯，当她们刑满释放时，即可带同其子女一同离监。如1947年5月9日，第一分监女犯乔林淑刑期届满，随带其女慕莲一同开释①。若在押女犯刑期较长，而其子女已符合出监标准时，若该人犯有亲属，则由分监通知其亲属来监将幼童领回代为抚养，如1946年10月12日，第一分监女犯张卢氏之女张妙根由其家属领回自养②。

第二，由监狱方面联系或委托社会各界抱养。1947年5月，上海监狱第一分监委托《中央日报》记者发布消息称"监内现时有已断乳之婴孩四名，亟待外界认养，盖其亲族已无力继续抚养，善士仁人苟有意领出，可径赴上海监狱女监商洽"③。嗣后，同年12月6日，女犯邰贺氏的小孩被抱外抚养④。

第三，送往宗教团体所创办的社会慈善救济机构抚养。如1932年11月，江苏第二监狱分监女犯邵阿宝，在监分娩男孩一口，因该犯体弱无乳哺养，且无家属领去，势将饿毙，为此，该犯向分监请求将其子送往天主教所创办的圣心医院收养⑤。1935年2月，该分监女犯徐黄氏因罹患梅毒性肠炎及腹水症，势将不治，遂请求分监表示愿将其4岁女儿送入天主堂孤儿院养育。在该犯病亡之后，该分监即遵照徐黄氏遗言，将其女移送天主堂孤儿院⑥。

与徐黄氏因其女无家属收养不得不送孤儿院养育不同，女犯陈小宝将其子送往孤儿院养育则纯系出于宗教的皈依和认同。1940年1月，第二监狱分监女犯陈小宝，原本为天主教徒，故将其子取名为保罗，在其因患急性

---

① 《上海监狱狱务日记》，上海档案馆档案，档号：Q177-1-447。
② 《上海监狱狱务日记》，上海档案馆档案，档号：Q177-1-666。
③ 《提篮桥女监巡礼》，《中央日报》1947年5月5日。
④ 《上海监狱狱务日记》，上海档案馆档案，档号：Q177-1-453。
⑤ 《上海江苏第二监狱分监监犯邹阿宝等7名怀孕生育》，上海档案馆档案，档号：Q177-5-232。
⑥ 《上海江苏第二监狱分监人犯遗留小孩请求抚养事项》，上海档案馆档案，档号：Q177-5-340。

肺痨病兼肠结核行将不治时,留下遗言不愿将其子交与家属领回,嘱托分监将其子送往天主教孤儿院抚养。该犯病亡后,其子即由天主教仁善育婴堂领去养育①。

在上海监狱第一分监时期,该监主要是将监内幼童送往天主教妇女公教进行会所创办的上海妇女出监人保护会,由该保护会予以领养或暂时代为寄养。如1946年8月,该分监将女犯杜杨氏之女杜凤英暂时委托上海妇女出监人保护会抚养,后由杜杨氏之母杨陈氏声请将该女从保护会领回自养②。1947年6月11日,女犯陶朱氏之女莉莉由出监人保护会潘福嬷嬷带至该会领养③。

综上所述,南京国民政府时期对于监所收押孕犯入监,虽然没有予以完全禁止,但是也有一定的限制条款。然而上海女监对于这些法律规定并未严格认真执行,而是将孕犯与普通女犯一样,全部予以收押,采取的是一种无差别的羁押政策。这表明上海女监在收押人犯时,存在着一定程度的滥行羁押的行为,而且也从一个侧面反映出当时的狱政以及司法体制方面的疏漏和不足,缺乏必要的司法救济和保障体系,同时也显示出国民政府法律的制定与文本表达,与该条文在司法实践中的具体运作,有着明显的扭曲和脱节。

在孕犯的分娩方面,上海女监有一个政策逐步调整和适应的过程,最初是将孕犯移送监外合作医院待产,但因分娩导致孕犯死亡事件时有发生。之后,上海女监决定令临产孕犯在监内分娩,由监内女药剂士予以助产接生,嗣后,孕犯因分娩而死亡事件大为减少。虽然有部分孕犯以及胎儿亡故,但是总体而言,死亡孕犯及胎儿占全部分娩孕犯的比重并不算高,且有相当一部分系孕犯自身患有恶性疾病而亡,并非完全是监内环境恶劣所致。大部分孕犯都能在监内顺利分娩,大小平安,至少表明上海女监内部在医疗人员以及设施配置的方面,为保障孕犯生命安全还是起到了一定的有效的作用。

此外,由于社会保障制度的缺失和不完善,上海女监内留置的婴幼儿亦为数不少,对于这些在监内出生或随母一同入监的婴幼儿,监方在政策可能的范围之内予以应有的体恤和优待。为保障这些婴幼儿衣食及营养所需,上海女监通过多种途径向社会各界求助,获得必要的给养,同时,还为患病

---

① 《江苏上海第一特区地方法院看守所犯人遗留小孩请求抚养事项》,上海档案馆档案,档号:Q177-4-60。
② 《上海监狱狱务日记》,上海档案馆档案,档号:Q177-1-666。
③ 《上海监狱狱务日记》,上海档案馆档案,档号:Q177-1-447。

的婴幼儿予以必要的医治。对于这些随母在监婴幼儿的处置,除了正常状态下,随母开释出狱或由人犯家属领回抚养之外,对于其他特殊婴幼儿则以送往社会慈善机构或寻求社会抱养为主。之所以将监内达到一定年限的幼童遣送出监,除了出于减轻监内负担的现实需要,亦有为保障儿童权益,使其得以健康发育的着眼与考量,也可以视为上海女监在狱制管理方面较为人性化的体现。

第五章 去恶向善：女犯的感化之途

何为"感化"？《易经》云"天地感,而万物化生",《说文解字》又云"感,动心也,化,变也",因"感"而"化"是为"感化"的最好注解①。近代以来,随着刑罚理念和制度的变革,中国以报复刑、威慑刑为主体的传统刑罚体系逐渐向以注重对人犯进行感化为主体的近代刑罚体系转型,感化遂成为近代中国刑罚哲学的核心和发展方向。

刑罚与监狱互为表里,刑罚理念的转变亦深刻影响到中国狱制的近代化转型,"感化"成为中国近代狱制的典型特征和主旨。正如孙雄所言"古时刑罚尚威吓,故监狱专以残酷为主旨,今日刑罚重改善,故监狱以教育感化为原则"②。在近代狱制体系下,监狱作为刑罚执行的场所,"以教养感化为要务,使受刑人改悔向上,适于社会生活为目的"③,而监狱对于人犯的感化,则典型而且集中地体现于教诲、教育以及作业劳役等三个方面,正是这三个方面的内容构成了监狱对于人犯感化行刑的主体。

具体而言,就是对于人犯"要加以教诲,使其改过自新,要加以教育,使其增加学识,要授以相当工艺,使其有生活技能,而为图谋职业的张本"④。其实质就在于"替多数囚犯谋福利,来实施教育、劳动、宗教、道德各种的训练,于他们身心的修养,智能的增长,理性的培植,思想的改造,处处给予良好的印象,提高他们精神向上的发展,使有相当的效果"⑤。也就是说通过

---

① 张东平：《近代中国监狱的感化教育研究》,华东政法大学博士论文,2010年。
② 孙雄：《监狱学》,详见河南省劳改局编：《民国监狱资料选》,上册,第2页。
③ 《上海监狱司法行政部训令、上海典狱长孔祥霖的报告》,上海档案馆档案,档号：Q177-1-898。
④ 李玉贵：《论出狱人保护会》,《中华监狱杂志》1934年第一卷第一期,第55—59页。
⑤ 刘番滋：《行刑感化问题的检讨》,《中华监狱杂志》1935年第一卷第三四期合刊,第9—20页。

对在监人犯实施各项感化举措,以教诲、教育化除人犯原有的恶性,增加其学识,使其改悔向善,达于反省自新之域;以作业劳役,令人犯习得一技之长,养成勤勉之习惯,强健其体格,俾得其出狱之后,减少社会中恶性之人,复归于良民生活,而有益于社会,"积渐既久,风俗自日进于良,而治安可以长保焉"①。

第一节 再造新民:女犯教诲的实施

"一切犯罪行为的产生,都是由支配他们的人生观、世界观、道德观所决定的,而人生观和世界观的转变是一个根本的转变,属于思想领域的问题,必须用思想教育去解决"②。为此,在以感化为主旨的近代狱制中,为使人犯改恶迁善,复为新民,必须注重人犯思想灵魂的形塑。"监狱中人,既已犯罪,缺乏道德,已无待言,今使其改过向善,非提倡特别信念,不足以促使其悛改"③。且道德薄弱、知识缺乏实为民国时期女性犯罪的两大原因,为此,在监狱中方有教诲及教育之规定,"监狱制度重在感化,然非教诲、教育不为功"④。

所谓教诲即专注于德育之谓也,以陶冶受刑人之品性,变化其气质,使其安分守己,遵守监内纪律,弃恶从善,悔改向上为目的,重点在于人犯的道德训导和人格陶冶,以实现人犯道德观念和思想意识的重塑及改良。监狱方面正是透过教诲的方式,强化人犯从精神到肉体的形塑,培植其道德、增进其学识,从而实现化除恶性,再造新民的愿景和目的。

监狱感化,以教诲为先。南京国民政府建立后,重视人犯教诲的实施,其在1928年颁布的《监狱规则》中,明确规定"在监者一律施以教诲"⑤。1930年4月份,江苏第二监狱分监组建之后,即对监内人犯开展各项教诲活动。

该监人犯教诲分为个人、类别、集合三种。集合教诲,即将全体监犯不分罪质、刑期,全部集中于教诲室进行集体性的教诲。这种教诲形式,一般

---

① 张东平:《近代中国监狱的感化教育研究》,华东政法大学博士论文,2010年。
② 张东平:《近代中国监狱的感化教育研究》,华东政法大学博士论文,2010年。
③ 芮佳瑞:《监狱法论》,上海:商务印书馆,1934年,第140页。
④ 朱道融:《各县旧监应增设教诲师案》,详见河南省劳改局编:《民国监狱资料选》,上册,第291页。
⑤ 山东省劳改局编:《民国监狱法规选编》,第14页。

多于星期日、国庆纪念日及其他重要节令举行,由教诲师向全体人犯讲述各种主题,主要以劝告人犯自新、改过向善为主。如 1933 年 1 月 15 日,星期天,教诲师向人犯讲述《不侵犯他人之自由方能自由》①。类别教诲亦是一种集合性教诲,不过这种教诲形式主要依据人犯之罪质、犯数、教育性情之差别而分门别项、各异旨趣,分类施教,其人数相对于集合教诲要少很多。该分监之类别教诲每日轮流在教诲室或监房、工厂等处行之。教诲时将罪质相同之人犯集中于一处,即就其所犯之罪,有针对性地施以教诲,加以劝诫,如 1934 年 11 月 27 日,教诲师对该监略诱女犯进行类别教诲,讲题为《离人骨肉》②。

个人教诲是该分监中涉及类型较多且最为频繁举行的一种教诲形式。大致而言,对于人犯的个人教诲,每日遇有入监、出监、书信、接见、赏罚、疾病、亲丧及其他特殊情事,随时随事行之,其方法须斟酌个人之罪质、犯罪年龄、职业及其家庭状况、教育程度、性情、习惯等施以适当之教诲,完全注重个性。

人犯刚入监时,即施以入监教诲,教诲师通过与人犯之谈话,获知人犯自身的信息,以增强对人犯秉性及行状的了解并告诫人犯在监应守的监规监纪等项。当人犯出监,重获自由时,临释放前予以出监教诲,对其以后的生活予以指点,并劝勉其出监之后,要安分守己,切莫再罹刑网。接见及书信教诲,于接见或收发信件时施行之。家属接见时,犯人感情最易冲动,教诲师若能从旁辅以理智,可收奇效。收发信件如同对本人谈话,真情最易流露,常有念信哭不成声者,此时教诲效力特大。疾病教诲,人犯病重入病监,斯时精神烦闷,病魔缠绕,为促使该病犯跳出愁城而灌输以调摄之方,施行疾病教诲。如 1933 年 3 月 3 日,匡钱氏患胃病在病监内哭泣,遂对该犯实施疾病教诲③。

当人犯因违反监规而受到惩罚时,辅助予以相应的惩罚教诲。如 1939 年 7 月 10 日,王阿宝因不守狱规,予以加铐二日处分,是日处分终了,在解铐时,予以惩罚教诲,教诲师称"你因为性情粗暴,习惯不良,屡次犯法,已经很不应当,在守法期间,还不力自悔改,更是自寻烦恼,这次从轻处罚,以后务要痛改前非,不可再萌故态,免得弄到水穷山尽,无可挽回"④。此外,该

---

① 《江苏省高等法院第二分院教育教诲工作报告》,上海档案馆档案,档号:Q181-1-847。
② 《江苏省高等法院第二分院下设分监呈报教育教诲工作报告》,上海档案馆档案,档号:Q181-1-889。
③ 《江苏省高等法院第二分院教育教诲工作报告》,上海档案馆档案,档号:Q181-1-847。
④ 《江苏高等法院第二分院关于教育教诲的文件》,上海档案馆档案,档号:Q181-1-971。

分监还在人犯获得赦免、假释及奖赏时,亦召集人犯予以相应教诲,若有人犯遇有至亲去世等伤心事件时,亦注意对人犯予以宽慰,在免服作业劳役时,对该犯予以亲丧教诲。

该分监对于每日及每年度的教诲详情均有详细记载,并须详细填载教诲报告表,以便查核。据该分监1932年度(即从1932年7月份至1933年6月份)教诲状况报表显示,在该年度分监每周对于人犯之教诲时间多至十五小时,各月份实际教诲人数如下:1932年7月份187人、8月份203人、9月份194人、10月份211人、11月份229人、12月份250人;1933年1月份248人、2月份255人、3月份315人、4月份313人、5月份343人、6月份349人,逐月累计3 097人次。

在教诲成绩方面,能听受人数:1932年7月份98人、8月份110人、9月份133人、10月份112人、11月份124人、12月份202人;1933年1月份200人、2月份201人、3月份199人、4月份213人、5月份223人、6月份232人,逐月累计2 047人次。能感受人数:1932年7月份22人、8月份30人、9月份31人、10月份32人、11月份40人、12月份39人;1933年1月份38人、2月份41人、3月份42人、4月份44人、5月份41人、6月份42人,逐月累计442人次①。

对于该分监每日具体的教诲状况,据该监1933年5月份的教诲工作报告记载,是年5月6日,星期六,教诲师对于期满放免出监的王陈氏、陈金香等7人,进行出监教诲;对新收入监的赵高氏予以入监教诲;并于是日下午3时在教诲室对于强盗犯20名进行类别教诲,讲题为《守法》,大意为"1.法律是保障人民一切的生命财产;2.法律既是保护,人民对于法律须尊重之;3.尊重法律就是人民维护自己的生命财产"②。

该分监对于人犯的教诲,多是由教诲师通过讲演或当面谈话的方式进行,若监内人犯较少,尚可维持,随着监内人犯日增,教诲师的工作压力大为增加,甚而有不胜忙乱之苦,教诲效率亦难以有所保障。为应对这种状况,提高监犯教诲效率,1936年2月份,高二分院指示分监应即筹款购置播音机安置监内,并在监内各工场、监房等处装置收音机,由教诲师负责,于每日人犯餐饭后休息时间及作业结束回监房后,进行广播教诲,③"可收一人讲演,千人了解之效"④。但是,对于经费支绌的江苏第二监狱分监而言,囿于经

---

① 《上海江苏第二监狱分监教诲教育工作报告》,上海档案馆档案,档号:Q177-5-275。
② 《江苏省高等法院第二分院教育教诲工作报告》,上海档案馆档案,档号:Q181-1-847。
③ 《上海江苏第二监狱分监监所法令等》,上海档案馆档案,档号:Q177-5-410。
④ 孙雄:《江苏上海第二特区监狱三年来工作报告》,上海档案馆档案,档号:Y5-1-20。

费不足,实无力筹款举办,心有余而力不足,虽有高二分院训令置办,但终因无处得款,装置播音教诲一事遂寝。

教诲词是教诲师对于人犯进行教诲的重要依据,教诲师所选的讲述主题及教诲词是否通畅易懂,能否被教诲对象所接受,将直接影响着每次教诲活动的效果。为此,该分监的教诲师对于人犯的教诲,须精心准备不同的演讲主题,并参考诸如教诲浅说、立身安训、道德丛书等资料,精心准备与主题相关的教诲词。总体来看,该分监教诲师所准备之教诲词在内容方面较为广泛,多采用浅显的民间故事、言语较为口语化且较为通俗,有时同一主题亦会被反复利用向人犯进行讲述。

该分监教诲师所拟的教诲词,大致有如下数种类型,即劝导人犯遵守监内规则型,如1933年5月21日,教诲主题为《注意规则》,要求人犯"(1)须服从长官命令。(2)须谨守所定规则。(3)注意以上两项则决无犯规举动"①。在重要纪念日讲述的时政类纪念性主题,如1933年9月18日,讲述《九一八国耻纪念大概》称"讲到国耻上面,真是痛心疾首,我国近数十年来外交简史,简直成为一部国耻史——对于国耻,念兹在兹,时刻不忘,吾人只要不善忘,终有成功之一日"②。

还有利用民间故事向人犯讲述因果善恶循环相报之理类主题,如1933年10月7日,向人犯讲述《因果》,称"因果之说,出自佛经,悯世人痴顽迷惑沉溺罪恶不能觉悟,特地将因果二字为众生说法,使大家明白世间一切苦难,具脱不了因果二字"③。向女犯们灌输如何为人处世等"心灵鸡汤"类,如1933年5月18日,讲述《慎言》,告诫人犯"(1)无关紧要,不必多言。(2)大庭广众不宜高谈阔论,夸张自己之长,议论他人之短处。(3)言论不慎,说者无心听者有意,小则遭人怨恨,大则足以败家伤身"。④

由于监内女犯因涉及烟毒等罪行入狱者甚多,为此,劝诫女犯戒除各类恶习亦是监内教诲的重要主题。如1934年11月3日,讲述《决心戒绝红丸》,"红丸乃毒质造成,吸后最易伤身,其害更甚于鸦片——你们在此守法之地,是最好机会,须下决心戒绝,切勿再犯"⑤。该监是为女监,为此专门

---

① 《江苏省高等法院第二分院教育教诲工作报告》,上海档案馆档案,档号:Q181-1-847。
② 《江苏省高等法院第二分院下设分监呈报教育教诲工作报告》,上海档案馆档案,档号:Q181-1-860。
③ 《江苏省高等法院第二分院下设分监呈报教育教诲工作报告》,上海档案馆档案,档号:Q181-1-860。
④ 《江苏省高等法院第二分院教育教诲工作报告》,上海档案馆档案,档号:Q181-1-847。
⑤ 《江苏省高等法院第二分院下设分监呈报教育教诲工作报告》,上海档案馆档案,档号:Q181-1-889。

针对女性人犯自身的教诲主题亦不少见,如1934年12月16日,向人犯讲述《妇女应有的礼教》,"我们知道中国一向是称为礼仪之邦的——可是目前已经消失无遗了——只有恢复应有的礼教,譬如孝顺翁姑,爱护子女,尊敬长者,整洁容貌,交接有方,勤劳服从等,都是应有的美德,你们要真实去奉行"①。

除了上述这些主题之外,尚有诸如劝导人犯养成良好生活习惯类主题,如《惜物》《剪发之益》等。向人犯讲述社会常识类主题如《自治》《公益》《慈善机关》《慈善事业》《公共卫生》等。还有劝导人犯安心服刑勤于悛悔类主题,如《监狱是劝善惩恶的好地方》《苦中求乐》《你们的责任》等。

抗战之后,在上海监狱第一分监时期,亦继续重视对人犯的教诲。该分监的教诲方式同样亦包括集合教诲、类别教诲、个人教诲等三种,除了每周例行进行的固定的集合教诲、类别教诲外,该分监尤其注意对人犯进行随时性的个人教诲,如出监、入监、惩罚、书信、接见、亲丧等。此外,该分监还注意进行特别教诲,如告诫人犯如何陶冶品性、读书的方法、艺术的训练等。为了对工场作工人犯进行教诲,该分监教化科定于每日上午11时至12时,在各工场进行约十至十五分钟的集中教诲,俾便人犯一面进行作业,一面接受教化,互不影响②。

该分监对于每日的教诲工作亦有详细记载,根据该监狱务日记对于教诲内容的记录,大致可以一窥该分监对于人犯教诲工作的大致状况。如1946年4月22日至28日,一周内每天的教诲实况如下:4月22日,向李吴氏、徐陆氏、施阿花等三人进行书信教诲;4月23日,向郝戴氏进行出监教诲,向周陈氏进行临床教诲;4月24日,陶彭氏书信教诲一人,另工场教诲50人;4月25日,向谬丁氏、陆凤仙进行书信教诲,向胡高氏、谬丁氏、陆凤仙分别进行临床教诲;4月26日,向人犯徐秀英及周陈氏两人开展临床教诲;4月27日,进行接见教诲19人,另谬丁氏临床教诲一人;4月28日,集合人犯69名,于是日上午9时进行集合教诲③。

除了由教诲师对人犯进行口头式的言辞教诲外,该分监还注意利用电影等较为新潮的方式开展教诲,以增加人犯兴趣,吸引其注意,增强教诲效果。如1946年7月19日,该分监致函位于上海闸北天潼路429号的中央宣传部电影巡影队,请其选择"适合女犯之教育影片,请定期来监放映",后该

---

① 《江苏省高等法院第二分院下设分监呈报教育教诲工作报告》,上海档案馆档案,档号:Q181-1-889。
② 《上海监狱第一分监视察报告等》,上海档案馆档案,档号:Q177-1-755。
③ 《上海监狱狱务日记》,上海档案馆档案,档号:Q177-1-666。

巡影队函复分监,嘱其派员前来接洽,选择影片。1948年5月20日,该分监又致函上海市教育局电化教育队请其于该月30日下午2时来监放映教育影片,以资教化人犯①。是日下午三点钟,该电化教育队在分监开始放映教育及卫生电影,由该队干事陈永利从旁向人犯进行讲解,以使人犯能知晓其意义,据《大公报》载,该分监全体女犯观影之后深感满意②。

在民国时期的监所教诲活动中,宗教力量的介入是一个非常值得注意的现象。因宗教蕴含劝人向善的主旨和力量,所以司法行政部相信通过向人犯进行宗教劝诫,可以在很大程度上起到辅助教诲的作用,令人犯化除恶性,迁恶向善。为此,司法行政部遂训令各地监所准许各宗教团体到监所内进行活动,并给予监内人犯一定的宗教信仰及活动的自由。如《监狱行刑法》规定:"受刑人得依其所属之宗教举行礼拜祈祷或其他适当之仪式,但以不妨害纪律者为限。"③

事实上,当时亦有不少学者对于宗教教化囚犯的积极作用持认可的态度,如芮家瑞指出"宗教乃借神之力,志在劝善,最易动人,尤易动社会中下等无知识之平民,犯罪人中,以此种下等人为多数,故宗教之力,功效无穷"④。正是在这种宽松的氛围中,佛教、基督教、天主教等各种宗派团体逐渐且广泛地介入到各监所日常的教诲活动之中,甚而与监所之间建立起颇为融洽的互动关系。

监所借助宗教力量教诲囚犯,令其感化向善,得到一种虚幻的精神上的寄托,从而安心服法,监所有时亦需要各教派捐赠钱物,以资补救人犯给养。而各教派亦借助于监所这一特殊的平台,既彰显了宗教所宣扬的理念和教义,同时亦可在监内发展教徒,扩充力量。此外,对于受教之人犯而言,在一成不变、单调乏味的牢狱生活中,亦可借宗教活动得到心灵层次的安慰和调节。因而宗教力量介入监所教诲活动,各方均各取所需,各得其利。

1934年1月份,中国佛教会常务委员圆瑛等人联名呈文司法院院长居正,请其通令各省市法院,准予佛教团体至各监狱宣传佛教,以资感化人犯⑤。为规范佛教团体到监所进行教诲活动,1934年10月,中国佛教会亦通令各地佛教团体,对于赴监所教化人犯所需的宣讲资料进行了统一性的要求,要求各团体务必采用诸如"教诲浅说、学佛浅说、安士全书、人生

---

① 《上海监狱关于教育工作簿》,上海档案馆档案,档号:Q177-1-449。
② 《简讯》,《大公报》1948年5月31日。
③ 山东省劳改局编:《民国监狱法规选编》,第47页。
④ 芮佳瑞:《监狱法论》,第140页。
⑤ 《上海江苏第二监狱分监官规、处务(整顿监务)》,上海档案馆档案,档号:Q177-5-298。

指津、初机净业指南、因果轮回录、劝世白话文、感应篇汇编及直讲等书,为最良善本"①,通令各省市佛教会转饬各县会一律采用。

司法行政部及中国佛教会为推动佛教团体赴各地监所进行教诲活动进行了一系列的努力和运作,然各地佛教团体以及各监所执行情况则参差不齐。如在沪埠,江苏第二监狱经常有法师或居士前往宣讲佛教,而同在一地的江苏第二监狱分监则没有动静。1935年7月份,该分监在向高二分院的呈文中称截止同年6月份,并无佛教团体前往该监讲演教诲②。

直到1936年5月,时任分监长王宝三在上峰迭令敦请佛教高僧莅监演讲,以收宗教感化之效的催促下,听闻中国佛教会理事长圆瑛法师在佛教净业社举行丙子息灾法会,讲演大势至菩萨圆通章,遂亲自到该会礼请圆瑛法师到分监对女犯讲演。

5月27日下午2时,法师乘车前往,王监长已将监犯全数召集静候听讲,法师遂以"佛法可以解除人生痛苦"为题进行宣讲。其讲演词称:"苦由业招,业由心造,心有贪嗔痴三毒,迷不自觉,依之造业,以致犯众,乃受法律制裁受苦,但既往不咎,来者可追,在此监中,当知悔悟,修习念佛法门,改造心理,念佛不近贪嗔痴三毒之念,恶念既无,恶言恶行,自不可得,既不造业,当不犯众,这个监狱,可以把他做个悔过堂,亦不必起烦恼心,一心放下,除工作外,专心念佛,非但可以解除目前痛苦,将来出监后,念佛功夫纯熟,三业清净,不会再有犯众之事,自可永离痛苦。"整个讲演过程中,圆瑛法师精神饱满,演讲效果很好,据称"闻者无不感动"③。

总体上而言,佛教团体在江苏第二监狱分监中并不活跃,相较之下,其他教派如天主教、基督教则明显更为积极。事实上,在江苏第二监狱分监的宗教教诲活动中,活动较为频繁且具有成效确属天主教以及基督教等外来教派。

早在该分监于1930年4月份组建后,天主教就到监教化人犯。在1931年10月份,天主教洋泾浜圣母院的修女和女信徒,又组建了专门从事教化女犯的机构——洋泾浜公教进行会妇女部。该部成立后就经常到该分监对女犯们进行各种慈善和教化活动,"每月至少四次"。除了进行讲道外,还向女犯们教授新知识④。除了天主教外,基督教与该分监的来往亦同样较为

---

① 《赴监宣讲材料采用以教诲浅说等书写最良善本仰遵照一体采用,训令各省市佛教会》,《中国佛教会报》1935年第64—66期,第4—5页。
② 《上海江苏第二监狱分监教诲教育工作报告等》,上海档案馆档案,档号:Q177-5-389。
③ 《江苏第二监狱分监,昨请圆瑛法师演讲》,《佛教日报》1936年5月28日。
④ 《洋泾浜圣母院参观记(四)》,《申报》1943年8月24日。

密。如1934年2月份,位于闸北路的使徒信道会美国传教士穆淑德致函分监,请求允许该会教友到监为女犯讲道,后经允准,令其于每星期三下午2时来监讲道①。此外,还有上海知名的基督教慈善团体救世军也经常到该监活动。据报载:"救世军人员,每日晨间必赴特监狱为脱狱囚犯服务,如施衣,给资,代访亲友,发放舟车票,介绍职业位置,一般囚犯身受其益者,实非浅鲜。""唯救世军之救济,仅以初次入狱者为限。"②

相对于佛教、道教这些本土教派,天主教等外来教派通过在该分监长期传道教诲,其教义对一些女犯的信念和言行都产生了较为显著的作用和影响。如人犯陈小宝原为天主教徒,其入监后,经常受教义感化,对天主教的信仰愈加坚定,并为随其在监的幼子取名为保罗,且按照教义为其子进行了受洗仪式。当其因病在监无法医治而临终之际,她不愿将其幼子交由其家属领回抚养,而是嘱托分监将其子送由上海天主教孤儿院抚养,并立下遗言为证。当她过世后,该分监即遵从其遗愿,将其子保罗送往上海天主教仁善育婴堂抚养成人③。

与江苏第二监狱分监宗教教诲略显冷清有所不同的是,在抗战之后的上海监狱第一分监时期,该分监的宗教教诲活动极为活跃。不仅宗教活动频繁,而且来监进行传道的各教派数量较多,除了有佛教参与之外,还有更多的天主教、基督教等教派的积极广泛介入。如基督教监狱布道推行会、天主教仁善堂、救世军等纷纷前来该监或布道讲经,或提供慈善救助,向人犯捐助善款、食物或者书籍等物品。这些教派通过一系列的活动和运作,使得该监的宗教教诲活动颇有声色。

该监狱务日记中对于每日的宗教活动均有详细记载。通过这些记录,大致可以一窥该监宗教教诲活动的概貌。如1946年3月4日,灵粮堂妇女布道团来监至工场间、病房布道,听道者为外役10人、患疾病10人及作业39人。9月24日,中国佛教会上海分会年高德长、对于佛理颇有研究的明光法师来监接洽讲经事宜。经协商定于每星期日上午10时至11时为其宣讲时间。9月29日,明光法师如约前来讲经。后该法师亦向分监捐赠法华经一卷。同日,上午8时至9时,基督教监狱布道推行会副主席姚崇恩来监布道④。因到

---

① 《江苏高等法院第二分院关于教育教诲(二)的文件》,上海档案馆档案,档号:Q181-1-876。
② 《特一监狱中之救世军》,《好莱坞日报》1939年6月17日。
③ 《江苏上海第一特区地方法院看守所犯人遗留小孩请求抚养事项》,上海档案馆档案,档号:Q177-4-60。
④ 《上海监狱狱务日记》,上海档案馆档案,档号:Q177-1-666。

监内讲道教派较多，有时该监在同一天有数个宗教团体接连到监宣讲。如1946年11月3日，上午8时至9时基督教陈先生、叶小姐传道，10时至11时明光法师讲经，下午2时至3时全备福音堂陈小姐布道①。

在来分监布道的各大教派中，布道频度最高且与分监关系最为密切的当属天主教仁善堂。该堂的潘福嬷嬷不仅经常来监布道，还经常向分监女犯捐助钱款食品。如1946年12月25日，天主教潘福嬷嬷送食盒八大箱，橘子一百只，兔子袋糖果35只，分赠本监职员及人犯②。1947年5月21日，潘福嬷嬷来监布道并捐助国币六万元为人犯特别给养费。5月24日，分监利用此笔款项全数购买猪肉茭白豆瓣酱炒熟分发人犯分食③。

潘福嬷嬷以及该堂其他神父还对监内教徒及皈依人犯举行宗教仪式。如1946年12月22日，上午9时至10时天主教神父及潘福嬷嬷来监传道并替在监教徒行神工④。1948年2月13日，郁香岩、刘彭氏、毛高氏等3名天主教徒，由戒护主任戴甫琴带领请霍神父进行告解⑤。是年8月11日，天主堂神父来监替全体人犯祷告并给两名女犯举行受洗仪式⑥。此外，潘福嬷嬷还协助天主教妇女公教进行会以及分监设立了妇女出监人保护会，向出监孤苦无依女犯提供必要的救助，有时亦应分监之所请为分监假释、保释的人犯提供所需的铺保。正因为潘福嬷嬷与分监关系至为融洽，所以1946年8月13日，恰逢潘福嬷嬷传道25周年纪念，该分监特意赠送镜框一架，以示敬意和祝贺。而潘福姆姆特地回赠钱款六千元，除一千元发给办事监丁外，其余五千元用于购置病犯所需药物⑦。

除了天主教之外，还有人犯在监内经受基督教教义的熏陶和洗礼，亦对其意识和信念产生了很大的影响。如女画家李清萍因汉奸嫌疑曾在该分监羁押，在狱期间，其思想经过宗教的洗礼，产生了明显的变化。1947年7月份，当其获释出狱之后，即表示要到"慕尔堂去受宗教的洗礼，我要向上帝忏悔，我要洗刷我那已被污辱的心灵"⑧。在她出狱之后写给分监李梅魂以及林晓明的信件中亦描述了她的宗教信仰状况，她说："我有一个信念，真理永远是存在的，出狱后我已去见过安牧师，并且由她介绍了两位教友，以后我每

---

① 《上海监狱狱务日记》，上海档案馆档案，档号：Q177-1-666。
② 《上海监狱狱务日记》，上海档案馆档案，档号：Q177-1-666。
③ 《上海监狱狱务日记》，上海档案馆档案，档号：Q177-1-447。
④ 《上海监狱狱务日记》，上海档案馆档案，档号：Q177-1-666。
⑤ 《上海监狱狱务日记》，上海档案馆档案，档号：Q177-1-452。
⑥ 《上海监狱狱务日记》，上海档案馆档案，档号：Q177-1-452。
⑦ 《上海监狱狱务日记》，上海档案馆档案，档号：Q177-1-666。
⑧ 《汉奸罪洗刷干净李青萍恢复自由》，《大公报》1947年7月12日。

星期都要去做礼拜。"①可见其在狱期间,宗教教诲对其个人影响之深。

宗教教诲对于上海监狱第一分监而言,具有多重的意义和影响。而各大宗教教派之所以能如此顺利且频繁到该监进行活动,一方面是由于该分监的主要管理者,如林晓明、代理分监长李梅魂、分监长柯俊杰等都是虔诚的基督徒,"有西洋头脑,对于监事处理的很开明"②。在她们的运作和影响下,为各大宗教派别在分监内的活动提供了很大的空间和便利。另一方面,是由于分监与宗教团体密切合作,确实亦能从中获得实质性的帮助,通过积极宣讲教义,令人犯获得精神慰藉,安心服刑。同时,宗教团体向分监及人犯提供善款以及物资等方面的救助,亦使其能从中得到实际利益。

此外,这些教派与上海监狱职员之间亦有一定程度的利益输送关系。如一个名为沈造新的天主教教徒曾讲到"有人问为什么我们宣讲得到上自监狱长,下至各部职员的优待恩情呢?因为他们每次生病住医院,每次得到广慈医院或圣心医院的特别优待,那是预先协商好的。或者他们的子女送到我们的学校内读书时得到减免学费的优待。目前有20余人在我们的学校内念书,例如监狱长的儿子在震旦初中部,他的女儿在徐汇女中等"③。沈造新的这番话或许可以让我们看到各大教派在上海监狱及第一分监内进行热闹喧嚣的传道背后的另一面孔。不论如何,这些宗教教派通过其布道以及捐助等慈善活动,确在很大程度上使得人犯不仅获得了心理上的安慰和寄托,而且亦可得到实际性的物资救助,从而使得她们在冷寂的牢狱生活中尚能感受到不少的温暖。

综上所述,近代以来,随着西方文明的进入,我国的刑罚理念亦有明显的转变,日益强调对人犯的教养和感化,认为犯人性本良善,经过监狱的教化,定能化除恶性,重为善良新民。因而在新式狱制下,遂以感化人犯为要务,而监狱感化,则以教诲为先。司法行政部对于人犯教诲颇为重视,在《监狱规则》《监狱行刑法》等法规中对监所教诲的实施有着明确规定和部署。在上海女监中,女犯教诲的实施,囿于经费以及监内客观条件所限,既有与部定法令相一致的一面,亦有与之相背离之处。

对于民国时期上海女监进行女犯教诲的方式和内容,尤其是宗教教诲的实施,有论者认为是宣扬封建迷信、思想落后,是一种愚民之策。事实上

---

① 《九月铁窗风味,恍如慈善机关》,《大公报》1947年7月19日。
② 《佘爱珍狱中唱歌》,《飞报》1949年1月18日。
③ 沈造新:《宣讲在上海监狱》,《圣心报》1949年第63卷第5期,第151—154页。

这是对民国时期监所教诲制度的误读和偏见。之所以采用这种教诲模式，主要是与当时教诲对象的实际情形密切相关。因为民国时期上海女监内所羁押的女犯，大多系为不识字的文盲，普遍文化水平不高，知识缺乏，道德薄弱，思想认识更为狭隘。因而教诲人员以浅显易懂的方式，宣扬因果报应、传统道德，有针对性，因地制宜，加以变通，予以反复教诲，反而更为贴近和符合这些女犯们日常的生活经验、社会经历、思想认识水平，更为贴近其身份和阶层，她们反而更易理解、认可和接受，更易产生共鸣和回应。否则，若经常向女犯灌输脱离其认知范围和经验的新式内容，或许因与其日常经验和认识相脱节，而致使她们对此毫无认知，难以理解，也就难以起到应有的教诲效果。

此外，从上海女监日常的教诲内容来看，诸如一些社会常识、行为规范以及与女性有关的新式思想和教诲主题也并不是完全付之阙如。上海女监对女犯们进行常态化的教诲，令其安心服刑、遵守监规的意图也并不是说没有，但总体上还是出于劝诫女犯弃恶向善、复归良途的目的。上海女监之所以采用上述教诲方式及内容，并非是愚弄女犯，更多是针对特定受众而采取的一种应对策略，也是一种无奈之下的选择。

总之，民国时期上海女监通过对女犯日常教诲的实施，令其在漫长而乏味的牢狱生活中，得到心灵的慰藉，得到相应的关爱和体恤，更在潜移默化中培育女犯的道德情操，激发其良善之心、悔改之意，实现其自我的救赎，踏上新生之路。因而监所教诲制度的实施，对于女犯的感化和改造而言，其重要性和必要性是显而易见的、其积极意义也是毋庸置疑的。尽管如此，由于诸种条件的限制，上海女监对于女犯教诲的实施，也存在欠缺和不足之处。诸如上海女监对于女犯的教诲更多仍是采取居高临下的态度，向其进行强制性灌输；教诲方法和手段相对僵化、呆板，甚而是简单加粗暴；与女犯之间缺乏必要的沟通，不免会出现教诲者苦口婆心，言之谆谆，而听者藐藐，一头雾水之窘状。再加上监内女犯过多，空间狭小，容纳有限，无论是个人、类别或集合教诲都深受限制，致使这种监所教诲会遭到徒有虚名而无实益的质疑。因而上海女监虽致力于女犯教诲，但能否真正达到祛除恶性，实现再造新民的良好意愿，对其真实效能不免令人感到疑虑。

第二节 特殊民众教育：女犯教育的实践

所谓监狱教育即专注于提升人犯智育之谓也，"启发理性谓之教育，智育、德育为教养之要素,一日不能相离"①。通过对人犯实施教育,其目的在于对其灌输国民道德,并授予其社会生活必须的知识及技能,重点在于人犯智育的培养和训练。作为一种特殊的民众教育形式,监狱教育制度的实施,是近代以来中国刑罚理念的转变以及狱制革新的产物和体现。在以感化为核心和主旨的新式狱制下,教育亦是对于女犯进行感化行刑的重要内容和支柱。"监狱制度重在感化,然非教诲、教育不为功"②,而且知识缺乏亦实为民国时期女性堕落犯罪的重要原因。因而在监狱中实施人犯教育,弥补其智识的不足,提升其素养和眼界就显得尤为必要。

由此可见,监狱教育注重对人犯知识的灌输,通过向人犯教授各类文化知识以及常识,提高其智能,以使其获得能够适应社会生存的必要能力。监狱方面正是透过一系列常态性的教育活动,日积月累,令人犯不断增加学识,开阔眼界,使其进行自我认知和反省,最终达到重获新生的目的。近代监狱教育制度的实施,侧重于人犯智识的培育和提升,是民国时期监狱体制革新的重要体现和组成部分,也是近代新式教育的重要内容,是具有特殊功能性的一种民众教育,具有重要的作用和意义。

南京国民政府建立后,注重监所人犯教育的实施,司法行政部在1928年颁布的《监狱规则》中明确规定:"在监者一律施以教育,但满十八岁以上刑期不满三个月者,及监狱长官认为无教育之必要者不在此限。""教育每星期24小时以内,依小学程度,教以读书、习字、算学、作文及其他必要学科,有同等学历者依其程度设相当补习科。"③为力促各监所重视并切实开展对人犯的教育事项,1932年5月,司法行政部又制定了《实施监犯教育办法》④,对开展监犯教育进一步进行必要的明确、调整和规范。

依据这一实施办法,各监所对于人犯的教育时间,"未满25岁者,每日四小时,满25岁以上者,每日至少两小时"。人犯所用课本采用教育部审定的小学教科书;人犯教育所需的师资,"新监狱由教师及教诲师任之,旧监狱由管狱员任之,并可由其他职员补充担任之,如有不能担任之科目,旧监狱可商由县长请就近学校教员兼任,若监犯中有曾受中等以上教育而行状善良者,并得令其担任授课事宜"。此外,该办法强调对监所教育实施状况,各高等法院有监督管理之权,须于每六个月为期,派员前往各监所进行实地调

---

① 严景耀:《北平监狱教诲与教育》,《社会学界》1930年第4期,第35—52页。
② 朱道融:《各县旧监应增设教诲师案》,详见河南省劳改局编:《民国监狱资料选》,上册,第291页。
③ 山东省劳改局编:《民国监狱法规选编》,第14页。
④ 《上海江苏第二监狱分监教诲教育工作报告》,上海档案馆档案,档号:Q177-5-137。

查测验，以定成绩的优劣，并报部核办。

在江苏第二监狱分监时期，该监组建之初，由于监内规模较小，羁押女犯不多，对于女犯的教育事项一度进展缓慢，而且该分监也并未单独设置教师职位，全监人犯教育事务主要是由该监教诲师兼任。嗣后随着监犯日益增多，对于女犯的教育问题益发重要，为此该分监也不断采取措施对之前发展呆滞的女犯教育事项进行整改和调整，从而使得该监的女犯教育状况逐步得到改善和发展。

该分监女犯教育事项的实际运作，据1933年1月份的一份调查报告显示，是月该监共收押女犯二百余人，除去短期监犯及患病或年老者外，全监接受教育者有81人。教授学科分为识字、国语（即读书）、算术、三民主义、常识、运动六门，所发课本识字用《方字教授法》，国语（即读书）用《千字课本》（民国大学审定），其余如算术、三民主义及常识等科，因经费所限，未发放课本，主要是由教诲师予以口头讲解。三民主义主要向人犯讲授基本性的浅显之理，常识则授以最普通的日常性知识。

在接受教育的81名女犯中，能识字者有58人，程度较高能自读国语者有23人，算术学加法者61人，学乘法者20人，三民主义仅能读国语者23人。为测验该监人犯受教成绩，江苏高等法院第二分院书记官程时韶特前来该监会同分监长吴象祖及教诲师周婕珊，从受教人犯中随机抽取二十余人，依据该监教育科目进行现场测验。测试结果，能对所提问题对答明晰无讹者占十分之四，间有错误者亦占十分之四，回答完全错误或无法应答者占十分之二，人犯年龄较大者成绩较差，三民主义则因受测人犯知识太低上均无法理解并予以明晰之解答①。

为确保该分监女犯教育事项的规范化发展，高二分院时常派员督查，若发现存在问题，即指令分监予以整改。1933年1月份，高二分院经调查发现，该分监在科目设置以及选用教材方面明显与部令不合。按照司法行政部的规定，监犯教育选用课本应采用教育部审定的教科书，在科目设置上，应依照小学程度分别授以读书、习字、算学、作文及其他必要学科，而该分监所用的教材仍系沿用旧时课本，亦并未设置习字与作文两科。为此，高二分院遂指令分监均应遵照部定规章予以改善，人犯课本待日后添购时应注意选择教育部审定的教材，习字一科应即添设，至于作文一科，可待人犯具有相当程度后，再行添设。后分监即根据该监实际情形，对女犯教育问题进行

---

① 《江苏省高等法院第二分院视察监所及改良设备报告》，上海档案馆档案，档号：Q181-1-842。

调整,除指令教诲师注意待女犯受教水平达到一定程度后即行增授作文一科及添购教育部审定教材外,并即行增设习字课,但该分监所用的教室内仅有座椅而无课桌,女犯习字多有不便,但若添设课桌又需费过巨。为此,该分监遂决定购置小石板二三十方及石笔,以供受教女犯轮流习字之用,所费较少而效果亦佳①。

1933年3月份,新任分监长孙雄自任职以来,以人犯教育与教诲工作同等重要,在课程设置以及教育时间方面,应有明确及规范。为此,孙雄即着手对于该监人犯教育进行整改,决定以受教女犯年龄、学力为标准,将其酌分为甲、乙两班,其中甲班定二十人,乙班定八十人;每日每班均授课两小时。并对各班所教授的课程进行了切实规定,甲班系稍识字人犯,主要授以民众教育类课程,开设三民主义、习字、作文、国语、常识、算术等科目。乙班人犯基础较差,暂开设识字、习字、浅易算术等科目,待其学有基础后,再行添设其他科目,以资渐进。

各班每周每日课程安排如下:每星期一上午9至11时,甲班算术、三民主义;下午1至3时,乙班识字、习字。星期二上午,乙班算术、识字;下午,甲班国语、习字。星期三上午,甲班算术、作文;下午,乙班识字、习字。星期四上午,乙班算术、识字;下午,甲班国语、常识。星期五上午,甲班算术、国语;下午,乙班识字、习字。星期六上午,乙班算术、习字;下午,甲班国语、习字。星期日停课②。

及至1935年3月份,林晓明接替沈静陶出任该分监的教诲师,对该监女犯教育事项甚为重视。任事伊始,即着手对女犯教育进行整顿,因受教女犯较以前增多,除继续采取依据女犯程度分班授课之外,还将每犯每日授课时间增加至四小时,并采取复式教授法进行授课。但因女犯教诲事项同样繁重,依靠教诲师一人之力,难免时间不敷分配。为此,该分监即遵照部令增派主任看守李梅魂担任助理教师,以协助林晓明办理监内女犯教育事项,自两人共同办理以来,成绩尚佳③。

据统计,截至1935年9月份,该分监共有已未决人犯270人,除刑期未满三月及老病者外,受教育者共计有88人。全部受教人犯细分为识字、教育两班,每个班又分为甲、乙两组,识字班甲组18人,乙组51人;教育班甲

---

① 《江苏省高等法院第二分院视察监所及改良设备报告》,上海档案馆档案,档号:Q181-1-842。
② 《上海江苏第二监狱分监教诲教育工作报告》,上海档案馆档案,档号:Q177-5-193。
③ 《江苏高等法院第二分院关于监所职员任免迁调叙俸进级的文件》,上海档案馆档案,档号:Q181-1-900。

组 10 人，乙组 9 人。各班组上课时间为：教育班甲乙两组，于每日上午 8 时至 10 时，在教诲室合受复式教授。识字班课程相对简单，为避免长时间占用教诲室及女犯工作时间起见，定于每日上午 8 时至 11 时在各工厂、监房分别由教诲师林晓明、助教李梅魂教授识字课①。

各班组所授的科目亦因女犯程度不一而有所差别。教育班甲、乙两组皆授国语、算术、常识、习字等科目。此外，甲组并授党义，教作文；乙组则教造句。而识字班则因程度低下，该班甲、乙两组皆仅授识字、习字、算术等科目。教授人犯所用的课本，教育班国语课，甲组用高级市民国语读本第 1 册，乙组用民众千字课本；算术课，甲组用新主义算术课本第 7 册，乙组用第 5 册；常识课，甲组用初级市民常识读本第 4 册，乙组用第 2 册；党义课，甲组用三民主义问答，乙组尚未教授。识字班主要由教诲师或助教写字令人犯读写，算术亦仅初学加减法，亦由教诲师及助教口头教授而不发放课本。

人犯学习的成绩，经高二分院书记官程时韶会同分监长王宝三及教诲师林晓明，随机抽取三十余名受教人犯进行测试。考验结果，教育班：国语科，甲、乙两组大都读解明晰。算术科，甲组学至乘法，并学小数加减，所做试验算式得数，皆无错误；乙组学至减法，所作试验得数，偶有不符。常识解答，亦甲组为优，乙组偶有不能清晰者。党义科唯甲组授课，多数人犯因理解不足而无法明晰解答。习字科，甲、乙两组皆用毛笔练习，类能匀净，甲组尚有颇挺秀者。甲组作文，经调阅课卷，大致尚能成篇，偶有不能通顺之处，错别字各篇大致均有，教师批阅尚称仔细。乙组造句，面试类能清顺。识字班：甲乙两组，就其已识之文字，书写某字令人犯辨识，皆能读解无讹。习字科，令其就已识之字，照样书写，均能成字；算术科，甲组已学两位加减运算，所作试题，答题无错误者泰居其半，乙组仅刚开始学习西文数码，尚待继续提高②。

为使女犯掌握更多汉字，提高其文化程度，该分监还于 1935 年参照江苏第二特区监狱署促进人犯识字办法，在监内开展识字运动。"编制识字牌，分挂各监房、工场门首，正面书四个生字，反面就生字连缀为浅易语句，由教师分别讲解字音意义，每三日更换一次，施行以来，颇著成效。"③在该分监的墙壁上到处"悬着柴火油盐、天地日月、公媳主姑等白底黑字的

---

① 《江苏高等法院第二分院关于教育教诲的文件》，上海档案馆档案，档号：Q181-1-911。
② 《江苏高等法院第二分院关于教育教诲的文件》，上海档案馆档案，档号：Q181-1-911。
③ 《上海江苏第二监狱分监 1935 年工作报告刑事人犯统计表等》，上海档案馆档案：档号：Q177-5-33。

木牌,使犯人个个都能认识悬挂的字儿"①。经过日积月累的教育引导,取得了明显成效,"故犯人于入狱之初为目不识丁者,今则已能作清通之作文日记矣"②。

依据《监狱规则》的规定,"在监者许其阅书籍,但私有之书籍,除本规则有特别规定或经监狱长官许可者外,不得阅读"③。依据这一条令,在监人犯尚有一定的阅读书籍的自由与权利。在江苏第二监狱分监,由于该监女犯文化水准普遍较低,大致相当于小学水准,对于阅读书籍的愿望亦并不强烈,而该分监由于空间逼仄,且经费有限,故自开办以来,一直未在监内设置专门的供人犯借阅图书之用的图书馆。及至1935年林晓明出任该监教诲师之后,重视人犯教育,始行搜集书籍,通过劝募、捐助等方式,累积了部分图书,在教务所内设有一个小型的图书部,并将这些书籍应用于女犯日常教育,以期引起其阅读的兴趣。截至1936年3月份,该图书部共计有各类图书61册,主要以各种宗教类图书居多,另有少量常识性、医药类、故事性图书等④。

抗战胜利之后,上海监狱第一分监对于女犯教育亦同样重视,特别是在狄润君担任分监长期间,为开展监内教育,做了不少努力。狄分监长曾长期执教,因"对教育很有兴趣",故而对于这些女犯们,"总希望用些感化教育"⑤,以期增强人犯智识与技能。与江苏第二监狱分监时期有所不同的是,上海监狱第一分监的人犯教育事项,并非是由监内教诲师兼办,而是在狄润君监长的提议下,设有教师专职。1946年6月4日,由前江苏第二监狱分监教诲师林晓明兼任该分监首任教师职务。后因林晓明其他公务繁忙,对于人犯教育事项分身乏术,同年9月23日,遂由任培辰接替林晓明担任该监教师。1947年1月份任培辰曾短暂辞去该职,由齐沅之继任,未久,是年2月份,齐沅之即辞职另谋他就,教师一职复由任培辰继续担任。该员系湖南女中师范班毕业,在任职分监之前,曾有在教育及政府部门工作多年的经历,学识和社会阅历丰富,由她负责分监女犯的教育事项,颇为得宜。

由于监内女犯文化水准参差不齐,因而该监对于人犯的教育,亦是以人犯自身程度的深浅为标准,进行分班教学。全体受教女犯大致划分为甲乙丙丁四个班次,分别教授不同课程。其中,甲班水准较高,多选授初中国文、

---

① 《第一特区女监狱巡礼》,《铁报》1946年3月7日。
② 《上海女监之完善》,《兴华》1936年第33卷第10期,第38页。
③ 山东省劳改局编:《民国监狱法规选编》,第14页。
④ 《江苏高等法院第二分院关于教育教诲的文件》,上海档案馆档案,档号:Q181-1-911。
⑤ 梅:《生活在笼子里的一群,上海女监参观记》,《文汇报》1946年12月21日。

算术及家事、常识、珠算等科目,并每周记周记一篇,甚而可以向程度较高者教以古文观止等类。乙、丙两班选授初小学国语、常识、算术,每周缀文一次;丁班为最基础的识字班,多数教教单字;授课方式多采取复式教学法,每日每班均授课两小时,另每周集体教授音乐科目一小时。此外,每周在教授规定课程之余,还注重向人犯教授诸如家庭中衣食住行以及保健、看护病人、育儿等必需的知识与技能。为让人犯学得更多文字,加深印象,该分监还在各监房门口制成单字牌,令人犯慢慢习读。

监内女犯除了患病等特殊情形之外,大部分都会受到教育。据统计,1948 年 4 月份受教育人犯,甲班 28 人,乙班 36 人,丙班 46 人,丁班 82 人,共计 192 人①。在这些女犯中,即使是年龄较大的,亦多有受教者,"甚至于头发都斑白的"。这些可怜的女犯们,在入狱之前,"她们的全部生命里几乎没有和教育结过缘,而直到她们被捉进了监狱,才被请进教室,不习惯的坐进了狭小的课桌,学习书、算、抄写等",真可谓是对当时社会"绝大的讽刺和嘲笑"②。

由于该监课室空间狭小,每次上课时,数十人拥挤一室,颇显人满之患。"教师在黑板前讲授,指手画脚,甚为有劲,学生状态亦极严肃,年龄虽有参差,且相距甚远,但听讲精神大致仍好"③。相对于令人深感枯燥头痛的文化课而言,每周的音乐课应该是女犯们特别喜欢的一个科目。在上音乐课时,这些女犯们齐整地并排坐在课桌后,女教师挥舞着双手进行指挥,打着节拍,教她们学歌。"她们在女监中学会了许多歌,除了几首教会中所流行的歌曲以外,还有许多小学校里所常唱的几种歌,如金丝笼中的金丝鸟,我的家庭真可爱等等"。在她们的歌唱教材中有一首歌,深受这些女犯们的欢迎,这首歌的歌词写道"渡过这冷的冬天,春天就要到人间,不要为枯树失望,春花就会开放"④。这些歌或许激起了女犯们内心深处对于自由的渴望,对于未来的憧憬和对于现状的自我安慰和忍耐。当她们唱歌的时候,这些美妙的歌声飘荡在监内,无形中亦为灰暗的监牢带来了些许乐趣、生机和亮色。

对于很多原本文化基础就很薄弱甚至是文盲的女犯们,那些一个个的汉字和数码,对她们来说犹如天书一般。虽然学起来如同初学之幼童,笨手笨脚,甚而令其头昏脑涨,但是当她们真正学会并理解这些文字时,心中应

---

① 《上海监狱第一分监视察报告等》,上海档案馆档案,档号: Q177-1-755。
② 陆以真:《女监参观记》,《妇女(上海 1945)》1948 年第 3 卷第 1 期,第 14—15 页。
③ 《提篮桥女监巡礼》,《中央日报》1947 年 5 月 5 日。
④ 陆以真:《女监参观记》,《妇女(上海 1945)》1948 年第 3 卷第 1 期,第 14—15 页。

该是很有满足感的。为此,她们也很有兴趣去学习,觉得自己很得意而对学习更为努力,多有"白发老犯于句读不明之处,能向教师一再请解释"之场景①。

据该监狱务会议记录所载,1948年12月,女犯们对于读书写字颇感兴趣,但书籍纸张价格过昂,人犯往往以一日辛苦所得的工资,仅敷购书一本。有些无家属接见的人犯最为可怜,她们所得的工资,看守们多劝其将工资留着购买小菜食品,以补充营养,但她们宁愿去买书而不买食物。对于此等"大志可嘉,其情可悯",努力向学的人犯,分监认为应加以奖励与帮助,决定以劝募所得善款金圆券十元,用于购买石笔等教育用品发予使用,以资策励②。事实上,该监女犯以自有之款,用以购买教育用品者,为数不少,如1947年8月16日,女犯刘吴爱珍,取款10 000元,用于购买算盘;1948年2月23日,女犯杨美三领款15 000元,用于购买书籍③。

正是由于分监对女犯教育的重视以及女犯对学习具有浓厚的兴趣,该分监在教育方面颇有声色。"现在监中每一个人都能识字,那些最笨最老(六十多岁)也识到一个字以上"④。有学习程度较高的一些女犯,她们都能写出很好的周记作文来,这些小文中无一例外都"浓烈的透漏着渴望自由和向往上进生活的感情"⑤,令人读来顿生怜悯之心。在该分监所举办的文艺会上,这些女犯们都拿出自己所学的知识,充分展示自我的风采。"一个六十五岁的鸦片犯,和一个白俄籍的杀人犯,都能以流利的语言诵读一篇文字,四五十岁的中年妇人,也可以唱几首赞美诗,她们坐监不到两年,一个目不识丁的囚犯,可以读到第五册的国语,并能得到充实的常识"⑥。她们能获得这样的成绩,既是女监中负责办事的女先生们的成绩,同时也是她们自己努力向学的结果。

很难想象该分监在人犯教育方面所取得的这些成绩,都是分监职员们在几乎完全没有专项教育经费的情形下得来的。该分监一直困于经费不足,人犯主副食费甚而时常短缺,依靠借款度日,对于人犯教育之所需,实无力划拨专款以资应用,致使教育设备缺乏。"学生们的课卷往往是别人家用过了的包物纸或者讲义纸之类,她们在反面用铅笔写,然后又用墨笔盖上

---

① 《上海地方法院奉令调查上海监狱案件》,上海档案馆档案,档号:Q185-1-694。
② 《上海监狱狱务会议记录》,上海档案馆档案,档号:Q177-1-689。
③ 《上海监狱一分监人犯领款登记簿》,上海档案馆档案,档号:Q177-1-775。
④ 涓:《参观中国唯一女监》,《新妇女》1947年第7期,第19页。
⑤ 陆以真:《女监参观记》,《妇女(上海1945)》1948年第3卷第1期,第14—15页。
⑥ 《上海女监囚犯四十人将获释》,《大公报》1949年1月6日。

去——她们竟连再想添买一册(书)的钱也没有"。因而,该监教化科长齐国湘特别"盼望各界能够援助她们,不论是教科书也好,单面用过的纸也好,笔墨砚台也好,现金也好,并且均不论多少"①。该监若要自行添置某些教育用品,也是多方筹款,从其他经费结余中暂借挪垫支付。如1948年9月13日,因部分贫苦人犯课本无着,请资救济,该分监决定从积余米项下拨款金圆券八元,以资购置应用②。

该分监所短缺的教育用品中,最为紧缺的当属各类教材、课外读物等书籍。由于分监经费不足,无力自行置办,这些书籍基本上全部都是该监四处劝募而来。1946年6月14日,分监长狄润君致函上海国定中小学教科书七家联合供应处请慨捐教材;1947年7月25日,狄润君致函教育部国语推行委员会,请捐助适合女犯阅读之各种书籍。除了向各机关单位劝募书籍之外,该分监还向社会人士进行劝募,如1947年10月17日,狄润君从《申报》上得知上海谢文益印刷所主任拟捐赐今古格言数千组,以益人心之广告,遂与该印刷所联系,请捐赠今古格言五十本,以资教习人犯之用。是日下午,该印刷所即向分监送来今古格言五十本以及张文钱长篇小说十本③。除此之外,不少到该监进行讲经、传道的宗教团体,亦向该监捐赠不少宗教书籍,以资人犯之用。

经过多方劝募,截至1949年5月份,该分监内所得的各类书籍大致约有二百余册。囿于条件所限,这些书籍杂乱不全,而且该监亦未设有独立的图书室。此外,该分监为提高人犯知识水平,曾一度筹划在监内令人犯自行办理壁报以及刊物,终而无果。在该监劝募得来的这些图书中,除了各类教材之外,其余图书,主要有以下数种:宗教类、妇女类、文学性书籍,常识性应用类书籍,文化哲学类书籍,儿童类书籍以及部分地理、社会法制性书籍等④。

综上所述,近代以来,随着我国刑罚理念和狱制的转型,这一时期的监狱尤为重视对人犯的感化和教养,务令人犯洗心革面,改悔向上,重为良民。而要促进人犯的感化,除了必要的日常教诲之外,加强人犯的教育,增强人犯智识亦同样至关重要。作为民国时期感化行刑的重要内容和支柱,监狱教育和教诲,虽名称各异,但实质是相辅相成的。监狱教育作为对于人犯进行感化行刑的重要举措,其与普通的社会性教育不同之处在于,其受教的对

---

① 陆以真:《女监参观记》,《妇女(上海1945)》1948年第3卷第1期,第14—15页。
② 《上海监狱狱务会议记录》,上海档案馆档案,档号:Q177-1-689。
③ 《上海监狱关于教育工作报告簿》,上海档案馆档案,档号:Q177-1-449。
④ 《上海监狱作业木工厂移交清册》,上海档案馆档案,档号:Q177-1-419。

象是身处牢狱内的各色人犯。因其受众的不同,监狱教育在实施的内容和方式等方面自有其独特之处,可以说是一种较为特殊性的民众教育形式。虽然具有一定的特殊性,但是这种监狱教育和普通的社会性教育在实质上而言,应该是一致的,都是注重培养人本身的一种社会性活动,而且其目的都在于提高受教育者的文化素养和水平,增强其智识,培植其理性,开阔其视野,进而影响受教育者未来身心的发展,提高其适应社会的能力,从而有益于社会。

总体而言,民国时期,上海女监在推进人犯教育方面进行了不懈的努力,按照部定规章,有针对性实施相应的举措,相对于浮于表面的教诲及发生严重异化的作业而言,上海女监在人犯教育方面还是取得了较为明显的成绩。从接受教育人犯的表现来看,监狱教育制度的实施,作为一种特殊形式的民众教育,其效能和优势还是显而易见的。通过教育的实施,令很多原本文化水平低下甚至是文盲的诸多女犯,能够获得一定的文化知识,提高其一定的智识素养,于其身心的发展将有所助益。对于促进女犯的感化行刑而言,监狱教育有着明显的积极意义和实施的必要性。

不过,上海女监在推行人犯教育方面,同样也存在着一定的不足和局限之处。主要是由于监内经费支绌、空间有限、人犯拥挤异常、教育设施设备短缺等诸多因素的影响和制约。尤其是经费短缺,是影响上海女监实施人犯教育的重要短板和限制因素,正是由于这些上海女监一直难以解决和克服的制约性因素的长期存在,致使其对女犯的教育方面既有与政府规章相一致之处,也有与之不相符乃至是相背离的一面,甚至陷于难以摆脱的困境。这严重影响了上海女监对于女犯教育的深入实施和发展,影响了监狱教育制度应有功效的发挥,进而导致对于女犯感化行刑效能的削弱,其能否真正实现再造新民的目的亦不免令人产生怀疑。

第三节 功能性偏差:异化的女犯作业

除教诲及教育之外,令监内人犯进行各种作业、服劳役亦是对其实施感化的重要手段和举措。人犯在牢狱之内,虽然经受了教诲以及教育的洗礼和熏陶,道德得以重建,智识得以提升,复生向善之心、悔改之意。然出狱之后,若苦于谋生乏术,求职无门,窘迫之下,不免再度沉沦,复归犯罪一途。

为此,对于人犯之感化,"精神上固宜改造其心理,使不再为恶",但是更重要的是在"物质上尤须授以相当技能,使出狱后有业可就,不必为恶"①。监狱囚禁人犯之目的乃在于化莠为善,再造新民,而欲达此目的,从根本上令人犯得以改善,使其不致沦为累犯,仅靠口头之教诲及初级之教育是不够的,还必须注重人犯生存技能的训练。否则,"若徒恃感化之教诲,浅近文字之教育,而不注重作业教育,使之练习职业,以养成其谋生之技能,诚恐即释之囚,终不能跻为齐民矣"②。为此,强制人犯作业,使其习于勤劳,健全其技能,就显得尤为必要。

此外,监所作业对于人犯而言还是一种健康锻炼方式。古语云"户枢不蠹,流水不腐",人的身体亦是如此,保持经常性适度运动,方能维持身体之健康。人犯因犯罪而失去自由,羁押于牢狱,本已不如常人有自由活动的余地和空间,若不加以适度运动,其身体将难免日衰,疾病随即而至矣。况且人犯在监内终日无所事事,无以消遣长日,不仅易于滋生小人闲居生事之弊,而且更为严重的是致使人犯因终日枯坐,血脉运行不畅,筋骨衰败,面目枯瘠,处于非病即死之境地,"昔日罪人一入监狱,即面色灰白,肤目浮肿,皆未能运动之所致也"③。此种状况,"殊为进步法律之大障碍,且甚大失人道之主义"④。为此,在监内设立各种科目作业,令人犯在监能有适宜的劳作,不仅可以消遣时日,亦使其在劳作过程得以活动筋骨,疏通血脉,强健身心,锻炼体格,从而保持身体的健康与活力。

监所作业制度的实施,在人犯技能训练、身体健康维持,尤其是增加监所经济收入等方面都有着重要的作用和意义。为此,国民政府司法行政部曾屡次训令各地监所"不问在城迁乡,更不问为何种人犯,凡在监狱执行中者,应一律作业"⑤,"人犯无论老壮衰弱,一律分配相当工作,不得借口社会不景气或工场不足用,敷衍塞责"⑥,并令饬主管监所的各地高等法院应随时尽督促及辅导的责任。而且司法行政部还将监所办理作业成绩作为对监所职员进行年度考绩的重要衡量标准,对办理作业卓有成效者予以奖励,否则予以惩处。可见司法行政部对于监所作业之重视。对于各地监所作业科目的设置,司法行政部在《监狱规则》中强调要斟酌人犯的"年龄、罪质、刑

---

① 《江苏高等法院第二分院关于监禁、戒护、劳役的文件》,上海档案馆档案,档号:Q181-1-898。
② 张东平:《近代中国监狱的感化教育研究》,华东政法大学博士论文,2010年。
③ 山东省劳改局编:《民国监狱法规选编》,第424页。
④ 《江苏高等法院第二分院关于监禁、戒护、劳役的文件》,上海档案馆档案,档号:Q181-1-898。
⑤ 《部令》,《司法公报》1941年第442—447期,第45页。
⑥ 《上海江苏第二监狱分监监所法令等》,上海档案馆档案,档号:Q177-5-410。

期、身份、技能、职业及将来之生计、体力之强弱"而开设①,同时还需注意当地的社会经济状况以及市场需求等因素,以求人犯均得适宜之劳作、技能之培养,所得之产品能顺利销售,从而保障监所作业的实施和维持。

此外,由于监所作业属于一种非常规性的生产活动,不同于社会民众开设的经营性商号或工厂,为谋取利润,提高生产效率,多采用成规模的机械化生产。在监所内,从人犯安全、卫生、监内空间设施以及经费等方面考虑,采用规模化的机械性作业难度较大。一般多开设各类手工业,从事手工性生产,因此种手工业技术要求含量较低,更适于文化水平不高的人犯。而且此种手工业,人犯在监内习艺纯熟,出狱后,无需过多的资本及人力,即可自行经营谋生,灵活便利。若采用机械化生产,人犯即使在监内掌握技术,出狱后,无资本置备机器,且无力雇工,难免有出狱即行失业之虞。且监所之内设施不足,空间有限,经费困乏亦多无力置备此种机械化生产所需的装备,故而对于大部分监所而言,特别是规模较小且经费有限的监所,对于人犯作业科目的设置,从其实际状况着眼,多以各类简易手工业居多。而在作业类型上,大多采用官司业、委托业及承揽业三种形式。

在江苏第二监狱分监时期,该监人犯作业经历了从无到有,逐步开设,时有增减的演变进程。该分监于1930年4月份成立后,在随后的数月内,由于监内人犯较少,且忙于接管等其他事务,暂时并未筹办工场,开设正式人犯作业,致使羁押人犯终日闲坐,生计毫无,日日坐食。为改变这种状况,该分监于是年6月份,曾拟将监内东部平房拆除后改建四层楼房一座,将该楼房三四两层作为人犯作业工场,开设人犯作业科目,嗣因需费过巨,监内经费不足而无法实施。延宕至是年8月份,该分监方试办简易作业,因监内范围逼仄,空间狭小,亦因经费困乏,无处亦无力开设正式工场,进行规模化的机械作业,只能因陋就简,仅在监内牢房及走廊等处作为人犯做工场所,开设一些较为简单的手工业。

此后,各项作业科目次第兴办,先后开设有洗濯、缝纫、编织草帽等各种科目。该监的作业科目在初始阶段,基本上都属于简易手工性质,嗣后随着作业收入的增加,为扩充作业,该分监亦酌量采购诸如缝纫机、织袜机等小型机器进行作业,以提高生产效率。此外,该监的人犯作业基本上均系采取委托业模式,与委托者签订协议,进行来料加工,赚取加工费、人犯工资,但是亦偶有部分作业会采取小承揽业或官司业的形式进行。在上海其他监所的女犯作业状况与分监相差无多,例如在华界漕河泾的江苏第二监狱,该监

---

① 山东省劳改局编:《民国监狱法规选编》,第13页。

女犯的作业科目亦大多系适于女性的手工业居多，以刺绣、缝纫为主，另有织地毯、门帘、做成衣等，绣的物件如枕头、手巾、台布等类，都由外面的厂家包去①。

对于人犯每日作业的时间，从注意人犯身体健康以及精神贯注方面考虑，不宜过长，以防止其因过度疲劳而生不良后果，且难以保证作业出品的质量，但亦不宜过短，以免其枯坐无聊，闲来生事。故而司法行政部在《监狱规则》中规定各监所可以在"八小时以上，十小时以下之范围内斟酌时令、地方情形、监狱构造及劳役种类定之"。此外，司法行政部还规定在某些特定的日期内，人犯可以免于作业，如"国庆节、纪念日、节日、十二月末日、一月一日至三日、星期日午后、祖父母父母丧七日"及其他认为必要之时日②。

司法行政部对于人犯作业时间及免于劳作予以休息之日期的相关规定，其初衷及意图可谓甚嘉，其法甚美。然而此良法却未必在各监所的实际运作中能得以认真执行，尤其是监所在追求产品数量、增加作业收入的情况下，令人犯每日超长工作甚或在免役日不得休息之事，亦不鲜见。在江苏第二监狱分监，人犯作业时间，在初创作业时期，每日早晨8时做工，至下午5时止。1931年6月份，又将作业时间调整为早晨7时开工，至下午5时止，该监有时为赶工期，甚至令人犯做工至深夜。如1933年12月份，该监主任看守黄侠为赶交定品，令人犯每日加紧工作常至深夜11时或12时，深更灯火，人犯劳作不得休息。后此事被高二分院获知，责令分监整改，要求该监"每犯工作至多不能逾八小时，遇有赶交定品，应由监长酌添工犯，以资迅捷"③。

江苏第二监狱分监自筹设作业科目以来，因监内房屋紧张，空间逼仄，无力添设正规化的作业工场，只能利用监内走廊及监房进行作业。因此在作业科目设置上多选择清洁卫生又便于管理的作业，除了设置缝纫、洗濯等科目，该监还积极与监外厂家、商号合作，寻求适宜监内作业项目。经多方努力，1930年10月份，该分监与余姚隆记草帽厂建立了业务联系，双方洽谈由监内人犯代为编织草帽事项，决定先行试办，以观成效。延至1931年5月份，方由分监代表周裕涵与厂主赵隆庆正式签订合约，以委托业形式由该分监人犯为该厂编织草帽，这是该分监自创设作业以来所获得的第一份合

---

① 徐蕙芳、刘清于：《上海女性犯的社会分析》，《大陆杂志》1932年第1卷第4期，第1—23页。
② 山东省劳改局编：《民国监狱法规选编》，第13—14页。
③ 《江苏高等法院第二分院关于监所监禁戒护劳役程时韶等查分监簿册报告及部令公布制定监犯外役规则等》，上海档案馆档案，档号：Q181-1-870。

同契约和工作大单。

这一契约首先声明是为活动在监人犯身体及出狱生计并谋官商互助起见而订立之。根据条约规定,由隆记厂供给草料,并派女技师二人驻监负责指导教授编织技术之责,所派之技师须遵守监内纪律,若有不规则之行为,轻则由监狱通知隆记厂自行处分或更换,重则依法办理。此外,对于做工人犯之戒护及管理事项,隆记厂不得稍有干涉。双方议定,首先由分监择犯20名在技师指导下先行学习,如技师认为有不堪教授者可请求更换。在学习期间,每名人犯所编制的前四顶草帽,20名人犯共计80顶草帽为试验出品,隆记厂方面不付工资,监狱方面亦不承担技师薪金及材料损坏之责任。但俟超过80顶之后,即由隆记厂按顶按等照付工资。人犯所编之草帽均以余姚式样为标准,并以手工之优劣、成品之精粗为准,将所产草帽分为甲乙丙丁戊五个等级,按级付给不同之工价。计:甲等每顶工资大洋二元,乙等每顶工资大洋一元四角,丙等每顶工资大洋一元,丁等每顶工资大洋八角,戊等每顶工资大洋六角,每逢月终结算,次月十日以前给付工资,不得拖欠,倘有别样货物编制,另行议价,若外间工价如有涨落时亦应比较增减之。所有原料及成品之交付均应由双方各立簿据并盖章以为月中结算之标准。双方还议定,本契约以一年为期,隆记厂应先缴保证金现洋四十元,原料四十两照市价作洋,如将来做工人犯增加时,再将保证金及原料比例增加之,保证金及原料俟契约期满时,如数发还,但在契约期内,除因发生重要事件并有正当理由,得双方同意商明解约外,隆记厂如有中途辍业情事,则没收其保证金;倘因交通中断材料不继时,得停工一星期,其余中途停工若干时,亦应按照平时每日所得工资如数补偿,监狱方面亦当照约履行不得无故辍业①。

这一契约对监狱方面较为有利。自签约之后,双方一度合作顺利,分监即在监内增设编织草帽一科,作业得以扩充。然至1931年12月初,隆记厂厂主赵隆庆忽来监告知因产品滞销,销路不畅,且所需原料已使用罄尽,难以为继,要求终止合约。分监经调查确认属实,即与隆记厂清算账目,中止双方合作,该监的草帽作业亦随之宣告结束②。

该分监的编织草帽一科自1931年12月初终止后,该监作业再度陷于呆滞状态,仅剩余缝纫、洗濯两科,工作人数不过三四十名,约占全监总数十分之二,其余因犯则坐食终日,毫无所事,人犯作业亟待整顿和扩充。为此,

---

① 《江苏高等法院第二分院关于分监与隆记工厂订立编制草帽契约》,上海档案馆档案,档号:Q181-1-816。
② 《江苏高等法院第二分院关于分监作业(监犯寄禁)的文件》,上海档案馆档案,档号:Q181-1-834。

1932年6月份,分监长黄培汴从该监实际状况出发,在监内条件可能的范围内,拟具了一份监内作业扩展计划①,但因需费过巨,被高二分院否决。为扩充作业所需,分监长黄培汴只能在既有款项基础上,将原有扩充计划予以删改精简,从易于办理之处入手,以符扩充作业的要求,除原有洗濯科照常进行外,拟在缝纫科内暂设绒绳及刺绣两科,并购置稍旧的胜家缝纫机两部,每部价洋85元,共计170元,在该监现有作业盈余项下动支②。

分监长黄培汴原拟的扩充作业计划,若能顺利得以实施,对该监人犯作业的发展无疑将大有裨益,然囿于经费困窘,其所拟的宏大计划无奈告吹,最终亦只能在原本就较为呆滞的作业基础上,修修补补,权为应付,以致该监作业发展仍较为缓慢,难有起色。即便如此,高二分院仍屡次指令分监应勤力扩充作业,以符部定规章。

对于此种窘境,1933年初,新任分监长孙雄亦深感棘手。为扭转困境,孙雄几经筹划,决定在现有缝纫、洗濯等科目外,斟酌监内情形增设制巾一科,采取委托业形式,专制手巾及在手巾角上绣花等工作。并雇佣女工师一人负责教授及管理工作人犯,月薪暂支20元。至是年6月份,制巾作业人犯已经增至50余人,每日在监房三四两层楼的走廊内做工。在初学期内,每月每名可得工资约一元;同时又添设扎花一科,专做各类纸花,系采用官司业形式,先由分监选择手巧人犯5人进行学习,由办事看守赵丽珠负责教授,俟办有成效再行酌给津贴③。嗣后,该分监又陆续增设结网、制枕等科,作业科目随之增多,该监作业亦有所起色。

据调查显示,截止到1933年12月份,该监人犯作业情形,共有缝纫、洗濯、制枕、结网及杂工五科。缝纫科共有工犯18人,专做私人或成衣商号所送的衣物等件,所需衣料由委托者自备,所需针线由分监负责,做工较快的人犯,大致三日可做衣裤一套,最慢者须六日方能完成一套。洗濯科,该科工作囚犯共7人,专洗由监外送洗的衣服、被褥等件,应用的肥皂板刷,由该监购备,各犯所洗衣服件数,予以平均分配。制枕科,该科工作囚犯共有48人,专做十字布挑花枕套片子,所用材料,由该监购办,与各商店接洽售卖事宜,制此枕片,囚犯中工作最快者,每日可做一片,最慢者三日一片。

---

① 《江苏高等法院第二分院关于分监作业扩充整顿囚人作业计划办法等》,上海档案馆档案,档号:Q181-1-848。
② 《江苏高等法院第二分院关于分监作业扩充整顿囚人作业计划办法等》,上海档案馆档案,档号:Q181-1-848。
③ 《江苏高等法院第二分院关于分监作业扩充整顿囚人作业计划办法等》,上海档案馆档案,档号:Q181-1-848。

结网科,该科工作因犯共有32人,专结花边厂定做的花边网,所需原料均由厂家备送,工作最快者,每日可结阔约一尺,长二寸四五分,最慢者结阔约一尺,长三四分。此项作业系分监长蒋凤仪亲自向花边厂接洽联系而来,初定花边网83条,后因销路不佳,厂家不再续订,其已完成者,亦不急需,因之此项作业处于呆滞状态。自开始此项作业以来,共结网32条,尚有51条未结成,该科原有工犯约有八九十人,已陆续分调制枕等其他科目作业。杂工科,该科工作因犯共12人,或绣花、或织绒线衣物,除材料由物主送来者外,其余所用织针、绣针,均由监购备,绣花最快者,每日可绣鞋面一片,最慢者三日半一片;织绒线衣物最快者,每日可用绒线二支,最慢者半支。上述五科作业,其中杂工科内绣花一项在夏季工作较多,编织绒线衣物及缝手套等工作以冬季为大宗,其余四科作业,各季节工作量变动不大。此外,该监还对各科作业人犯,视各月工作量的变化,相互之间予以调补,酌加增减,以保障各科作业所需①。

该分监为扩展监内作业,亦是多方努力,与社会厂家商号广泛接触和联系,以期承揽更多人犯作业。1933年8月份,该分监曾与位于大连湾路的世界书局总务处黄仲康联系,试图承揽该书局的折书、订书等两项工作②。在邱怀问担任分监长期间,发动监内职员四处联系工作,并允诺凡有职员能为分监介绍工作者,可以酌给奖励。该监附设的收容所主任黄侠亦曾向联系工作成功者发给一成之佣金。1934年8月份,该监职员郑阿林为该监联系到一项折书的工作。主任看守徐祖迈为该监代租织袜机四部,备置棉纱等原料,在监内开设织袜科③。嗣后,该分监出于招揽工作便利起见,委派该监职员惠尔孚专司其事,并雇有包车一部,在监外从事营业兜揽以及账款催收等事务,每月津贴十元,以资体恤④。

该分监羁押的女犯中不乏心灵手巧者,其所做的产品在质量上亦属佳品,从而使得该分监于1935年在司法行政部举办的全国各省新监成绩展览会上获得了赞许和肯定,取得了优异成绩。在此次展会上,江苏第二监狱分监在全体参展新监中获得甲下的名次,该监参展的绣品获得甲上的好评,分

---

① 《江苏高等法院第二分院关于监所监禁戒护劳役程时韶等查分监簿册报告及部令公布制定监犯外役规则等》,上海档案馆档案,档号:Q181-1-870。
② 《上海江苏第二监狱分监作业收支盈亏材料款项月报》,上海档案馆档案,档号:Q177-5-19。
③ 《江苏省高等法院第二分院及监所职员违法失职事项调查报告》,上海档案馆档案,档号:Q181-1-146。
④ 《江苏上海第一特区地方法院看守所作业收支盈亏材料款项》,上海档案馆档案,档号:Q177-4-202。

监长王宝三亦因办理人犯作业成绩优异,司法行政部准予记功一次①。

及至1936年2月份,该分监又奉部令增加作业人数,扩充监内作业,后经与位于上海威海卫路云兰坊17号的丽文家庭工业社联络洽商,承制该社的织袜业务,以扩充监内织袜作业。经协商妥当,遂由分监长王宝三与社经理朱丽文正式签订合约。为筹办与丽文工业社的合作,该分监决定在原有十架织袜机基础上,再行添置新机15架。经调查市价,决定向上海联益厂购置200针平夹底线袜机15架,每架洋16元,共计洋240元,所需款项在该监作业余利项下动支②。

如上所述,该监参与作业人犯,由于作业科目的增减以及工作量的季节性变化,不同科目之间人犯的分配亦时常有所变动,而且该监自1930年8月份初设作业以来,历经低落、整顿、扩充等一系列波折,在分监职员的尽力广泛联络以及监内人犯的努力工作之下,该监作业逐渐得以发展,颇有起色。与之相应,该分监的作业收入亦得以增加,除了支付各项作业所需材料、事务、人犯赏与金等开支外,所得的作业盈余金亦实属可观,这对于经费较为贫乏的该分监而言,无疑可以在一定程度上纾解资金不足的困境。

据统计,该监作业初创之时,仅有缝纫、洗濯等科,作业人犯仅有18人。至1930年10月份,该监作业人犯增至56人,其中缝纫科5人,洗濯科3人,清洁科8人,试办编织草帽科40人。到1931年6月份,作业人犯又增至85人,其中缝纫科5人、洗濯科25人、清洁科9人、炊场科6人、草帽科40人③。在1930年8月份至1931年6月份期间(即1930年度),在该监作业人犯的努力之下,其作业成品数量大致为:洗濯科洗大小衣件计3 067件;缝纫科大小衣件计257件;草帽科计编草帽108顶;本年度各科所得之作业收入为:洗濯科计收入工资洋56.46元,缝纫科计收入工资洋93.155元,草帽科收入工资洋75.7元,三项总计收入工资洋225.315元,除各科杂支及人犯赏与金、事务费支出洋152.41元,本年度该分监实得作业纯益金为洋72.905元④。

嗣后,随着该监作业规模的扩充,作业人犯及作业收入亦随之增长,以1935年4月份为例,是月该监作业人犯共计160人,其中缝纫12人、织袜10

---

① 《上海江苏第二监狱分监江苏山东河北广东贵州等20省监狱作业成绩展览》,上海档案馆档案,档号:Q177-5-34。
② 《上海江苏第二监狱分监作业》,上海档案馆档案,档号:Q177-5-384。
③ 《上海江苏第二监狱分监所卫生事项》,上海档案馆档案,档号:Q177-5-54。
④ 《上海江苏第二监狱分监作业款项、材料、成品、清册》,上海档案馆档案,档号:Q177-5-97。

人、洗濯3人、杂工135人,该月各科所得之总收入为294.81元。其中缝纫科工资合银元85.45元,织袜科工资合银元33.79元,洗濯科工资合银元8.36元,杂工科工资合银元167.21元①;该月份一个月之总收入294.81元比1930年度全部收入之总数225.315还要多出69.495元,可见该监作业成绩之进展。

就该监作业收入的总体情况而言,自1930年8月份创办作业以来,截至1936年6月底,该分监历年结存的作业纯益金总额计有5 438.74元②。其中1930年度(1930年8月至1931年6月),实存纯益金洋72.905元;1931年度(1931年7月至1932年6月),实存纯益金洋210.233元;1932年度(1932年7月至1933年6月),实存纯益金洋281.886元;1933年度(1933年7月至1934年6月),实存纯益金洋1 196.69元;1934年度(1934年7月至1935年6月),实存纯益金洋2 027.03元;1935年度(1935年7月至1936年6月),实存纯益金洋1 649.996元。该分监所得的作业盈余金,均存于中央银行备用,按照部定规章,人犯作业收入理应专款用于购买原料、器械及扩充科目等各种作业事项,而不准挪作他用,盖此种款项"一经挪用即于作业前途大有影响"。但是,对于经费原本就并不充裕的江苏第二监狱分监来说,虽有部颁禁止挪用的严令,但是该监将作业收入流转用于垫支监内经常费、监所修建费、人犯囚食费等其他费用之不足,不仅属常见之事,亦实属无奈之举。

在该分监作业收入的成本开支中,除部分用于支付原料所需、事务费以及其他杂项开支之外,剩余部分主要用于支付人犯所得的赏与金。虽然司法行政部规定监所作业所得全数归于公家所有,但是为激励人犯作业起见,亦明确要求各监所对于作业人犯须"斟酌其行状、罪质、犯数、成绩等分别给予赏与金"。至于赏与金的数额,"徒刑囚不得过该地方普通佣工价十分之三,拘役囚不得过该地方普通佣工价十分之五"③。

给予人犯赏与金,就其性质而言,不等同于人犯做工所得的工资,通常认为监中囚犯是没有权利获得其劳动报酬的。国家之所以规定向人犯发放一定数量的赏与金,主要是出于一种恩惠或者说是一种激励,是对人犯参与劳动作业,积极改悔向上的一种态度上的肯定和认可。"不是对生产的奖励,而是对犯人改造的鞭策与衡量手段"④,以期促使人犯保持一种迁善悔

---

① 《上海江苏第二监狱分监关于服务、休假等》,上海档案馆档案,档号:Q177-5-357。
② 《江苏上海第一特区地方法院看守所本监报告监总的情况等》,上海档案馆档案,档号:Q177-4-175。
③ 山东省劳改局编:《民国监狱法规选编》,第14页。
④ 米歇尔·福柯著,刘北成译:《规训与惩罚》,第273页。

过的动力。另一方面，人犯在监得到一定的赏与金，日积月累，亦小有所得，俟其出狱之后，亦可暂为其生活之扶助。因而从本质上来说，"赏与金之目的，系提倡就业者工作之精神，鼓舞其兴味，使在技能上精益求精，为将来出监谋生之准备，物质上供其出监时经营职业及谋生之助，换言之，使出狱后复归于良民生活，不至再犯而已"①。

人犯所得的赏与金，主要与其参与作业之出品、质量密切相关，在保证产品质量的基础上，作业收入增加，人犯所得的赏与金亦会随之增加。不过，即使人犯作业成绩极为优异，仍不得超过部定的最高比例限额，以免有违部定规章。在江苏第二监狱分监，对于人犯赏与金的发放，亦以人犯作业成绩为准，在作业收入中除去原料等费用之外，提取十分之二作为赏与金发予人犯，工作人犯赏与金的多寡，以其工作出品为比例。

为防止人犯赏与金发放出现错讹，该分监特备有赏与金登记簿，将人犯每月出品数量，应得赏与金数额，均详细登载。人犯领取时，须按捺指纹以为凭证，而作业人犯有能记账者，亦会将自己参与作业及应得赏与金数额自行记录保存，若有错讹，可与监方记录进行核对。人犯所得的赏与金，一般在该犯释放出监时予以结算。不过，平日人犯在监，亦可随时领取以购买食物或其他生活用品。

对于该监人犯赏与金发放的数额，以 1935 年为例，是年该监共开设有缝纫、织袜、洗濯、杂工等科，各科每月所发放的赏与金由于工作量以及工作收入的不同而有所差异。就各科全年的发放情况来看，缝纫科是年共发放赏与金 189.68 元，织袜科为 15.26 元，洗濯科为 17.37 元，杂工科为 368.36 元，全年发放赏与金总额为 590.67 元②。抗战期间，由于时局动荡，该监作业亦受其影响，作业收入缩减，人犯所得的赏与金也随之减少，据 1941 年 9 月份的调查所得，该监人犯每月获得赏与金最多者为二元（人数极少），最少者仅一角，以每月得二角者为大多数③。

抗战胜利之后，上海一地渐趋平稳，上海监狱第一分监在组建后未久，即着手筹设监内人犯作业。依据《监狱行刑法》的规定，监所作业应"斟酌卫生、教化、经济与受刑人刑期、健康、知识、技能及出狱后之生计定之，炊事、打扫、看护及其他由监狱经理之事务视同作业"④。在遵照部颁法令的

---

① 山东省劳改局编：《民国监狱法规选编》，第 485 页。
② 《上海江苏第二监狱分监监所法令等》，上海档案馆档案，档号：Q177-5-410。
③ 《江苏高等法院第二分院关于建设改良视察监所》，上海档案馆档案，档号：Q181-1-1004。
④ 山东省劳改局编：《民国监狱法规选编》，第 46 页。

基础上，该分监对羁押的女犯观察其个性及固有技能，进行分类，以安排适当的作业。譬如该犯有技能者，则加以相当训练，俾使由熟而精；无技能粗笨者，则教以简易工作。若有人犯仅能做简单针线，即令其在缝纫科学习开领、钉扣及剪裁，由单而夹而棉而裘，循序渐进。

此外，从监内卫生、安全及人犯实际情况考虑，该分监作业科目的设置多以适合家庭之手工业为重心。"女犯多数负担家庭责任，身无技能，无法解决生活，遂铤而走险，有相当之手工业可资谋生并可兼顾家事，养育幼孩，自能安居乐业，作良善公民"[1]。顾念及此，该分监先后设有缝纫、编结、手套等科目，人犯在监内经过作业训练，当其获释出狱之后，当有几种技能在身。年轻质慧者，能裁制细软绸衣，编结美绒球及刺绣、花草鸟兽。普通者多能制布衣，辍手套，穿牙刷等。即手老目花素无技能者亦有结网袋、糊纸盒等简单技能。

与江苏第二监狱分监的状况相类似，上海监狱第一分监亦因监内空间逼仄，范围狭小，且经费支绌，无力开设规模化的作业工场。该监的作业形式基本上亦系委托性质，亦有部分承揽作业，但该监并无制成品对外销售。该分监筹设作业之始，因监内设备未周，所需的作业器具多仰赖于上海监狱拨借。为指导人犯作业，该分监还设有作业导师一员，负责人犯作业技能的教授和管理。该监职员李德心、郑纳贞、葛启钰、任培辰、黄乾中等人先后担任这一职务。遵照部颁规定，该分监女犯除了生病者外，基本上都会集中于简易工场间内从事各类劳作。"长长的工作桌子，周围坐满了囚犯，低着头做着工，有的穿牙刷，有的缝手套、袜子，有的缝旗袍，绣花，结毛线衣，做鞋底，可以说是五花八门——女犯的年龄最轻的是十六岁，那娇小的身体，纤白的手，斯文地穿着牙刷，看她样子实在可以说一声楚楚动人，年纪最大的六十几岁。"[2] "这些女犯人都极聪明，只要略加指导，便可以做的很好——场内鸦雀无声，一排排整齐的犯人，都在埋头专心工作，秩序良好。"[3]

为发展监内作业，该分监亦经常与监外各大商号、工厂、社会机构进行联系，寻找工作机会。如1947年8月份，该分监经与张信记鞋作洽商合作事宜，承制该商号的球鞋面，议定每双工资五百元，并由张信记派遣张素根小姐到监负责指导教授人犯制作技艺，张信记除提供原料之外，还向分监拨借作业所需之缝衣机3架，滚边机1架[4]。

---

[1]《上海监狱一分监视察报告等》，上海档案馆档案，档号：Q177-1-755。
[2] 华珊：《记上海女监》，《家》1946年第7期，第5—6页。
[3]《探女监》，《申报》1946年7月11日。
[4]《上海监狱狱务日记》，上海档案馆档案，档号：Q177-1-453。

若该分监有机会承制规模较大的作业机会时,双方在平等协商的基础上,会签订相应合约,就合作事宜进行规范。不过,因当时物价波动较剧,经济形势变动较快,司法行政部亦要求各监所在签署承揽契约时,应注意约定"有效时间不宜太久,工资尤应富有弹性,俾随时能适应当地之经济情形为合理调整,不受契约过分拘束"。以防止因契约时间过长,期间经济变动,"以致作业收入无法与物价指数同时增加,此不特减低人犯工作情绪,抑亦影响作业之发展"①。

有鉴于此,该分监在议定合约时,多将有效时期规定较短。如1948年2月份,该分监与位于昆明路宝昌里的华丰纸盒厂议定承制该厂糊制咖啡牌纸盒时,双方约定有效合约时间仅为一个月,自1948年2月1日起至28日止。双方还议定每日由分监向华丰厂交付纸盒十二万只,每只纸盒糊工计国币四元;每月工资在月中、月底分两次结算,不得拖欠,所用之原料全数由华丰厂供给,每十万只纸盒须供给头号面粉六斤,水笔十五根,并另贴调糊工人贰拾万元;在合作期间,如有偷工减料或短交成品而引起的损失归分监负责,如因材料恶劣供应间断而引起的一切损失,归华丰厂负责。在与各商号、工厂合作期间,若遇物价上涨波动剧烈时,该分监亦与合作方进行商谈,将承制物品的工价随之进行调整,以免亏累②。除上述合作者外,曾与该分监接洽或进行合作的厂家、商号还有上海手套厂、航空牙刷厂、上海儿童福利委员会等。

该分监的缝纫科有时还承制上海高院的法衣、各监所看守的制服。不过,该科承制最多的业务还是来自社会人士及法院、分监职员等的私人衣件,特别是该监职员的衣件尤多。因该监人犯制衣水准较高,所制衣物的质量不亚于监外的成衣店,且本监职员的衣件由监内人犯承制的话,亦可享受五折优惠,以致该监职员时常将私人衣件交由人犯缝制。如1948年3月份,缝纫科共承制各类衣物计60件,其中属于该监职员之衣物就有41件,所占比重颇高③。因监内职员将大量衣物交由缝纫科承制,占用工作量较大,以致该科做工人犯无暇赶制其他承制物品。因而1948年4月份,分监对于承做职员衣物开始实施数量限制,职员仍可享受五折优惠,但每月以三件为限。尽管如此,仍成效不彰,以致分监承揽社会之业务,"有拖延至二三月之久者,兹以币值日低,影响收入甚巨"。为此,该分监对缝纫科承制职

---

① 《上海监狱关于会计人员职务一览表和移交清册》,上海档案馆档案,档号:Q177-1-175。
② 《上海监狱承览契约等》,上海档案馆档案,档号:Q177-1-503。
③ 《上海监狱补送零料物品登记簿、承制编织物品进出登记簿》,上海档案馆档案,档号:Q177-1-675。

衣物不得不再次进行限制,是年11月份又将职员衣物限额调整至绸布衣物每人共两件,绒线衣服或裤暂予停止承制①。

上海监狱第一分监自开设作业以来,因出品精良,且价格比普通商家优惠低廉,可谓价廉物美,做工人犯又多为业主着想,珍惜利用各种原料,从而获得广泛赞许和认可,颇受雇主信任。委托分监承制业务者为数不少,因业务过多,再加上做工熟练人犯时常因开释而出监,致使监内所承制的业务不免有积滞现象。若不加以整顿,将会影响分监作业的形象和收入。

为此,1948年该分监拟具详细计划,对监内作业进行整改和扩充。依据这一计划,该分监首先要解决作业的劳动力问题,对人犯进行相应训练。通过对人犯原有技能或工作兴趣的调查,将这些人犯分为不同的类别,分派各作业科目进行练习。尤其注重选择年轻、聪明且刑期较长的人犯,进行重点培养,教以刺绣、编织、成衣等技术,随时督促鼓励,务必使其由生疏而熟练,由熟练而专精,养成其专长技术,进而成为作业科目之基础和骨干,并对其他人犯进行必要的指导。

其次,扩充工场,因该监逼仄狭小,人犯作业空间不足,对作业发展颇有束缚。为此,该分监拟于四楼屋顶加盖屋面,添开工场二间,作为刺绣、织袜及堆放纸盒之用。在训练工犯以及扩建工场的基础上,该分监拟对各作业科目进行整饬。缝纫科,该监缝纫科内分为中式、西式成衣两部分,人犯初学中装时,由缀手套、锁围巾边、制粉扑等工作入门,进而裁制单夹布衣裤,渐及绸缎呢绒等。西装成衣仅有洋机两架,指定工作及学习人犯,相互配合,轮流不辍,务使人尽其力,物尽其用。编织科部分,工犯编织绒线,有平针、织花之别,初学平针继学织花,先织内衣继织外套,再进而教以杂色镶嵌及挑花、绣花。除承揽西人绒线店的委托外,亦多承揽社会私人的委托业务,加紧工犯训练,以期配合业务扩充。粉扑科:该科作业主要是受鼎丰粉扑厂的委托代为加工,工作人犯达60口,主要以初学缝纫及年龄较大资质愚钝者居多,每日出品约二百打。亦拟削减作业人数,随时选择熟练工犯转往缝纫科制作成衣。穿珠科,该科是一新设的简易手工作业,主要是受中西画室的委托承制天主教徒所用的念珠,销路尚好,有八名工犯,拟增加作业人数继续扩充此科作业。刺绣科,经培训技艺纯熟者已有数人,拟将该科作业设于楼顶的新建工场,以便放置作业棚架,方便人犯做工。糊纸盒,主要是为一般年老目花,无法从事其他科目作业的人犯而设,前因监内场所狭小,所出产品无处堆放,亦拟将此科作业移往新设的四楼屋顶工场,以便堆

---

① 《上海监狱狱务会议记录》,上海档案馆档案,档号:Q177-1-689。

放纸盒成品①。

该分监自开设作业后,随着作业科目的增加,参与作业人犯亦大为增长,同时,该监亦根据实际状况的变化,对于各科作业工人人数予以相应调整,以保证各科作业发展所需。如1946年1月份,该监作业初创之时,参与作业工犯仅有39人,作业科目亦仅有缝纫、编结、鞋工、手套等四种②。至1947年5月初,作业科目增设至缝纫、编结、手套、糊纸盒、鞋工、洗濯、网袋、炊事劳役等十科,其中缝纫科14人,编结科16人,洗濯科6人,鞋工科5人,糊纸盒科12人,牙刷科17人,手套科16人,网袋科5人,炊事科6人,劳役科12人,参与作业人犯共计有109人③。

该监人犯作业时间,每日平均在9个小时,甚至10个小时。司法行政部虽然也规定作业人犯可以在"纪念日、星期日午后、直系亲属及配偶丧三日至七日,三亲等内旁系亲属丧一日至三日、其他认为必要时——入监后三日及释放前三日得免作业"④,得以休息。但是该分监有时为赶工期或增加出品,在休息日亦会令人犯继续加班作业。这些作业工犯,每日辛勤劳作,该分监亦因之获得可观的作业收入。以1946年为例,在一年之内,该分监各科作业收入共计达14 046 495元,其中缝纫科收入3 725 080元,编织科收入2 025 445元,鞋工科收入213 920元,牙刷科收入1 018 780元,糊盒科收入6 549 520元,手套科收入438 250元,洗濯科收入73 900元,刺绣科收入1 600元⑤。是年该监参与作业工犯共达1 326人次,作业总收入除去各项开支之后,所得的纯益金总额为11 276 662.53元⑥。

该分监的作业收入,按照规定以"上海监狱第一分监作业科"账户名存于中央银行备用。对于此项费用的具体用途,《监狱行刑法》中明确规定,各监所作业收入"以25%充作业赏与金,40%充作业基金,10%归属国库,其余充改善监狱内部设施及奖励之用"⑦。相对于江苏第二监狱分监时期,司法行政部要求各监所对于作业收入必须用于作业事项的开支,而不准挪作他用等规定,上海监狱第一分监时期,司法行政部的上述规定,很明显放宽了各监所对于作业收入挪作其他用途开支的禁令。按照部定收入划分比例,至少有近25%的作业收入是可以用作监内设施修缮及奖励等费用的开支,

---

① 《上海监狱年度作业计划、一般事项文件》,上海档案馆档案,档号:Q177-1-350。
② 《上海监狱监犯数统计、第一分监年报表》,上海档案馆档案,档号:Q177-1-193。
③ 《上海监狱一分监视察报告等》,上海档案馆档案,档号:Q177-1-755。
④ 《司法行政部直属上海监狱沿革纪实录》,上海档案馆档案,档号:Q177-1-444。
⑤ 《上海监狱监犯数统计、第一分监年报表》,上海档案馆档案,档号:Q177-1-193。
⑥ 《上海监狱关于分监员守名单.作业捉奖名单》,上海档案馆档案,档号:Q177-1-83。
⑦ 山东省劳改局编:《民国监狱法规选编》,第46页。

这在一定程度上亦增强了通过人犯作业所得的经济效益在分监经费总额中所占的比重,凸显了作业收入对于分监日常运作的重要性。事实上,上海监狱第一分监因经费不足,对于作业收入的利用,并不是完全按照部定的分配比例实施的,该分监对于此项收入除用于监内修建改善等类之外,更多还是用于垫补水电费、各种项目之借款等项目的开支。

虽然司法行政部曾于1947年8月份,饬令分监不准将作业收入用于垫补该监经费不敷的缺额,严令该监不得再有挪用情事①。但是对于经费贫乏的分监而言,实际上并不能起到应有的作用。据1947年11月份之统计,是年该分监的作业收入中用于他项开支共计有6 516 373.48元,其中垫付公共食堂借款2 248 273.48元;垫付改良设备费3 308 500元;垫付狄监长预领奖金700 000元;垫付预领11月份赏与金部分100 000元;垫付以前年度作业费用9 600元;垫付借用金150 000元②。1948年8月份,该分监又因超支上半年度监房电费20 417 079元,无处筹款支付,经商议决定于作业收入项下动支垫补③。至1949年5月初,该监经费久未奉拨,该监作业亦因时局动荡及人犯之疏散,各作业科目大为萎缩,以致该监作业收入锐减,几近于无,从而直接导致该监"经济情形渐入困窘,周转不灵"④。可见所得作业收入对于该监经费补充的重要性。

为激励各监所职员重视并积极发展作业起见,司法行政部曾下发训令,准许各监所可从作业纯益金中提取一定比例的数额用于奖励对监内作业做出贡献,发挥作用的职员。1947年1月份,部令规定各监所可从作业纯益金中提取20%作为职员奖励金,但同时亦要求各监所实际作业的人犯必须达到全体人犯的80%以上,且每犯每日人均纯益金亦须达到部定的标准数额,方准提取纯益金向职员进行奖励。对于职员奖励金的具体分配比例,1947年12月份,该分监初步规定为:监所长占15%,办理作业主管人员占5%,其他作业管理人员合占60%,监所内员工公益金占20%⑤。嗣后,1948年,司法行政部又对分配比例进行了一定调整,修改为:监所长占15%,办理作业主管人员占10%,其他作业管理人员合占55%,监所内员工公益金占20%。此外,因当时物价飞涨,为避免由于通货膨胀币值低落致使各职员减少所得奖励的实惠起见,遂通令各监所对于职员奖励金一律

---

① 《上海监狱一分监视察报告等》,上海档案馆档案,档号:Q177-1-755。
② 《上海监狱一分监狄任移交应付帐款明细表》,上海档案馆档案,档号:Q177-1-776。
③ 《上海监狱狱务会议记录》,上海档案馆档案,档号:Q177-1-689。
④ 《上海监狱狱务会议记录》,上海档案馆档案,档号:Q177-1-690。
⑤ 《上海监狱关于会计人员职务一览表和移交清册》,上海档案馆档案,档号:Q177-1-175。

按照季节发放①。

按照《监狱行刑法》的规定，上海监狱第一分监须将作业收入的25%充作人犯之赏与金，同时并规定"作业赏与金斟酌作业者之行状及作业者之成绩定之"②。为此，该分监依照人犯作业成绩之优劣及行状表现，将赏与金之发放划分为甲乙丙丁四个等级，分别给予25%、20%、15%、10%的赏与金，"有许多人的工作成绩相当好，一个月的赏与金也颇可观"③。总体来讲，该分监的赏与金发放标准即为：甲等即行状善良、勤慎、努力，能指导他人者；乙等即行状善良、勤慎努力者；丙等即行状尚良，工作努力者；丁等即行状平常，工作迟缓者，无杂项收入者④。如1948年2月份，油野政子糊纸盒，丙等，给予赏与金5 300元；同年4月份，34号费曹氏，糊纸盒，甲等，给予赏与金44 800元；5月份，该犯糊纸盒，乙等，仅获赏与金25 000元⑤。

此外，该分监对于作业、品行及受教育及学业均表现优异名列甲等者，则另外给予特别奖励金，以鼓励人犯努力工作，积极向善。如1947年9月份，该分监将学业、操行及作业表现优异者划分为甲上、甲中、甲下三个等级，分别予以10 000元、5 000元、3 000元之奖励，是月获得奖励者为：曹莉莉、陈林弟两人为甲上，陈翠英、陆品娟等五人为甲中，张雅诊、甘雪英等十五人为甲下，是月共发放赏与金1 667 000元。至同年11月份，该监又将奖励标准增加一倍，即甲上20 000元，甲中10 000元，甲下6 000元，是月曹莉莉、程胡氏等三人为甲上，陈翠英、翁贝氏等八人为甲中，张雅珍、马斯克娜太夫娜等二十人为甲下，是月发放奖赏金计260 000元⑥。

虽然司法行政部规定作业工犯可以获得相应的赏与金，但是若有人犯触犯监规或者作业成品出现质量问题，毁坏原料等情事时，作为惩罚，该分监将会对该犯予以罚没赏与金的处分。如1947年6月份，张金梅因拾遗不报，是月该犯所得之乙等赏与金3 600元，予以罚没充作慈惠费⑦。1948年7月，分监又强调若有工犯做错衣物等类，将会被取消所做出品的赏与金，而监方亦不再向业主收取工价费。对于表现良好工犯，自然可以领取其应得的赏与金。

对于此项赏与金的领取，若人犯开释出狱可全额结清领去，但对于在监

---

① 《上海监狱分监作业月季报表》，上海档案馆档案，档号：Q177 - 1 - 334。
② 山东省劳改局编：《民国监狱法规选编》，第46页。
③ 懿德：《提篮桥畔探女监》，《今报》1946年8月13日。
④ 《上海监狱一分监视察报告等》，上海档案馆档案，档号：Q177 - 1 - 755。
⑤ 《上海监狱作业成绩簿》，上海档案馆档案，档号：Q177 - 1 - 552。
⑥ 《上海监狱在监人责罚簿》，上海档案馆档案，档号：Q177 - 1 - 642。
⑦ 《上海监狱在监人责罚簿》，上海档案馆档案，档号：Q177 - 1 - 642。

的工犯,其赏与金的领取,最初依照《受刑人金钱物品保管办法》第十一条规定,工犯之赏与金由作业科告知本人后,交由总务科保管,非有正当理由呈经监狱长官核准者不得动支,经核准动支者,支用之数目并不得超过每月所得之三分之一①。如果在经济形势稳定时期,如此规定亦未尝不可,但是自1948年以来,上海物价飞涨,甚至一日数变,货币贬值更甚,若仍遵照此种限制,"非但于受刑人利益上不无影响,亦有悖国家恩遇之本旨"。为此,1948年9月份,司法行政部对上述规定进行了必要修改,放宽了在监人犯支取赏与金的限制,重新规定为,在监人犯支取赏与金,有正当理由经监狱长官核准者,可以动支其赏与金一部或全部②。

此后,监内工犯可以更为便利地支取赏与金用于采购其所需物品了。如1948年11月,监犯吴瞿氏支赏与金金圆券4.5元,用于购买化妆品百雀羚③。正是由于人犯在监期间,多数已将所得的赏与金支取用于购买日用必需物品,再加上物价高涨的影响,以至于人犯在获释出监时,所得的赏与金已经是为数甚微了,这在事实上已经将向工犯发放赏与金的初始意义和作用削弱了。

作为实施行刑感化的重要举措之一,在监所内开设作业科目,推行监犯作业,以期令人犯习得一技之长,锻炼筋骨,养成勤于劳作的习惯,并可获得部分赏与金,小有积蓄,待其出狱之后,可凭所习得的技艺及资金,维持其生活,不再因衣食无着而复罹刑网。正如司法行政部所一再申明的"每一监犯以适当之作业,使其为勤勉,获得谋生技能,于出狱后有恒业可守,因而敬业乐业,复为良民,实为行刑教养之最终目的"④。可见,从其推行监所作业的初衷来看,用意甚良。此外,司法当局还屡次强调监所作业的主要目的"只在训练,而不在营利,其所生之利视为当然附带的产物,但不专力于此也"⑤,突出了监所作业的非营利色彩,淡化了通过人犯作业所得的经济利润对于监所日常运作的重要性。但是,从监所作业的实施进程来看,司法当局所追求的对人犯进行技能训练的主要目的和愿景并没有真正实现,反而在实施过程中出现了扩大生产,提高作业收入的功能性的偏差和错位,监所作业从强调训练技能已经异化为对经济利润的追求。

事实上,从司法行政部初期令各监所开设人犯作业时,就已经蕴含着扩

---

① 山东省劳改局编:《民国监狱法规选编》,第246页。
② 《上海高等法院检察处有关监狱法令》,上海档案馆档案,档号:Q188-1-550。
③ 《上海监狱赏与金明细分户帐》,上海档案馆档案,档号:Q177-1-596。
④ 《部令》,详见河南省劳改局编:《民国监狱资料选》,上册,第443—444页。
⑤ 山东省劳改局编:《民国监狱法规选编》,第425页。

大作业生产的内在追求,令各监所不问何种人犯,不论老壮衰弱,"凡在监狱执行中者,应一律作业",并尽可能多增设作业科目。尤其是在抗战期间,监所作业的生产性功能被进一步强化和扩大。而各监所亦以遵照部令整顿和扩充监所作业为能事。与之相应的是,随着监所作业科目的增多,参与作业的人犯亦大为增加,监所由此而得到的作业收入和盈余亦成倍增长。虽然司法行政部曾训令各监所须将作业所得专款专用,仅能用于作业事项的开支。但是对于诸如江苏第二监狱分监、上海监狱第一分监此类的监所而言,其部拨额定预算有限,但是监内开支颇多,以致经费时常不敷,在这种情况下,将作业收入用于垫补其他经费之不足,亦为常事。虽然有违不准私自挪用的禁令,但是亦不失为一种应变策略,特别是在上海监狱第一分监时期,一度因监狱作业收入锐减,致使监内经费奇缺,限于周转不灵的境地。

此外,司法行政部为激励监所职员努力发展监内人犯作业,曾通令各监所在达到一定标准的基础之上,可以提取作业纯益金的20%作为职员之奖励,这就将监所职员切身的物质利益与监所作业收入的增加捆绑在一起,督促监所职员为获得更多的奖励金而更加注重扩大生产规模,以期提高作业收入和经济利润。由此可见,监所作业收入的增加,作业盈余和利润的提高,不仅攸关监所经费的补充,亦与监所职员的切实利益密切相连。因而各监所注重扩大作业规模,追求经济利润之目的已属明了,而冯客所言"监狱劳动给司法管理带来的经济收入微不足道"之说①,当与监所作业的事实有所不符,失之偏颇。

至于司法当局所讲的对人犯进行技能培训,若确系想要培养人犯的技艺,应该在监所中开设更多具有技术含量的作业科目,如果有可能的话,应该与职业教育相结合,采用必要的机械化生产。但是,从各监所开设的作业科目来看,普遍都是偏重技术含量较低的手工业科目,特别是对于空间逼仄,经费缺乏的监所,如江苏第二监狱分监、上海监狱第一分监而言,此类监所囿于客观实际所限,多开设诸如糊纸盒、缝纫、洗濯、清洁等类简易手工作业,技术含量低,甚至某些科目毫无技术含量可言。虽然监所作业普遍开设此类科目,有出于监所卫生、安全等方面合理性的考量,但是对于人犯技能培养方面,可以说很难起到应有的作用。因而此类作业科目,监所内即使承揽业务量大,作业人犯很多,对于工犯而言,也只能是日复一日的枯燥重复,为监狱方面出卖自身的廉价劳动力,徒增作业收入而已。至于其技能的训练和提高,无疑化为泡影,多被监所方面所忽视。

---

① 冯客著,徐有威译:《近代中国的犯罪、惩罚与监狱》,第242页。

司法行政部对于上述作业科目的设置亦有微词,曾称各监所"每有以糊盒、洗涤等列为主要作业科目,此就作业收入言,或无可议,而于教养之目的言,究属违背,亟应予以纠正,嗣后各级监所办理作业,务须针对当地经济环境、斟酌监犯谋生技能,妥为设置——其过去已设科目与上述原则不符者,应逐渐减少其作业人数,酌量设法改善"①。然而,在作为一种普遍既成事实的情况下,司法行政部此种严令,事实上并不会起到多大的作用,各监所的作业科目设置依然如故。

此外,即使人犯在狱中得以掌握上述技能,待她们出狱之后,也很难依靠此类技能谋生。从1946年上海监狱第一分监对于女犯出监状况的调查可知,该监女犯出监后的去向绝大部分或是回家,或是依靠亲属度日,或是入厂做工,做女佣,做点小生意等。当然亦有极个别人犯出监后的谋生途径与其在监所习作业有所联系,如黄华氏,在监习裁缝,出监后回家做成衣师。不过黄华氏仅为个案,从该分监的整个调查结果来看,几乎全部的被调查女犯,她们获释后的出路,与其在监所习的作业科目或者是技能,并不吻合,甚至是毫无关联②。

严景耀曾指出"监狱作业对于监狱与囚人两方面,是很重要的,这种有生产的工作,必须以改化为目的,以教育之原则为主,不专在一时经济的利益,因为社会重视的,不在于监狱目前所出的专为营业的物质成品,是在于养成精于工作的有用国民,所以职员们与囚犯日夜的作业,是没有用的,除非他们的工作是趋向于教育原则的"③。对此,司法行政部亦并非不知,但是监所作业自开设以来,事实上并未按照司法当局规划的轨道前行,不仅令人犯获得技能,作为谋生之道的意图无法落实,而且监所作业还异化为对经济利润的追求。"监狱管理学者所宣扬的劳改赎罪也未能得以实现,职业培训往往被忽视,因为监狱更多地注意承包人的要求而不是犯人的要求,并且对利润的渴求导致了对于监狱劳工的滥用,然而更多的时候,职业培训的实施在监狱中是没有效果的——出狱的承诺是虚夸其词的"④。由此可见,这种监所作业制度的实施,与其说是致力于人犯的感化,倒不如说是更为重视其所产生的经济效益。监所作业的这种异化,无疑将会导致国民政府行刑感化政策效能的弱化。

---

① 《部令》,详见河南省劳改局编:《民国监狱资料选》,上册,第443—444页。
② 《上海监狱一分监出监调查簿》,上海档案馆档案,档号:Q177-1-745。
③ 张东平:《近代中国监狱的感化教育研究》,华东政法大学博士论文,2010年。
④ 冯客著,徐有威译:《近代中国的犯罪、惩罚与监狱》,第242页。

第六章　囹圄内外：上海女监与外界的沟通及交往

上海女监作为独立建制的新式女监，其本身也是上海社会变迁的产物，是上海城市社会体系中的重要组成部分。为此，该女监与沪埠地域社会之间亦有着较为密切的互动和交往。作为沪上新式监狱的典范，上海女监因其特殊性，每日吸引不少社会公众前来参观游览，从而使其成为沪上一处特殊的"旅游景观"。上海女监的日常运作，需要大量的经费投入，但由于部拨经费短缺，上海女监不得不通过向外界寻求援助等方式，与上海城市社会之间建立起广泛的社会交往，从而获得必要的资助。此外，上海女监由于羁押人犯过多，监内拥挤不堪，因而出于人犯安全及疏通监犯等目的，上海女监与沪埠其他监所之间时常有批量人犯的移禁羁押。通过人犯的移禁和相互调剂，上海女监与其他监所之间不但有着频繁的交际和往来，同时也引发了一系列的矛盾和冲突。

第一节　类景观化：纷至沓来的参观者

监狱作为一种特殊场域，与外界保持隔绝状态，具有相应的合理性和必要性。在通常情况下，社会人员要到监狱中去，如非有必要的理由，是不被允许入内的。但是在国民政府时期的上海，却是另外一番情形，若想要到监狱中去参观游览，不论是个人或是团体，只要事先与监狱方面进行预约，提出申请，议定好参观日期后，按约定日期前往即可，并没有过多的审核和交涉。甚而有社会团体特意组团前往监狱进行参观游览，如1935年10月，《上海青年》杂志发布一则组团赴提篮桥监狱参观的启事，参观的具体安排如下："10月19日星期六下午1时3刻在新会所集合，2时出发，车资：每人大洋二角,回程自理,名额：限二十人,额满不收,即日起报名,18日截止,报名时随交车资。"①

提篮桥监狱作为当时远东第一大监狱,颇有盛名,意图前往参观游览者较多亦很正常。不过,当时位于沪埠的其他监狱,如被称为模范监狱的漕河泾江苏第二监狱同样亦有组团前往游览的。如1935年,中华妇女社在上海召开第四届社员大会,在会议之余,特组团前往漕河泾江苏第二监狱参观游览。这些参观者还在监狱大门口集体摄影留念。从照片上可以看到,她们衣着休闲,神情舒畅,整个参观团和一般的旅行团看起来并无多大差异②。

除上述规模宏大的监狱之外,上海其他一些具有一定特殊性的监狱如江苏第二监狱分监、部辖上海监狱第一分监,更是易于激发人们参观的热情。这两所分监的特殊性在于,它们是独立建制的女性监狱,里面羁押的都是女犯,监狱的管理者亦有不少女性。特别是上海监狱第一分监,自分监长至普通职员、看守基本上都是女性,如同一个区隔于普通社会的"特殊女儿国"。这种特殊的监狱,对于不少好奇者而言无疑具有很大的刺激性和新鲜感,再加上社会上通过各种非正式渠道流传出来的关于女监诸多真真假假甚至带有花边色彩的信息,更是激发起社会大众前往参观游览的兴趣。特别是要求前往上海监狱第一分监参观游览的,可以说是纷至沓来,络绎不绝。这些女监因而成为沪埠都市中别具特色的"景观"。

据现有资料显示,前往江苏第二监狱分监参观的社会公众有普通市民、报社记者等类,其中以沪埠各中学、大学的学生居多。对于申请参观者,该分监一般都会予以同意,表示欢迎,少有拒之门外者。但是,由于该监内部空间较为狭小,所以对参观人数有所限制,每批次入监参观者最多以二十人为限。超过二十人者,分批次陆续参观。社会公众前往该监参观的目的和理由也较为多样：有出于实地考察、增广知识见闻的,如1932年10月,暨南大学史学社会学系为实地调查,致函该分监请求前往参观,经分监同意定于10月25日前往③；也有出于学术研究目的的,如1935年1月,沪江大学毕业女生吴鸿翼为学术上之研究,通过司法行政部致函分监,要求前往参观,并希望予以便利；当然更多还是出于休闲游览动机,如1934年11月,江南

---

① 《会务消息,参观提篮桥特区监狱》,《上海青年(上海1902)》1935年第35卷第34期,第9页。
② 国际社(摄):《中华妇女社第四届社员大会参观漕河泾江苏第二监狱》,《礼拜六》1935年第616期,第11页。
③ 《上海江苏第二监狱关于司法行政部、上海高等法院第二分院派员视察监所报告》,上海档案馆档案,档号：Q177-5-211。

学院致函分监,称该校学生闻分监"力求完美之功,固属有口皆碑",故"欲趋前观光",分监函复表示"无任欢迎之至"①。

有些参观者经入监实地游览和亲身体验之后,会将自己的实际观感和体会发表于各大小报刊,同时也借此向社会各界介绍了该分监的实际情形。如1931年6月,一名记者在游览该分监之后,在《申报》上发表了名为《公共租界女监参观记》②的文章,对分监的布局、人犯状况以及自己的感想做了大致描述。该文章首先介绍了分监的概况:"江苏第二监狱分监,系就会审公廨时代之女押所改组,监房虽有四层,但不甚宽大,昔年女犯不多,尚不觉拥轧,现下高地两院,凡已决未决之女囚,概羁禁该监,遂有满坑满谷之势,从前每室规定七囚,兹已增至十名,总计在监女犯有二百二十余人之多。"接着介绍了参观的情形:"从该监正门入,则旷场一片,做囚徒每日环行运动之地,场侧有室一,以铁栅分隔为三,乃家属接见犯人谈话之所,会话时,各立一隅,中间之方寸之地,则系监长所派监督双方谈话之位,使犯人与接见者不能作不规则之谈话。"其余空闲的房间则为关押未决囚的拘押所;拾级而上,"二层楼为拘役及监禁所二部,受拘役刑者,大都为沿途拉客之妓女,而养病室亦设于其间——病室设备较囚室为优,榻有衾枕等卧具","第三四两层,皆为徒刑犯人所居,该囚等或缝纫、或洗衣、或编制时令必需之草帽,分组工作,各勤所司——闻监中惯例,刑期愈长,所居愈高"。该作者认为分监管理有方,注重卫生,其内部设施楚楚有致,尚称完善,胜于往昔。

抗战胜利之后设立的部辖上海监狱第一分监,由于是在原提篮桥监狱关押外籍女犯监房的基础上整理组建而成,名声在外,前来参观者更是络绎不绝。如1947年的《墨梯》杂志刊登照片五张,直观反映了当时的社会女性排队进入该监并在监内游览的景象③。

到上海监狱第一分监进行游览的参观者,其来源更为广泛。据该分监参观登记簿的记载,这些参观者,除学生外,还有政府公务人员、法官、商人、金融界人士等。除了上海本地人,还有外地人,除了中国人,还有更多的外宾,但是总体上来说,还是以学生前来参观者相对较多而且集中④。

这些人来分监参观的动机和目的也是各不相同,有的亦是为了增长知识和见闻,如1948年6月4日,上海私立培成女子中学高中部毕业生约30余人,为广见闻起见,拟往该监参观,后经分监批示准予6月14日上午

---

① 《上海江苏第二监狱分监杂件》,上海档案馆档案,档号:Q177-5-28。
② 《公共租界女监参观记》,《申报》1931年6月15日。
③ 墨梯(摄):《参观上海女监》,《墨梯》1947年总第1947期,第119页。
④ 《上海监狱来监狱参观登记簿》,上海档案馆档案,档号:Q177-1-567。

9时前来①。有的是为了熟练业务知识,了解监狱状况而来,如1946年6月,上海市警察局训练所称该所女警班设有拘留业务科目,为使学警明了实际情形,增加历练起见,拟于6月22日下午4至6时,由该所队长率领全班女警五十余人前来参观,以资参考。由于该分监此时正在办理移交事务,人员事务冗繁,无暇兼顾带领参观,特函知该训练所改定于6月27日下午3时至5时前来参观②。此外,还有的是为明了人犯生活,有的是为了社会研究等,不一而足。

遵照司法行政部颁布的《参观监狱规则》的相关规定,上海监狱第一分监亦对来监参观者提出了一些必要的限制和要求。如要求参观者须经分监许可后,并在职员的引导下进行参观。参观者须在参观簿内登记其姓名、年龄、籍贯、职业、住址以及参观目的。如若参观人数过多时,须分批次参观。醉酒及患有精神病者不准参观。参观者在入监参观时须听从引导员的指导和安排,且须着装整齐、保持安静肃穆、不得吸烟、不得携带危险物品,不得与监犯私自谈话或授受财物,参观者若违反规定,须停止其参观③。

由于该分监的内部空间同样也较为狭隘,所以每批次接待参观者的人数限额一般亦为二十人左右。参观者由分监职员带领,由监房第一层至第四层依次参观。不过关押重点人犯的区域如羁押女汉奸的监区是不开放参观的。分监还规定,在监区的女犯,如果遇到参观者来访的时候,不管当时是在吃饭或者劳动作业或者做其他事情,必须马上停止,肃静起立向参观者致敬。另外,依照监狱参观规则的规定,入监参观者还不得携带照相机,禁止在监内拍照,但是这一规定在部分情况下并未认真执行。如1946年9月23日,军之友社刘社长不但携带相机来监参观,而且还在分监工场、监房拍摄了不少照片④。

上海监狱第一分监自组建以来,慕名而来的参观者一直较多。虽然具体的参观人员数字,由于资料缺乏,无法进行详细统计。但是根据该分监每天狱务日记的相关记载,可以整理出一个大致的参观批次数据。据该分监日记记载显示,自1945年12月底至1946年,前来参观者大致有91批次,1947年有67批次,1948年至1949年3月份共36批次。有时该分监一天要接待数批次参观者。如1946年9月18日,来分监参观者有许佩君小姐,哑

---

① 《上海监狱公函》,上海档案馆档案,档号:Q177-1-699。
② 《上海监狱关于上海青团十八团部筹备处、各机关函请来监参观》,上海档案馆档案,档号:Q177-1-156。
③ 《上海监狱关于夏景恒材料、监所法令》,上海档案馆档案,档号:Q177-1-36。
④ 《上海监狱狱务日记》,上海档案馆档案,档号:Q177-1-666。

育学校林吉姆、朱佩珍,上海监狱职员徐行等八人,前线日报记者沈可人,联合晚报记者姚芳藻以及卢星阶、李青山等七人先后计五批①。

有时亦会接待数量达上百人的庞大参观团,如1947年3月3日,复旦大学法学系学生共计101人来监参观,因人数过多,分为四批先后参观②。有时亦有全家前来参观者,如1948年8月15日星期日上午9时,有朱良先生及其太太和儿子来监参观③。还有沪上各大报社记者组团来监参观访问者,如1947年3月4日,上海通讯社记者杨石青、中央通讯社上海分社记者方强原、申报记者何力平等三人来监参观④。甚或有前职员到监故地重游叙旧者,如1948年11月19日,分监前监长陈咏声与其同伴多人来监参观⑤。

在这些参观者中,有时看到该监以及女犯们的困难情形,也会向她们捐赠些钱物或食品等类,作为救济。如1946年4月10日,善后救济总署上海分署赈务组儿童福利会李卓依、黄源汉两位女士来监参观,向随母在监的幼童捐助饼干九十包⑥。1947年10月11日,驻意大利公使薛光前夫妇来监参观,捐助国币五十万元。又律师乐俊伟捐助一百万元。允中中学教职员来监参观,捐助脱脂奶粉三桶半⑦。1948年4月22日,司法行政部首席参事陈顾民先生与其夫人及同乡友人来监参观,向分监捐助国币三千五百万元,作为女监添置教育用品及贫病女犯之医药费用及购买营养食料费用⑧。

很多参观者在游览完分监后,或有不少感触,就会在分监置备的参观簿上留下他们的意见和评论。这些参观者的留言各种各样,但不管参观者写的是什么,这应该都是他们当时自我情感的一种表达。总体来看,这些参观者对于分监和女犯们的实际状况还是比价满意和乐观的。他们评论最多的也是抒发对分监的褒奖之词,称赞该监狱堪为模范、秩序井然、管理有方、整洁完善、有纪律等。此外还有诸如印象颇佳、我从未见过这样完善的监狱、中国第一女监、东亚屈指等评语。一个名为任正媛的学生甚至将其称为"虽云监狱,亦即天堂"。也有参观者对于分监职员的工作予以肯定和赞扬,如中央大学的梁娟称赞看守好似护士和蔼可亲,林慧莲称赞女犯在分监"有书

---

① 《上海监狱狱务日记》,上海档案馆档案,档号:Q177-1-666。
② 《上海监狱狱务日记》,上海档案馆档案,档号:Q177-1-447。
③ 《上海监狱狱务日记》,上海档案馆档案,档号:Q177-1-452。
④ 《上海监狱狱务日记》,上海档案馆档案,档号:Q177-1-447。
⑤ 《上海监狱狱务日记》,上海档案馆档案,档号:Q177-1-452。
⑥ 《上海监狱狱务日记》,上海档案馆档案,档号:Q177-1-666。
⑦ 《上海监狱狱务日记》,上海档案馆档案,档号:Q177-1-453。
⑧ 《张伉龙等捐款添置女监设备》,《和平报》1948年5月2日。

读,有工做,在监里胜过家里,所以瘦的进来,胖的出去,这些都归功于几位女教官的爱护、同情,她们使她们能自新,永远不再来,做个自由的人"①。

亦有参观者对分监的环境大为赞赏,如记者黄宣义称分监"工作与生活,与家庭无异";上海高院通译张葆成也赞扬这里"好似一小型的学校,也像家庭";汕头岭南中学的吴启秀称"我看到的是家庭、工场、学校环境,这里是新生活的教养所"。《大陆报》记者曹灵佑及外交部薛光前称赞分监是新生命、新生活的创造所;来自海军的周恒称赞"这里住食均舒适,可谓黑暗中的光明"。还有参观者对分监的教化工作予以了肯定,如基督教女青年会的林文桂称"改造罪人的灵魂和品性,这种工作是伟大的";上海中西女中的王承诗称赞为"重生"。中央警官学校的实习员们则引用古语表达了她们的赞美之情,她们写道:"上失其道,民散久矣,如得其情,则哀矜而勿喜,整肃有序,静洁不紊,教化有方。"此外,还有参观者通过亲身的体验,转变了以往对于监狱的刻板认识,如保险公司职员潘樨称"没有想象中那样恶化,也许是弱者的庇寒所",中央大学的徐梅芬亦称"带着对监狱的可怕的想象进来,可是现在我发现不是这么回事",李洞年则表示"参观之后胜过读书三年"。当然,还有参观之后意犹未尽,乐不思蜀者,如来自广东的学生郑惠勤回味到"颇思再来一游"②。

除了上述赞颂之词以外,也有参观者对于分监的某些不足提出了相应的批评和建议。如李叶初表示管理虽然得当,但医药宜特别注意;狄兼君称菜饭稍差,希即改善;高记者称如果再加强文化,画报再多一些就更好了;广东的吴绳祖和参观者朱某建议分监对于"犯妇儿童能再加以改进""须从精神上防止其再来";东吴大学的学生以及钮挺则建议分监在参观者入监参观时,因犯不必起立向参观者表达敬意,以免影响和妨碍囚犯的工作及其情绪;而来自浙江的学生陈怀远则表示他对在押女犯"非常同情"③。

在前来第一分监参观游览的人员中,除了中国人以外,还有很多外籍人士。这些外宾对于该分监的环境、管理和秩序印象颇佳,故而在参观簿上也不吝其赞颂之词,对该分监大加赞扬。如S·R·甘得逊称分监非常漂亮和友好;英国议院访华团的穆勒礼称赞分监是非常好的监狱;美国政府中华救济团的朱立民赞扬分监极有效率④;来自震旦女子文理学院的露西儿修女写道,将你的伟大的工程继续进行吧,上帝保佑你们;伊格纳齐·梅的留言

---

① 《上海监狱来监狱参观登记簿》,上海档案馆档案,档号:Q177-1-567。
② 《上海监狱来监狱参观登记簿》,上海档案馆档案,档号:Q177-1-567。
③ 《上海监狱来监狱参观登记簿》,上海档案馆档案,档号:Q177-1-567。
④ 《上海监狱来监狱参观登记簿》,上海档案馆档案,档号:Q177-1-567。

则更简单明了——"非常好";而来自乌得勒支的基督教青年会代表冯·施特根修女说"我对这个高水准的监狱印象深刻"①。

这些参观者不仅在参观簿上留下自己的印迹,还有人亦将自己的监狱之旅写成了文章发表于报刊上,将分监的概况、女犯们的生活实态以及自我的感知和原有刻板印象的转变,都公布于大众。这在一定程度上也有助于增加社会公众对于监狱的认识和了解。譬如,1946年8月,《今报》记者懿德女士曾携友人一同前往上海监狱第一分监参观。在去该监之前,她对于女监的印象是极为恶劣的,她说"女监是一座魔窟,里面充满了残酷、恐怖、险恶、惊疑、肮脏——女犯人们披头散发,脚镣手铐,面目狰狞,恨不得从里面伸出拳头进来挥我们几下"。然后,当她们实际到了女监后,经过该监代理监长李梅魂、职员林晓明等职员的详细介绍,尤其是她们看到了监内女犯们实际的生活状态后,她过往那种刻板印象有了很大转变,切实感到,现在的女监真的是改良了,"竟然忘却了这是女监,而以为是一个小型的工场",这些女犯们和社会上正常去做工的女工没有什么区别啊②。

无独有偶,1947年,一名署名为涓的上海沪江大学学生在《新妇女》杂志上也发表了名为《参观中国唯一女监》的纪实性文章③。在文章的开头,作者也实际讲述了她在参观后,思想认识的转变。她说在她想象中,"监狱是等于地狱,充满污秽黑暗,扰杂",而事实上当她踏进分监的"第一个感觉是它不像一所监狱",而"像是一个学校,清净,整洁,光线充足,空气流通"。接着简要描述了分监的大致概况,"底层是办公室,职员尽是女性,二楼是医务处、病室,三楼是监房,四楼是工厂、教室和炊场,那天犯人总数是173人,其中以毒品案最多,占半数以上"。

对于监中女犯的日常生活,作者写道,女犯们每天早晨5时(冬季是6时半)起床,然后盥洗、打扫卫生,7时开始作业,下午5时半(冬季是4时半)收封,人犯各归监房。女犯每天需要做工九个小时,读书二个小时,运动一个小时。她们的作业都是手工,有刺绣、缝纫、织绒线、穿牙刷、糊纸盒、编草鞋等。女犯们的教育实行分班上课,程度好的可以自己写信、写日记,最差的是进识字班,"现在在监中每一个人都能识字,那些最笨最老(六十多岁)也识到一个字以上,她们自己也觉得很得意而有兴趣学习,运动时有时做游戏,有时做体操,有时唱歌"。

---

① 冯客著,徐有威译:《近代中国的犯罪、惩罚与监狱》,第239页。
② 懿德:《提篮桥畔探女监》,《今报》1946年8月13日。
③ 涓:《参观中国唯一女监》,《新妇女》1947年第7期,第19页。

对于女犯的饮食,作者介绍说每人每日两餐,上午 10 时,下午 4 时各一次,每名人犯的主副食费定额为"每人每日食米二十两,菜四两,盐三钱,油一钱,副食费每人限定四千元一月,包括柴、油、菜等"。按照这一定量,女犯的营养一定不会充足,但是作者说她看到的"每个犯人的面上,并无菜色",其原因就在于分监长狄润君女士想尽办法为人犯补充其他给养,如将募捐的脱脂奶粉掺在饭中,并给囚犯补充钙粉和维他命 C,因此在一定程度上可以维系女犯们的健康。作者还看到监中有俄国人、朝鲜人两个外籍囚犯和七个小孩,其中五个小孩是在监内出生的,都是肥胖可爱。

在文章的结尾,作者讲到她对于第一分监的实际观感,她说"女监给我印象很好,清洁,整齐,犯人身体健壮,面无愁容,负责的人都能替犯人的福利着想,她们吃得饱、穿得暖,有书读,有工做"。同时,作者也提到了分监的一些缺陷,她说分监美中不足的,"就是房子很小,而人数太多,有点拥挤的现象,听说大赦前曾一度容过二百余人,照现在妇女的犯罪率看来,将来女犯一定有增无减"。为此,她建议分监应"及早设法扩充才好"。

当然,由于参观者个人的立场和观点的差异,每个人对于分监的观察视角亦有所不同,并非所有的参观者都是众口一词。如果说名为涓的沪江大学生对于分监的观感是正面的、阳光的、积极向上的基调,那么华珊对于分监的描述则是另外一番景象。在她的笔下,作者对于分监的观感就是有些阴暗、消极和带有批判的倾向。1946 年,华珊在《记上海女监》[①]一文的开头所用的描述就为分监披上了带有些悲惨、凄苦的色彩。作者写道:"沉重的铁门发出宏大的响声,似乎替关在里面的囚犯们喊冤。"在作者眼中,这些高大的、重重深锁的铁门,迂回曲折的过道,蓦然坚厚的石墙,就如同中世纪陈腐的堡垒。这里的大门是终年禁闭着的,除非偶尔来一辆汽车或普善山庄的小踏车(运送死亡囚犯的尸体),才开一次,真可以说是门禁森严。对于监内的情形,作者写道:在分监中关押的女汉奸如吴佘爱珍、李叶吉卿等人,她们和其他普通囚犯的待遇不同,单独居住,而且不用做工,还可以"舒舒服服地看着小说呢"。对于病犯,作者说"跨进病房,一股难闻的味儿直冲脑门,躺在床上的病犯,都像活尸体一样的可怕,又干又瘦的脸,叫人一闭眼就会想到的,是营养不足,没有药吃,只是躺着等待死神降临的活尸"。她们的囚饭"淡而无味,半生半熟的赤豆糙米饭,白粥,这就是一日两餐的内容","所以在牢狱里,生了病就只有死路一条"。

"吃,在这里是最苦的了",对于普通囚犯,亦是"一日两餐,早晨 9 时一

---

① 华珊:《记上海女监》,《家》1946 年第 7 期,第 5—6 页。

顿粥,下午3时一顿赤豆饭,另外一顿豆浆或开水,没有盐或油,她们的副食费(小菜钱)每人每月只三百元,当然是吃不到东西了"。囚犯们虽然吃不好,但是每天却可以闻到很多"肉香、菜香、还有饭香",但是这些都是给职员们准备的,囚犯们无福享受。为此,作者批评监狱管理者过于残忍,认为这是一种罪恶,对于老是过着饥饿生活的囚犯们,是非常残酷的一种惩罚。"囚犯们为了犯罪,丧失了自由,想不到还要受这种惩罚,吃饱了的人们是不会感到,也不会想象到这种苦痛的"。

那些年纪大些的女犯,在作者眼中看到是一张张"苍老瘦弱的脸,看了叫人联想到风烛残年",她们在监中"寂寞地度着她的晚年,甚至就死在这里,再也见不到亲人,就默默的离开人世"。作者还说这些女犯们内心渴望着自由,"否则关在这与世相隔的监狱里,除了磨折去宝贵的生命以外",别的什么也没有。但是,作者也为女犯们出狱之后的前途表示怀疑,她说,这些女犯们,哪里知道"现在的生活比以前更不容易过,过去是生活逼她走上坐监的一条路,要是真的释放了,目前的生活是否能使她们不再走邪恶的途径?"不过,作者还是希望"人间的天堂能够真正建立起来",祝愿这"一切受着苦难的人们得到新生"。

总之,在民国时期的上海,一般社会公众前往监狱内进行游览休闲,并非偶见的特例,而是一种较为常见的社会活动方式。从旅游学的角度而言,游览者所前往的目的地与其日常生活的环境之间差异愈大,其在游览活动中所获得的愉悦和满足感愈强,满意度愈高。对于前往监狱进行游览的参观者来说,监狱这种特殊的场域与社会公众之间有着一定的距离和区隔,与社会公众自身日常生活之间有着明显的差异,而这种区隔和差异在很大程度上,正是驱使社会大众意图入监游览的重要诱因和动力。这些社会大众抱着或猎奇、或求知、或消遣等诸多动机来监参观,以期获得与其日常经验迥异的特殊的切身体验和经历,并因这种差异而获得相当程度的感官刺激和满足感。这些纷至沓来的游览参观者,亦以其自身的行为方式,影响着监狱的空间属性,在纪律、秩序、规训等职能之外,又具有了一定的休闲色彩,呈现出一定程度的类景观化倾向,成为都市生活中一道特殊的"游览风景线"。

第二节 求援与救济:上海女监的社交模式与网络

上海女监自独立设置以来,时常被经费不足的问题所困扰。司法行政部每年所拨发的额定经费有限,在人犯持续增加的情况下,部拨经费经常是入不敷出,尤其是在非常时期,经费严重支绌。虽然司法行政部会酌量追加部分经费,但是仍无法赶上监犯增加所需费用的步伐,以致监狱必需的囚衣、囚被、囚粮、医药等物品因无钱置办而时常处于紧缺状态。因此,在部拨经费严重不足的情况下,为了维持监狱的正常运作,上海女监不得不主动通过多种方式向社会各界求助,以解监狱的物资贫乏之困。由于战乱以及社会经济萧条等因素的影响,上海女监的这种对外求助活动日渐频繁,已经成为一种常态化的日常工作和社交模式。

在上海女监频繁向外界求助的同时,社会各界通过到监实地参观、媒体报道等方式,对监所囚犯的困境亦多为明了,将向其提供捐助视为社会慈善事业的一部分,不但对监所的求助活动予以积极的回应,同时还有更多的社会人士和团体以各种管道和方式主动向监所囚犯捐赠善款以及衣被、药品、食物、书籍等物品,使得狱中囚犯获益匪浅。上海女监常态性的对外求援,以及社会各界慷慨解囊的社会救济,不仅形塑了上海女监的社交模式,而且还在一定程度上弥补了监狱经费不足的缺憾,让更多囚犯免于冻馁之虞,保障了监狱的日常运作。同时,还促进了上海女监与社会各界的来往,加深了与外界的日常联系,从而构建了一张以监狱为中心的向外扩散的社会交际网络。通过这种社交模式和网络,上海女监可以实现对地方社会力量的借助和动员,并将自身置于上海城市化发展的进程之中。

由于上海女监羁押人犯众多,再加上选用衣料材质不佳,导致囚犯所用衣被极易磨损破坏,无法接续使用。虽然,上海女监几乎每年都要向上级请求拨款添置囚犯衣被,怎奈人犯过多,且易损耗,新置衣被总是难以满足囚犯所需,致使囚犯无衣无被者,不在少数。缺乏衣被,春夏季节尚易应付,但在秋冬严寒之际,若无御寒衣物,囚犯将备受煎熬。因此,每到秋冬时节,天气寒冷的时候,上海女监就开始集中向外界筹集囚犯御寒衣被。

江苏第二监狱分监主要通过向社会各界发求助函的方式,请其慨捐衣被,如1934年12月,该分监在募捐人犯冬季衣被的启事中称"敝监现禁女犯类多赤贫无衣,情实堪悯——唯冀诸大善士慈悲为怀,慷慨捐施"。接函之后,上海名流陆连奎慨捐寒衣五十套[①]。1936年1月,该分监再次向上海各大名流如黄金荣、杜月笙、陆伯鸿等筹募寒衣时,陆连奎又慨捐棉衣裤三十五套[②]。

---

① 《上海江苏第二监狱分监呈请添置监所人犯囚衣被等》,上海档案馆档案,档号:Q177-5-344。
② 《江苏第二分监昨接陆连奎等捐棉衣》,《申报》1936年1月16日。

1937年1月，上海律师公会亦捐赠棉衣裤数百套，分发该分监及其他监所贫苦人犯穿用①。江苏第二监狱分监的这种求助，有时亦因消息不畅，也导致劳而无功，如1940年11月，该分监听闻上海市商会保存有八一三沪战时期未曾用完的劳军棉马甲，遂向市商会请求捐赠，但市商会函复称此事与其无关，此物存于何处，该会亦且不知，无法捐赠，此事遂不了了之②。

抗战胜利之后，上海监狱第一分监同样亦为人犯缺乏御寒物品而发愁，该分监因人犯过多，无法安排，部分人犯只能在地板上过夜。冬季严寒，为免人犯受冻，拟添设监房床铺，但囿于经费不足，无法实施。延至1948年1月，听闻上海市卫生局所属分局接收有敌伪时期的榻榻米，遂致函该局请求捐赠数十张，以资救济，后该卫生局将所属妇幼保健院的榻榻米二十张转赠给该监。是年10月，该分监又因御寒衣物不足，函请联合勤务总司令部上海供应局捐助旧军毯以救济囚犯。该局函复称，分监所需囚犯冬服数量过大，且时无库存，已电请联勤总部配拨，拨到之后再行转送③。

上海监狱第一分监除了向政府机构、军事部门以及社会团体直接发函求助外，还充分利用媒体以及社会名流的影响力和号召力，进行公开的社会募捐，效果较为显著。1948年2月份，该分监致函筱快乐剧团、云和国乐社、3513社全体艺员以及李光组、姚慕双、周柏春等人，请其代募囚犯衣被，并函请民声、九九两大电台予以免费协助，同时由兴康烟厂捐助，在申报上刊登电台演出劝募广告一天④，并将节目单广而告之⑤。筱快乐等人为上海监狱第一分监女犯劝募寒衣的节目播出之后，社会各界反应良好，纷纷捐助，共募得寒衣一百零五套、棉被六十一条，1948年3月份，该分监由久大企业公司总经理邵景惠先生赞助，在新闻报上刊登鸣谢启事，向参与演出的剧团演员、电台以及捐助衣被的社会各界人士深表谢意，并公布了此次募捐详细清单，以昭郑重⑥。

除了严寒季节为囚犯劝募御寒物品外，夏季天气炎热时节，该分监还要想办法为囚犯消暑降温，以免人犯过度拥挤，空气污浊，引发疫病。1947年7月，分监各监房都已经是拥挤不堪，天气炎热，人犯时有受暑发痧等现象。

---

① 《律师嘉惠狱囚捐助棉衣裤》，《申报》1937年1月23日。
② 《江苏上海第一特区地方法院看守所犯人囚粮棉衣被事项办法》，上海档案馆档案，档号：Q177-4-56。
③ 《上海监狱一分监关于李任移交慈善费清册》，上海档案馆档案，档号：Q177-1-770。
④ 《上海监狱一分监关于李任移交慈善费清册》，上海档案馆档案，档号：Q177-1-770。
⑤ 《九九民声播音电台联合游艺界为上海监狱第一分监女犯请命》，《申报》1948年2月13日。
⑥ 《上海监狱第一分监鸣谢启事》，《新闻报》1948年3月26日。

因此,该分监拟利用监狱内部天井以及屋顶等空隙之地,搭建凉棚,俾便疏散人犯,但由于经费不足,分监只得向上海善后物资管理处、行政院救济总署上海分署求助,请其惠赐囚用帐篷①。

此外,为了促进监犯知识水平的提高,思想认识的觉悟,第一分监历来重视对于女犯的教育和教诲,但是由于经费不足,分监内严重缺乏必要的教育用品。据该分监教化科长齐国湘所言,该监女犯所用的"课卷往往是别人家用过了的包物纸或者讲义纸之类",女犯们先在反面用铅笔写,然后又用墨笔盖上去,对于教育所用的书籍,"竟连再想添买一册的钱也没有"。因此,分监通过媒体呼吁社会各界能够给予援助,"不论是教科书也好,单面用过的纸也好,笔墨砚台也好,现金也好,并且均不论多少"②。由于该分监经常向社会募捐教育等各类物品,教化科长齐国湘也由此获得了一个"叫花科长"的绰号。

此外,医药也是上海女监一直都处于匮乏状态的物资,特别是在急需医药的夏季天气炎热之时。因为上海女监一直基本上都处于人犯羁押过多的状态,各监房人犯极度拥挤不堪,再加上天气炎热,濡湿蒸腾,空气污浊,人犯时有感染疫病之虞。此外,夏季本是疾病多发季节,在生活条件比较差的情况下,若对染病人犯不加过问,不加预防,稍加时日,将会累积成疫病,一旦传染散播,后果不堪设想。因此,每到春夏气候炎热之时,上海女监都会致函社会各界请求捐助时疫及各种急救药品。

在抗战之前,上海律师公会几乎每年夏季都会应江苏第二监狱分监的求助,向其提供时令药品,以供急需。如1936年7月,该公会向分监提供"天丹一百包,行军十滴水二百二十五瓶,中国宝丹二十包,臭药水十加仑,灵宝丹二十包",以供人犯发生疫疠时用③。除律师公会之外,上海道德学会于1940年8月亦应该分监的求助,提供了"雷击散五十瓶,救世金丹一百包,痢疾散一百包"④。

上海监狱第一分监时期,每逢春夏炎热之季,该分监即经常向上海各大药房、药品公司、药厂发求助函,开展定期性的募药运动。如1946年4月份,第一分监致函上海公达、三乐、信谊等51家药房劝募药品⑤。之后,上海

---

① 《上海监狱一分监医疗卫生公函》,上海档案馆档案,档号:Q177-1-769。
② 陆以真:《女监参观记》,《妇女(上海1945)》1948年第3卷第1期,第14—15页。
③ 《上海第一特区地方法院看守所教育教诲卫生等》,上海档案馆档案,档号:Q177-5-446。
④ 《江苏上海第一特区地方法院看守所教诲教育卫生等》,上海档案馆档案,档号:Q177-4-69。
⑤ 《上海监狱一分监医疗卫生公函》,上海档案馆档案,档号:Q177-1-769。

各大药房各量其力纷纷予以赞助,民生药房送来矽炭银六十瓶,康源药房送到清鱼肝油十瓶,中西药房送来臭药水五磅,十滴水八十小瓶等①。有时,上海监狱第一分监还根据自己的实际需要,开具详细药品清单向制药企业请求捐助,如1947年2月,该分监向信谊药厂发求助函,请求该厂在可能范围内酌量慷慨惠赐医药用品,以解困困②。

驻沪各政府机构以及各大慈善团体,亦是第一分监募集药品的重要管道。如1946年4月,分监向善后救济总署上海分署请求援助夏令药品及DDT消毒药水。1948年6月,分监向上海市卫生局提篮桥区卫生事务所请求惠赐痧药水数百打,后向上海防疫委员会领到十滴水三百瓶。是年8月,分监函请中国红十字会总会援助急需的橡皮膏、急救包、消发噻锉片等医药用品③。

除了向社会各界劝募时令药品外,由于该分监医疗条件有限,医务人员缺乏,上海监狱医院虽然也诊治分监女犯,但整个上海监狱以及分监囚犯人数甚众,有时亦人手不足,致使分监女犯难以得到及时的救治,该分监有时亦不得不向外界请求必要的医疗救助。如该分监曾向上海市卫生局请求增派医士一名,每周来监坐诊,日期次数可自行酌定。1947年4月份,该分监有人犯吕庄氏等十人,有患疑似梅毒的症像,由于该分监缺乏必要的化验血清的设备,只能送往上海市卫生局卫生试验所进行检验,以便确诊,施加治疗。囿于经费所限,分监只能请求该试验所免收检验费,免费验血,后经其允准予以免费检验④。

因上海监狱第一分监人犯超出定额数倍,部拨囚粮的主副食费经常不敷支出。人犯在基本的主食之外,按照规定人犯的副食费每天仅为"素菜四两,油一钱,盐三钱",随母在监的幼儿减半发给,营养品严重缺乏。这就致使大半囚犯都有不同程度的营养不良症状,特别是老弱病犯,症像更为明显。为此,该分监通过各种渠道为人犯筹集营养物品,以保障监犯的健康。如1946年12月份,救济总署应分监求助向其拨发牛奶共计二百九十四听,上海疗养院向其捐助脱脂奶粉五桶⑤。1948年3月,分监致函请求上海市卫生局拨发家境贫寒之人犯及随母在监之幼儿每人鱼肝油精一瓶,计一百三十余瓶,获该局允准拨发。

上海女监不仅为了囚犯的衣食、医药所需而不得不频繁向外界寻求援助,

---

① 《上海监狱狱务日记》,上海档案馆档案,档号:Q177-1-666。
② 《上海监狱一分监医疗卫生公函》,上海档案馆档案,档号:Q177-1-769。
③ 《上海监狱一分监医疗卫生公函》,上海档案馆档案,档号:Q177-1-769。
④ 《上海监狱一分监医疗卫生公函》,上海档案馆档案,档号:Q177-1-769。
⑤ 《上海监狱狱务日记》,上海档案馆档案,档号:Q177-1-666。

有时出于监务工作的实际需要以及解决职员的某些实际问题,亦同样需要向外界求援。1934年1月,江苏第二监狱分监为方便职员外出传送文件、公务所需,置有脚踏车及人力包车,出于免交路费,节省开支及往来租界、华界便利的目的,向工部局以及上海市政府申请免费车照,分别获得允准。上海监狱第一分监时期,因该监职员需经常外出接洽事务,"每日往来频数,所费车资为数不鲜",而当时物价高涨,该监办公费有限,无法开支,而职员本身亦生活清苦,难以应付。为此,1946年6月,该分监遂函请上海法商电车公司惠赐免费车证12张,10月又函请英商电车公司发放公务员优待月季票一张,以利公务①。

抗战胜利之后,上海经济形势不稳,监所职员的待遇亦大为缩水,薪资微薄,同样也承担着生活的压力,一旦罹患重病,依靠自己的薪资难以支持治疗费用。同时,还有不少职员的子女需要读书,每年所需的学费也是一笔很大的开支,在当时的境遇之下,很多职员确系无力承担。因此,为了解决监狱职员生活等方面的困难,上海监狱第一分监时常出面与各方面进行协商和沟通,请求予以各种优待和照顾,这一举措不仅使得分监较为人性化,而且亦能起到使职员安心于工作的有效作用。如1948年4月,分监看守姚松如身患重病,家境贫寒,无力诊治,该分监遂帮其联系徐家汇慈佑路13号的路加诊疗所周渭良医师为其免费治疗,得以痊愈。

对于职员子女的教育问题,分监经与上海市教育局议定,比照上海市政府机构办理,对该监职员子女入学读书减免学费,由分监开具证明即可。如1948年,分监职员马映波因早年丧偶,有子女六人,收入微薄,除勉强维持最低限度生活外,对其子女读书的费用实无力承担。为其子龚国驹能入读上海市立商业学校,遂向分监求助。之后分监致函该校并附送相关证明,请该校免收各项费用,发给上课证件,俾便能如期就读。同年,分监还签发证明致函一心小学校称,贵校小学二年级学生赵斌、五年级学生沈戴尧,系本监看守王莲清、周诗贤之子,请照章予以减免学费。此外,如有职员有意向继续求学深造,分监亦予以支持,并代为联系学校,请予以各种优待和照顾。1948年8月,该监会计室雇员李琴箴意欲投考私立上海商业专科学校求学,分监遂与该校联系,请该校照章予以免试入学②。

上海监狱第一分监是在原提篮桥女监的基础上组建,所用监房设备因长期使用,很多都已经老化不堪,再加上人犯拥挤,使得分监监房设施更为不堪重负。虽然分监多次请求拨发款项改造修理,但由于经费迟迟未能批

---

① 《上海监狱公函》,上海档案馆档案,档号:Q177-1-699。
② 《上海监狱公函》,上海档案馆档案,档号:Q177-1-699。

准,即使有幸获拨修建经费,但是公文来往,耗费时日,物价沸腾,得到的经费由于无法跟上物价上涨的速度而大幅贬值,已经难以再行修建,致使分监的设施修缮计划一再延宕。1948年4月,美国中华救济团朱立民、董宏恩两人前往分监视察,得知分监的困境,嘱咐该监将所需救济各事项详细开列,向该团提交申请书,申请拨发援助。他们的表态令分监大喜过望,遂开具详细清单,除了请求该团捐助药品、营养品之外,最主要的是希望该团能提供移动性房屋两栋作为女犯的病房和教育之用①。

在分监多方联络向社会各界寻求援助的同时,诸多社会人士和团体亦积极主动向分监囚犯慷慨解囊提供所需衣物、药品、食品以及钱款,以纾解监犯之困。如1948年2月,有热心人士向分监捐助棉衣裤二十套,即分发贫苦人犯穿用。除了捐助成衣之外,还有捐助各种布料的,如1948年6月,有一位邢老太太向人犯捐助制鞋所需的白色土布六尺,双蓝色土布二丈三尺,紫花色条子土布一丈二尺半。对于药品的捐助,多是监犯所需的一些时疫及常备性药品,如1948年11月,钱碧云小姐捐助人犯痧药水九打②。也有小批量捐助药品的,如1948年12月,徐朱安诊女士捐助囚犯脱脂棉、橡皮膏、乳酸钙、酒精、凡士林等③。由于分监人犯副食费入不敷出,致使监犯大多营养不良,因此亦有不少人士向监犯捐助各种食品或营养品与人犯分食,如1948年4月,《和平日报》记者陈羽新先生募盐20斤,萝卜干五斤,猪油二十斤,赤豆三十斤,分发各犯食用④。此外,亦有向监犯捐助各种读物,以满足监犯教育所需者,如1947年5月,中央妇女运动委员会捐助家事常识参考十本,妇女识字课本150本⑤。

相对于向分监捐助衣物、药品者,直接向分监捐助钱款者更为普遍。有时有些到监参观者,目睹监犯实况,有感于心,遂起而捐助,以尽绵薄。如1948年4月,司法行政部首席参事陈箇民,偕夫人及广东同乡多人,同至上海监狱第一分监女监参观,得知分监因经费极度困难,数百人犯"每日轮流读书写字时所用纸笔,皆为向外界劝募所得之废纸旧笔",颇为职员及人犯的刻苦精神所感动,即发动随同参观诸人一起向分监监犯捐赠国币三千五百万元,用来添置监犯教育用品、贫病女犯的医药费用及采购营养品⑥。此

---

① 《上海监狱一分监关于李任移交慈善费清册》,上海档案馆档案,档号:Q177-1-770。
② 《上海监狱狱务日记》,上海档案馆档案,档号:Q177-1-452。
③ 《上海监狱一分监关于李任移交慈善费清册》,上海档案馆档案,档号:Q177-1-770。
④ 《上海监狱狱务日记》,上海档案馆档案,档号:Q177-1-452。
⑤ 《上海监狱狱务日记》,上海档案馆档案,档号:Q177-1-447。
⑥ 《张伉龙等捐款添置女监设备》,《和平日报》1948年5月2日;《上海监狱狱务日记》,上海档案馆档案,档号:Q177-1-452。

外，每逢圣诞、国庆及春节等重要节日时，亦有社会人士特别是监所职员主动捐募款项为人犯添置物品，欢度节日。如1948年12月，圣诞节期间，陈羽新女士来监参加人犯节日活动，捐助金元四十元购买萝卜干十斤，长生果十六斤及咸蛋炒酱等食品分发人犯①。

综上所述，囿于经费紧缺，上海女监不得不经常性向外界寻求援助，而且季节性明显，募捐对象广泛，是其对外求助的较为突出的特征。这种形式的对外交往，在上海女监的日常事务中无疑占据着重要的份额，并由此形塑了该女监基本性的社交模式，且构建了一张广泛的社交网络。通过这些广泛散布的社会网络与管道，上海女监与上海地域社会之间形成了一种具有非对称性特征的互动关系及单向性的利益输送渠道，这种对外交往形态，对上海女监而言是一种重压之下的无奈之举，亦是一种深陷困境之中的自我应变之道，其所产生的有效收益性自毋庸讳言。

第三节　相互调剂：上海女监与其他监所之间的人犯移禁

南京国民政府时期位于上海的两所女监，江苏第二监狱分监、上海监狱第一分监作为沪埠独立建制的两所女子监狱，也是上海监狱体系中的一部分，与其他监所之间亦有着相应业务往来，这种交往更多是集中于相互之间的人犯调剂与移禁。

上海女监由于容额有限，无法容纳过多的监犯，但是各类女犯时常是不断涌来，为了缓解人犯极度拥挤的压力，上海女监出于疏通监犯的需要，会提调部分监犯移送其他监所寄押。此外，若遭遇突发事件，出于安全考虑，也会将部分重刑犯转移至其他监所。与此同时，其他监所也出于疏通监犯的需要，有时也会将部分女犯移送至上海女监。虽然这一时期上海地区的各个监所基本上都面临着人犯超额过多的压力，但若调配得当，充分优化利用监所的空间资源，也并非不能缓解人犯拥挤的困境。然而由于当时上海司法部门在疏通监犯方面举措不力，致使各个监所非但未能有效缓解监犯超额的困境，反而在相互之间的人犯移禁问题上产生了矛盾，彼此龃龉不断。

江苏第二监狱分监共有监房29间，除去病房两间，仅有27间可供羁押人犯，通常情况下，可以羁押已未决人犯仅为170口。该监自1930年4月

---

① 《上海监狱狱务日记》，上海档案馆档案，档号：Q177-1-452。

份正式组建以来,由于初期人犯较少,尚能应付。然而随着时间的推移,羁押人犯大为增加,至 1931 年 10 月,该监羁押已未决女犯共计有 390 余口之多,较定额已逾过一倍以上。各监房人犯拥挤不堪,坐卧不宁,几至无立足之处,新入人犯只能暂押监房外走廊上,不但有碍观瞻,而且监犯拥挤,空气污浊,极易发生疾病,人犯因食亦供应困难,难以为继。为此,分监长谢福慈、赵凤贤不得不多次向高二分院呈请提调人犯移送他监寄押。后奉司法行政部指令,于 1931 年 11 月 15 日,将张刑氏、朱王氏等女犯 30 人及其在分监的保管钱物一并移送至江苏第二监狱①。

　　30 名囚犯每天的囚食费用也是一笔不小的开支,对于这一问题如何解决,江苏第二监狱和第二监狱分监之间产生了分歧和矛盾。江苏第二监狱认为,分监移送的 30 名人犯本属寄禁性质,该监只是代为监管,由此产生的各项费用理应由第二分监承担。为此,1931 年 12 月份,他们向第二分监发函催付移禁人犯 11 月份在第二监狱的囚粮费用。而江苏第二分监认为,所移送的人犯系执行司法行政部的命令,而非寄禁性质,因此这些人犯的口粮理应由江苏第二监狱呈报具领,而且这些人犯自移送之后,该分监已经将其从呈报的囚粮名册上剔除,亦未曾支领相关费用,所以无从支付。

　　双方为此争执不下,嗣后该分监向江苏高等法院第二分院呈报请示解决办法②。接报之后,高二分院于 1932 年 1 月份指令分监,命其将移送人犯 11 月份囚粮款于法收项下支领后转付江苏第二监狱。此后,该项移送人犯的囚粮经费仍由第二分监呈报高二分院具领,按月转付给江苏第二监狱③。按照高二分院的方案,该分监即按照每犯每日一角二分的餐费定额,向江苏第二监狱支付寄禁人犯的费用。据该分监囚粮明细表统计数据显示,自 1931 年 11 月 15 日移送第二监狱始,至 1932 年 8 月人犯重新收回该分监止,该分监共支付上述移禁人犯囚粮 7 327 份,支洋 879.24 元④。

　　此外,该分监在突遭紧急事变的情况下,出于人犯安全的考虑,也会将部分重要人犯移送至其他监狱。1932 年 1 月份,上海爆发了"一二八事变",该分监由于紧邻战区,形势极为紧张,枪炮声不断,甚有流弹飞入,且常

---

① 《江苏高等法院第二分院关于疏通监犯事件的文件》,上海档案馆档案,档号：Q181 - 1 - 817;《江苏高等法院第二分院关于疏通监犯事件的文件》,上海档案馆档案,档号：Q181 - 1 - 818;《上海江苏第二监狱分监移禁寄禁》,上海档案馆档案,档号：Q177 - 5 - 84;《上海江苏第二监狱分监移禁寄禁》,上海档案馆档案,档号：Q177 - 5 - 136。

② 《上海江苏第二监狱分监移禁寄禁》,上海档案馆档案,档号：Q177 - 5 - 136。

③ 《上海江苏第二监狱分监移禁寄禁》,上海档案馆档案,档号：Q177 - 5 - 148。

④ 《上海江苏第二监狱分监移禁寄禁》,上海档案馆档案,档号：Q177 - 5 - 148;《上海江苏第二监狱分监监犯囚粮、移禁特区分监女犯花名册》,上海档案馆档案,档号：Q177 - 5 - 244。

有飞机在屋顶盘旋,投弹之处,火焰纷飞。且听闻工部局有于不得已时放弃苏州河以北的传闻,高二分院及一特地院极为担忧,唯恐时局紧张,发生意外风险,于是决定早作防备,指令第二分监将刑期在五年以上者一律暂时迁移至法租界上海第二特区监狱寄押。

经二特地院许可之后,于2月6日早晨9时半,由法警雇佣中国搬场公司的大号汽车一辆,将已决重刑女犯宋王氏等39人,另外还有涉嫌杀人、掳人勒赎等案情较重的未决人犯张文卿等10人,共计49人,一并移送至上海第二特区监狱寄押。而其余人犯由于苦无相当处所可资移送,只能继续留在监内,倘遇事变无法防避时,拟"得暂时解放"。而对于分监内羁押的民事管收人则由承办推事酌量案情从宽保释,以免拖累①。

同年4月份,由于周边局势缓和,监所安全问题已无威胁,同时由于移禁各已决犯在分监原本从事洗濯及缝纫等工作,事变期间,工场作业停顿,为了重启作业工场,急需人手。此外,寄押的未决人犯因需要继续审理案件,若寄押法租界,来回提审亦诸多不便,为此该分监即呈请高二分院,要求将移禁特二监狱的人犯提回本监。此时分监原寄押的人犯,除了钱裘氏、王陆氏等五人已先后提回,穆邵氏期满已提回释放外,尚剩余已决犯37人,未决犯7人,合计44人。后经高二分院准许,将上述人犯于4月底全数提回第二分监。同时,根据高二分院指令,向特二监狱补送人犯寄押期间所需囚粮等费共计641.68元②。

全面抗战爆发之后,1940年8月,江苏第二监狱分监长王宝三深感局势危急,为预防突发事变,保护人犯安全起见,遂拟定应变计划:若情形紧张时,拟将分监重刑人犯99口,仍移送法租界特二监狱寄押,寄押人犯的囚粮及戒护由分监负责,其余人犯由分监在上海另租房屋暂时寄押。如若租赁困难,无有合适处所,二特监狱亦无法收容时,拟将剩余人犯移送至华德路工部局监狱,请工部局在该监狱内划出特定区域,以便暂时容纳分监人犯,一切戒护及囚粮事务,仍由分监自办,以与华德路监狱当局划清界限③。

抗战胜利之后,上海监狱体系发生了明显变化,首先是监所数量减少,原漕河泾江苏第二监狱及北新泾司法行政部直辖第二监狱毁于战火。其次

---

① 《江苏高等法院第二分院关于服务纪律的文件》,上海档案馆档案,档号:Q181-1-497;《公共租界女囚寄押法租界》,《申报》1932年2月7日;山东省劳改局编:《民国监狱法规选编》,第3页。
② 《上海江苏第二监狱分监移禁寄禁》,上海档案馆档案,档号:Q177-5-148。
③ 《江苏高等法院第二分院关于建设改良疏通监犯的文件》,上海档案馆档案,档号:Q181-1-981。

是原租界监所得以收回，原华德路工部局监狱改建为上海监狱，并在原羁押外籍女犯牢房的基础上设立了上海监狱第一分监，原公共租界江苏第二监狱分监改组为上海地方法院看守所分所（后又改称上海地方法院第三看守所）、原法租界上海第二特区监狱改组为上海地方法院看守所（后改称为上海地方法院第一看守所），此外，原南市车站路看守所战后初期被军统局借用，后被上海司法系统收回改组为上海地方法院第二看守所。

根据国民政府监所法规的规定，上海各监所在职能上应有明确分工，上海监狱及第一分监用以收押全市各类已决男犯、女犯，而各看守所主要用于羁押各类未决犯。正常情况下，各看守所应将已经判决确定者分别移送上海监狱及第一分监，而监狱方面应该很少甚至不会向各看守所移送人犯，这应当属于常态化的司法业务关系。在分工明确、举措得当的情况下，战后上海地区的监所资源虽然较战前较少，但是在面对大量超额人犯的压力时，还是有着妥善疏通的可能性。

然而，很遗憾的是，战后上海各监所中的人犯收押状况相当混乱，在上海监狱及第一分监中不但有已决犯，还有各种未决犯以及淞沪警备司令部等其他机构寄押的人犯，各看守所中同样也是已决犯、未决犯混合羁押。在这种羁押混乱的状态下，各看守所想要将已决女犯甚至是部分未决犯移送至上海监狱第一分监，而第一分监亦需要将过多的短期已决犯以及寄押未决犯移送至各看守所，以便缓解人犯拥挤的压力。

因此，与战前江苏第二监狱分监的人犯移禁有所不同的就在于，第一分监与各看守所之间的人犯移禁虽然有正常性的司法业务往来，但是相互之间的人犯移禁更多却是出于疏通监犯的需要。而且由此引发的彼此之间的矛盾也更为明显。从实施效果来看，不管是分监将人犯移送至各看守所，还是看守所将人犯移送至分监，在羁押混乱的状态下，都怀着以邻为壑的心态，因而也就难以起到应有的疏通监犯的作用，各监所人犯拥挤不堪的状况也并没有因此而得以纾解。

上海监狱第一分监自1945年12月份组设以后，上海地方法院所属各看守所就开始不断成批量地向分监移送人犯。先是地院看守所分所于1946年6月5日，奉上海地院的指示，将该所一审判决的命盗、烟毒等女犯徐杨氏、夏佩珍等7口，移送第一分监①。紧接着，6月13日，地院看守所又将二审女犯杨惠英等9口移送分监。稍后，该看守所又于7月6日将该所一批

---

① 《上海地方法院第三看守所关于人员调派检察官辞职、印鉴》，上海档案馆档案，档号：Q177-3-479。

烟毒女犯王玉美等50口移送分监,并向分监致函称该所尚有120名女犯正待继续移送分监关押①。各看守所这种成批量向分监移送人犯一直持续。除此之外,看守所有时亦将难以管理的人犯移送至分监羁押,如1947年3月,地院看守所分所羁押女犯张郁香岩一口,在所行为粗暴,管理困难,经请示上海高院准许,将该女犯移送至分监②。

在上海地院所属看守所向分监移送人犯的同时,分监亦由于难以承受人犯过多的压力,也积极图谋向各看守所移送人犯。接收分监移送人犯最多的主要是上海地院看守所分所(即第三看守所)。1946年10月4日,分监将未决烟毒犯徐杨氏等33口以及地检处新解人犯中沈叶氏等中短期女犯9口,共计42口移送看守所分所羁押③。同年11月、12月间,分监又连续向看守所分所移送刑期较短之人犯或残余刑期不满六个月的人犯胡郭氏、周王志浩等共计75人④。1947年1月份,分监又以奉高院指令为由将该监残余刑期不满六月之烟毒人犯夏佩珍等38名移送看守所分所。

除了上海地院看守所分所之外,上海地院第二看守所有时也接收分监移送的人犯。1948年3月份,分监将该监残余刑期不满二年之人犯姚如英等20人移送第二看守所,以资疏通。同年4月份,分监奉司法行政部监狱司叶司长疏通监犯的指令,将该分监未决犯张李秉昆等4名移送第二看守所。不过,分监向各看守所移禁人犯有时并不一定会被对方接收。如1948年4月,分监原拟向第二看守所移送未决犯,其中有韩又杰、樊静芳及李叶吉卿等汉奸犯三名,被第二看守所拒收。分监遂函请第三看守所接收,该所亦予以拒绝。无奈之下,分监只得重新提回继续羁押⑤。

伴随着人犯在第一分监及各看守所之间来回移禁,这些移禁人犯的钱物亦随之在各监所之间流动。如1946年6月,上海地院看守所向分监移送女犯马李氏等5名人犯留在该所的保管金共计二万零一百九十元。对于所移送的钱款,按照正常手续,须有接收分监签字并加盖印信给予回执,以免出现错讹,但是分监时常违反接收程序。为此,1946年12月底,上海地院看守所向分监表示不满,并提出嗣后在该所移送保管钱物收据上必须加盖分

---

① 《上海地方法院第一看守所移禁:羁押、烟毒等人犯花名册》,上海档案馆档案,档号:Q177-3-208。
② 《上海地方法院第三看守所疏通押犯》,上海档案馆档案,档号:Q177-3-538。
③ 《上海监狱公函》,上海档案馆档案,档号:Q177-1-679;《上海地方法院第三看守所关于人员调派检察官辞职、印鉴》,上海档案馆档案,档号:Q177-3-479。
④ 《上海地方法院第三看守所关于人员调派检察官辞职、印鉴》,上海档案馆档案,档号:Q177-3-479。
⑤ 《上海监狱公函》,上海档案馆档案,档号:Q177-1-679。

监印信①。除了钱款,各移送人犯的私人物品亦会一同移送,如1947年3月份,地院看守所分所向分监移送张郁香岩时,即将其私人物品一并移交分监保管②。

如若看守所移送分监人犯的钱物未能一并移交时,分监有时亦会代监犯向原羁押看守所发函催讨。如1948年1月,地院第一看守所移送分监人犯陶张氏,其私人物品未能移送到监,为此,分监遂致函该看守所要求发还。同年3月,分监又代无家属接见的监犯陈胡氏向第一看守所讨要保管金国币二十余万元。若是分监向各看守所移送监犯,亦会将该犯在分监保管的钱物一并移交,如1948年3月,分监向第二看守所移交刘彭氏等20余名人犯赏与金共计二十四万二千四百元及罐头食品四罐③。

上海监狱第一分监与其他看守所在人犯移禁方面,固然有着相互合作的一面,亦有着相互抵触和矛盾冲突的一面。1946年7月,上海地院看守所向分监移送烟毒犯王玉美等50人的时候,双方之间的分歧就已显现。当时分监自接收该批人犯之后,即致函地院看守所称本监目前人犯已满,无法再收,而地院看守所则认为分监的说法显系托词,并向分监表示该所尚有烟毒女犯120余口正待续解分监执行,要分监做好准备④。

地院看守所尚有120名人犯正待续解分监执行的说法,令上海第一分监大为惊慌,该监急忙向上海监狱请求援助,请其电请上海高院令饬地院看守所停止移送人犯。同时,分监还向上海地院发函告知监内详情,并请该院"以后如有未决人犯,幸勿再行解送,以免徒劳往返"⑤。是年9月份,分监再次致函上海监狱,请其转呈上海高院饬令上海地院及所属看守所将已移送该监的未决犯全数收回,嗣后对于已决人犯,若残余刑期在六月以下者,请留所执行,勿再解监⑥。

而上海地院看守所对于分监的提议自然不表赞同,因为该所人犯拥挤的状况更为严重,亟待疏通。是年10月,看守所还呈请地院准予将该所女犯95名移送至分监执行,并向地院提出了一个解决困境的方案。这一方案

---

① 《上海地方法院第三看守所人犯保管金、物、人犯名册》,上海档案馆档案,档号:Q177-3-567。
② 《上海地方法院第三看守所疏通押犯》,上海档案馆档案,档号:Q177-3-538。
③ 《上海监狱一分监总务科行政卷宗》,上海档案馆档案,档号:Q177-1-757。
④ 《上海地方法院第一看守所移禁:羁押、烟毒等人犯花名册》,上海档案馆档案,档号:Q177-3-208。
⑤ 《上海地方法院第一看守所移禁:羁押、烟毒等人犯花名册》,上海档案馆档案,档号:Q177-3-208。
⑥ 《上海监狱第一分监文卷呈送本监建筑图样事件》,上海档案馆档案,档号:Q177-1-93。

提出将看守所分所完全改收女犯,该分所原有男犯全部移送至上海监狱关押,腾出的监房用以收容地院看守所及第一分监的超额女犯,并将看守所分所的男看守全部调往上海监狱,以女看守补其遗缺。地院看守所认为,若这一方案得以实施,人犯移禁的困难将得以解决,看守所及分监超额监犯亦可得以疏通,"如此一举而数善兼备"①。

对于上海监狱第一分监及地院看守所之间的争执,上海高院在综合双方建议的基础之上,于1946年12月18日做出了两项原则性的规定:"1. 看守分所男犯百余人改押上海监狱,将分监女犯残余刑期不满六月者移押看守所分所;2. 嗣后女犯其残余刑期不满六月者留所执行,以资疏通。"②对于这一决定,上海地院看守所分所提出了异议。是年12月25日,该分所呈请上海地院,陈述了该所如若奉令改为女所的实际困难,并请求上海地院转呈上海高院停止将该所转为女所的计划③。

上海高院对于监所之间人犯移禁的两条原则规定,各监所出于各自的实际困难,并未能予以实质性执行。不过,1947年初国民政府实施大赦,各监所人犯部分得以赦免释放出监,使得人犯拥挤的状况得到一定程度的缓解,第一分监及地院看守所对于人犯移禁亦不如以往那样迫切,双方的紧张关系亦得以缓和。然而好景不长,1947年5月份,分监人犯再度超额,拥挤不堪,而各看守所依然持续向分监解送人犯。分监多次与其交涉,各看守所皆以未奉停止解送的命令为由,置之不理,仍然是"解送如故"④。无奈之下,分监呈请上海监狱请其转呈上海高院饬令上海地院检察处及各看守所切实遵照高院指令办理。此外,分监还直接致函上海地院检察处,请其饬令各看守所将刑期较短之女犯留所执行,勿再解送该监⑤。

对于第一分监的要求,上海地院亦很为难,遂指示所属各看守所审视对此规定的实施"有无窒碍之处",将详情上报。随后,地院看守所分所于6月13日呈报地院表示反对⑥。此外,地院看守所亦表示不满。该所所长田立勋指出,第一分监房屋有限,收容女犯过多,致使人满为患,确系实情,但若

---

① 《上海地方法院第一看守所移禁:烟毒、外籍、寄押、已决等人犯花名册》,上海档案馆档案,档号:Q177-3-207;《上海地方法院移解移禁疏通人犯》,上海档案馆档案,档号:Q185-1-631。
② 《上海监狱第一分监文卷呈送本监建筑图样事件》,上海档案馆档案,档号:Q177-1-93。
③ 《上海地方法院移解移禁疏通人犯》,上海档案馆档案,档号:Q185-1-631。
④ 《上海地方法院各看守所移禁人犯及其他有关看守所杂项》,上海档案馆档案,档号:Q185-1-746。
⑤ 《上海地方法院检察处为嗣后移送执行案件附送判决正本拟请增至六份希查照办理见复由》,上海档案馆档案,档号:Q186-1-272。
⑥ 《上海地方法院第三看守所疏通押犯》,上海档案馆档案,档号:Q177-3-538。

因此而阻止各看守所将已决犯移监,并将短期女犯留所执行或以残余刑期六月以下者移送分所,这种做法实为不妥。田立勋指责第一分监的提议无异于"扬汤止沸,以邻为壑,对于实际困难毫无所裨补",并称"近来审理烟毒案件甚多,其中女犯尤众,而所判刑期又较普通刑犯为重,上项办法尤不适宜"①。

上海高院对于监所纷争的症结有着清晰的认识,该院于1947年6月30日在呈报司法行政部的电文中提出解决的方法在于设法疏通地院看守所超额监犯,以便腾出监房收容分监移送人犯及将短期女犯留所执行,且查目前上海监狱男监内尚有剩余空房。为此,上海高院提议"拟由钧部转饬上海监狱将看守所超过限额之未决男犯暂予收容,则看守所即可腾出房间将短期女犯留所执行,而女监之拥挤情形亦可同时解决"。这一提议后经司法行政部批复照准。

随后,地院看守所即提调男犯120名移送上海监狱,然监狱方面对于其中8名上诉人犯拒不接收,令看守所原车带回②。与此同时,该看守所向分监移送的女犯亦同样遭到拒收,这令看守所非常不满,声称第一分监容量较本所容量约在二倍以上,收容人犯有定额限制,而本所地方狭隘,反而令无限制收容,此于事理上有欠平允。且该分监以奉部令为由,对本所移送人犯不问刑期三年至十年以上,概不接收,命留所执行,明显有违部令,阳奉阴违③。

对于看守所方面的抱怨,上海地院只得致函上海监狱请其知照第一分监准许看守所将刑期较长之在押女犯移送该监执行,以资疏通。第一分监亦清楚拒收看守所移送已决犯于事理不合,但是该监在人犯难以有效疏通的情况下,确系没有别的选择。分监在呈送上海监狱的电文中称该监对于看守所解送徒刑五年以上人犯委实无法容纳,"拒不收容,于理似有未合,万难应付",只能请函请上海地院检察处"婉商暂予停止解送"④。1948年1月,因上海地院看守所新收人犯剧增,地检处又拟将留在看守所执行的三四百名女犯移送至分监。为此,第一分监请求上海监狱扩充该监号舍,以资收容人犯,在监舍未扩充前,函请地检处暂缓向该监解送人犯,以维持现状⑤。

---

① 《上海地方法院各看守所移禁人犯及其他有关看守所杂项》,上海档案馆档案,档号:Q185-1-746。
② 《上海地方法院训令、囚犯保外》,上海档案馆档案,档号:Q177-3-275。
③ 《上海地方法院关于监所房屋事项》,上海档案馆档案,档号:Q185-1-745。
④ 《上海监狱分监各项文件》,上海档案馆档案,档号:Q177-1-158。
⑤ 《上海监狱动支司法囚粮付食费、分监各项文件》,上海档案馆档案,档号:Q177-1-335。

是年4月，司法行政部下发第10464号训令，指出在第一分监号舍未扩充之前，暂由上海地院第二看守所划拨一部分监房作为收押刑期不满五年已决人犯的临时执行处所。上海第二看守所对于司法行政部的训令不以为然，称该所自1948年2月间组设以来，接收其他监所移禁女犯，多为已决人犯，名为看守所，实与监狱无异，似无必要再行另划部分押舍为判刑未满五年之女犯临时执行处所之必要。此外，该所还指出看守所收容已决人犯原属一种权宜之计，现今社会不安，羁押人犯日增，解决监所之间人犯移禁纠纷的根本方法唯有将第一分监监舍予以扩充，尽速将看守所羁押之已决犯移送执行，以便腾出监房收容未决人犯。否则已决人犯长期滞留于看守所，与法不合，与事不宜①。

综上所述，在抗战之前，江苏第二监狱分监时期的人犯移禁，主要是出于疏通监犯以及遭遇突发事件，以策人犯安全的目的，将分监人犯移送至江苏第二监狱以及上海第二特区监狱。这种人犯移送更多具有短期性的代为监管的性质，而且主要是第二分监向其他监狱移送人犯，是单向性的，并无其他监所向该分监移送人犯。此外，在人犯移禁的过程中，第二分监与其他监所之间的合作总体上算是非常顺利，少有抗拒和抵触。

相比之下，抗战胜利之后，上海监狱第一分监与上海地院各看守所之间的人犯移禁，其主要目的就在于疏通监犯。第一分监既向各看守所移送人犯，而其他看守所同时亦向分监输送人犯，是一种双向的循环模式。在当时各监所人犯羁押混乱、监犯超额的状态下，分监与地院各看守所都想方设法将羁押人犯移送到对方那里去，不可否认都怀着一种"以邻为壑""丢包袱"的心态，尽可能向外输出人犯，而尽量少接收甚至是拒收移送人犯。如此一来，双方就人犯移禁的问题上，更多是表现为彼此抗拒，冲突与矛盾要多于相互合作。

即使有上海高院、地院乃至司法行政部的介入，亦未能从根本上平息分监与各看守所就人犯移禁问题上的纷争。若非从根本上理顺监狱与看守所在人犯羁押上的混乱状态，从整体上统筹利用上海地区的监所资源，打破各监所自我保护的心态，若非上海高、地两院在司法审理上的配合以及监所经费的保障，面对不断增加的羁押人犯、各监所人犯拥挤不堪的局面将难以改观。出于疏通监犯的压力，上海监狱第一分监与地院各看守所之间的人犯移禁纷争亦难以停息，而且这种纷争在很大程度上将会陷于一种近乎无解的死循环境地。

---

① 《上海地方法院关于监所房屋事项》，上海档案馆档案，档号：Q185-1-745。

第七章　特殊职业群体：上海女监的职员及看守

监所中的职员与看守，上承长官之命令，下与人犯朝夕相处，他们是狱政管理的实施者和承担者，是监所得以维系和运作的重要群体，职责綦重。长期以来，特别是在传统时代，这一职业群体不但地位卑下，薪水微薄，而且一直以一种残暴、贪婪、酷虐的社会形象而广为人知。但自近代以来，特别是随着中国狱制的近代化转型，监所中的职员及看守，在人事设置、俸薪待遇、日常管理等方面都有明显之改观，在职业化、规范化方面有着明显的进步。

第一节　位微责重：上海女监职员、看守概况

监狱中的职员及看守，俗称狱吏、狱卒，"位卑而责重，易孽亦易福焉"[1]。长期以来，特别是在传统时代，这一职业群体，"一直作为一种凶暴、贪婪的形象为人们所口诛笔伐"[2]。监狱学家赵琛曾指出"自秦以来，刑狱渐繁，治狱之官，为世诟病"[3]。传统时代监狱中的狱吏、狱卒，均属于末流、贱役阶层，"品秩卑下"，以致充任者多"悍吏蠢役"，监狱内部的黑暗与混乱，与狱吏、狱卒的暴虐有着直接之关系。

即使是晚清司法改良以来，培养专职化的高素质监狱职员的呼声日益高涨，也取得了一定的成效，但是在很大的程度上，传统思维的惯性依然存

---

[1] 赵舒翘著，张秀夫点校：《提牢备考译注》，第172页。
[2] 赵晓华：《晚晴讼狱制度的社会考察》，北京：中国人民大学出版社，2001年，第148页。
[3] 曹强新：《清代监狱研究》，第116页。

在,对于监狱职员的刻板印象仍然极为普遍。特别是对于从事监狱管理的女看守,更将其视为是"疯狂的、要命的苦差",将其视为没有文化、没有素质的人才不得不干的工作。

正如时人评议到,为什么要去做女看守呢,因为她"不识字,又只会说不三不四的普通话",她为了吃饭,没奈何才去做这如同女犯人一样的看守。女犯人固然不幸,女看守其实更不幸,一个好好的人要去尝受那永恒的悲哀和痛苦,这种工作看似轻松,实则心理压力和负担很重,这工作会摧残人性,会叫人神经错乱。在当时的人看来,这种监狱的看守只有三种人可以做:"一种是麻木不仁的人,根本不会明了也不会理解人类的感情,在她无所谓快乐与痛苦;另一种是有殉道者精神的人,她以最伟大的爱去感化这些犯罪的人;再一种便是以他人的痛苦为自己快乐的人,她能把关人的不幸来满足自己有了缺憾的心理,排出凶狠的脸孔,敲打一顿犯人或虐待一番犯人,在她都是享受,除了这几类人,你要想当看守,不疯狂才怪"[1]。

尽管社会观感对于监狱看守尤其是女看守仍存在一定的负面印象。但是近代以来,伴随着中国狱制的近代化转型,在管理人员的选用等方面,与传统狱制相比,事实上确有明显转变,日渐规范化、职能化。及至民国时期,依据1928年《监狱处务规则》的规定[2],各监狱普遍实行扁平化的科所制,设典狱长或分监长一员,"立于上级司法机关之下,受其监督指挥,裁断狱政,有下级狱务执行之权限"。但是监狱事务冗繁复杂,因而在典狱长或分监长之下,"分设第一科、第二科、第三科、教务所、医务所","各科设主任看守长,教务所设主任教诲师,医务所设主任医士","使其分职任事,责有专属",各监所在上述"三科两所"组织结构的基础之上,可以依据其实际情况及事务所需,调配人员设置及各科所职能管理范围,并酌量增设或削减人员的数量。

江苏第二监狱分监虽规模较小,但在监内机构设置上,亦遵照部令,实行"三科两所"制。第一科负责监内总务事项,下设文书股、会计股、名籍股、统计股、保管股、收发股。第二科担负监内戒护及安全事项,下设戒护股、纪律股、检查股、清洁股、消防股。第三科统筹监内人犯作业事务,下设作业股、材料股、成品股、工程股、庶务股。另设有教务所、医务所,负责监内人犯教诲、教育及卫生防疫、人犯疾病诊治、接生、配药等事务。

在人员配置方面,1930年该监初设时,因监内人犯较少,事务简单,故而人员设置亦相对较少。大致有分监长一人,下设候补看守长三人,内男性

---

[1] 肖田:《职业妇女生活素描:女看守》,《福建妇女》1944年第4卷第1—2期,第34页。
[2] 孙雄:《狱务大全》,上海:商务印书馆,1935年,第63—66页。

两人,女性一人,分别出任第一科、第二科、第三科科长职务,各自分管一科事务,医务所设医士一人,药剂师一人,教务所暂时并未设专职教诲师及教师,而是由各候补看守长轮流担任人犯教诲、教育事项。此外,监内另设有主任看守四人,其中男性、女性各为两人,普通看守二十三人,其中男性三人,女性二十人,监丁两人,全监共计有三十五人①,由于这些女看守日常与人犯相处,故而被人犯称呼为"娘姨"或"小阿姨"②。之后随着监犯日增,监内事务繁杂,原有人员配置已不敷监务所需,故而该监职员看守人数亦随之增加。

据1933年7月初统计③,是月该监职员、看守共计有53人,其中男性员守24人,含分监长1人,候补看守长3人,医士1人,主任看守3人,学习主任看守1人,缮写看守1人,领班看守1人,看守9人,预备看守2人,所丁2人;女性员守有29人,含候补看守长1人,代理候补看守长1人,教诲师1人,药剂师1人,助理药剂士1人,主任看守2人,学习主任看守2人,工师1人,领班看守3人,看守13人,炊场看守1人,预备看守1人,监丁1人。

至1941年,因时局紧张,监内有部分员守辞职离去,故而监内员守人数有所减少,据是年8月份员守统计数据显示,是月该分监共有职员、看守46人,其中男性员守21人,含分监长1人,候补看守长2人,医士1人,助理医士1人,主任看守1人,学习主任看守5人,看守10人;女性员守有25人,含候补看守长1人,教诲师1人,药剂师1人,主任看守3人,学习主任看守3人,看守16人④。

通过上述不同年份分监职员、看守数量及名册变动可知,该分监在不同时期,对于监内人员实际配置方面多有所调整,有些职位系因事而设,事毕即予以撤销,因而监内人员变动较为频繁,上至分监长,下至普通看守,人员的流动性较大。1933年7月份在分监任职的员守,至1941年8月份时,所剩无几。从监内员守的性别构成来看,该监虽为女监,但男性、女性员守数量相差无多,女性稍多一些,但大致持平。不过,该分监的主要管理阶层如分监长、候补看守长等要职,基本上由男性担任,女性较少。对于直接管理女犯的一线普通看守,则任用女性较多。

---

① 《江苏高等法院第二分院关于本院及地院组织及修正事项》,上海档案馆档案,档号: Q181-1-454。
② 《江苏高等法院第二分院关于分监呈报看守长方剑白因免职挟怨情形等问题的文件》,上海档案馆档案,档号: Q181-1-826。
③ 《上海江苏第二监狱分监关于官规、任用、甄用等》,上海档案馆档案,档号: Q177-5-287。
④ 《江苏上海第一特区地方法院看守所部颁监所应行年报各种表册》,上海档案馆档案,档号: Q177-4-102。

从该监员守的个人简历来看,该分监主要的管理阶层如分监长、候补看守长、主任看守及部分专业性职务如医士、药剂师、教诲师等,均受过相应的新式或旧式教育及专业性培训,具备必要的学识和实务经验。而且即使是普通看守,亦以受过一定教育和训练者较多,或曾在监所任职多年,狱务管理经验较为丰富,亦非传统时代不知学识,只知需索酷虐,才智疏浅的"悍吏蠢役"可比。

虽然据1941年8月份员守简历所载,该监员守基本上均有程度不一的教育经历,最差亦曾在私塾就读。然而,亦有资料显示,该分监员守中文化程度浅薄甚而是不识字者,亦大有人在。如据1933年3月份时任分监长孙雄对监内职员、看守的一份调查记载显示,时任分监看守的张世宝,仅略识几字;乐秀宝及童国君均不识字;而时任领班看守的金之芳则系绍兴高等小学毕业[①],上述人员于1941年8月份仍在分监任职。但据该月员守简历所载,张世宝、乐秀宝、童国君均称在苏州、宁波、绍兴等地私塾就读,金之芳称系浙江绍兴师范学校肄业,上述记载显然与1933年3月份的调查相矛盾。这种前后不一的记载证明,在该分监的普通看守甚至是部分职员中,存在着一定程度的个人履历、学历造假的现象。不过,这种造假情事估计更多发生于普通看守之中,若非其自称受过相当教育,估计很难得到这份看守的工作,这也从另一个方面表明该分监对于员守文化程度的重视和要求。

在该分监管理阶层的职员如主任看守、候补看守长、分监长以及部分专业性职位如教诲师、医士、药剂师等,其个人学历及履历虚假编造的可能性较小。因为此类人员的任命一般系由主管的高二分院派代或由司法行政部调任、分发而来,其个人履历、学历以及相关证书,均须提交主管法院或司法行政部进行甄别和审查,若有不符即否决其任命。因此,在管理阶层职员中学历或履历造假的概率相对较低。

江苏第二监狱分监的普通看守级别较低,因而对于此类人员的选任较为宽松,一般或由分监向社会招考、雇佣而来,或由分监长及其他职员通过私人关系任用。而对于监内主任看守、候补看守长以及医士、药剂师、教诲师等管理性、专业性职员,最初或系由分监自行遴选、或由主管高二分院派代,或由司法行政部直接从其他监所调任而来。因上述人员属于技术性岗位,故而对于此类人员的任用,司法行政部以及主管法院一般均较为慎重,且均须将任职者的个人履历及任职日期详细呈报主管法院及司法行政部报

---

① 《江苏高等法院第二分院关于官规、考试、法官、律师、书记官、监所等考试的文件》,上海档案馆档案,档号:Q181-1-113。

备，由其审核拟任人员的资历以及学历是否合于任职标准，若有不合即否决其任命。如1932年4月，该分监候补看守长赵万增因事辞职，时任分监长黄培汧拟遴选王振瑀继任，呈请高二分院审核加委，但后经司法行政部审核之后以该王振瑀资格不合，不予照准其任职，故而由分监再行遴选湛宝鎏继任①。此外，对于上述人员的任命，司法行政部有时亦会有一些特殊的规定，如1932年9月份，司法行政部曾规定监所主任看守若有缺出，"务须于高级看守中选择资深绩著者派充"②。1935年4月份，司法行政部又规定各监所候补看守长的任命，"一律由部令派"，不再由各监所或主管法院自行派代③。

对于监所管理人员，司法行政部有时亦会直接向各监所分发派遣人员任职，令其在各监所熟悉狱政操作及管理流程和实务，将其作为监所高质量储备人才候用。1932年7月份，司法行政部为提高监所管理人员质量，造就监所人才起见，曾开办监狱员训练所，所招收人员经为期六个月的培训后，以暂充候补看守长身份，派令分发至各新监所任用，嗣后"遇有新监所看守长及所官缺出时，尽先补用"④。1933年6月份，司法行政部指令高二分院，将该训练所考试及格人员王宝三（男）、朱培荣（女）分发至江苏第二监狱分监任职，为保障上述分发人员全面熟悉监所实务，司法行政部还特别规定，"该员等到差后，凡监狱或看守所一切事务均应令其试办，暂勿指定一部，遇有处理不当，由主科看守长及所长随时加以纠正，始于一科一股遍及各科各股，务令全监、全所事务均能熟稔，然后派定职务，以专责成"⑤，同时还要求各监所俟六个月实习期满后，由该监典狱长或分监长或所长，详细填具分发人员成绩表，并加具切实之评语，报部查核。

嗣后，1933年6月7日、12日王宝三、朱培荣先后来到江苏第二监狱分监就职任事。半年后，至是年12月份，实习期满，依照司法行政部的规定，时任分监长蒋凤仪填具上述两人的成绩报告表呈部审核。对于王宝三，蒋凤仪认为该员性行廉洁温厚，"才具优良，办事敏捷"，在监务工作方面，"自分发任职以来，即派在本监各科所试办一切事务，旋因第一科需人，即指定办理预算决算及经费出纳及其他一切事务，并主办看守训练所各科事宜，数

---

① 《江苏高等法院第二分院关于监所人犯死亡证书》，上海档案馆档案，档号：Q181-1-820。
② 《上海高等法院第二分院训令等》，上海档案馆档案，档号：Q177-5-223。
③ 《江苏高等法院第二分院关于官规任用甄用司法官书记官及监所职员任用规章的文件》，上海档案馆档案，档号：Q181-1-144。
④ 《江苏高等法院第二分院关于职员任免迁调叙俸进级的文件》，上海档案馆档案，档号：Q181-1-836。
⑤ 《上海江苏第二监狱分监关于司法行政部狱务训练所普通监狱官王宝三、朱培荣考试及格毕业到监狱任事》，上海档案馆档案，档号：Q177-5-11。

月以来,办事颇为勤恳,主持科务毫无迟滞",因而将其成绩列为甲等。对于朱培荣,蒋凤仪认为该员性行"和平谨慎",办事"艰苦耐劳",在工作方面,"自供职以来,先令练习一三两科及医教两所事务,并助理看守训练班各种科务,继因本监以第二科为重要,即令试办一切,尚能措置有方,整理完善",将其成绩列为乙等①。

1934年7月份,司法行政部又向分监分发派遣监狱官考试及格人员刘盛泉(男)到监练习,同样以候补看守长身份被安排至第一科任事,7月26日正式到职。半年后,1935年1月份,时任代理分监长王宝三评价刘盛泉的表现称其性行"廉洁","才具优良,办事敏捷",该员"自分发任职以来,即派在本监各科所相继练习一切事务,现专任办理预算决算及经费出纳事项,并主办看守训练所数月以来颇为勤恳",故而总评其成绩为甲等②。上述由司法行政部分派到分监的人员,王宝三、朱培荣、刘盛泉,其在分监这一职场中的发展各异,王宝三至监一年有余,即受命出任分监代理分监长职务,而朱培荣仍然是以暂充候补看守长任用,至1936年2月方撤销暂充,改为派充,得以转正,刘盛泉于同月调任山东第二监狱就职,但仍以候补看守长的身份派任。

监狱作为行刑机关,其职员、看守,特别是直接管理人犯的一线普通看守,其"事事均与人犯有直接关系,任用自应极端慎重"③,若任用非人,无必要之学识及狱政经验,则监所虽有良规,亦难得以有效落实,无疑将会导致狱政弊病丛生,而若狱政不良,"纵立法如何完善,裁判如何公平,亦难收刑事制度圆满之效"④。因而,对于监所职员、看守的选任,理应遵照司法行政部颁布的法规,照章任用。但是,在实际操作中,这些规定并未切实遵守。

在江苏第二监狱分监,选用职员、看守,凭借私人关系而获职,甚至升职者,大有人在。不只是普通看守的录用,即使是管理阶层的候补看守长等人员,亦多有凭借关系入职者。这些人或由分监长自行选任,或由分监职员引荐,或由主管法院及书记官介绍,"非其旧仆,即其姻亲,流品不一,弊病丛生,监所长官往往碍于情面不敢稍加取缔"⑤,从而导致该分监内部私人裙

---

① 《江苏高等法院第二分院关于官规奖惩、考绩、抚恤、两院及监所职员考绩事项》,上海档案馆档案,档号:Q181-1-121。
② 《江苏高等法院第二分院关于官规奖惩考绩抚恤、两院及监所职员考绩事项》,上海档案馆档案,档号:Q181-1-159。
③ 《上海江苏第二监狱分监关于》(注:原档标题即是如此),上海档案馆档案,档号:Q177-5-135。
④ 《上海江苏第二监狱分监犯人在监所接见制度》,上海档案馆档案,档号:Q177-5-213。
⑤ 《上海江苏第二监狱分监关于》(注:原档标题即是如此),上海档案馆档案,档号:Q177-5-135。

带关系颇为盛行。有时分监长等管理人员调任或离任，往往会导致一批员守随之离职，甚而有为安置私人而任意开革员守者。在这种情形下，该分监职场生态较为脆弱和恶劣，彼此之间时有冲突和矛盾，诬告、指控等情事时有发生。此外，由于任用私人掌管要职，亦为分监长与其亲信联合贪腐大开便利之门，该分监连续数任分监长涉嫌侵占贪腐窝案，与此有莫大关系。

对于此种情形，司法行政部亦多次下发指令要求监所不得滥用私人。1932年4月份，该部指令称"嗣后任用看守应照定章办理"，并要求各监所长官对于现有职员、看守要予以"严加考核，分别去留，不得稍有瞻徇，所有留用看守并应加以相当训练，以资造就"①。是年6月份，司法行政部指令分监切实调查该监各候补看守长及教诲师、医士等各职员及雇员等与分监长有无四亲等血统关系，三亲等姻亲关系，查明具报②。是年9月份，司法行政部还训令高二分院，严禁法院法官及书记官等向监所引荐人员，"如再违背，监所长官应即举发，又监所视察人员应于各职员中轮流选派，不得固定一人，以防止流弊"③。

部颁禁令事实上并未起到应有的作用。在江苏第二监狱分监，几乎历任分监长任内都有引用私人的现象。在该分监首任分监长谢福慈任内，其上任之初，即委派其亲信樊国珍为分监候补看守长，负责办理出纳事务。谢福慈调任上海第二特区监狱典狱长时，樊国珍亦一同前往第二特区监狱任职。此后，两人又因涉嫌在分监任职期间贪腐问题一同被推上被告席。此外，谢福慈还涉嫌运用个人关系安排其兄弟谢宝慈担任该分监候补看守长，并委任金之芳为分监看守。在其继任者赵凤贤任内，其赴任时，即将其亲信赵万增一同带来，并委派其为分监主任看守，负责办理监内会计和庶务事项。后赵凤贤又举荐赵万增出任候补看守长。同时，经赵凤贤介绍，郭慧君得以在分监谋得看守一职，后赵凤贤及赵万增亦因共同舞弊侵占而被捕。

在分监长黄培汴任内，其滥用私人的现象更为明显，虽然其上任之初即声称"本监长对于用人毫无私见，纯以各职员平日办事成绩，既各看守服务勤惰为准衡，其平日成绩优良，服务勤慎者，即予重用，或优予奖赏，其无成绩，甘愿惰怠者，系属自弃，望共勉之"④。但事实上在其任内任人唯亲，裙带之风尤盛。黄培汴系广东顺德人，他尤为喜欢选用其亲属故旧等广东籍

---

① 《上海江苏第二监狱分监关于》（注：原档标题即是如此），上海档案馆档案，档号：Q177-5-135。
② 《上海江苏第二监狱分监院令饬办事项》，上海档案馆档案，档号：Q177-5-139。
③ 《上海高等法院第二分院训令等》，上海档案馆档案，档号：Q177-5-223。
④ 《上海江苏第二监狱分监犯人在监所接见制度》，上海档案馆档案，档号：Q177-5-213。

人士任职,俨然在该分监内形成一个"广东帮"小团体。

在黄培汴就职伊始,即委任其私友广东番禺人陈镜池为分监主任看守,办理庶务,负责采购囚粮。当黄培汴卸任时,陈镜池亦一同去职。后两人因侵占囚粮案发逃逸,被司法行政部下令通缉。除陈镜池外,黄培汴在上任时,为安排其友人之妻兼同乡杨帼雄,即将原药剂师张咏絮以办事不力为由,令其去职,并安排杨帼雄接任。黄培汴还安排其姻亲胡陆氏在分监担任炊场主管看守,该胡陆氏系黄培汴家嫂的一长辈亲眷。同时,黄培汴还运用权力安排其同乡周锦屏、潘郁昙、黎英等人为分监看守。周锦屏任职未及两月即被提升为带班看守。黄培汴任内多用广东派系人员一事,后因与分监候补看守长方剑白互控一事而暴露,上述人员俱被高二分院勒令解职辞退。除了黄培汴之外,分监候补看守长方剑白亦曾引荐其胞妹方淑容出任分监主任看守,后亦因方剑白被勒令开革而一同辞职。

黄培汴继任者陆绍训任职时,亦选用其友人夏和璞出任分监主任看守,办理会计兼庶务并兼办作业等事务,并特别负责采购囚粮。任职未久,两人即因共同贪墨囚粮款项案发而被捕。似此种滥用私人的现象,不只是在江苏第二监狱分监,在其他监狱亦同样存在。即使是颇为清廉且具有学识、才干的分监长孙雄亦未能幸免。当孙雄由分监调任第二特区监狱典狱长时,"到任以来,甫二旬,已将旧有之职员、看守、警卫等撤换,任用私人三十余名",其"舅子崔广岛,外甥黄柏刚、黄鸣君等"俱在第二特区监狱任职[①]。孙雄在第二监狱分监任内曾任用韩玉奎、李雁宾等人出任主任看守,当孙雄前往二特监狱任职时,上述两人亦一同卸职,随同前往,估计与孙雄当属故旧熟人关系。

1933年8月份,高二分院书记官励平在分监视察后,发现该分监在人事任用方面存在诸多问题,遂由高二分院饬令分监予以调查,详情具报。时任分监长蒋凤仪后呈报称"黄荣喜、程亨元确曾充主任看守及候补看守长等职,纯为量才录用,与监长并无姻亲及私人关系,又缮写看守朱佩玦(籍贯江苏吴县)与暂代候补看守长朱佩璇(籍贯浙江嘉善)并非一家"[②]。是年11月30日,高二分院再次饬令分监称"查监所用人,迭经面诫,不准援引亲戚私人,乃近查该监长任用主任看守、看守等,如黄侠、黄伟英、龚佩珍三人,或系母女关系,或系姐妹改姓,殊属故违命令"。因而,高二分院饬令蒋凤仪速予以整顿,除将黄侠着留任查看外,黄伟英、龚佩珍均着即行开革。另外,该

---

① 《员吏在办公室中扭殴》,《申报》1933年7月27日。
② 《江苏高等法院第二分院关于整理监务的文件》,上海档案馆档案,档号:Q181-1-873。

分监"学习主任看守孙恪英尚未成年,学识欠缺,看守陆菊英到差未久,不识文字,亦着一并开革"①。

对此,蒋凤仪则称黄侠系前任分监长陆绍训所任用,派在本监服务,黄伟英确系黄侠之女,但其"为人诚实,并非摩登可比,且笃信宗教,心地慈祥,且在中学毕业并曾充教员,又无家庭之累,可以常川驻院,故破格录用派充学习主任看守,监长纯为为事择人,并非为人择事——与监长亦无四亲等血亲、三亲等姻亲关系"。看守龚佩珍则系前任分监长孙雄委派为看守,派驻济善医院管理病犯及烟犯,数月以来办事并无不当之处。而看守陆菊英,虽不识字,但尚能耐劳;学习主任看守孙恪英,亦由孙雄委任,在第二科担任缮写事宜,其年龄虽轻,但书写尚属清秀,可为全监女性之冠,故仍留用。蒋凤仪还声称其"服务监所将及二十年,从无援用姻亲,更无营私自利,差堪自信,对于用人一秉至公"。鉴于监所用人所需,故而除遵令将孙恪英、陆菊英予以开革外,另行呈请高二分院将黄伟英、龚佩珍予以留用,暂缓更换,但被高二分院拒绝,强令一并开革,另选妥员接任②。在王宝三出任分监代理分监长期间,亦曾有任用私人情事,其曾任用其同族兄弟王绍休之妻狄福珍出任分监主任看守,并私自违规容留王绍休在监内留宿,后被人告发。

与江苏第二监狱分监相类似,抗战之后设立的上海监狱第一分监,在职能机构设置上亦施行扁平化的科所制,唯在机构名称方面有所差异。该分监自1945年12月底设立之初,一直到1946年,该分监内部机构大致划分为三科、两所、两室,即第一科总务科,下设名籍股、人事股、文书股、保管股、出纳股、庶务股。第二科为戒护科,下设清洁股、检查股、记录股。第三科为作业科,下设材料股、成品股。教务所内设教育股、教诲股、保护救济股。医务所下设内外科、产妇科、戒烟科。另外还有统计室及会计室,分别负责监内的监务统计及会计出纳等事务。至1947年,该分监机构设置有所调整,改为五科二室,即教化科、卫生科、作业科、警卫科、总务科,以及人事室、会计室。会计室内含会计及统计两处。至1948年,该分监内设机构又调整为四科二室,即总务科、警卫科、作业科、教化科,会计室及医务室③。

上海监狱第一分监在人员配置方面,"上至监狱长,下至看守的人,全部都由女性担任"④,称之为"女监"确系名实相副。在该分监初设时,因监犯

---

① 《上海江苏第二监狱分监官规、处务(整顿监务)》,上海档案馆档案,档号:Q177-5-298。
② 《江苏高等法院第二分院关于监所职员任免迁调叙俸进级的文件》,上海档案馆档案,档号:Q181-1-868。
③ 麦林华主编:《上海监狱志》,第449页。
④ 懿德:《提篮桥畔探女监》,《今报》1946年8月13日。

第七章 特殊职业群体：上海女监的职员及看守 ·295·

数量较少，事务清简，监内员守亦为数不多。据该分监狱务日志所载，1945年12月25日该分监成立时，仅有职员15人①。此后因不断有员守辞职或入职，人员流动较快，至1946年1月20日，首任分监长陈咏声辞职前后，该分监员守共有19人，大致有分监长1人，看守长1人，候补看守长1人，会计员1人，助理会计1人，主任看守2人，学习主任看守6人，普通站班看守6人，预备补勤看守1人②。

嗣后，由于监犯日增，监内事务日渐冗繁，原有员守数量以及人员配置已不敷监务所需，为此该分监对于员守数量及职能分配均有所调整，及至1947年5月1日前后，在时任分监长狄润君任内，该分监共有员守39人，大致为分监长1人，看守长1人，候补看守长2人，作业导师1人，会计员1人，会计室雇员助理会计2人，统计员1人，军训教导员兼教诲师1人，教师1人，代理医师1人，主任看守5人，试充主任看守1人，录事1人，甲等看守7人，乙等看守2人，丙等看守11人，另有监丁2人，系为邬学礼、徐伟剑，均属工役，且均于是年3月份到差③。

上海监狱第一分监的诸位职员、看守，在办理监务上均能"互助合作，相处以诚，公事至上，办事尚无困难"，且"各守本位，努力工作，精神亦甚振作"。为预防员守与监犯之间有相互串通舞弊情事，该分监规定，除担任戒护警卫任务或进行监犯教诲、教育、医疗等事项的员守以外，其他各科室人员一律以减少甚至不与人犯相互接触为原则，这一办法实施以来，"效果良好"④。对于职员、看守的选用，或系由主管上海高院任命、派代，如1945年12月28日，上海高院派李德心为分监候补看守长兼充该监教师⑤；或由司法行政部派任；或向社会招考、雇佣；或由上海监狱等其他监所调任，如1948年3月份，由上海地院第二看守所调派看守长蔡宛琼、张惠芬，看守王菊珍、李梅君、李群英等人前往分监任职⑥。

抗战胜利之后，虽然司法行政部一如既往强调任用员守须依照监所看守考试规则予以选录，"如再故违任用私人充当本监职员看守情事，一经查明属实，定予从严惩处"⑦。但是在实际操作中，往往事与愿违，一些用人

---

① 《上海监狱狱务日记》，上海档案馆档案，档号：Q177-1-667。
② 《上海监狱一分监关于陈任移交职员名册》，上海档案馆档案，档号：Q177-1-778。
③ 《上海监狱一分监视察报告等》，上海档案馆档案，档号：Q177-1-755。
④ 《上海监狱一分监视察报告等》，上海档案馆档案，档号：Q177-1-755。
⑤ 《上海高等法院关于上海监狱第一分监人员任免卷》，上海档案馆档案，档号：Q187-1-458。
⑥ 《上海监狱一分监签到簿》，上海档案馆档案，档号：Q177-1-739。
⑦ 《上海地方法院第三看守所法令》，上海档案馆档案，档号：Q177-3-575。

弊端,在上海监狱第一分监中,亦非偶见。如该分监首任分监长陈咏声即是由于与时任上海高院院长郭云观相熟,经其举荐而得以任职,1947年5月20日,国府某部谢次长介绍黄素英(28岁,广东人,初中毕业)一员至分监任职,5月29日,分监指令其试充主任看守,并暂助理庶务,支一级看守薪水①。

此外,通过该分监的职员、看守名册履历显示,该分监的员守基本上均系受过相当教育或监所任职经历者。并有部分曾在战前的江苏第二监狱分监任职,后又在战后的上海监狱第一分监任职者,如李梅魂、林晓明、戴甫琴等人,均具有相当学识及狱务经验。虽然在该分监的员守特别是普通看守中,亦存在着虚报学历及履历,弄虚作假之可能性。但是总体而言,该分监员守的教育水准及职业素养还是相对可靠和有所保障的,而且在该分监存续期间,监内甚少发生贪墨侵占及虐待、诬控等情事,与该分监员守的素养及相对良好的职场生态有着内在的关联。

第二节　规范培养:上海女监职员、看守的招考与训练

监所职员、看守,肩负着管理人犯的重责,"其办事能力之强弱与狱政及囚犯本身皆有密切关系"②,"亦即为人犯表率,其职务极关重要,苟无学识经验,则执行刑罚及管理一切之实效难收"③。近代以来,随着监狱改良的实施及中国狱制的近代化转型,培育和训练狱政人才的重要性日益凸显。"欲清庶狱之源者,莫如遴选治狱之官"④,"监狱之需良吏,犹病院之赖良医"⑤。故而,欲求狱政之革新,改善传统狱吏、狱卒之形象,非养成具备学识、狱务经验之新式人才而别无他途。及至民国时期,为推动各监所切实重视并实行对狱政人才的培养及训练,1932年2月及4月份,司法行政部连续制定并颁布了《监狱看守训练规则》以及《监狱官练习规则》⑥,以为监所员守训练的准则。

---

① 《上海监狱1948年请长假等材料》,上海档案馆档案,档号:Q177-1-905。
② 《江苏高等法院第二分院关于官规、考试、法官、律师、书记官、监所等考试的文件》,上海档案馆档案,档号:Q181-1-113。
③ 《江苏高等法院第二分院关于整顿监务的文件》,上海档案馆档案,档号:Q181-1-840。
④ 王利荣:《中国监狱史》,第65页。
⑤ 曹强新:《清代监狱研究》,第256页。
⑥ 山东省劳改局编:《民国监狱法规选编》,第101—102页。

上述规则颁布后,司法行政部通令各监所务须照章办理,要求各监所长官对于现有的看守予以"严加考核,分别去留,不得稍有瞻徇",所有留用的看守须按照规则加以相当的训练①。对此,1932年,江苏第二监狱分监时任分监长黄培沂决定集合全监员守于4月27、28日两天,每日下午4时至6时在分监民事管收所办公室及教诲室分班进行甄别考试②,以分别优劣。

为视察分监监务及看守训练情形,是年9月初,高二分院院长亲往分监视察考核,然所见情形令其大为不满。该分监不特"诸务颇多凌乱",更令人吃惊的是,该分监领班看守黎英对院长所问询之事,一所无知,瞠目结舌,不知所对,"其他看守虽未面询,亦恐未必尽能称职"。故而高二分院遂即指令分监除将黎英开除外,务须切实整顿监务,并对监内员守"严加甄别,分别去留,留用及新补看守应均切实施以训练"③。当新任分监长陆绍训接任之后,高二分院亦向其强调,监内"所有受理人员均宜切实工作,各尽其职,初任职者应由监长暨主任看守长严加训练,复实淘汰——该分监长督率所属人员严行整顿,勤加训练"。陆绍训则称,对于监内员守"是否均能具有监狱知识,正在严加考覆,并督饬各主管职员,随时训练,现制印《监狱看守服务规则》一书,分发各看守各执一本,以资研究而备考询,如有服务不力,难于称职者,立予淘汰"④。

虽然有部颁法令以及高二分院的督饬,历经黄培沂、陆绍训等分监长的实施,但是由于举措不力,且黄、陆两人在任内多行侵占及任用私人等事,致使该分监在员守训练及培育方面所得的成就乏善可陈,成效不彰。1933年孙雄接任分监长后,是年3月初,经调查监内员守状况得知,女看守共计19人,能阅读书报者2人:朱圣学、孙恪英;略识字者张世宝、扈月英等5人;不识字者有楼张氏、乐秀宝等12人;男看守13人,能阅读书报者有董鹤年、方新发等10人;略识字者有崔永明、李德用等3人;曾充看守者有董鹤年、方新发、王伯刚等9人⑤,男看守虽然以识字,有文化者居多,"但稍具有监狱知识者,不过一二人"。

面对此种员守素质状况,孙雄决计整顿监务,开办看守训练所,"拟招考男练习生十人,女练习生三十人",并从现有监所看守中挑选可资训练

---

① 《江苏高等法院第二分院关于两院监所职员考绩事项》,上海档案馆档案,档号:Q181-1-1116。
② 《上海江苏第二监狱分监令文底稿》,上海档案馆档案,档号:Q177-5-144。
③ 《江苏高等法院第二分院关于整顿监务的文件》,上海档案馆档案,档号:Q181-1-840。
④ 《上海江苏第二监狱分监整顿监房》,上海档案馆档案,档号:Q177-5-221。
⑤ 《江苏高等法院第二分院关于官规、考试、法官、律师、书记官、监所等考试的文件》,上海档案馆档案,档号:Q181-1-113。

的男女看守,亦令其加入训练所一并施行训练,"俟其毕业拔优任用,籍符定章而资改进"①。经呈报高二分院允准,分监将不识字的看守着即淘汰,并开办看守训练所,初步拟准招考 20 人加以训练,但同时强调"不准用亲戚同乡"②。

对于开办看守训练所需用经费,孙雄最初预计大致为 240 元,并拟在是年度监所囚粮节余项下列支,不再另行请求拨款。然高二分院认为需费过巨,饬令分监再行核估,切实核减,节约费用。孙雄嗣后又将印刷讲义、纸笔等费削减为 120 元,连同购置油印具等费及装设案桌及添雇缮写一人薪资,各费共约需洋 214 元。高二分院审核后予以允准,并令准分监依照原定人数男生 10 人,女生 30 人,进行招考③。

依据孙雄的规划,分监此次开办看守训练所,系以"造就监狱人才为主旨"。训练所设所长一人,由分监长兼任,另选授课教师 5 人,亦分别由分监长、各候补看守长及资深主任看守担任,但不另支薪水。所教授科目,主要为"党义,三民主义浅说、现行各种监所法规、现行刑法大要、现行法院编制法大要、现行刑事诉讼法大要、公文程式及记录报告方法、簿记、体操、戒具使用法、消防演习、礼式及其他纪律、指纹法",此外,考取的练习生还须进行实地训练。

所有练习生的授课时间,均定于每日下午 7 时至 10 时,凡星期日及国庆纪念日、年节等日停止上课,凡训练所需讲义纸张等均由分监发给,不另收取费用。训练期间,以三个月为限,期满经考试及格者,由训练所给予文凭,其原为分监所看守者,得酌量提升,而招考的练习生,可录用为分监看守,若一时未能分派职务者,则以备补看守记名,如有看守缺出,即以毕业名次依次递补。凡经训练毕业录用的看守,每月薪资月支 18 元,如成绩优良者,得超叙两级,但记名备补看守不给薪资④。

经过筹备,江苏第二监狱分监发布招考布告,称本监为"办事需才计",决定开办看守训练所,考选男、女练习生并与现有员守合并进行训练,以资造就狱政人才⑤。该分监还拟具招生简章,公布周知。依据此简章的规定,凡"年在 25 岁以上 40 岁以下者,后期小学及旧制高小以上毕业或有同等学力

---

① 《江苏高等法院第二分院关于整顿监务的文件》,上海档案馆档案,档号:Q181-1-840。
② 《江苏高等法院第二分院关于官规、考试、法官、律师、书记官、监所等考试的文件》,上海档案馆档案,档号:Q181-1-113。
③ 《江苏高等法院第二分院关于整顿监务的文件》,上海档案馆档案,档号:Q181-1-840。
④ 《中华监狱杂志》1934 年第一卷第一期,第 84—85 页。
⑤ 《上海江苏第二监狱分监关于招考看守布告、看守训练等》,上海档案馆档案,档号:Q177-5-13。

者,身体健全无传染病者",均可报名应考。考试科目为"三民主义、国文(语体)、算术(加减乘除)";凡自觉符合上述应考资格者,可于1933年4月1日起至10日止,前往上海北浙江路训练所招考练习生报名处报名,报名时,须呈验凭证及四寸半身相片两张,报名结束之后,定于4月15日进行考试①。

该分监还在《申报》《新闻报》上面发布招考启事,以便广为告之。后分监长孙雄以原定报名及考试时间过于短促,"深恐外埠投考各生,不及如期赶到"。故而又将报名截止时间延长至4月25日,考试时间延展至4月30日进行,并另在《申报》《新闻报》上面发布展期通告,俾便周知,呼吁"凡曾受过低级教育,而现感失业痛苦者,可速带相片及履历前往报名也"②。

1933年4月25日报名截止时,据统计,前来报名者,计有男生108名,女生36名。同日,分监布告各应考者,于4月30日上午8时至12时,自带笔墨在上海开封路文极斯脱路口正修里内湖州旅沪中小学校内进行考试。此外,为慎重起见,该分监还呈请高二分院于是日派员前来主试。4月26日,高二分院决定派遣该院推事周翰于是日前来主试③。4月30日,考试如期顺利举行,考完之后,经分监批阅考卷,评定成绩,最终录取男生张争翔等10名,录取女生李文君等23名④。另将考生中"凡国文不及格与平均分及格又平均分数虽不及格而主要两科及格者"列为备取人员⑤,计备取男生王克成、徐为博等五名⑥。

录取结束后,分监即将录取结果在监门口张榜公布,并定于1933年5月8日正式开课,通知各录取人员速来领取证件,以便上课所需。在各被正式录取的考生中,男生中有许志明一人未到,遂依照考试成绩由备取考生第一名王克成接替入所训练。女生原正式录取23人,其中有盛锦孙、沈琳珍二名未前来报道,女生又无备取生员,故而最终只有21人来所训练⑦。所有

---

① 《上海江苏第二监狱分监看守训练所用费开具清单等》,上海档案馆档案,档号:Q177-5-225。
② 《看守训练所招男女生》,《申报》1933年4月14日。
③ 《上海江苏第二监狱分监关于招考看守布告、看守训练等》,上海档案馆档案,档号:Q177-5-13。
④ 《江苏高等法院第二分院关于官规、考试、法官、律师、书记官、监所等考试的文件》,上海档案馆档案,档号:Q181-1-113。
⑤ 《上海江苏第二监狱分监关于招考看守布告、看守训练等》,上海档案馆档案,档号:Q177-5-13。
⑥ 《上海江苏第二监狱分监关于招考看守布告、看守训练等》,上海档案馆档案,档号:Q177-5-13;《江苏高等法院第二分院关于官规、考试、法官、律师、书记官、监所等考试的文件》,上海档案馆档案,档号:Q181-1-113。
⑦ 《江苏高等法院第二分院关于官规、考试、法官、律师、书记官、监所等考试的文件》,上海档案馆档案,档号:Q181-1-113。

被录取练习生均须觅具妥实担保,并将担保书呈交分监查核①。除了上述招录考生外,依照原定计划,该分监还从监内现有员守中选取男看守董鹤年、陈清松、黄振炎等12名,以及女看守朱圣学一名,一并加入训练。女看守入所训练者较少,其原因在于该分监大部分女看守"多识字或稍识几字,均无听讲学力,故未加入训练",最终,全部入所训练者共计有44人②。

分监看守训练所如期在监内教诲堂开班授课,所有授课人员均由分监职员担任,如分监长孙雄教授现行刑事诉讼法大要、候补看守长谢宝慈教授现行刑法大要、公文程式及记录报告。候补看守长朱佩璇讲授看守服务规则,另一位候补看守长韩景荣执教簿记法,分监医士沙凤华讲授卫生大要,教诲师沈静陶讲授三民主义浅说,主任看守吴立峰讲授现行法院编制法大要、监狱规则,主任看守周捷栩讲授指纹法、体操、礼式及其他纪律。另外,由于监所法规甚多,一时难以在短期内全部同时讲授,故而分监决定俟现有课程有结束者,再行增加其他科目;每日授课时间,自下午7时至8时、8时至9时、9时至10时,三个时段,分班授课③。

此次孙雄呈请开办看守训练所,系该分监组建以来首次招考及训练监狱看守,一切进展尚属顺利。但不足之处在于,本次招考,原拟招录男生10人,女生30人,除男生名额招满之外,女生初次招生仅招录23人,而实际前来报到入所训练者又有两人未到,最终仅招录女生21人,尚未达到原定招生的计划。考虑到入所训练女生"将来或有因事故请假退学者及难耐看守职务之劳苦而不能到监服务者,亦所不免,诚恐学生太少则毕业时仍不敷派用"。故而,1933年5月30日,分监长孙雄决定呈请高二分院允准,继续招录部分女生入所训练,以补足缺额,完成原定的招生计划,若应考者"程度相当,在一个月内准其随到随考,一经录取,即令加入训练,以前已授科目仍在授课时间内,随时补授",但"后取各生于毕业期间,并不延长"④。

后经允准,该分监遂在《申报》《新闻报》上发布训练所续招女练习生公告,称"凡年龄在25岁至40岁,小学以上毕业或有相当程度,身体健全者,皆可应试报名,随缴四寸半身相片二张,随时考试,期限至6月30日止"⑤。

---

① 《上海江苏第二监狱分监看守训练所训练生保结》,上海档案馆档案,档号:Q177-5-437。
② 《江苏高等法院第二分院关于官规、考试、法官、律师、书记官、监所等考试的文件》,上海档案馆档案,档号:Q181-1-113。
③ 《江苏高等法院第二分院关于官规、考试、法官、律师、书记官、监所等考试的文件》,上海档案馆档案,档号:Q181-1-113。
④ 《江苏高等法院第二分院关于官规、考试、法官、律师、书记官、监所等考试的文件》,上海档案馆档案,档号:Q181-1-113。
⑤ 《江苏第二监狱分监看守训练所续招女学习生》,《申报》1933年6月22日。

凡有女生自觉符合资格、有妥实保人，并志愿入所学习，在监所服务者，在报名期间，每日上午9时起至午后3时（星期日除外），均可至上海第一特区地方法院民事管收所报名应试。考试科目为国文（语体）、算术（加减乘除，笔算、珠算均可），可随到随考。至6月30日续招终止，又陆续招录凌敏、李碧云、陈志善等女生12名，俱令其随班入所训练①。

江苏第二监狱分监首次开办看守训练所，对于提高监内普通看守的业务及学识素养，无疑具有一定作用。此次训练所尚未届满，1933年7月初，首倡设立者分监长孙雄即因他故调职，由继任分监长朱焕文、蒋凤仪接续办理。至是年8月，三个月训练所期限届满，各项科目均教授完毕，按照原定计划，应进行毕业考试。后分监酌定于8月20日、21日两日为考试日期，考试安排如下"8月20日上午9时党义、10时刑事诉讼法、11时看守服务规则，下午1时监狱规则、2时刑法大要、3时簿记法，8月21日下午1时指纹学、2时公文学、3时体操"，并经呈报高二分院派遣该院书记官程时韶前来监试②。

8月20日、21日，训练所毕业考试如期在该分监教诲堂举行，在该训练所开班授课时，入所练习生及原有分监看守共计有44人，其中男生22人，女生22人。在训练期间，屡有学员退学，但亦有新人补充，能坚持训练完毕者，计有男生12人，女生17人。而届期考试时，男生中又有招考练习生王克成、张争翔、庄培英等3人，分监看守练习生郎泰义、崔永明、蒋毓明、徐炳魁、吴竹如等5人未参加考试，女生中亦有招考练习生林刘氏1人未参加考试，另有陈惠君、王坚冰、孙吾等3人未考完全部科目中途退场。

因而此次看守训练所，坚持训练完毕，且考完全部科目者，仅剩有男生4人，女生13人。在考试期间，有女生沈义安一人，突发疾病，第二场考试未参加，后经商议决定令其在第三场考试之后再给予新题重新补考。此次考试，试场秩序尚佳，并无夹带传递等事，考试结束之后，即由各教员详加核阅评定成绩，计考列甲等潘世耀等6名，乙等李宝玉等8名，丙等沈绮等3名，所有考列丙等以上17名均由分监发给毕业证书③。

训练所练习生毕业考试结束后，按照开办之初的规划，所有毕业及格的人员，将由分监视其成绩优劣，选用成绩优异者派任分监看守。而高二分院

---

① 《上海江苏第二监狱分监关于招考看守布告、看守训练等》，上海档案馆档案，档号：Q177-5-13。
② 《上海江苏第二监狱分监关于官规、考试事项》，上海档案馆档案，档号：Q177-5-303。
③ 《江苏高等法院第二分院关于官规、考试两院及监所举行职员考试及训练事项》，上海档案馆档案，档号：Q181-1-123。

亦曾指令分监将监内现有看守中,凡文化程度较低,不识字者一概淘汰。但是否确实要裁汰不识字的原有看守,由训练所毕业生递补一事,在分监及高二分院内部亦有不同意见。如分院书记官程时韶即指出分监"此项不识字之看守固应淘汰,唯念其服务有年,尚无过失,且其学识虽不如新生,而服务经验则较优,同时易新手多人,于服务上似较不便",对裁撤旧人,任用新人表示担忧。高二分院院长经权衡之后,饬令分监对于监内看守,凡"不识字者应酌予淘汰"①,监内看守遇有缺额,即将训练所毕业人员择优试用。事实上,在训练所完全结束之前,该分监即已选用"男生潘世耀、张义、许岚、陈国峰,女生萧九成、沈绮、章应明、凌敏等八人"到监任职②。分监长蒋凤仪称对于此批训练毕业生的安排,其将遵令对于监内现有看守严加考核,凡不识字者,查核其平日成绩以定去留,不称职者,即予以开革,所遗职务,即从看守训练所毕业生中尽量补用。此次训练所期满结束之后,经统计,各项费用共计花费洋 211.1 元,此笔款项经高二分院允准在分监是年度因粮节余项下列支报核③。

　　江苏第二监狱分监开办的首届看守训练所结束之后,经毕业考试合格录用人员,均经分监先后分派任用,但未满一年,此批招录任职的看守,"或已有他就,未能应俯,或任用后,因事去职,现在职者仅有女生九名而已"。因而监内看守仍不足敷用,"遇有看守缺出,则择人殊或困难"。为此,1934年5月份,时任代理分监长王宝三决定仿效以往成例,拟请再次开办看守训练所,"造就人才,俾资选用"。但是开办训练所需有充足的空间和余地,分监内部逼仄,地方狭隘,前次训练所在监内举办,男女生同一课堂,于训练及管理方面多有不便。因而此次开办训练所,应另觅其他适宜之处,以便进行。正当分监为选择训练所开办地点而发愁之时,恰逢此时位于漕河泾的江苏第二监狱亦正在筹办看守训练所,将告成立,出于变通之计,王宝三决定由分监拟招录男练习生 16 名,送入江苏第二监狱所办之看守训练所,一并训练,后经高二分院允准实施④。

　　对于此次开办训练所需经费,因江苏第二监狱地处较为偏远,各学员若每日奔波往返颇为不便。因此,该分监决定除拟向录取学员提供书籍笔墨纸张外,另行补贴膳宿等费,"以示鼓励向学之志"。据该分监估算,此次招

---

① 《江苏高等法院第二分院关于整理监务的文件》,上海档案馆档案,档号:Q181-1-873。
② 《上海江苏第二监狱分监整顿监务》,上海档案馆档案,档号:Q177-5-299。
③ 《上海江苏第二监狱分监关于官规、考试事项》,上海档案馆档案,档号:Q177-5-303。
④ 《江苏高等法院第二分院关于官规、考试两院及监所举行职员考试及训练事项》,上海档案馆档案,档号:Q181-1-123。

考16人送往江苏第二监狱进行训练,所需宿舍费、津贴费、服装费等各项费用合计共需洋543元①。对于分监所估算费用,高二分院以需费过多,要求分监予以酌减撙节,但分监却表示核减经费实有困难,对于所用纸张、笔墨及杂费,经与江苏第二监狱看守训练所协商,难以撙节。

据训练所称"纸张笔墨费,系连讲义纸张及油印等费在内,本所共设课目有二十余种之多,所用纸张,为数甚巨,而每人每月仅列支一元,三月共计三元,已至最低限度,实无法再减。至杂费因在夏令,茶水随各人需要,供给必多,而每人约需二元,系三个月预计之数,将来自当随时减省,核实支付"。为此,分监只得呈请高二分院对于纸张笔墨及杂费仍照原定预算数目开支。对于需用的床、桌、长凳等器具,分监称已向江苏第二监狱设法借用,但亦表示"如不能借到,拟请准予购置板桌长凳各八张,俾备应用"。对于分监所陈削减经费困难各情,1934年5月22日,高二分院经权衡后,亦只能允准照"原拟数目办理"②。

依据该分监所拟定的招生简章,凡有意报考者,须符合下列条件:"年在20岁以上35岁以下有殷实铺保者、高级小学毕业持有文凭或同等以上程度有相当证明者、身度在一四公尺以上体格强健无传染病及嗜好者、能操普通语言者、未受刑事处分及破产宣告者"。符合上述报考资格者,可于5月16日起至5月22日,每日上午9时至下午5时,前往英租界北浙江路江苏第二监狱分监即新衙门报名。报名时,须提交本人四寸半身相片二张及相关证明文件,缴由报名处验收。

考试结束后,若未经录取即将相片及证明文件一并退还。经考试录取者,须觅得殷实铺保,经由分监核对无讹后,始得最终录取,此空白担保书可至监索取。本次训练时限暂定为三个月,期间膳宿及所需书籍由分监提供。另定于5月24日上午8时至下午5时进行体格检验,5月27日上午8时举行笔试,考生需自备笔墨应试。体检地点在漕河泾江苏第二监狱,笔试地点在上海漕河泾求知小学内。考试科目为:(1)党义——三民主义,(2)国文——文体语体听便,(3)算学——加减乘除,(4)体格测验,(5)常识——小学自然科程度,(6)卫生,(7)地理——国内部大意,(8)外国语——不拘何国以能者为限。所有被录取且训练期满考试合格者,依其毕业成绩名次,派任分监看守,月薪自16元起,成绩最优异者,每半年可进级

---

① 《江苏高等法院第二分院关于官规、考试两院及监所举行职员考试及训练事项》,上海档案馆档案,档号:Q181-1-123。
② 《江苏高等法院第二分院关于官规、考试两院及监所举行职员考试及训练事项》,上海档案馆档案,档号:Q181-1-123。

一次,其次年终得进一级①。

此次代分监培训看守的江苏第二监狱训练所,系奉司法行政部指令开办,该训练所分为日、夜两班,日班用于训练新招考之看守,夜班用于训练现在监所任职之看守。其训练及教授科目如下:一、党义——三民主义;二、现行监狱法则——(1)监狱规则,(2)看守服务规则,(3)监狱处分规则,(4)教医处务规则,(5)修正看守所暂行章程,(6)看守点检规则,(7)看守使用公务规则;三、刑法大要;四、监狱原理;五、现行法院编制法大要;六、刑事诉讼法大要;七、公文程式及记录报告方法;八、簿记法大意;九、监狱卫生学大要;十、体操国技戒具使用消防演习;十一、指纹法大意;十二、作业规则;十三、礼式服装及其他纪律。该训练所同样暂定以三个月为限,若期满课程未结束时,可酌量延长期限;训练期间所需之书籍课本笔墨纸张等由监狱发给,但因事半途退出者,须照数缴还;训练结束经考试合格者,给予毕业证,并报部备案;毕业成绩分为最优等、优等、平等。登记照等叙薪,新招看守毕业后依考试名次补用②。

1934年5月22日报名截止,自发布招考启事后,共计有男生23名前来报考。报名截止之后,即按照原定安排进行体检及笔试,同时由分监呈请高二分院指派该院推事周翰前来主试。考试结束后,经对考生试卷详加审阅,评定成绩,最终决定正式录取吴麟书等16名,另备取王铨宝、杜长秀两名。6月1日,即由分监通知各被正式录取考生须于6月3日至5日来分监索取保证书,觅具殷实铺保,并于6月10日以前送缴本监,以凭核对。

此外,分监还通告各录取考生须于6月15日自行前往漕河泾江苏第二监狱看守训练所报到。该训练所定于6月16日正式开班授课。开班之后未久,由于该分监正取训练生陆鸿寿因另有他就而退学,故而由备考者王铨宝递补,随后,又有正取训练生张耀祥亦因特别事项而退学,亦由分监通知另一位备取生杜长秀递补③。至7月份,该分监正取训练生朱其康,"因发生犯规重大情形",被该训练所开除。该员自开班以来所用的膳宿杂费等项28天共计用洋5.6元,即向朱其康如数追缴,并由训练所将其缴还之款项送交至第二监狱分监④。

---

① 《江苏第二监狱分监招考男看守训练生简章》,《申报》1934年5月18日。
② 《江苏高等法院第二分院关于官规、考试两院及监所举行职员考试及训练事项》,上海档案馆档案,档号:Q181-1-123。
③ 《江苏高等法院第二分院关于官规、考试两院及监所举行职员考试及训练事项》,上海档案馆档案,档号:Q181-1-123;《上海江苏第二监狱分监关于官规、考试事项》,上海档案馆档案,档号:Q177-5-303。
④ 《上海江苏第二监狱分监监所招考看守训练事项》,上海档案馆档案,档号:Q177-5-32。

至1934年9月底,本次看守训练所行将届满,即依照原定计划进行毕业考试。江苏第二监狱分监原本共招录入所训练学员16名,因事开革及退学者共有3名,另有两名备选生递补入所训练,故最终完成毕业者,共计有15名,经考试合格,由训练所颁发给毕业证书①。训练所结束后,江苏第二监狱亦将分监毕业看守的成绩名册列表送至分监备核。本次招考的练习生,除有人另行他就外,其余11人陆续派任至分监担任看守②。

江苏第二监狱分监作为女监,对于普通女看守需用较多,该分监原有女看守大多系不识字的文盲,依照高二分院指令,逐渐予以淘汰。在1933年分监长孙雄任内举办看守训练所,虽然招考了一批具有一定文化程度的女看守练习生,经毕业考试及格逐渐递补任用为分监看守,但本次招考,对于女生的体格年龄"似欠严格检选"。故而上述女看守任职之后,"或因年力不充,或因体格羸弱,故服务鲜有成绩",且亦有辞职他去者③。至1934年仍在分监任职者,已所剩无多,并未起到补充人才的作用,该分监仍时感看守人才缺乏。为此,1934年5月份,时任代理分监长王宝三呈请高二分院拟招考16名男练习生时,亦初步规划再行招考女练习生事宜,初步拟招录30名④。后因忙于招录男练习生,女练习生招考暂未进行,及至男练习生招考结束,并正式开班训练之后,对于女练习生的招考亦提上日程,1934年8月份,代理分监长王宝三向高二分院提议招录女生之事,提出拟招考女练习生20名,"以年龄约在28岁以上40岁以下,身体强健者为主旨",本次女生训练仍在分监内举行,大致所需费用约为洋141元⑤,该分监表示此系预算之数,以后极力撙节,实报实销;是年9月5日,高二分院允准如拟办理。

依据分监所拟的招考简章,凡"年在28岁以上40岁以下有殷实铺保者、高级小学毕业或有同等学历者,身体健全无传染病及嗜好者、能操普通话者、未受刑事处分及破产宣告者",均有报名应考资格。合于上述资格者,请于1934年9月26日起至10月10日止,每日上午9时至下午5时,前往英租界北浙江路江苏第二监狱分监即新衙门报名。报名时,须提交本人四寸半身相片二张及相关证明文件,由分监审核,若未被录取即将相片及证明文件一并退还。经考试录取者,须提交铺保入学,保证书可至分监索取;另

---

① 《上海江苏第二监狱分监所招考看守训练事项》,上海档案馆档案,档号:Q177-5-32。
② 《上海江苏第二监狱分监所招考看守训练事项》,上海档案馆档案,档号:Q177-5-32。
③ 《上海江苏第二监狱分监整顿建设监务》,上海档案馆档案,档号:Q177-5-325。
④ 《江苏高等法院第二分院关于官规、考试两院及监所举行职员考试及训练事项》,上海档案馆档案,档号:Q181-1-123。
⑤ 《上海江苏第二监狱分监整顿建设监务》,上海档案馆档案,档号:Q177-5-325。

定于1934年10月14日上午8时至下午5时在分监教诲堂体检,10月21日上午8时起,在湖州旅沪中小学校内进行笔试,须自备笔墨赴考。考试科目为:党义(即三民主义)、国文(文体、语体听便)、算学(加减乘除)、体格测验、常识。训练时期暂定以三个月为限,训练期间所需书籍纸张,由分监供给。所有被录取且训练期满考试合格者,依其毕业成绩名次,派任分监看守,月薪自16元起,成绩最优异者,每半年可进级一次,其次年终得进一级①。

本次女生训练所亦仿照孙雄任内招考成例,由分监长兼任训练所所长,其余训育、教务等事项,均有分监长及分监各科所职员担任。所授科目如下:1. 党义——三民主义,2. 现行各种监所法规——监狱规则、看守服务规则、监狱处务规则、教医处务规则、修正看守所暂行规则、看守点验规则、看守使用公物规则、作业规则;3. 刑法大要、监狱原理、现行法院编制法大要、刑事诉讼法大要、公文程式及记录报告方法、簿记法大意、监狱卫生学大要、指纹法大要、戒具使用法及消防演习、体操、礼式服装及其他纪律。上课时间为每日下午7时至10时,凡星期日及国庆纪念、年节等日停止上课;训练所需书籍讲义由分监发给,但因事退学者须照数缴还②。

至1934年10月10日报名截止,共计有37人前来报名应考,随后即如期进行体检及笔试,由高二分院指派推事周翰前来主试。为开办训练所之所需,该分监还通告招录书记一员,要求"男性,年龄在18岁以上30岁以下者,初中以上学校毕业或有同等程度者、文理清通书法端正者,身体健全秉性忠实无不良嗜好者",合于条件者,可于"本年10月31日以前,自缮小楷一页并开具详细履历投函或亲临本分监第一科报名,合则函约面试,不合概不作复"。嗣后,该分监共收到报名函件38份,"当择其字迹端秀者萧赓、舒晓如、魏振新、乐浩然四名,去函约期面试"。面试时,有萧赓、舒晓如二名来监报到,面试结果以萧赓一名较优,最后被分监录用为书记,月薪暂支20元,试用三个月后考核再定③。

10月21日,在湖州旅沪中小学校内如期进行考试,经批阅试卷,评定成绩,10月26日,分监决定录取潘佩蘅、金震耀等15名为看守练习生。但该分监原拟招录名额为20名,本次仅有15人合格,尚未足额,且此15人中,将来或不免有因故退学不能来监服务者,"若不继续招足名额,深恐名数过少,则训练期满后,仍有不敷派用之虞"。故而经呈报高二分院允准,该分监

---

① 《江苏第二监狱分监招考女看守训练生简章》,《申报》1934年9月28日。
② 《上海江苏第二监狱分监监所招考看守训练事项》,上海档案馆档案,档号:Q177-5-32。
③ 《上海江苏第二监狱分监监所招考看守训练事项》,上海档案馆档案,档号:Q177-5-32。

决定自 1934 年 11 月 1 日起,在一个月内,继续招考女练习生,"如果程度相当者,准其随到随考,一经录取,即令加入训练,以符定额"。为此,该分监发布通告称"本所招考女看守学习生,业经定期考试并将录取人姓名榜示在案,兹以尚有五名余额,特于本年 11 月 1 日起,续招五日,凡有志应考者,仰届期来所,随到随考可也"。至 11 月 1 日、2 日,先后有王素娟、吴毓民、孔辛勤、秦霞影等四人前来应考,经过笔试,以王素娟、吴毓民、秦霞影三名为合格,予以录取①。

11 月 13 日,该分监本次女看守训练所开班授课。开课之后,恰逢寒冬,气候严寒,各训练生每夜来所上课,往返途中,冲风冒寒,颇感不便,遂要求分监依照沪埠学校休假之例,准予放寒假三星期,以便休养。分监长王宝三念属实情,故而拟于 1935 年 1 月 28 日起暂停训练,至 2 月 18 日继续开课,并将训练时间向后顺延三星期,以示体恤。但高二分院只允准放假两周,"自本年 1 月 28 日起至 2 月 10 日止"②。至 1935 年 3 月份,本次训练所期限届满,照例进行毕业考试,由高二分院推事周翰及吴象祖前来监试。3 月 4 日、5 日下午 1 时至 5 时,考试在分监教诲堂如期举行,"4 日下午 1 时起考试三民主义,2 时考试刑法概要,3 时考试刑事诉讼法概要,4 时考试指纹法,5 日下午 1 时起考试监狱规则,2 时考试看守服务规则,3 时考试簿记法、4 时考试公文程式"。各训练生除中途因故退学者外,参与考试者共计有 11 名。考试结束之后,经批阅试卷,评定成绩,计考列甲等金震耀等 3 名,乙等余彬荃等 5 名,丙等黄芸等 3 名③。

本次分监招考女练习生所需费用,原估算需用洋 141 元,但最终实际花费却远超此数,大致为洋 244 元。此笔费用,分监呈请在是年度该分监逐月囚粮节余项下开支④。对于本批次毕业合格的女练习生,依照惯例,将由分监派任为看守。为此,该分监已将现有看守中,凡以前未经训练及考试,并办事不得力者,陆续裁汰,遗缺即由训练所毕业生依次递补。至 1935 年 9 月底,本次 11 名合格的女练习生,已有 7 人依次递补为分监看守⑤。

除了上述面向社会公开招考及举办看守训练所的方式外,该分监在日常管理中,亦注意对于职员看守的训导。1935 年,时任分监长王宝三,鉴于

---

① 《上海江苏第二监狱分监监所招考看守训练事项》,上海档案馆档案,档号:Q177-5-32。
② 《上海江苏第二监狱分监监所招考看守训练事项》,上海档案馆档案,档号:Q177-5-32。
③ 《上海江苏第二监狱分监监所招考看守训练事项》,上海档案馆档案,档号:Q177-5-32。
④ 《上海江苏第二监狱分监看守训练所用费开具清单等》,上海档案馆档案,档号:Q177-5-225。
⑤ 《江苏高等法院第二分院关于整顿监务的文件》,上海档案馆档案,档号:Q181-1-904。

监内看守"虽皆属久服狱务及训练毕业者,然学不时习则荒,事不力行则废,欲促狱务之进行,对于看守平日服务及其素行与智识,实有随时加以训勉及灌输之必要"。故而由分监长时常召集看守进行训勉。但以一人之力,多有未逮。因此,该分监决定由分监长督率各科所重要职员,率皆参与训勉讲演,并拟定了临时训勉看守简则,撰写训词范围,通令各职员学习,按期向看守进行训勉,以之作为加强看守日常训练之举措。此种临时训勉看守以"整顿服务纪律,灌输必要智识,促进工作效能"为主旨。每逢星期三、六下午1时起至2时止,即由分监长及各科所重要职员进行训勉。训词范围大致有纪律与风纪、戒护要义、卫生等类,每次训勉时,全监看守除值勤者外,均须按时前往分监教诲堂集合候训①。

抗战结束后,全国各地监所历经战乱,亟待整顿,而各监所员守亦有待训练,以便各地狱政能迅速进入正轨。为此,司法行政部曾专门制发了《收复区监所训练看守办法》,以便曾被日军占领地域的监所遵照施行。依据该办法的规定,收复地各省区应斟酌交通情形,分区指定新监附设看守训练所,以便分期训练附近各监所的看守。入所训练的看守,每年训练两期或三期,每期以三个月为限,须以三分之一的时间安排至新监进行实地练习。训练所开设课程如下:三民主义、现行监所法规、看守服务规程、刑法大要、刑诉法大要、公文程式及记录、报告方法、军训、戒具使用法、礼式及其他纪律、实习、精神讲话。

训练期满后要进行毕业考试,由高等法院派员监试,考试及格者,由训练所发给文凭,仍回原监所服务;训练成绩特优异者,将以主任看守派用。看守受训期间,照支薪津,所有在训练期间所需之膳食服装讲义等费用,则在各受训人员薪津项下开支,此项薪津仍由原服务监所经常费项下按月支报。第一期看守训练完毕后,各监所雇佣看守应轮流甄别受训,不愿受训者应即淘汰,各训练所教职人员应由法院或监所职员兼任之②。

在战后设立的上海监狱第一分监,在正式组建之前,即遵照部令着手组织对监内女看守进行训练。1945年12月21日,该分监看守补习班开始举办,训练期限定为三个月,分为理论学习及狱政实务操作练习两个方面,其训练课程及教材概要大致如下:一、监狱法规;二、民法摘要;三、刑法摘要;四、实习要点:礼节、勤务(出勤、退勤、补勤)、检查(入监检查、出监检查、监房检查、接见检查)、工场管理、病监、外役、开封与收封、运动与沐浴、

---

① 《上海江苏第二监狱分监监所招考看守训练事项》,上海档案馆档案,档号:Q177-5-32。
② 《上海地方法院第三看守所关于看守训练事项》,上海档案馆档案,档号:Q177-3-491。

戒具；五、监狱卫生；六、演讲：看守的责任与出路、报复主义与感化主义、旧监狱与新监狱、怎样应变、内地监狱与都市之比较、如何转移人犯情绪、出监之前三日、标准看守等①。由于经费所限，该分监此次看守训练班届满结束后，即未能继续办理此种专门性的看守训练班，因而该分监对于员守的训练更多是注重在日常的管理中加强训导和指点，俾便新入职者尽快掌握和熟悉监务。

在该分监的看守训练中，定期召集全体看守或某些特定看守进行训话或进行座谈会，已成为该分监一种常态性的训练方式和手段。如1946年2月22日，二科长李梅魂召集训话并指导戒护工作②。1947年5月6日下午1时至2时召集看守进行座谈会③。上述各类训话或座谈会，或由分监长进行，或由各科科长实施。其内容大致有：或检讨监务之进行，业务不足及改善之处，由分监长随时详加训示；或强调各项监所法令，训勉看守勤慎职守。通过此种方式，既可以弥补无法举办专门看守训练所的缺失，又可起到训勉指导看守，提高其监狱实务能力的作用，从而保障了该分监狱务的有效管理和实施。

第三节　职薪难符：上海女监职员、看守的俸薪与待遇

传统狱制下的狱吏、狱卒不但社会地位低下，隶属于贱役末流阶层，社会形象不佳，而且其法定所得亦极为微薄，他们承担着繁重的职责，却拿着极为低下的薪水，此种状况，无疑是进一步加剧了传统狱制的黑暗和腐败。晚清以来，随着监狱改良的实施，一些有识之士纷纷倡言提高监狱官吏等级，优厚其待遇，俾便培育合格之人才。及至民国时期，国民政府将监狱管理人员纳入公务员序列，依据其资历、官等予以相应待遇。

在江苏第二监狱分监，因该监容额仅为170人，属乙种新监之分监，故而依照司法行政部所颁布的官俸条例的规定，该分监职员从行政官等上而言，并无荐任级，仅有委任级、委任待遇两种。委任级别有分监长一人，委任待遇者则有该分监的医士、药剂师、候补看守长（含暂代或分发候补看守长）、教诲师等人员。此外，由于该分监位于上海租界地区，故而依照司法行

---

① 《上海监狱关于高院派书官林晓明协助成立女监》，上海档案馆档案，档号：Q177-1-74。
② 《上海监狱狱务日记》，上海档案馆档案，档号：Q177-1-666。
③ 《上海监狱狱务日记》，上海档案馆档案，档号：Q177-1-447。

政部的规定,该分监职员每月所得的俸薪除依照《监所职员官俸暂行条例》《修正监所委任待遇职员津贴暂行规则》支取本俸而外,尚可依照部颁《江苏上海特区监所职员补助俸津办法》支取补助津贴,也就说该分监职员每月所得薪水在通常情况下,系由官等本俸及特殊补助津贴两部分组成。

对于该分监各职员每月实际所得的俸薪,在抗战之前,依照司法行政部的上述规定,该分监"历任各前监长均系叙给监所职员俸给表委任三级俸,支洋160元"①,另有每月补助津贴60元,合计自首任分监长谢福慈、至赵凤贤、黄培汴等人每月可得220元。但自1933年7月蒋凤仪继任分监长之后,其每月本俸被下调至委任九级俸,支洋100元,其后任邱怀问、王宝三等人同样是叙支委任九级俸,月支100元,但同前任类同,均可每月领取补助津贴。

该分监医士、药剂师,属技术性岗位,该分监历任医士如侯光迪、沙凤华,均叙支委任待遇七级俸,月支100元,另每月补助津贴20元,合计月得120元。该分监药剂师如刘慧真等人,一般系叙支委任待遇十五级俸,月支40元,另有补助津贴20元,月得60元。该分监教诲师,最初并未设置专职,指派职员兼任,其俸薪亦未列入分监经费预算,故而最初该分监的教诲师俸薪如周捷栩系在该监分监长俸津项下结存数内暂支50元,后增加至55元,不叙俸等,不发补助津贴。后该分监教诲师成为专职,其俸薪亦被编入分监经费预算,如教诲师林晓明任职时,其俸等为委任待遇十一级,月支60元,另每月补助津贴20元,月得80元。

候补看守长是该分监除分监长以外的重要管理人员,该分监在编候补看守长员额为三人,一般均叙委任待遇十一级俸,月支60元,另有补助津贴20元,月得80元。但若有任职资历较浅者担任候补看守长一职时,其官等亦相应较低,一般多叙支委任待遇十三级俸,月支50元,亦有叙支委任待遇十二级俸者,月支55元,但均可领取同等数额的补助津贴20元,月得70元、75元不等。此外,该分监分发练习候补看守长如王宝三、朱培荣、刘盛泉等,一般多叙支委任待遇十五级俸,月支40元。

对于监所委任待遇人员的俸津,在抗战爆发之后,曾有数次调整,如1939年11月,司法行政部颁布《修正监所委任待遇职员津贴表》②,依据这一津贴标准,相对于1930年11月的津贴规定,仍为十六级,但不同等级却

---

① 《江苏高等法院第二分院关于监所职员任免迁调叙俸进级的文件》,上海档案馆档案,档号:Q181-1-868。
② 《江苏高等法院第二分院关于职员改叙俸级表查核情况等的文件》,上海档案馆档案,档号:Q181-1-244。

有或增或减的变动,如新标准自十一级至十六级各有 5 元的增加,而第一级至第九级,却有 20 元、10 元等不同幅度下降。至 1941 年 9 月份,为提高监所职员待遇,维持其生活,司法行政部再次对委任待遇职员津贴予以调整,本次调整除将原有等级缩减为十二级,各等级实际数额并未有变动①。随着部颁津贴标准的调整和实施,江苏第二监狱分监委任待遇职员的俸等亦随之有所变动,如 1939 年 12 月,分监医士侯光迪新叙等级为委任待遇第八级,月支本俸 80 元,药剂师袁佩莲新叙等级为委任待遇第十五级,月支本俸 45 元,候补看守长李梅魂亦为新叙等级委任待遇十五级,月支 45 元②。

除上述管理阶层及专业性岗位职员以外,该分监人数最多的还是身处监犯管理前线的普通看守,包括普通看守及主任看守两大类,其所得薪资亦有所差别。普通看守月薪一般自 14 元起,最高为 25 元。主任看守的薪资似无固定标准,如主任看守另有其他额外兼职的话,其薪资要比普通主任看守多一些。大体而言,该分监主任看守薪资自 25 元至 55 元不等。此外,该分监有时亦设有监丁数人,月支俸薪 14 元。该分监的预备看守薪资最低,每月大致仅有 5 元。就该分监普通看守之月薪而言,最低 14 元,最高 25 元,平均 18 元,这一薪资水准,在当时上海的各业工人平均月薪中亦属较高的水平。

如据 1930 年代对于上海各业工人月薪调查数据显示,当时上海纺织工业部门中,男性工人月薪平均为 17.18 元,女工为 14.09 元;化学工业部门男工平均月薪为 19.18 元,女工仅为 7.35 元;机器建筑部门男工平均月薪为 28.79 元,女工为 18.47 元;食品工业部门男工平均月薪为 19.22 元,女工为 13.42 元;水电印刷部门男工平均月薪为 34.37 元,女工为 29.01 元;各工业部门中,男工平均月薪为 21.89 元,女工为 13.09 元③。由此可知,该分监看守的薪资并不算低下。

此外,该分监对于有一定文化程度的看守,特别是经过招考、培训的看守,一般多予以优待。若入职试用,其起薪或自 16 元起,或自 18 元起,并对成绩优异者,特予以优先晋级,"每半年可进级一次,其次年终得进一级"。尽管如此,该分监经招考或培训的看守,仍觉待遇微薄,"除去伙食各费,每

---

① 《江苏高等法院第二分院关于司法官书记官及监所职员津贴》,上海档案馆档案,档号:Q181-1-1079。
② 《江苏高等法院第二分院关于职员改叙俸级表查核情况等的文件》,上海档案馆档案,档号:Q181-1-244。
③ 李文海主编:《民国时期社会调查丛编·城市劳工生活卷》,上册,福州:福建教育出版社,2005 年,第 250 页。

月所得不及佣妇",看守工作事繁苦累,"断非此辈所愿"。因此类看守多系小学或中等学校毕业,知识程度较优,分监方面对于此类人员亦确较为重视,为使其能留在监内任职,该分监分监长如朱焕文、蒋凤仪等曾呈请将此类人员待遇"须极力提高,并仿照本区法院丁役奖金办法,每月提存奖金,方足以资维系"①。

江苏第二监狱分监职员每月所得的收入,依照国民政府规定,尚需缴纳一定比例的个人所得捐。征收依据是 1927 年由国民政府颁布的《所得捐征收条例》,该条例规定月俸在 50 元以下者免征,月薪 50 元以上者分八档征收不同比例的所得捐,税率最低 1%,最高 8%。1931 年 4 月,高二分院曾训令分监称"所得捐一项——仍应继续征收,其办法依实发薪额为标准照征收条例办理,现支百元以下者征百分之一,二百元以下者征百分之二"②。

依照上述国府所得捐征收条例,该分监职员每月所得收入符合征收标准者,仅有分监长、医士、候补看守长等少数职员,所得捐的征收以各职员每月所得之法定本俸为起征基准,其每月所得之补助津贴并不在内。如 1933 年 3 月份,该分监共缴纳所得捐为 5.3 元③。至 1935 年 12 月,该分监奉中央执行委员会电令,自是年 10 月份起,"所有备补人员一律免交"所得捐。此后,该分监候补看守长即不再缴纳所得捐,缴纳所得捐之人数及数额亦随之减少,如 1936 年 3 月份,该分监共征收所得捐为 2.6 元④。及至 1936 年 7 月 21 日,在以往征收所得捐的基础上,国民政府正式颁布了《所得税暂行条例》⑤。依据这一条例,该分监缴纳所得税的范围又有所扩大,如 1940 年 1 月份,该分监共缴纳所得税 4.85 元⑥。

除了交纳所得税之外,江苏第二监狱分监的职员们甚至还有看守还时常会遇到要求强制捐献情事,如捐资修建中央党部大楼、捐资赈灾、捐资购置飞机、捐资救济伤兵、捐薪参与建国储蓄活动等。对于这些捐资事项,若从公益角度而言,适当的捐献亦无可厚非,但应基于自愿原则,以行政命令方式摊派,甚至是强制逼迫,就有违公益的初衷了。且此类情事过于频繁,无疑将会增加分监职员、看守之生活负担,亦会摊薄其应得收入。

---

① 《江苏高等法院第二分院关于整理监务的文件》,上海档案馆档案,档号: Q181-1-873。
② 《上海江苏第二监狱分监关于会计所得捐事项》,上海档案馆档案,档号: Q177-5-112。
③ 《上海江苏第二监狱分监关于所得捐事项》,上海档案馆档案,档号: Q177-5-189。
④ 《上海江苏第二监狱分监关于职员所得捐等》,上海档案馆档案,档号: Q177-5-370。
⑤ 《上海第一特区地方法院看守所关于所得税暂行条例等》,上海档案馆档案,档号: Q177-5-429。
⑥ 《江苏上海第一特区地方法院看守所关于会计所得税事项》,上海档案馆档案,档号: Q177-4-80。

在抗战之前,因物价总体较为稳定,涨幅不大,因而其基本的生活尚可维持,不至于陷于生活恐慌的境地。但是抗战爆发之后,随着社会局势的动荡,物价飞涨,该分监员守们每月所得的俸薪,已不足以维持其基本的生活所需,每每陷于生活无着、恐慌的境地。无奈之下,该分监职员、看守不得不屡屡请求分监及高二分院予以救助,增加生活补贴,以维持生活。但分监及高二分院因经费支绌,对于分监员守的求助,或难以应付,陷于拖延;或有所表示要予以救助,但救助幅度及力度不大,杯水车薪;且时有救助迟延,难以跟上物价上涨的速度,从而致使该分监员守们的生活窘遇并未得到有效改善,从而陷入求助、拖延、救助、无济于事,不得不多次求助的循环怪圈。

1939年7月份该分监恢复建制后,其经费一度仍沿用撤销期间看守所时期的预算。而当时上海局势不稳,物价飞涨不已,原有预算已经严重不敷支用。且分院员守俸薪待遇亦因高涨的物价,难以支用生活所需,生活艰难,不得已之下,该分监员守只能向分监求助。1939年8月24日,先是分监全体男女看守呈请分监称"近来外汇紧缩,物价飞涨——实难再以维持"[1]。嗣后,分监长王宝三即转呈高二分院请设法予以救济,称"若不设法救济,深恐发生意外,影响甚大",故而该分监决定自8月份起向看守每人增加薪饷两元,以示体恤。

此时,该分监共有主任看守及看守、监丁等45人,每人月增两元,共计九十元,但分监经费支绌,不敷支用,此笔救济费用无积余资金可资挹注,只能请求高二分院另行拨款救济。至1939年10月份,该分监看守因前请每人月增两元,于事无补,又再次呈请援照一特地院庭丁公役增饷成例,将看守等工饷分为四元、五元、六元三个等级,分别加给,以资救济。然而一直拖延至1939年12月份,该分监看守救助请求仍未得到批复,但物价仍腾贵不已,看守们之生计日艰,除了继续请求救助而外,"已有多人提请长假,其余亦在酝酿之中"[2]。

在看守们的屡次请求下,1940年1月,该分监决定自是月起将看守月薪每人增加国币三元,以资补助。但此种微弱补助,在米珠薪桂的物价面前,实无济于事,看守们的生活仍不敷衣食。故而于2月份不得不呈请每人发给生活补助费二十元,以维生计。4月份,分监长王宝三又拟向分监主任看

---

[1] 《江苏上海第一特区地方法院看守所监所看守要求设法救济》,上海档案馆档案,档号:Q177-4-226。
[2] 《江苏上海第一特区地方法院看守所监所看守要求设法救济》,上海档案馆档案,档号:Q177-4-226。

守以下人员，每人暂借五元，先事救济，大致共需 215 元。

与此同时，该分监职员亦因生活困难，请求救助。对于分监职员、看守的生活求助，是年 9 月份，高二分院经呈请司法行政部允准，拟对职员发放特给津贴①。对看守、监丁亦发放生活补助费，自是年 3 月份起算，予以补发。至 1941 年 1 月，该分监员守因生活困难，需款孔亟，遂再次呈请救助。至 2 月份，高二分院除允准补发生活补助费外，亦酌予提高分监员守俸薪数额，是月共向分监拨款总计达 1260 元。虽有高二分院允准予以救助，但无奈沪上米、煤及其他生活必需用品，步步趋涨，所增之数，以之挹注日常用度，实际仍无法应付，员守等生活困难，仍属不能解决。

至是年 4 月份，司法行政部允准，高二分院决定向所属法院、监所员守一概发放米贴②。是年 6 月，司法行政部又颁布《非常时期改善公务员生活办法》，向公务人员发放平价食粮及代金、生活补助金，此外，还建议各机关单位应筹设机关食堂以解决职员膳食问题③。是年 7 月，该分监职员、看守、丁役应得是项平价米补助金为 1660 元，另有分发办事人员补助金 168 元，合计国币 1834 元。除发放平价米补助金外，是年 8 月，高二分院还向分院职员另行拨发新增生活补助费 660 元，特别生活补助费 225 元，合计 885 元。对于分监员守的生活窘境，高二分院及分监虽设法予以救助，怎奈"物价依旧步涨不已"，11 月份，该分监员守的生活又陷于不能维持的困境，只能再次向分监及高二分院纷请救助，别无他途④。

抗战胜利之后，在上海监狱第一分监时期，该分监初建时，隶属上海高院，嗣后又升格为司法行政部直辖监狱，因而其监内职员的设置以及行政级别亦有相应之调整。总体而言，排除通货膨胀等因素的影响，上海监狱第一分监分监长及其他职员、看守的行政级别及法定本俸要比战前的江苏第二监狱分监时期高出一些，就行政级别而言，该监分监长属于荐任级，其他职员多属于委任级。

就该分监员守的法定俸薪而言，自 1945 年 12 月底组建至 1946 年底，一年之间，职位设置频有调整，法定本俸亦有相应变动。如 1945 年 12 月底

---

① 《江苏上海第一特区地方法院看守所关于监所职员任免迁调、陈松年等二十二名来所办事》，上海档案馆档案，档号：Q177-4-13。
② 《江苏高等法院第二分院关于非常时期紧急处分等事项》，上海档案馆档案，档号：Q181-1-285。
③ 《江苏高等法院第二分院关于非常时期紧急处分等事项》，上海档案馆档案，档号：Q181-1-285。
④ 《江苏高等法院第二分院关于经费问题补充改善公务员生活办法等条文》，上海档案馆档案，档号：Q181-1-1236。

该分监组建时,分监长陈咏声月薪200元,看守长李梅魂月薪120元,候补看守长李德心月薪80元,一等看守孟金娣、王琼等月薪45元,二等看守陈绮云、赵志华等月薪40元①。1946年1月份,新增会计员陆善漪月薪100元,雇员张明华月薪70元。看守方面亦有调整,新增主任看守马映波、徐文琼月薪60元,另外,一等看守月薪增加至50元,二等看守为45元,三等看守为40元,是年2月,新增监丁一人,月薪38元。

是年3、4月份,看守人事设置再次调整,新增甲等主任两人,月薪60元;乙等主任看守两人,月薪55元。是年5月份,会计室雇员调整,新到郭唯允一人,月薪60元。6月份,该分监职员又有所调整,如候补看守长林晓明月薪110元,马映波月薪为80元;新增作业导师李德心一人,月薪100元;主任看守徐文琼等月薪提升至65元、60元。是年7月份,该分监对看守予以加薪,一等看守月薪为55元,二等看守月薪为50元,三等看守月薪为45元。9—11月份,该分监候补看守长兼教师林晓明月薪增加至130元,另新增医师梁碧云月薪80元,代理教师任培辰到任,月薪70元。是年12月份,新增统计员欧远兰一人,月薪90元②。

由于战后物价飞涨,通货膨胀严重,上述法定俸薪根本不足以供其日常生活所需。实际上,该分监职员、看守每月所得的俸薪,在其每月到勤时数、法定本俸的基础上,另外还要加以当月生活补助费、上海公务员生活补助加成数,然后扣除所得税、印花税等各种因素,经综合计算之后所得,方为其本月实际应得的俸薪数额。以1946年11月份分监实际发薪表为例,当月候补看守长兼教师林晓明法定本俸为130元,当月其生活补助费基本数为110 000元,加成数为93 600元,合计为203 730元,然后扣除印花税、所得税、伙食及预支钱款,是月其俸薪实发数为38 619.20元③。

至1948年8月,该分监俸薪发放一律以金圆券支给。据是年11月统计,该分监每月俸薪总额为3 630元,折实合计金圆券1 766元④。依照部颁俸薪发放新政,该分监职员每月薪额计算公式如下:折合金圆券计算应得薪额={40元基数+(本俸-40)×2/10}。如1948年8月份,该分监分监长柯俊杰,原定本俸为200元,折合金圆券之后,其当月应得金圆数额为{40+(200-40)×2/10}=72元,其他职员亦依照上述方法计算折合发给。对于看守的俸薪,则视其等级直接发放,不再折合计算。如一等看守发给金圆券24

---

① 《上海监狱一分监发薪计算附表等》,上海档案馆档案,档号: Q177-1-765。
② 《上海监狱一分监关于职员名册》,上海档案馆档案,档号: Q177-1-761。
③ 《上海监狱一分监关于职员名册》,上海档案馆档案,档号: Q177-1-761。
④ 《上海监狱关于生活补助费、工员福利金》,上海档案馆档案,档号: Q177-1-313。

元,二等看守发给金圆券 23 元,三等看守发给金圆券 22 元,对于监丁则支给金圆券 14 元或 15 元不等①。

如上所述,抗战胜利之后,由于沪埠恶性通货膨胀极为严重,物价飞涨,致使上海监狱第一分监职员、看守的法定俸薪根本不敷支用。对于当时物价激涨的情形,有一首《大饼歌》颇为形象地呈现出上述状况,其诗云:"大饼昨天又涨价,可怜没有前天大,五天两涨不稀奇,一涨三倍令人怕——君不闻,东北中原苦战争,无人安逸事耕耘,纵多机器印钞票,哪有齐梁铸饼金。"②

面对高昂的物价,该分监职员、看守的生活不免陷于困境,颇形恐慌。为谋生计,1946 年 3 月初,该分监职员、看守不得不与上海监狱同仁联合呈文时任上海监狱典狱长江公亮,请求迅予切实提高待遇,以维持最低生活,"如不能达此最低要求,唯有解职另谋生计,以免饥寒"。3 月底,双方人员又联合呈请上海监狱提高待遇,并开列六项条件,声称若不获准,"即将全体解职,另谋生计,以免冻馁"③。

对于上海监狱全体职员、看守的求助,上海高院反应迟缓,至是年 6 月 22 日,方向上海监狱下发指示,对于其请求发放十五万元临时津贴一事予以拒绝,但表示可以暂借数月薪津,并调整员守的生活待遇,对于该监员守其他提议亦多暂予缓议④。嗣后,上海监狱即遵令向各员守暂时借给三个月薪津,自看守至委任职员,借款数额由十万元至二十万元不等。至是年 7 月份,该监员守俸薪待遇有所调整⑤,虽有生活补助及待遇调整,但在高涨的物价面前,并未起到缓解作用,该监员守艰窘的生活仍未得以改善。

至是年底,该监员守们因俸薪薄弱,致使添置寒衣的费用都承担不起,不得已只能向上级求助,请拨款五十万元添置寒衣御寒。后经司法行政部批准,决定向该监员守"每人暂垫借一个月薪津作为寒衣费,其薪津数逾五十万元者以五十万元为限",但此项借款尚须"分三个月扣还归垫"⑥。一直到 1949 年 5 月份,上海解放前夕,该分监员守们仍为生活困难而寻求救助,上海监狱方面亦无法应对,只是含混答复称"薪津已由本监向央行借款发给公费,俟部款到后再行转拨"⑦。

---

① 《上海监狱一分监关于发薪计算附表》,上海档案馆档案,档号:Q177-1-727。
② 《大饼歌》,《大公报》1948 年 3 月 11 日。
③ 《上海监狱关于调整全日公务员生活费》,上海档案馆档案,档号:Q177-1-99。
④ 《上海监狱关于调整全日公务员生活费》,上海档案馆档案,档号:Q177-1-99。
⑤ 《上海高等法院关于上海监狱三十五年度补助俸报核册》,上海档案馆档案,档号:Q187-1-467。
⑥ 《上海监狱关于调整全日公务员生活费》,上海档案馆档案,档号:Q177-1-99。
⑦ 《上海监狱关于会计事项》,上海档案馆档案,档号:Q177-1-289。

事实上,对于经济形势恶化,导致全国公务人员生活困难情形,国民政府亦非毫无作为,自1946年1月份起,国民政府颁布《公务员生活补助办法》,依照不同区域的实际状况向全国公务人员给予不同等级的生活补助,并根据经济形势的变动,基本上每月都发布最新的公务人员分区生活补助数额标准,以便各地遵照执行。依照该办法及补助标准,上海地区属于第三级,生活补助费数额含基本数28 000元,另有俸薪加成数80元①。

虽然国府在上述补助办法中规定,公务员生活补助费数额标准每四个月调整一次,以每年1、5、9月为调整期,但是在动荡的经济形势面前,根本无法拖延至四个月再予以调整。事实上,国府迫于现实压力,嗣后的每个月基本上都会发布最新的公务员生活补助费数额标准,有时甚至一月调整数次。每次调整时,生活补助费数额均有不同程度的提高,如1946年2月份调整标准,上海属于第二级,生活补助费数额含基本数40 000元,另有俸薪加成数130元;至是年3月份,上海生活补助费数额基本数提高至50 000元,俸薪加成数为160元。

由于上海情形特殊,公务员生活压力加大,对此,经国府允准,1946年5月份,上海区司法机关警长类人员按生活补助费标准支九成,警士支八成②。是年8月,上海区工役可支生活补助费基本数七成③。随着经济形势的恶化,公务人员生活补助费标准亦一路调整提高,至1946年12月份,上海已升格至第一级补助,月支生活补助费基本数170 000元,另有俸薪加倍数1 100元④;1947年10月份,上海生活补助费基本数已提高至990 000元,俸薪加成数为4 000元⑤。

上海监狱第一分监员守每月的生活补助费亦遵照上述标准发给,其发放补助费数额依据其本俸、到勤时数,再加以生活补助费基本数、俸薪加倍数等,综合计算而来,其每月应得生活补助费数额={生活补助费基本数+实际到勤俸薪数×俸薪加成数}。如1946年1月,该监分监长陈咏声是月全勤,其法定本俸200元,当月生活补助费基本数为28 000元,俸薪加成数为

---

① 《上海地方法院奉令抄发调整公务生活补助费数额表仰知照卷》,上海档案馆档案,档号:Q185-1-22。
② 《上海地方法院奉令抄发调整公务生活补助费数额表仰知照卷》,上海档案馆档案,档号:Q185-1-22。
③ 《上海地方法院奉令调整公教人员生活补助费》,上海档案馆档案,档号:Q185-1-1017。
④ 《上海地方法院奉令抄发调整公务生活补助费数额表仰知照卷》,上海档案馆档案,档号:Q185-1-22。
⑤ 《上海监狱囚粮主付费支出、公务员特别办公费》,上海档案馆档案,档号:Q177-1-188。

80，则是月其所得之生活补助费为{28 000+200×80}＝44 000元；是月该分监全体员守共发放生活补助费509 818.17元①。

至1948年1月，奉国府指令，全国公务人员生活补助费发放方法有所变更，所有文武职人员，以30元为基数，超过30元之数一律以十分之一照指数支给②。这一规定的具体计算办法是以法定本俸为基础，以30元为基数，折实计算之后，再乘以当月生活指数，即为当月实际应得生活补助费数额，其计算公式为：按指数计算每月应得生活补助费数额＝{30元基数+（实际薪额-30）×1/10}×生活指数；若当月实际薪额不足30元者，则以实际薪额直接乘以生活指数即可。

依照上述办法，是年1月份，上海生活指数为85 000，则上海监狱第一分监员守所得之生活补助费计算方式如下，分监长柯俊杰法定本俸200元，是月在职7日，实际薪额为9.1元，则其当月生活补助费应为9.1×85 000＝773 500元；该监股员李梅魂、林晓明法定本俸130元，是月全勤，则上述两人本月所得生活补助费应为{30元+（130-30）×1/10}×85 000＝3 400 000元。依照此种方法，1948年1月份该分监发放生活补助费共计有98 566 000元。嗣后各月份均以30元为基数，唯各月生活指数时有变更。自1948年底至1949年初，对于公务人员生活补助费仍依据各月生活指数发给。不过，除指数时有变动外，对于基数亦有相应变动。至1949年5月份，国府对公务人员生活补助费发放政策再次进行重大修正，决定自5月份起，公教人员的待遇改为以关圆计算，不再以指数调整③。

抗战胜利之后，国民政府为应对公务人员生活困难情形，除了随时调整生活指数，发放生活补助费之外，还就重要的米粮油及其他日用必需品实施配给制。1947年2月，国民政府国防最高委员会制定了《民生日用必需物品供应办法》及实施细则，依照上述办法之规定，国府供应配售的物品以米及面粉、纱布、燃料、食盐、食糖、食油等类为限，上述物品对于公教人员按定量定价配售④。

对于燃料的配售，主要配售煤球、煤油，若不需要实物，则折价给予差额金。如1947年3月份，上海监狱第一分监获准配售煤球，职员每人配额二百市斤，每一百市斤差价为19 800元，该分监职员含分监长狄润君在内共

---

① 《上海监狱伪职人员生活补助费报销清册》，上海档案馆档案，档号：Q177－1－680。
② 《上海监狱伪职人员生活补助》，上海档案馆档案，档号：Q177－1－681。
③ 《上海高等法院关于各种什件（调整公款人员待遇及分配清单）》，上海档案馆档案，档号：Q187－1－883。
④ 《上海监狱关于本监员配购物品清单》，上海档案馆档案，档号：Q177－1－21。

13人，应配煤球2 600市斤，差额金为51 480 000元①。对于煤油的配售，供应量较少，若分监要求多配煤油，未必能得以满足。如1947年12月份，该分监共有员守42人，分监向中国石油公司接洽请按月每人配售煤油两听，共计84听，但中国石油公司仅勉为供应21听②。

对于职员、看守布匹的配售，每年分冬夏两季进行，仅配售实物，不发差额金，若不愿领布者，以放弃配售权利论处。如1948年6月，中国纺织建设公司上海第二门市部开售当年夏季配布。上海监第一分监时有职员20人，看守20人，工役2人，应配给五市丈漂白布20段，一丈五市尺黄卡其布40段，一丈五市尺漂白布二段，计价18 530 000元③。

除了配售布匹以外，其他机构有时也开展成衣之类的平价配售。如1947年8月底，为切实改进公教人员生活起见，全国合作社供销处决定在南京、上海两地进行毛巾、袜子等六种日用平价物品的配售。上海监狱第一分监共配领23份，总价2 300 000元④；1948年9月份，该处进行第三次配售，职员每人一律配售42支线袜两双，永新肥皂四块，每份定价金元一元二角，该分监时有职员18名，看守17名，公役2名，合计37名，应领线袜72双，肥皂148块，共付价款金圆44.4元⑤。

对于粮食配售，自1946年6月份起，上海监狱第一分监即按照每人5市斗的标准配发，一直沿用至1949年。如1946年12月份，该分监共有看守20人，每人配售食米5市斗，共计10石⑥。但对于职员食米，则每人配售3市斗，监丁每人配售2市斗。如1948年11月，该分监计有"职员18人，监丁2名，职员每名应领3市斗，共计5石4斗，监丁每名2市斗，共计4市斗，合计共领5石8市斗"⑦。

为切实改善职员、看守生活待遇起见，上海监狱第一分监还酌量采取了

---

① 《上海高等法院关于公教人员实物配购卷（47年3月份）》，上海档案馆档案，档号：Q187-1-970；《上海高等法院关于上海监狱有关配售煤球名单》，上海档案馆档案，档号：Q187-1-1241。

② 《上海监狱一分监关于员工福利》，上海档案馆档案，档号：Q177-1-781。

③ 《上海监狱一分监关于职员公教人员配购物品清册》，上海档案馆档案，档号：Q177-1-704。

④ 《上海高等法院关于社会部合作社配售袜子衬衫卷》，上海档案馆档案，档号：Q187-1-1005；《上海监狱一分监关于职员公教人员配购物品清册》，上海档案馆档案，档号：Q177-1-704。

⑤ 《上海高等法院关于社会部合作社配售肥皂袜子卷》，上海档案馆档案，档号：Q187-1-1006；《上海监狱九、十月份看守食米清册》，上海档案馆档案，档号：Q177-1-232。

⑥ 《上海监狱关于看守食米清册》，上海档案馆档案，档号：Q177-1-683。

⑦ 《上海监狱一分监公函》，上海档案馆档案，档号：Q177-1-762。

一些必要的福利措施,以尽可能减少其生活困难。如为改善膳食起见,1946年初,该分监筹建了员守公共食堂,是年2月9日开始就餐,为保障食堂的运营,该分监还决定,凡参加公共食堂各员守,须每人每月交纳食油一斤半,食盐二斤,可将配购证交由专人负责具领使用,若不愿缴实物者,可折价缴纳代金①。

此外,该分监还于1947年6月份,组建了员工福利委员会,以监内薪津等余款作为基金,除基金利息平均分配外,其余款项则从事放款业务取利,以作员工福利之用。如是年7月4日,放款八百万,获利息一百二十万。此外,该分监还不定期向职员、看守分发奖金、物品。如1947年7月份,向员工每人分发福利金一万两千元;1948年上半年度,该监警卫科向各勤务看守发放物品福利,一等看守每人分配白府绸六尺、毛巾两条、草纸十刀、肥皂十块;二等、三等看守每人分配白府绸六尺、毛巾一条、草纸八刀、肥皂六块②。

第四节　井然有序:上海女监职员、看守的日常与管理

对于普通员守每日的工作时间,虽然司法行政部有令"平时每日办公时间,以七小时为原则"。但在江苏第二监狱分监,通常情况下,基本上均实施八小时工作制。普通职员及看守每日分上午、下午两个时段,全天值班工作时间大致为八个小时。"每日上午8时至12时,下午1时至5时,为办公时间,值夜担任戒护不在此限",各员守须"依时到科工作,毋得迟来早去"。1936年3月份,司法行政部虽有指令将办公时间调整为"上午8时至12时,下午2时至6时,不得迟到早退",但是高二分院及该分监认为按照这一工作时间,在管理上颇为困难,后经呈请司法行政部允准并未采用,仍依照原有工作时间执行③。

此外,在暑期天气炎热时,该分监亦会对办公时间予以必要调整,除担任戒护职务者须照常日夜轮值外,其余员守均按照暑期时间作息。大致每年"自7月1日起至8月31日止,改为上午8时至下午1时",但若有"事务处理未毕时,仍应延长至处理完毕时止"④;"下午分班轮值,其人数与时间,

---

① 《上海监狱一分监布告留底》,上海档案馆档案,档号:Q177-1-865。
② 《上海监狱一分监关于员工福利》,上海档案馆档案,档号:Q177-1-781。
③ 《上海高等法院第二分院训令及办公时间规定》,上海档案馆档案,档号:Q177-5-205。
④ 《上海江苏第二监狱分监令文底稿》,上海档案馆档案,档号:Q177-5-144。

依其必要定之"①。自1934年7月份起，又将暑期工作时间调整为"上午7时至12时"，以便员守得以避暑休息②。

战后的上海监狱第一分监，普通职员、看守的日常工作时间，通常情况下，大致上半年每日值班时间为"上午8时至12时，下午2时至6时"，下半年值班时间为"每日上午8时至12时，下午1时至5时半"③。在暑期炎热之际，每年7月份至8月底，实施暑期工作时间，除警卫科担任戒护人员照常轮值外，其余员守每日办公时间为"上午8时至下午1时"，午后每日则派员二人轮值④。未轮值的员守仍需在监内留宿，"俾可随时召集"，如需外出者，需先通报，经许可后方可出监⑤。有时若遇天气酷热时，午后轮值办公时间将会削减一小时，为下午"3时起至6时止"，以资员守得以休息⑥。

江苏第二监狱分监时期，虽然每日的办公时间有着明确规定，但有时因管理松懈，有些员守不守时或办事懈怠现象也并非没有。如1932年12月份，高二分院院长亲往分监视察时，即发现"该分监办事人员诸多懈弛，未能按照法定时间办公"，遂严令分监予以整饬。嗣后，时任分监长陆绍训即遵令整顿，在监内设置有考勤簿，"每日按照法定时间签到签出，不得迟到早退"⑦。

在该分监职员、看守每天的日常工作中，除了戒护、入监、出监、教育、教诲、作业、表册、囚粮等事务以外，定期对监舍及人犯进行例行搜检亦是重要的一项工作。由于该分监羁押人犯以涉嫌烟毒类犯罪者较多，且类多染有烟瘾毒瘾，她们总是想方设法从监外弄到一些烟土毒品之类，因而监内搜检所查出的违禁品亦属此类物品居多。自1930年4月该分监成立至1931年7月31日，一年有余的时间内，该监共搜检出诸如烟泡、代瘾用药品等物共计38小包，全数呈交给一特地院焚毁处理⑧。

上海监狱第一分监对于职员、看守的管理更为规范、严格。曾在该分监任职的李雪梅、袁赛英、欧远兰等人在其各自的口述回忆中都明确强调了该分监严格的管理方式。另据李雪梅所讲，"女监管理人员全部是女性，当时对管理人员管理较严格，女看守进出女监，由监长抄身、抄口袋、抄袜子，有

---

① 《上海高等法院第二分院训令及办公时间规定》，上海档案馆档案，档号：Q177-5-205。
② 《上海江苏第二监狱分监令文底稿》，上海档案馆档案，档号：Q177-5-144。
③ 《上海监狱一分监布告留ંમ》，上海档案馆档案，档号：Q177-1-865。
④ 《上海监狱狱务日记》，上海档案馆档案，档号：Q177-1-666。
⑤ 《上海监狱公函》，上海档案馆档案，档号：Q177-1-699。
⑥ 《上海监狱一分监传知簿》，上海档案馆档案，档号：Q177-1-752。
⑦ 《上海江苏第二监狱分监整顿监房》，上海档案馆档案，档号：Q177-5-221。
⑧ 《上海江苏第二监狱分监关于》，上海档案馆档案，档号：Q177-5-135。

壳的瓜子都不可带入监房"。此外,"旧监狱管理人员等级观念重,看守一般不准进入科室,科室人员一般也不准进入监舍"①。

在每天的工作时间,上海监狱第一分监的职员、看守每日值勤、退勤均需在簿册上签名。签到簿每日上午 8 时 40 分呈送分监长核阅。此外,监狱乃戒严重地,平日门禁森严。为此,即使是职员、看守出入,亦须在出入簿上将出入时间以及事由等项详细填载,以备查考。如 1946 年 1 月 16 日当天出入簿记载,是日下午 2 时,李德心外出,6 时半回监,出外接洽工作②。

该分监每月亦例行搜检监房,除检查有无违禁物品之外,还要检查监内各处卫生洒扫是否干净、周到,被服及常置器具是否整齐。1947 年 3 月 7 日,戴甫琴及唐志禾奉派搜检监房,其在搜检报告中汇报称未发现异物,各处均清洁,整齐③。夜晚监犯管理,是分监日常工作中的重要环节,因而分监对于夜勤极为重视,唯恐出现纰漏而发生事故。每日夜勤除了指派各楼层看守以外,自 1946 年 2 月 19 日起,该分监为严密戒护安全起见,加派人员督饬夜勤,是日即由学习主任看守王棕督夜勤④。1948 年 2 月 27 日,督勤员唐志禾报告称,其于 2 月 26 日夜晚 8 时开始督勤,"当即点查人数,二楼 33 口,三楼 132 口,四楼 90 口,共计 255 口,在勤时,夜 10:05、12:50、2:15 时,曾视察各楼监房,人犯安静,看守尽责,今晨 8 时将所有人犯全数点交,戴甫琴接受,退勤"⑤。但也并非每日夜勤都一切安好,有时值夜勤人员亦会因疏忽而犯错。1948 年 7 月份,据督勤员报告,分监看守张玉根于 7 月 17 日夜 19 时 50 分在四楼值夜班时瞌睡,该员前曾于 5 月 30 日夜班时瞌睡,为此,分监命令给予张玉根记大过一次,以观后效⑥。

在女监任职的这些职员、看守,同其他政府公务员一样,在每日例行的工作之外,一年之内亦可享有法定公共假日。在上海监狱第一分监,每周的周一至周六为工作日,周日休假。每到周日,除警卫戒护人员而外,其他人员休息,但会酌定保留两位值班人员,值守时间为"自上午 8 时起至下午 5 时止"。这些周日值班者,该分监总务科在每年年初会提前将一年内每逢周日需值班者排定班次,轮流值守。"如因故请假须先觅定代理人负责办理,

---

① 《提篮桥监狱女监的管理——李雪梅访谈录》《提篮桥女监工作的点滴回忆——袁赛英访谈录》《陈璧君在提篮桥监狱中——欧远兰访谈录》,转引自徐家俊:《上海监狱的旧闻往事》,第 308—313 页。
② 《上海监狱一分监职员出入簿》,上海档案馆档案,档号: Q177-1-780。
③ 《上海监狱监房收查簿》,上海档案馆档案,档号: Q177-1-854。
④ 《上海监狱狱务日记》,上海档案馆档案,档号: Q177-1-666。
⑤ 《上海监狱夜勤报告表》,上海档案馆档案,档号: Q177-1-533。
⑥ 《上海监狱命令簿》,上海档案馆档案,档号: Q177-1-698。

否则作旷职论"①。1946年5月12日,恰逢星期日例假,本日值班者上午为宋善芬,下午原定为徐文琼,但徐因故未到,由王琮代理②。

除了这种周末例假外,该分监的职员、看守们,每年还有例行的法定假日。如每年的1月1日为新年元旦,照例放假。1946年元旦假期放假3天,但1948年、1949年元旦假期仅有一天。每年的10月10日,是国庆纪念日,亦照例休假一天;每年的8月27日孔子诞辰纪念日,3月29日是黄花岗72烈士殉难纪念日,亦均循例放假一天。此外,每年的11月12日为国父诞辰纪念日,亦照例放假一天。1946年3月12日,该分监因是日为国父逝世纪念日,循例放假一天,但第二科因戒护事项重要而未放假。

除了这些法定节假日而外,在工作期间,若职员、看守遇有他事或生病等原因而无法继续工作时,可以请假。但是由于监狱职能特殊,故而对职员、看守的请假亦有必要的约束和限制。如司法行政部在《新监所职员给假规则》中规定,新监所职员非因疾病及确系不得已事故不得请假。典狱长、分监长、所长及不设所长之所官请假及派代情形,应呈请高等法院院长核准。职员请假须填具请假书,载明事由及日期,呈请该管长官核准。此外,各监所若遇有特别事故或紧急情形时,该管长官不得给假③。

高二分院亦屡次饬令所属监所职员及看守"非因疾病及确系不得已事故,不得请假"。1931年9月份,曾指令分监称"其有非因公出差或疾病大故,未经核准,擅离职守至一个月以上或无正当理由继续旷职至两个月以上者,均即先行停职另补,情节较重者——分别撤职,严予惩处,用肃纪纲"④。为整饬监内职员、看守动辄请假,荒废职务现象,1932年8月,时任分监长黄培汴曾专门布告予以整顿,其布告称"近查各职员看守所有借词疾病请给短假,似此偷懒,不特忽视本己责任,尤恐贻误要公,嗣后因病请假者,须先经本监医士诊断,认为确有疾病者,将方单呈核,方予照准"⑤,若无医生病情诊断及处方,凡请假者,一概不准。1936年1月,司法行政部又规定"各监所职员请假在三日以内者,由典狱长核准;三日以上七日以内者,由高等法院核准;七日以上者,由部核准,并除有必不得已事由外,同时不得有二人请假"⑥。

---

① 《上海监狱夜勤报告簿》,上海档案馆档案,档号:Q177-1-534。
② 《上海监狱狱务日记》,上海档案馆档案,档号:Q177-1-666。
③ 《江苏高等法院第二分院关于典狱长交代接收启用印章及请假、销假事宜的文件》,上海档案馆档案,档号:Q181-1-926。
④ 《上海江苏第二监狱分监关于公务员任用规章及应遵事项》,上海档案馆档案,档号:Q177-5-128。
⑤ 《上海江苏第二监狱分监训令等》,上海档案馆档案,档号:Q177-5-220。
⑥ 《上海江苏第二监狱分监监所法令等》,上海档案馆档案,档号:Q177-5-410。

依照上述部定规章,该分监上至分监长,下至普通职员、看守,凡需请假者,均需依令而行。若分监长有事请假,须呈请主管高二分院批准,期满后并向高二分院销假。如 1930 年 7 月 12 日,时任分监长谢福慈因需返回江苏第三监狱办理职务交接未清事务,故而向高二分院呈请自 7 月 14 日起,请事假六日,在其请假期间,所有分监长职务暂时指定由候补看守长樊国珍代行。至 7 月 21 日假期期满,其事务仍未办结,故而只能向高二分院呈请续假三日,至 7 月 24 日期满事毕回监,呈请高二分院销假①。而普通职员、看守请假,则由分监长予以审批即可,但亦须向高二分院进行例行通报。如 1940 年 6 月,分监职员郑瑞云因家事向分监请假,自本月 4 日起至月底止,请准予给假 27 日,分监长王宝三批示允准,并报高二分院知悉,至月底期满,家事仍未办结。7 月 1 日再向分监呈请续假二个月。高二分院知悉后,以假期时间过久,指令分监查明续假具体事由,以便核准。后经分监函询,郑瑞云的族侄郑庚明函复称"家叔——经接奉江苏高等法院院长委任江苏省宝应县管狱员,即前往接事,现在宝应任所"。获悉事由后,此事遂告完结②。

在上海监狱第一分监,对于员守请假,同样亦有相应制度。该分监于 1946 年 5 月 18 日由第一科制定了《看守请假规则》,后又于 1947 年 4 月 12 日进行了修订。该规则规定:"1. 本分监看守非因疾病及不得已事故不得请假;2. 看守请假须填请假簿呈由科长转呈监长核准后,交人事股登记,以凭查核;3. 假期已满未能销假者应即续假;4. 看守未经准假私自离职或假期已满而不续假亦未销假服务者,应受惩戒;5. 事假按班扣薪,为代班看守酬劳;6. 病假在两天以上须由医生证明病重,延长假期至一月以上者,酌扣薪补,逾两月者停止薪补;7. 看守服务满一年以上,经监长认为勤劳称职者,每年得给休息假七天,假期内薪补照常发给"。除第 5 条外,该规则其他规定对于分监全体职员同样适用③。

依照上述规定,该分监职员、看守请假相对亦更为规范,凡请假者均由分监发给请假证,在该证上详细载明请假人、请假事由及起讫日期及请假时数,以资查核。据该监狱务日记所载,1946 年 4 月 17 日,看守孟金娣因病自本日起请假四天,4 月 19 日又因病未愈续假三天④。职员、看守若因久病不

---

① 《江苏高等法院第二分院关于官规、休假、监所请假、销假、给假派代的文件》,上海档案馆档案,档号:Q181-1-57。
② 《江苏上海第一特区地方法院看守所关于职员郑瑞云请假事项》,上海档案馆档案,档号:Q177-4-97。
③ 《上海监狱证明书、职员请假和执薪》,上海档案馆档案,档号:Q177-1-782。
④ 《上海监狱狱务日记》,上海档案馆档案,档号:Q177-1-666。

愈或其他原因,亦可呈请办理长假,停薪留职。如1946年5月20日,看守梁佩芬因久病未愈,自本日起留职停薪①。按照分监规定,假期期满未结者须呈请续假,有看守因未续假而被处分者。1946年8月12日,该监预备看守张梅芳因事请假两星期,期满后其并未呈请续假。为此,8月26日,分监以其假满未续为由,将其开除②。

上海监狱第一分监每隔一段时间,会定期对以往监内职员、看守请假情况进行调查、汇总,视其请假时数予以扣薪处置,对于未有请假者予以相应奖励。如1947年12月30日,分监调查看守请病假未满三天者,仅有吉梅君一人合格。总务科长林晓明自1946年10月4日起至1947年全年止,一年有余的时间内,全勤上班,没有任何一次事假、病假情事,依照国府的规定"于一年内未请事假病假者,至年终给一个月俸给额之奖金",为此,分监呈请向林晓明颁发相应的奖金③。

12月31日,该分监警卫科将该科看守请假及使用看守平日上半班者,将其薪金予以扣发,所扣薪金,指派宋善芬等人采购日用必需品,以服务年限为标准,向服务尽职者发放奖品,以资鼓励,服务不满三个月者,不给奖励④。1948年2月28日,分监调查统计2月份看守请假班数,并通知出纳股按班扣薪⑤。1948年12月30日至31日,调查统计1948年全年员守请假天数。经统计,在1948年全年未请病假、事假者,计有李梅魂、马映波、唐志禾、孙馥燕、陈绮云等5人。1949年1月4日,由分监呈请上海监狱向上述人员拨发奖金⑥。同年1月17日,时任分监长柯俊杰自到任以来,亦未曾有请事假、病假,故而拟支一月俸给额奖金,以资鼓励⑦。

上海监狱第一分监中女性员守众多,她们将会享有一个特殊的专有假期,也就是分娩假。事实上,早在1928年8月,司法行政部就已有规定,"各法院监所女职员遇生产时期,应准给假两个月,发给半薪,以昭划一"⑧。1936年8月,司法行政部又重申"女职员因生育请假者,其假期以两个月为

---

① 《上海监狱狱务日记》,上海档案馆档案,档号:Q177-1-666。
② 《上海监狱狱务日记》,上海档案馆档案,档号:Q177-1-666。
③ 《上海监狱关于看守林晓明一年内未请假按规定给予奖金》,上海档案馆档案,档号:Q177-1-315;《上海监狱狱务日记》,上海档案馆档案,档号:Q177-1-453。
④ 《上海监狱一分监布告留底》,上海档案馆档案,档号:Q177-1-865。
⑤ 《上海监狱狱务日记》,上海档案馆档案,档号:Q177-1-452。
⑥ 《上海监狱狱务日记》,上海档案馆档案,档号:Q177-1-452;《上海监狱狱务日记》,上海档案馆档案,档号:Q177-1-451。
⑦ 《上海监狱关于作出纯资金提成给奖分配名册》,上海档案馆档案,档号:Q177-1-788。
⑧ 河南省劳改局编:《民国监狱资料选》,下册,第17页。

限,逾限以病假论"①。抗战胜利之后,自上海监狱第一分监设立以来,每年都会有部分职员因分娩而请假,但假期长短不一,长者七周,短者数日,都未超过两月之定额。如 1946 年 8 月 30 日,分监会计员陆善漪因产小孩,自本日起请假,9 月 30 日销假,假期一个月②。1947 年 8 月 6 日,会计室雇员郭唯允请分娩假半个月。同年 9 月 2 日,学习主任看守黄乾中因生产请假七个星期③。1948 年 6 月 16 日,候补看守长干文燕续请分娩假一周,6 月 27 日销假④。

依照司法行政部规定,监所职员、看守均配发有专门制服。但是通常情况下,不论是在江苏第二监狱分监,还是上海监狱第一分监,分监长及各科职员大部分均是穿常服、便服,少有穿正式制服,唯有普通看守、监丁等才在值勤上班时穿制服。在上海监狱第一分监,大部分女看守,"她们很有礼貌,头发剪的很短,脸上没有脂粉,身上穿着黄色卡其布衣服,腰围着同色卡其布裙子,雪白的袜子,黑色的鞋,清洁庄严,甚为美观"⑤。另李雪梅也曾回忆说,该分监的女看守"穿着统一的制服,夏装米黄色裙子,冬装麻袋呢裙子,深藏青色,没有皮鞋"⑥。

该分监部分女看守也时有"烫发,值勤殊不雅观",以至于司法行政部曾下令予以整饬,"女看守并不得烫发,以重观瞻"⑦。出于身份识别起见,上海女监还会向每位入职的职员、看守均发放有徽章一枚,如有遗失须登报声明并再予以补领⑧。

上海监狱第一分监的徽章,系"圆形,蓝色白底,直径 13 厘米,圆中心是一个繁体的'瀘'字,周围是"司法行政部直辖上海监狱第一分监"15 个字,环绕着'瀘'字绕了一圈"⑨。该分监正式组建后,于 1946 年 1 月 25 日向全体员守配发分监徽章,1948 年 4 月份,在分监狱务会议上,有职员鉴于本监徽章启用已久,提议是否进行更换,但经众议,决定暂不更换,但须将已经作废之徽章号码予以登报注销。

---

① 《江苏高等法院第二分院关于典狱长交代接收启用印章及请假、销假事宜的文件》,上海档案馆档案,档号:Q181-1-926。
② 《上海监狱狱务日记》,上海档案馆档案,档号:Q177-1-666。
③ 《上海监狱狱务日记》,上海档案馆档案,档号:Q177-1-453。
④ 《上海监狱狱务日记》,上海档案馆档案,档号:Q177-1-452。
⑤ 《提篮桥女监见闻录》,《和平日报》1946 年 9 月 30 日。
⑥ 《提篮桥监狱女监的管理——李雪梅访谈录》,转引自徐家俊:《上海监狱的旧闻往事》,第 308 页。
⑦ 《上海监狱重要法令》,上海档案馆档案,档号:Q177-1-553。
⑧ 《遗失徽章声明》,《申报》1931 年 12 月 18 日。
⑨ 徐家俊:《上海监狱的前世今生》,第 127 页。

该分监员守徽章丢失,同样亦须登报声明遗失并补办①。1948年5月13日,该分监还曾委托《和平日报》记者陈羽新在该报刊登声明,将该分监员守现佩证章其中已遗失,特声明作废②。在日常工作中,职员、看守进出监所均系佩戴此证章,以资识别检查,"职员眷属应由监发给出入证,以便进出时交验放行,如有来客必须依照手续由守卫通知经许可后始准引入,不得听其随便进出"③。此外,依据司法行政部规定,上海监狱男性员守,非执行公务不得进入女监,若因公务须入内者,"依例应有二人同往,始准入内","无论监所长官或员守均不得调用女犯至寓所或寝室服役,以杜流弊"④。

监所作为羁押人犯重地,尤其是戒护安全问题至为重要。按照常规而言,分监长、看守长等监所领导以及职员、看守应留宿监内,以备不时之需。但是在江苏第二监狱分监时期,该分监因空间狭小,羁押人犯房舍尚不敷用,因而亦难以满足大部分职员、看守在监内住宿之所需,故而其监内"各职员多半住在署内,虽间有不在署内住宿者,亦均能按时到监服务"⑤。也就说该分监将近半数的职员及大部分普通看守无法在监内住宿,据1933年时任分监长孙雄所言,该监"看守向无宿室,落班后均各自归家,轮值到班时始来监接替",长此以往,"不徒管理不便,易生弊窦,万一监内发生事故,乏人补助,尤为堪虞"⑥。为此,孙雄曾呈请在监内添建房舍,以备职员、看守住宿、休息之用。

在上海监狱第一分监时期,该监虽然也是监内空间狭小,无法安排余房供职员、看守住宿之用,但是在该分监初设时,曾由上海监狱拨发监内五号宿舍部分,供该监女职员、看守居住所用。依照上海监狱规定,该监第一至第四号宿舍,仅供应给监内高级职员有眷属者使用。该分监女性员守不知内情,曾一度贸然搬进第三号宿舍居住,后由上海监狱典狱长饬令时任分监长陈咏声转知上述员守从宿舍搬出。自1946年1月份起,该分监中低级职员、看守均住宿于第五号宿舍内。住宿于此宿舍的分监员守,每月耗费的水电等费,一度由分监公款支付,无需个人承担。

然好景不长,1947年10月份,司法行政部监狱司司长叶在筹视察上海监狱时,因该监署内"住有非在该监服务之人员或眷属甚多,不但管理不便,

---

① 《上海监狱职人员制度徽章用簿等杂件》,上海档案馆档案,档号:Q177-1-512。
② 《上海监狱公函》,上海档案馆档案,档号:Q177-1-699。
③ 《上海监狱重要法令》,上海档案馆档案,档号:Q177-1-553。
④ 《上海地方法院第三看守所法令》,上海档案馆档案,档号:Q177-3-575。
⑤ 《上海江苏第二监狱分监整顿监房》,上海档案馆档案,档号:Q177-5-221。
⑥ 《江苏高等法院第二分院关于整顿监务的文件》,上海档案馆档案,档号:Q181-1-840。

且每月水电费因此超支甚巨",因而指令上海监狱应即予以切实整顿。嗣后,11月19日,上海监狱即通告所有监内宿舍住宿员守,自是年11月份起,每月所用水电费概由住宿者自行负担。"水以人口计,电以各公房火表计",并强调"绝对不可使用电炉,以免超过市政府公用局规定本监用电限度,致受加三倍或加五倍缴费及剪线之制裁"①。

接到上海监狱通告后,11月20日,在五号宿舍住宿的分监员守林晓明、马映波、梁碧云、宋善芬、陈绮云等人即召开专门会议商讨对策。决定成立上海监狱第一分监五号宿舍水电管理临时委员会,设主席一人,由林晓明出任,另设委员七人,由马映波、陈又谨、陆善漪、宋善芬等人出任,负责管理水电事宜。为管理宿舍水电开支,经众商议,决定各宿舍电灯"每盏以十五支光为限,三十支光做两盏算,余类推;如有未经通过水电管委会登记自行添置者,以该灯原有光度加倍取费"。同时还议定晚间"5时启灯,9时半派由监丁邹学礼负责熄灯,除八号、九号、十号、十三号宿舍自动退会外,并将二楼、三楼梯灯取消"。宿舍内水费分配,因各员守有无家属同住,所用水量相差甚大,一时未能议定合理分配方案,决定以后再行商讨。

此次会议还决定指派专人轮流巡查,以防止有人私自在宿舍内使用电炉,一经发现,"使用者取罚负担全宿舍电费一个月"②。1948年8月份,该分监又奉上海监狱指令,饬令监内所有住宿员守,凡单身者一律参加公共食堂,有眷属者不准在宿舍楼地板上炊爨,一律集中至宿舍楼下底层水泥地上炊煮,并再次严令重申不准私自使用火炉。此外,还将宿舍内水龙头尽量酌减,除选择易于管理者保留以外,其余水龙头已经取消四处,以节约用水③。

此五号宿舍是为该分监员守住宿之处,为加强管理,1948年11月25日,分监通令,监内员守未经长官允许,不得私自留宿外客在宿舍住宿,不得私自在宿舍内招待亲朋谈笑喧哗,以免"有碍值夜勤看守服务精神",若有违反者,予以必要之处分④。此外,该分监还饬令员守注意宿舍卫生等项,明确要求"1. 室内清洁各自负责处理,室外由庶务督饬监丁随时洒扫;2. 水电用具须加意爱护并力求节约;3. 晚上11时除特别事情外,应一律熄灯安睡,不得大声谈笑;4. 晚上如有男友会谈至迟不得逾9时"⑤。至1949年5月份,上海局势日紧,为保持监内秩序,5月20日,该分监狱务会议通过决议,要

---

① 《上海监狱一分监关于员工福利》,上海档案馆档案,档号:Q177-1-781。
② 《上海监狱一分监关于员工福利》,上海档案馆档案,档号:Q177-1-781。
③ 《上海监狱奉令整顿事项》,上海档案馆档案,档号:Q177-1-264。
④ 《上海监狱一分监传知簿》,上海档案馆档案,档号:Q177-1-753。
⑤ 《上海监狱杂件》,上海档案馆档案,档号:Q177-1-476。

求"所有在职人员,均应一律在监住宿,不得迟到早退,违者以擅离职守论"①。

第五节 奖惩分明:上海女监职员、看守的惩处与奖励

"夫奖所以褒有功,惩所以罚有过,秉政者莫不衡为准绳,以为策励下属之要政"②。上海女监的职员及看守作为监所管理制度的承担者、执行者,朝夕与人犯相处,职位虽不彰显,但责任重大,其行为举止不但攸关监所形象,亦事关狱政之良否。而欲使其供职勤勉,廉洁奉公,"首先须明赏罚,庶有功者获膺奖励,益加勤奋,有过者悦服惩处,悔过自新"③,如此一来,奖罚有规,执行有度,庶几狱政晏清矣。

江苏第二监狱分监自设立后,对职员、看守的管理一向未有松懈,遵照部定规章,凡有发现或经举报有行为失职,违反监规者,则予以相应处罚,对于办事卓有功绩者,则予以相应奖励。唯此种赏罚,在一定时期内,大多以监所命令的形式行之,而缺乏必要的详细规章以资信守。有鉴于此,1934年8月份,王宝三出任暂代分监长后,特依据分监实际情况,拟定了《上海江苏第二监狱分监暨上海第一特区地方法院看守所及民事管收所看守功过奖惩章程》。

依据该章程规定,"凡看守服务勤慎或著特别劳绩者奖励之,服务懈怠或有重大过失者惩罚之"。奖励分为"奖词及记功,记大功,进级"三种,惩罚分为"申斥及记过,记大过,降级或免职"三种。"嘉奖分书面或口头二种,记功凡三次者作为一次大功,记大功三次者进级,如遇有异常劳绩者,得超叙等级","申斥亦分书面或口头二种,记过凡三次者作为一次大过,记大过二次者降级,记大过三次者免职,如遇有重大过失触犯刑章者,除免职外并移送法庭侦查法办"。对于奖惩之实施,由分监主管人员分别功过呈报分监核定行之,并另置功过奖惩簿一本,"由第一科登记送阅,每届三个月审查一次,六个月综核一次",该章程同时还规定,"功过均得互抵"④。

尽管司法行政部亦定有相应法规,以加强各监所职员、看守的管理,督

---

① 《上海监狱一分监传知簿》,上海档案馆档案,档号:Q177-1-753;《上海监狱狱务会议记录》,上海档案馆档案,档号:Q177-1-690。
② 《江苏高等法院第二分院关于整顿监务的文件》,上海档案馆档案,档号:Q181-1-885。
③ 《江苏高等法院第二分院关于整顿监务的文件》,上海档案馆档案,档号:Q181-1-885。
④ 《江苏高等法院第二分院关于整顿监务的文件》,上海档案馆档案,档号:Q181-1-885。

饬监所管理人员廉洁奉公，勤慎于职。但是，国法监规森严，并未能从根本上杜绝监内职员看守的劣迹斑斑。在江苏第二监狱分监存续期间，该监内亦时有职员、看守因或索贿、或舞弊、或侵占等各种违法违规行为而被开除或追究其刑事责任。比较典型的案例如1930年10月份的杨陈氏索贿案①、1932年5月份的胡罗氏索贿案②、1932年8月份的麦文舞弊案③、1934年3月份的张黄氏等呈控朱佩璇虐待人犯及履历造假案④、1935年11月份的王型礼侵占案等⑤。

该分监看守杨陈氏索贿案的案发，缘起人犯与其家属之间极为普通的一次日常接见。1930年10月21日上午，该分监女犯陈朱氏与其子小狗子接见时，陈朱氏问其子，托人送给他的钱洋20元有没有收到。此话恰好被值勤看守长听到，颇感疑惑，遂向该犯陈朱氏讯问详情。据该犯交代，本年8月1日入监时，身藏有钞票洋80元，均系每张十元，共8张，未被搜检看守发现，遂夹带入监。在监期间，曾向女犯张韩氏讯问是否将钞票交出，但张韩氏称若交出即被充公，不如托看守将钞票送出监去比较好。故由张韩氏介绍女监看守杨陈氏替陈朱氏送钱，称杨陈氏十分忠实，可以办到。听信张韩氏之言后，陈朱氏唯恐钞票被充公，故而私下分两次托杨陈氏将钞票送出。第一次交给张韩氏钞票60元转交给看守杨陈氏，事先议定，将40元送给陈朱氏之子小狗子，余下20元，返还给陈朱氏2元，其余18元由杨陈氏及张韩氏私分。第二次陈朱氏又将手中剩余的所有钞票22元全数交给张韩氏转由杨陈氏带出，其中2元作为杨陈氏的车资，余下20元交给其子。"当交22元时候，该看守在监门外走来走去望风，该看守也知情的"，后来见到其子时，方得知只拿到40元，而另外20元并未收到。

---

① 《上海江苏第二监狱分监究办事项》，上海档案馆档案，档号：Q177－5－56；《江苏高等法院第二分院关于控告监所期满不放人犯及职员疏忽背职的文件》，上海档案馆档案，档号：Q181－1－806。
② 《上海江苏第二监狱分监究办事项》，上海档案馆档案，档号：Q177－5－141；《江苏高等法院第二分院关于官规、任用本院书记官、翻译官、任免迁调叙俸进级的文件》，上海档案馆档案，档号：Q181－1－72。
③ 《女监狱内看守为狱犯私递烟泡》，《申报》1932年8月18日；《女监门卫受贿罪》，《申报》1932年9月1日；《上海第一特区地院看守所关于究办候补看守长方剑白失职等事项》，上海档案馆档案，档号：Q177－5－219；《江苏高等法院第二分院关于职员任免迁调叙俸进级的文件》，上海档案馆档案，档号：Q181－1－836。
④ 《江苏高等法院第二分院关于官规奖惩、考绩、抚恤、两院及监所职员奖惩事项》，上海档案馆档案，档号：Q181－1－122。
⑤ 《上海江苏第二监狱分监关于任用事项》，上海档案馆档案，档号：Q177－5－38；《江苏省高等法院第二分院及监所职员违法失职事项调查报告》，上海档案馆档案，档号：Q181－1－175。

而据张韩氏供称，陈朱氏的钱款确系是托看守杨陈氏送出，但具体数目她并不知情，并否认是其介绍杨陈氏办理此事。称此事本系杨陈氏与陈朱氏二人早就商量好的，与她无关，还否认向陈朱氏讲过钞票上交要没收充公的话，亦不承认与杨陈氏分钱，"我并未得彼分文"。但是据与陈朱氏同一监房的女犯王张氏指认，陈朱氏与张韩氏谈话有钞票20元托其送到家里，她是听见的，而钞票上交要充公的话，确系"是张韩氏说的，我亦听闻，此话约在交钱带出前几天，日子则记不清了"。涉案看守杨陈氏则称，是张韩氏叫我给陈朱氏带钞票，我看陈朱氏可怜，就给她带出去40元，第二次她又跪下央求我再带洋20元送去，但不料这钱在电车上被偷走，未能交给其子。并称陈朱氏所述第一次给我60元，并无此事，"这是伊咬我一口，我并没有拿到"。此外，杨陈氏还否认向陈朱氏索要钱款，称"伊叫我送钱时，只答应我说我儿还乡，出来后送些东西给我的，钱是没有收到过"。

经提讯相关人犯调查后，看守杨陈氏违背职务，索要贿款一事渐趋明朗。依照部颁法规，囚犯携带的金钱物品在入监时须交由监狱方面代为保管或保存，不得携带入监，尤其不准看守私自替人犯传送。该看守杨陈氏，既已知道人犯陈朱氏私藏钱款，非但不及时上报，以尽其职责，本已属违背职守，且又受托私自代人犯传送钱款，并谋求不正当之利益，实属渎职。女犯张韩氏协助杨陈氏受贿，又妄言钱款上交须没收充公，且其分得钱款洋5元亦被查出，虽然其一再否认得钱，但人证物证确凿，其充当捐客受贿的行为显然。据此，1930年10月28日，该分监除将涉案看守杨陈氏开除外，并将其函送一特地院检察处予以依法严办。其余涉案女犯陈朱氏、张韩氏、王张氏已在监羁押，另行处理。此外，陈朱氏入监时私带钱款，搜检看守居然未能及时发现并查出，显系疏忽职务，故而该负责搜检的看守张李氏亦被分监处罚。

尽管前有杨陈氏因向人犯需索而被法办的案例，似乎并未对后来者形成警示，仍时有看守假借囚犯名义向其家属索取钱物。1932年5月22日，时任分监长黄培汴在济善医院视察时，在该院进行戒烟治疗的烟犯孙陈氏向其告发称有看守名胡罗氏者曾到其家中要钱。"她对我丈夫说我在监里很苦，没有烟泡吃，她到过我家数次，一共向我丈夫要了十五块多钱，这件事是我的丈夫在医院接见时，告诉我的，那女看守只将烟泡一点点给我一次。说是在法租界买来的，她自向我丈夫拿了几次的钱，并没有其他食物带来过了，那女看守又对我说你要吃烟泡么，我说不要了，我还总认得那个女看守，因她的耳后有一瘤子的"。

黄培汴复将其夫孙贵即孙老三传来问讯，据其供称"有女看守到我家里来了三次，有一次我不在家，第一次来说你的妻子在监所里生病很苦，里面有钱不好用，我可以代你买点心给她吃。所以我给她七元六角，内有二元六角是车钱，其余买咸蛋及点心。第二次来到，女看守对我说你的妻子已经判定明天要着号衣，一个月只可接见一次，你再买点东西给她等语。我当即给予五元买东西，另两元四角付车钱，共七元四角。第三次女看守又来，我不在家，由我的侄媳妇给她二角车钱，以后就没来过，那看守我现在还认得她"。

依据烟犯孙陈氏及其夫孙贵所指控的看守特征，黄培汴已确认该监看守胡罗氏是为涉案人。胡罗氏，年40岁，绍兴余姚人，"面黄黑瘦，下颚尖形，中人身材，左耳后有一瘤"。该看守已有前科，此前，未决犯张阿四曾指控该看守向其家属索要钱物，称"我大约于去年五月十七八叫胡罗氏阿姨到我家带信，叫娘来接见，随带短衫裤。我对阿姨说，你去找我娘，会给你车钱的。后阿姨回来我问她我娘在家不在家，阿姨你拿了多少钱。她说没有拿着几个钱，你娘在家里"。而据张阿四亲属张俞氏供称，确有看守到其家中去过三次，但她只见到过一次，该看守告诉她说张阿四在监内要吃小菜还要买些点心吃，向其要钱。张俞氏说没有钱，后被纠缠不过，就给该看守两角钱，并要她以后不要来了。

另据人犯蒋钱氏指证，张阿四曾对她说"妹妹你不要上阿姨的当，从前我叫胡罗氏阿姨到我家里去带信，亦不知家中用了多少钱"。对于上述指控，胡罗氏予以否认，并称"我未去过"，"她（即张阿四）要说我去过，我也没有法子想"。虽然该看守胡罗氏涉嫌敲诈，但证据又不充分，故以违职论，已于本年5月21日将其开革。然5月22日，又被人犯孙陈氏告发敲诈勒索，胡罗氏"违背职务，要求不正当利益，实犯渎职"，且触犯刑章，鉴于其曾涉嫌勒索前科，故而此次应当依法严惩，以儆效尤。遂由分监致函一特地院检察处前往胡罗氏住址法租界自来火街立贤里191号4楼，将该犯缉拿到案，依法严办。高二分院获悉此事之后，亦指令检察处速将该犯严缉讯办。

1932年8月13日该分监暂代候补看守长叶耀华向分监长黄培汴汇报称，是日凌晨5时半，领班女看守郭慧君向其揭发称，门街看守麦文给她白纸包一个，内有白药片四块，鸦片少许，托其转交给监犯杜温氏。黄监长获悉后，知此事必有舞弊情形，遂将麦文及相关人等传到讯问。然麦文则"借词推诿不敢承认，然而证物俱在，该看守似难面赖"。当即将麦文革职，并将其扣押，连同证物一并移送至一特地院检察处法办。经检察官钟清调查认定麦文有犯罪行为，遂通知工部局法律组依法起诉，并将麦文移交至汇司捕房羁押，由捕房律师王耀堂依据《中华民国刑法》第129条渎职罪及禁烟法

第 13 条予以起诉。

8 月 17 日,一特地院刑二庭开庭审理此案。经查,监犯杜温氏系烟犯,因私吸鸦片被捕房拘捕法办,在该分监服刑。8 月 13 日凌晨 5 时半,有叶某出钱十元,买通分监门街看守麦文,意图将烟泡一小包交给杜温氏。麦文即找到女看守郭慧君帮忙转送入监。据郭慧君称,当时麦文将此小纸包交给我,托我转交给杜温氏,说里面系烟泡,事成之后,另给洋五元作为酬劳。"我当拒绝,并警告其不能知法犯法,速即退去,讵被告缠扰不休",故将此事连同纸包向上级报告,并称当时有女犯顾陈氏所见。

而据顾陈氏指证"吾在拖地时候,男人看守交给他女看守,是一小纸包,内是什么东西,吾不知道,说什么话,吾听不清楚"。而麦文则称,8 月 12 日下午郭慧君嘱咐我购买一元钱的头疼药阿司匹林片,13 日晨即在法院隔壁烟纸店购买后交给她,并称此事另有原因在内,系郭慧君故意栽赃陷害,"实无得贿代送烟泡之事"。对于麦文的辩词,法院不予采信,及至 8 月 31 日,法庭做出裁决,被告麦文犯罪事实成立,处有期徒刑一年六个月,烟泡一包予以没收。

在江苏第二监狱分监,各色人犯羁押于内,人性各异,监内职员为维持监内秩序,会采取一系列强制手段加强对人犯的管控,这种行为原本为监狱机制正常运作之所需。但是,也不排除会有部分职员滥用职权,虐待人犯,假借公权以泄个人私愤等情事。对此,受到惩处或虐待的人犯亦并非都会选择忍气吞声,有些心有不甘的人犯亦有其自身的应对策略和方式。例如向主管官署检举告发即是这些人犯对于滥发淫威的监所职员的一种应对手段,亦是对具有此类恶行职员的一种震慑。

1934 年 3 月份,曾在江苏第二监狱分监服刑的人犯张黄氏、陈陆氏等人向司法行政部呈控该分监第二科科长朱佩璇虐待人犯的恶行,并揭发其履历造假等不端行为。司法行政部监狱司即转饬高二分院予以彻查核办。据张黄氏等人在呈控书中所称,她们因为谋生所迫,不得已去贩卖烟土,希图厚利,因行事不慎,被捕房缉拿投入江苏第二监狱分监。入监之后,又因分监第二科科长朱佩璇为人肆虐,"行威作福,肆无顾忌,虐待人犯,惨无人道"。朱佩璇平日在监内,对于人犯管理事项,并不亲自查验,"楼上数百人犯,任凭各看守及老犯人之处理和报告,无论何人一经报告,不问是非曲直,即私行拷打。如人犯稍有申辩,还以违拗长官论罪,发其雌威,将犯人铐至数星期之久,若能含屈忍受者,亦须反铐二三日,以致弊窦百出,真所谓暗无天日也"。

张黄氏等人还指控朱佩璇有纳贿纵容人犯舞弊情事,称"在监人中有钱者,鸦片书信均可出入,无钱者忍气吞声,日受惨苦"。对于朱佩璇的恶行,二科职员因畏其权势及上下级地位关系,亦敢怒不敢言,且不敢将其违规行为禀告分监长知晓。而各任监长又不常居监内,对朱佩璇的行为多被蒙蔽,且朱佩璇在分监任职较久,并与诸如其他科长如方剑白等人关系密切。同时,朱佩璇又以分监首任监长谢福慈为奥援,甚或有吴象祖分监长对其"一见倾心,而未几遂发生恋爱,女监办公室为彼等幽会地,女看守为彼等之红娘,每夜谈至夜半方散"。朱佩璇正是既仰仗谢福慈之潜势,又有吴象祖为之作保障,因而在监内大出风头。"视长官如无物,视在监人为死囚,一味苛刻暴戾,无所不为",甚至有联手方剑白胁迫、挟制分监长黄培汴之情事,"当此青天白日之下,司法阐明之际,何能容此妖妇为科长,使分监无宁静之日乎"。

此外,在江苏第二监狱分监时期,依照司法行政部的指令,监内职员需将自己履历以及毕业文凭等证明文件,呈递司法行政部进行审查考核,以便委用人员及铨叙等级之用。1933年孙雄任分监长时,曾催促朱佩璇及时将其学历证书等证明文件呈交,以便汇集呈部稽核。而朱佩璇一时无法拿出,情急之下,遂"运用其金钱魔力,经过数十日及数人之奔走,居然竟将十八年远东大学假毕业证书到手,得意忘形,遂请孙监长代为报部",幸而法部以其资历不足,将其各项文件退回。

另外,朱佩璇初入监服务时,只是报称曾在持志大学肄业一年,并无毕业情事。此后,其一直在分监任职而未他往,今何以有早已停闭之大学毕业文凭之出现,显见该朱佩璇系蓄意蒙蔽上司。对于此种"胆大妄为、狡猾成性"之人,若不予以严惩,此后更"要兴风作浪,大施其欺凌长官,鱼肉同人,虐待犯人之手段也"。为此,张黄氏、陈陆氏等人"一为难友呼吁,二为谋求整饬分监起见",特呈请司法行政部将分监科长朱佩璇予以彻查严办,并表示所呈之语之真切,"字字血泪也,如系捏词擅报,永无赎身"。

对于张黄氏等人所呈控各节,司法行政部即转饬江苏高等法院第二分院予以查办。高二分院经查证后,确认分监第二科科长朱佩璇在管理监房时,对于人犯的惩罚,实有自行其是之举动,其"用戒具之轻重惩罚,亦每不报由监长核办,且查有既将犯人拷锁又复加以笞打情事"。至此,高二分院经过调查坐实了该朱佩璇确有轻率任性、肆虐人犯的行为,且认为这种行为殊违悯囚之旨,但在实际惩治方面,又不肯对其严惩,反而意图为开脱罪责。高二分院认为历任分监长对朱佩璇的恶行亦采取姑息放任态度,应负有用人失察,管理不严的责任,并非全然朱佩璇一人的过错。为此,高二分院决定对朱佩璇网开一面,从轻处分,仅对其"严于申诫,以示薄谴",也就是相当于对其进行一次无足轻重的诫勉谈话,即告结案。而对于呈控书中所提到的朱佩璇伪造学历文凭,意图蒙蔽上司之事,高二分院未予以任何表示。不过,为防止监内再发生此等丑闻,高二分院亦饬令分监长邱怀问对于监务及职员看守严加管束。

1934年7月份,该分监学习主任看守凌敏在值夜班时,私自将缝纫科空白发票撕去一张,教诲师沈静陶发现后向监长告发,虽未知其何意,但其"如此举动,殊属不合,非特有亏道德,抑且妨害公务",故而将其开革①。1935年9月10日及30日,该分监庶务主任看守朱佩玦,先后向盆汤弄桥新泰煤号、爱多亚路老义盛煤号,购买烟煤各一吨,不料朱佩玦将分院购煤款私自挪用,并未支付给商家。后经分监长王宝三前往商号调查属实,于是年10月7日经呈准高二分院允准,将挪用公款的朱佩玦予以免职,所有挪用货款,一并如数追还。该分监职员看守有时亦因办事不力而被处分。如1935年7月,该分监学习主任看守汤云麟,自到职以来"服务不力,屡试不悛",经呈准予以免职。此外,另有看守徐祖迈亦因办事不力而去职②。

1935年11月9日,该分监又呈请将奉派到监负责第三科作业事务及兼办文书统计事项的候补看守长王型礼予以调职,称该员自到职以来"对于新监事务,极其隔阂,其与作业一科,尤无经验,至所拟文稿,亦多欠通顺,而办理统计,更漫不经心,舛误百出——该王型礼程度幼稚,办理不力,实难胜任",故而呈请将其调换,另派贤员接替。不久,11月30日,王型礼私自侵占挪用分监作业公款630.88元事泄案发。

江苏第二监狱分监自开办人犯作业以来,历经筹划及职员、监犯之努力,及至1935年该监作业日渐发达,收入益丰。所有作业收入除大部分存入中央银行之外,该分监第三科通常亦留存现金五六百元之数,以备购办材料物品之用。银行存折由分监长保管,但留存现金则由第三科科长保管,每届月终则由分监长予以抽查审核。

王型礼自到职以后的一段时间内,分监长抽查其所保管现金,均属相符,并无差错。然11月底,又届月终,正值10月份分监作业款项结算时,分监长王宝三迭令王型礼将留存现金清缴查核,不料其却一再延宕,拖延不交。至11月30日上午8时,严令其缴出,始缴到现金110元,经清查发现共亏欠公款630.88元之巨。至此,其挪用公款案遂告事发。高二分院获悉

---

① 《江苏省高等法院第二分院及监所职员违法失职事项调查报告》,上海档案馆档案,档号:Q181-1-146。
② 《江苏高等法院第二分院关于监所职员任免迁调叙俸进级的文件》,上海档案馆档案,档号:Q181-1-900。

此事之后,甚感疑惑,"该监平日何以须存如许巨款,该监长每月月终,既经核查,何以仅隔一月即挪用如是之多"?遂饬令分监除将该王型礼移送司法外,务将此事详情查明速报。后据王型礼供称"有人过境借去四百元,同事中借去六七十元,余由自己挪用"。分监长经查询系与事实相符,并严饬王型礼将亏空的款项补交到监。至12月3日,方由其家属将上述挪用款项如数缴清,并由分监将此款悉数存入中央银行。

一特地院检察处受命查办此案,1935年12月4日侦查终结,由林检察官向该院刑庭提起公诉,称王型礼自1935年3月间派任分监以来,该分监内所有作业纯益金均由其保管,其保管方法依照向例,将该款大部分存入银行,留一小部分存科,以备随时购买材料及其他零星开支之用。至1935年11月30日止,凭账簿结算,"该分监内滚存之作业纯益金总数应为4 438.25元,除储存中央银行计洋3 652.22元外,存科现款应为786.03元,同日经该分监监长王宝三检点现款,被告只能交出现款110.06元,并指出购买材料等账合计银155.15元,其余630.88元,悉数被挪用"。上述事实有分监长的报告及作业簿册可资证明,被告亦未否认。但其称"自己仅用40余元,内中有400元为亲戚来沪借去,余系同事移借未还",但其拿出借据二纸,仅有金额68元,其余皆无从证实,难以凭信,且该被告自己承认花用40余元,已构成利用职务便利而侵占公务上持有物罪。"唯该被告犯罪后,颇知悛悔,且于侦查中已将上述挪用之款全数筹缴归清,此虽不能阻却既往犯罪之成立,然可见该被告犯罪之恶意尚轻——似可从轻科罚"。

12月7日下午1时半,一特地院刑庭开庭审理,王型礼延聘林大文律师辩护。法庭经审理后认为王型礼公务上连续侵占罪名成立。但其在起诉前"已将亏短公款筹借归还,且未曾受徒刑以上之宣告,因一时失检,偶罹法网,犯罪情状尚可悯恕,应酌减本刑二分之一,其刑期亦以暂不执行为适当"。故一审宣判被告有期徒刑六个月,缓刑二年执行。判决后,是日下午3时,王型礼即获释返家。

此案终结之后,高二分院于12月9日指令分监追究分监长王宝三疏忽职守的责任,"该分监作业,皆属手工,平日无存现款六七百元之必要,既已存有巨款,该分监长随时应严加注意,或变更保管方法,以防发生情弊,乃竟漫不经心,致时隔一月,即被该王型礼挪用至六百三十元之多,疏忽将事,实属咎无可刺,应严予申斥"。同时,还指令该监嗣后对于"经费作业等款项,应尽量存储银行,即有大宗支出,亦可签开支票支付,其他人员戒护囚粮作业等事项,该分监长亦应随时严密考查,如发现弊之所在,虽极细微,即须尽行受除,设法改良,毋稍因循"。

上海监狱第一分监时期,对于职员、看守的奖惩亦由分监长斟酌具体情形分别行之。奖励分为嘉奖、记功、记大功、晋级、提升等五种,惩罚亦分为申诫、记过、记大过、降级、除名等五种。"凡记三过等于一大过,记三功等于一大功,凡在两年考绩期内奖励惩罚处分得予抵销,又记过合计在三大过以上或降级二次以上者,即予开除,记功合计在三大功以上或晋级二次以上者即予以提升"①。

该分监职员、看守的日常管理较为规范,若有违规者即予以相应处分。据该分监日常命令簿的记载,1946年9月3日晚10时,三楼值勤看守俞惠娟对于少数人犯扰乱秩序不加以控制,记大过一次;11月18日,俞惠娟又因疏忽职务被记过一次。同年11月16日下午1时40分,二楼看守冯玉英擅离职守,三楼看守王雪梅疏忽职务,各记小过一次,以示惩戒。11月28日下午2时半,学习主任看守俞宝庄于领送释放女犯李昭蓉出监时,绕道至宿舍门首,私自停留,并给予国币一千元,殊属不合,故念平日服务尚称努力,着即记过一次,以观后效②。

1947年1月4日,该分监综合上一年度职员工作表现,认为看守冯玉英、王雪梅、俞惠娟、孔荷英等四人,服务欠佳,予以降级处分,降为预备看守。同年4月10日,主任看守徐文琼因办事不力,被开革裁撤。4月25日,看守吉梅君在值班时,私自与人犯互换手帕,殊属违规,但念其平日服务尚称努力,予以记大过一次,以示惩戒。6月27日下午4时,学习主任看守徐雪春在代理门卫时,疏忽职务,因其平日服务努力,予以从轻处分,着申斥一次③。

1948年7月10日,该分监会计室书记官施淑卿在办公时间不守职行,着记过一次。同年11月20日,看守程问春在回答长官问话时,不据事实,任意妄言,且不服从命令,记大过二次,以儆效尤。12月17日,看守周诗贤忽视勤务,念其初犯,着记过一次。

1949年2月6日下午6时,看守王云仙补勤门卫时,未将前门加锁,幸而为接班看守俞惠娟、王莲清发觉,未发生事故,该看守疏忽职务,殊属非是,但念其试用期间,从轻处分,予以记大过一次。3月17日清晨开封时,试用看守袁赛云,对于人犯任意行动不加以管束,实属疏忽职务,且该看守自到任以来,毫无进步,着记大过一次,以观后效④。

---

① 《司法行政部直属上海监狱沿革纪实录》,上海档案馆档案,档号:Q177-1-444。
② 《上海监狱命令簿》,上海档案馆档案,档号:Q177-1-696。
③ 《上海监狱命令簿》,上海档案馆档案,档号:Q177-1-697。
④ 《上海监狱命令簿》,上海档案馆档案,档号:Q177-1-698。

监所作业是该分监的重要管理事项,尤其是对于作业场所的工具、材料、成品等须严加注意,在上工、下工时,对于人犯及作业场所均须严格检查,以防止有所疏漏或夹带等情事,以确保人犯安全,避免发生意外。作为主管监犯作业的职员看守更应该时刻注意,以身作则,若有疏忽职务者,亦将受到处分。1947年8月15日,分监警卫科在监内巡视时,在分监四楼工场内发现有未经登记的包裹一只,据人犯称此包裹系工场主管孙瑞村所有。在工场内发现有职员私人物品,殊属有违监规,据孙瑞村解释称其"因一时疏忽",实非故意。分监经查证确属其所有之物,即令予以发还,但该孙瑞村身为工场主管,"不辩公私,有违纪律,殊属非是",但念其系初犯,着予以从轻处分,8月25日,通令申斥一次①。

除了对违法、违规的职员、看守予以处分外,对于服务监所卓有成绩之职员、看守同样要予以必要奖励,以激励其廉洁奉公,忠于职守。1932年3月,候补看守长方剑白自分监创办伊始即在监内任职,"对于监所戒护管理事务颇为勤慎——关于管理待遇卫生清洁等项,均能悉心办理,有条不紊,言戒护则从无事故发生,言待遇则宽猛教养兼施,言卫生则疾病甚少,言管理则秩序严肃整齐,所有未接收以前之积弊,该员尤不辞劳怨,均已革无尽遗——此次战事发生,本监距离战区近在咫尺,该员督同全体看守昼夜防范,月余以来镇静将事,劳瘁不辞,尤属难能可贵"。对于此种勤慎从公、成绩卓著之员守,时任分监长赵凤贤呈请高二分院转报司法行政部"将该员以看守所所长存记任用,并请将该员补助津查照上海第二特区监狱候补看守长叙津成案,从优核叙,以资鼓励"②。

此外,对于年度考绩优异者,亦由分监呈请予以加薪、晋级等奖励。如1939年度考绩,该分监侯光迪、李梅魂、袁佩莲成绩优异,奉部令给予侯光迪"晋叙修正监所委任待遇职员津贴表六级津贴,按级支给九十元",给予李梅魂"晋叙同表十三级津贴,按级支给五十五元",给予袁佩莲"晋叙同表十四级津贴,按级支给五十元"③。

对于普通看守的奖励,1934年8月份,时任代理分监长王宝三鉴于监内看守职务重要、薪资微薄之状况,决定对服务有功绩,办事无过失者予以现金奖励。并制定了《看守丁役年功奖金办法》,"每届年终,按功行赏,用资

---

① 《上海监狱公函》,上海档案馆档案,档号:Q177-1-699;《上海监狱命令簿》,上海档案馆档案,档号:Q177-1-697。
② 《江苏高等法院第二分院关于监所人犯死亡证书》,上海档案馆档案,档号:Q181-1-820。
③ 《江苏高等法院第二分院关于两院及监所职员考绩事项》,上海档案馆档案,档号:Q181-1-278。

奖励";依据该办法之规定,"看守丁役廉洁勤慎一年内无过失,并曾经记大功者,于每年终特给与 20 元至 40 元之年功奖金;看守廉洁勤慎一年内无过失,并曾记大功二次以上或有异常劳绩者,于每年终特给与 40 元至 60 元之年功奖金";看守丁役之年功奖金在该分监每年度经常费结余款项内列支①。

该办法实施后,该分监于 1935 年 6 月份对 1934 年度看守服务成绩予以考核,发放首次年功奖。通过对该分监各看守丁役的平日功过及服务成绩的考核,最终确定看守张世宝、朱子荣、毛觉悟、童国君、钱张氏等五人,"均廉洁勤慎,于一年内并无过失或曾记功者",核与上述办法相符,从而确定其为分监首届年功奖金获得者。决定向张世宝发放奖金 40 元,朱子荣、毛觉悟各 30 元,童国君、钱张氏各 20 元,以示鼓励。

此外,该分监附设的民事管守所看守吴麟书、梅冬生,及所丁胡宏耀等三名,虽服务均未满一年,但"异常勤恳廉洁,颇有改造精神,或曾记大功者",核与上述办法相符,亦由分监决定发给奖金,以示鼓励。拟向吴麟书、胡宏耀各发放 40 元,梅冬生发放 20 元,另有看守金之芳、李希颜二名,均勤慎廉洁,于一年内并无过失,亦拟各给奖 30 元,以资鼓励,而昭激劝②。

在上海监狱第一分监时期,亦有对职员看守予以奖励者,如 1946 年 3 月 1 日,调升蔡宛琼为主任看守,专管戒护事务;调升孙瑞村为代用作业导师,依照主任看守支薪③。1947 年 1 月 6 日,该分监对服务成绩优异的主任看守八名予以升级,另向戴甫琴等 11 人发放奖金,最多四万元,最少五千元④。

1948 年 7 月份,该分监职员林晓明、李梅魂因在监所任职资历甚久,其功绩甚佳,故而由司法行政部呈报国府文官处予以奖励,颁发胜利勋章及获奖证书,"林晓明,利字第 6181 号,李梅魂,利字第 6182 号"⑤。8 月 10 日,看守卢书珍因防范得宜,"奉谕给予奖品,以资鼓励"⑥。同年 9 月 22 日,分

---

① 《江苏高等法院第二分院关于整顿监务的文件》,上海档案馆档案,档号:Q181-1-885。
② 《江苏高等法院第二分院关于官规奖惩考绩抚恤、两院及监所职员奖惩事项》,上海档案馆档案,档号:Q181-1-160;《上海江苏第二监狱分监关于奖惩考绩抚恤究办看守员吴麟书等之年功奖金由》,上海档案馆档案,档号:Q177-5-367。
③ 《上海监狱命令簿》,上海档案馆档案,档号:Q177-1-696。
④ 《上海监狱命令簿》,上海档案馆档案,档号:Q177-1-697。
⑤ 《上海市监狱关于行政部派胥训坊主任、典座送审及请假》,上海档案馆档案,档号:Q177-1-49。
⑥ 《上海监狱狱务日记》,上海档案馆档案,档号:Q177-1-452。

监长狄润君"管理有方,对于教育尤著成绩,所雇看守均受相当教育,尚无积习,该分监长办事得力,应予以传令嘉奖"①。1949年1月,分监看守周诗贤为该监人犯作业承揽工作,热心可嘉,由分监长柯俊杰批准从作业奖金项下拨款向其发放奖金,以示奖励②。

---

① 《上海监狱关于监狱看守训练课程表》,上海档案馆档案,档号:Q177-1-183。
② 《上海监狱关于作出纯资金提成给奖分配名册》,上海档案馆档案,档号:Q177-1-788。

结语　社会变迁及性别视野下的监狱史研究

　　江苏第二监狱分监、上海监狱第一分监,作为沪埠两所独立建制的新式女监,这两所监狱的组建,从根本上而言,是中国传统狱制在近代司法文明的影响下逐步近代化转型的产物,亦是中国近代以来司法领域中社会性别观念及刑罚理念革新的重要体现。它们的设立,从很大程度上改变了传统时代中国女监的附属和弱势地位,有效地促进了监狱体系的完备,直接推进了中国狱制的演变和发展,在中国监狱体系变迁的历史脉络中具有承上启下的重要地位和意义。

　　此类独立建制新式女监的出现和成型并非偶然,它是近代以来在思想观念、社会局势等各种因素综合作用下所形成的一个长期的历史进程中政府与社会各界相互角力与协作的结果。而从更深层次的本质而言,它既是中国的本土精英对于西方先进狱制文明刺激的反应,同时也是中国狱制自身传统因素内在的自觉反省和逐渐调适。

　　监狱自有其必要的功能和作用,从社会性别的视角而言,民国时期的上海女监继承晚清监狱改良之余绪,更多体现出中国狱制自传统而近代逐步革新和改善,而且在刑罚理念、狱政管理模式、人事组织形式等方面基本上摒弃了传统狱制的影响,很明显地表现出新式狱政的现代性。它不但在应对民国时期日益严重的城市女性犯罪问题及加强社会治理方面有着必要的功能和成效,而且其有效的狱政管理经验和模式亦为嗣后女监的发展提供了必要的借鉴和参考。可以说,上海女监良好的运作实效在司法实践中得以充分体现,充分表明近代以来对于西方狱制的借鉴和移植,在促进中国狱制发展方面有着实质性的效果。

　　上海女监的曲折发展历程,亦是近代以来中国社会变迁的缩影。它与近代以来新兴都市的发展、女性社会化程度的提升及女性犯罪现象的凸显有着明显的联系。其背后更是与近代以来中国司法领域中社会性别规范的更新和转变有着直接的关联,亦即由传统时代注重父权制的家庭本位走向以法律、个体本位、男女平等为主要模式的转型。女性和男性一样,成为平等的自然人,并具有独立的、积极的、自主的法律人格,享有同等权利,亦要担负同等义务和责任,女性将要为其自主的选择和行为在法律方面负责。

众所周知,在传统时代,随着儒家礼教思想作为官方意识形态地位的确立,在社会生活中盛行的是以父权制为核心的社会性别规范。在此种父权制的家庭秩序中,男尊女卑是社会主流观念,"男女之别,男尊女卑,故以男为贵",男性是社会生活中的主体,女性被认为是鲜有自身意志的附属物。"女人始终是在男人意志和权力之下的,在三从主义之下,自生至死可说皆处于从的地位,无独立意志可言"①,女性的意志都是从属于男性的,而男性对于女性有着显而易见的主宰和控制的权力。女性的思想和日常的社会行为在此种性别秩序的规制和约束下,几无自由抉择之余地,致使女性多被排除于正常的社会活动范围之外,丧失了独立自主的经济地位、社会人格及婚姻自主权。

女性的诸多权利在此种伦理秩序的规制下,极为受限甚而被剥夺。如在民事领域,白凯的研究表明,女性在财产权方面远不如男性,在财产继承和分割时,首要考虑的是男性的优先权和占有权,男性在场与否对于女性而言,至关重要。在分家时,女性仅得到一部分的嫁妆和抚养费,对家中的其他财产没有主张权。虽然女性在承祧方面尚拥有一定的财产获得权,但是此种承祧权亦是在女性没有兄弟或儿子时,也就是在男性缺席的前提下,才拥有的一部分权利,而此种权利在一定时期之内还会受到挤压,其家族内的其他男性家长对于女性承祧权方面亦有相当程度的影响力②。

女性财产权的不平等正是基于中国法律的家庭主义及失衡的社会性别关系。中国传统法律一般是将"家产视作一个基于父子关系的跨代际权利"③,也就是强调父子一体的原则,财产应由父亲传承到儿子手中,而不是由其妻子或女儿等女性亲属来继承。虽然传统法系亦采用夫妻一体的原则,这两个原则固然是并行的,但是父子一体明显要优先于夫妻一体的原则,也就是男性优先为主要原则。妻子没有自己的财产权,也不能继承其丈夫的财产,若丈夫去世,而其子未成年,那么妻子可以代替丈夫行使一定的

---

① 瞿同祖:《中国法律与中国社会》,北京:中华书局,2003年,第112页。
② 白凯:《中国的妇女与财产:960—1949年》,上海:上海书店出版社,2003年,第181页。
③ 黄宗智:《清代的法律、社会与文化》,北京:法律出版社,2014年,《总序》第6页。

财产监护权,而并非是所有权。

不只是在社会经济方面表现出男女性别的歧异,在司法领域,父权制的社会伦理秩序对于女性的影响同样是显而易见,并表现出相应的时代特征。在父权制的规制之下,女性许多正当的司法权利受到限制或者被剥夺,女性几乎不享有正常的告诉权,除特殊情况之外,女性不得私自呈讼,凡涉讼,须由男性亲属或家长代为呈报官府,女性不得抛头露面自上公堂,否则即被视为有违礼教,有损名节,有伤风化。元刑法志规定"诸妇人辄代男子告辩争讼者,禁之,若果寡居及虽有子男为他故所妨事须争讼者不在禁例"[1]。大清律亦明载"若妇人、除谋反、叛逆、子孙不孝、或己身及同居之内为人盗、诈、侵夺财产及杀伤之类听告,余并不得告,官司受而为理者,笞五十","生监、妇女、老幼、废疾、无抱告者不准"[2]。

此外,如上所述,在父权制的社会性别秩序下,女性对于男性有很强的依附性。特别是其经济自主权的丧失,致使女性因缺乏必要的经济基础和条件,难有较为自由的参与社会活动的空间和余地。女性的社会化程度较低,其日常的活动范围亦有限,大多仍被局限于家庭周围。再由于女性自身生理和心理等因素的影响,相较于男性而言,女性的犯罪几率较小。

即使有一定的犯罪行为,由于律令及社会形势的调整和变更,具体的犯罪类型和数量亦有一定程度的演变。总体而言,传统时代的女性犯罪,很大程度上多以杀伤性等暴力犯罪、涉性犯罪为主,违反礼教的犯罪亦为数不少,尤以不孝罪被视为极重大的一种罪行,处罚极重,"五刑之属三千,罪莫大于不孝"[3]。上述这些犯罪类型可以说集中代表和体现了传统时代女性犯罪的特征。一定程度而言,这些犯罪亦可称为"家庭犯罪,因为这些犯罪多发生于一个家族或一个家庭的成员之间"[4]。传统时代的女性犯罪,就其动机和原因来说,一般与纲常礼教的束缚、经济贫困、婚姻家庭不良、缺乏教育等原因密切相关。但是总体上不平等的男女两性关系很显然是非常重要的诱因。

而对于女性犯罪的刑罚,在礼法合一的法律体系下,一般多采用"实用道德主义"。首先考虑的是如何贯彻和维护儒家的纲常名教,如何教化万民,彰显国家的仁政理念,而非专注于女性犯罪或者说女犯本身。在具体的

---

[1] 赵凤喈:《中国妇女在法律上之地位》,太原:山西人民出版社,2014年,第66—67页。
[2] 赵晓华:《晚清讼狱制度的社会考察》,北京:中国人民大学出版社,2001年,第20—21页。
[3] 瞿同祖:《中国法律与中国社会》,第29页。
[4] 德克·布迪、克拉伦斯·莫里斯:《中华帝国的法律》,南京:江苏人民出版社,2008年,第154页。

司法运作中,女性多被视为无完全法律行为责任人,而数量庞杂的律条亦并非官员判决的唯一依据。

滋贺秀三认为,传统中国的法庭更多的是一种"教谕的调停",而不是依照律法进行裁判。主要是立足于情、理、法的三结合原则,"情,即基于儒家慈悲之心的怜悯和同情,亦即仁;理,即同时支配着自然和社会的道德原则,亦即天理;法,即国家制定法"①。在有些情况下,情理因素要高于律条之规定。亦可以认为,中国传统时代对于女性的刑罚,有时更多是看重伦纪问题而不是是非问题,"尊者以理责卑,长者以理责幼,贵者以理责贱,虽失谓之顺;卑者、幼者、贱者以理争之,虽得谓之逆"②。在此种刑罚理念下,男女同罪不同罚的现象并非鲜见,即使夫妇彼此之间有犯罪行为,其在刑法上的关系亦以伦理为本,以不相平等为原则,"即夫犯妻者,其处罚较夫犯一般人为轻,而妻犯夫者则较妻犯一般人为重"③。

传统时代的女性除了在刑罚方面遭受不平等的对待外,基于儒家的家族、伦理本位理念,她们却还可享有一定的特殊优待和体恤。限制性保护的政策在司法实践中亦广泛存在,如对女性可以令其照例收赎,或减半赎罪,或特准纳赎,对于女性例行宽宥,或不收禁、或少株连、或共犯不坐罪,女犯笞杖留衣受刑(唯犯奸者除外,此类犯妇须去衣施刑,以示羞辱和惩戒)。此外,还有诸如妇女怀孕者,须待其产后行刑,妇女在押不带刑具,妇女不轻易提审过堂等。

在这诸多对于女性的优恤政策中,最为重要的一点在于,传统时代的女性即使犯罪,通常情况下,不会被轻易系狱,即以少收监为原则。盖在传统时代,女性既然被视为男性的附属物,并无独立地位和人格,那么女性自身的各项权益亦从属于男性。女性一旦被系狱,其自身贞节、名誉必定受损,而女性所属的家族权益亦将因之而被败坏。为维护女性贞节以及保护其所属家族的声誉,进而维持伦理纲常的社会秩序,对于女性犯罪,"除犯奸罪及死罪才收禁在监,其余杂犯无论轻重都不收监,而责斥本夫收管"④。

女性慎重监禁,不得肆行羁押,不仅明确载于律令条文,而政府官员亦将此奉为为官的准则。因而传统时代因犯罪而入狱的女犯相较于男犯而言人数较少,政府方面亦就无需为羁押女犯而修建单独的牢狱,传统时代亦未

---

① 黄宗智:《过去和现在:中国民事法律实践的探索》,北京:法律出版社,2014年,第138页。
② 瞿同祖:《中国法律与中国社会》,第48页。
③ 赵凤喈:《中国妇女在法律上之地位》,第62页。
④ 瞿同祖:《中国法律与中国社会》,第115页。

有独立建制女监的出现。虽有女监之设,但亦是经历了一个较为长期的演变历程。在早期时代,一度存在着男女混杂关押的现象。嗣后,又经历了男女异狱、男女混监分押的发展模式,"各监有内监,以禁死囚,有外监,以禁徒流以下,妇人别置一室,曰女监"①,此种女监大多与男监一起设置于官衙内,且规模较小,形制简陋。

基于以上陈述,传统时代父权制的社会性别秩序,既有对女性予以规制和压迫的一面,同时也有优待和保护的一面,女性既是父权制的受害者,同时也是受益者。此种规制与优恤并存的状态,也就构成了传统时代对女性予以刑罚处置的典型特征。对于女性刑罚的特殊对待,固然有认为因女性之生理及体力的关系,无法与男子同等受刑的原因,但儒家对于女性的怜恤观念的影响则更为重要,认为女性本来就知识薄弱,系无知妇人而特免其刑。事实上,此种怜恤从本质上而言,仍是基于男女两性的歧异和不平等,并未将女性视为独立、自主的个体,事实上体现出的是对于女性的一种贱视和轻蔑。

近代以来,在西方文明的冲击和影响下,沿用已久的中国传统法系日渐不合于社会局势的变动。因而在沈家本等人的推动下,自清末开始,以日本近代法典为蓝本启动修律。随着此次修律的实施,中国传统法系开始向西方近代法律模式转型。修订律法,不只是简单的若干法条的增删或调整,或对于西方法令的盲目照搬和移植,更重要的是其中所蕴含的司法理念的明显变更。源自西方的注重个人权利,特别是男女平等的思想和理念,被引入新修订的律文之中,从而使得绵延已久的中国传统法系呈现出新的面貌和特征。

及至民国时期,在承袭晚清修律的成果之上,历经必要的损益和调整,虽然在实际的法条方面有所变动,但是在贯彻个人权利、性别平等的司法理念方面是一脉相承的。尤其是国民政府时期,新订法典更为注重个人本位,基点在于强调个人权利,而非传统时代的家庭本位和等级伦理秩序,其基本的依据和原则在于"人的、独有的财产所有权、契约社会关系以及凭资本取息的权利"②,将所有的社会关系均视为"平等各方之间的自愿合约"③。

这一法定原则事实上就摒弃了传统时代的家族、等级关系,主张在法律面前人人平等。作为同等的自然人,男性和女性将拥有同样的权利,并承担

---

① 赵晓华:《晚清讼狱制度的社会考察》,第 145 页。
② 黄宗智:《法典、习俗与司法实践:清代与民国的比较》,北京:法律出版社,2014 年,第 48 页。
③ 黄宗智:《法典、习俗与司法实践:清代与民国的比较》,第 146 页。

同样的义务。依据这一法典理念,男女权利平等已成为法定的事实,并得到国家权力和法律的认可和支持。女性不再被视为无独立意志和人格的附属物,而是完全独立的、积极的、自主的个体,女性完全有能力自主进行必要的选择,完全有能力掌控自己的生活。

在这一法系下,诸多对女性不公平的限制和歧视条款被废除。相较于传统时代,女性被赋予并享有更多的自主权利和自由。如在民事领域,女性像男性一样可以继承土地和其他财产,并有自己独立的财产权,从而改变了传统时代父系继承的逻辑准则。"女儿于是和儿子拥有同等的继承权,妻子和丈夫拥有分别独立的财产权"[1]。此外,在婚姻方面,女性亦被新式法典赋予了与男性同等的自由和权利,拥有婚姻自主权,"她也可以借通奸、虐待、恶意遗弃和不治之恶疾等理由向法院请求离婚"[2]。如此一来,就有可能降低女性因缺乏婚姻选择权而导致杀伤案件频发的几率。

晚清以来律法的变更,对于个人权利及两性平等观念的贯彻和推崇,从国家法律的层面废除了基于父权制的社会规范,进而建构出一个基于男女平等的社会性别秩序,重点关注个体的发展和社会的公正。此种法律理念的革新,对于女性的影响不仅局限于民事领域,在司法领域的变化亦更为明显。

在此种近代化的法系下,许多与伦理礼教相联系的法规和罪名被删除或调整,但同时又新增了诸多具有新的时代色彩的犯罪条款。这对近代背景下女性犯罪的演变有重要的影响,而且,传统时代对于女性种种司法歧视和限制条款亦被废除,男女同罪不同罚的现象已被消灭。同时也推进了女性刑罚处置模式的转变。在刑罚面前,将女性视为与男性同等的法律行为人,许多女性在传统法系下所能享有的优待政策被取消,进一步缩小了女性所能享有的法律特权,削减了对于女犯予以保护的范围,女性将会和男性一样直面并承担同等的法律义务和责任。

如上所述,在近代法系下,女性获得了与男性同等的财产权和继承权,这就使得女性具有了广泛参与社会的经济基础和自主的能力。凭借此种经济基础及法律所赋予和支持的独立性、自主性,近代时期的女性逐渐摆脱了传统礼教的束缚和规制,大量由家庭走向社会,从而获得了更为广阔的社会活动空间和余地,实现了由家内人向社会人的转型,女性的社会化程度大为提高。

---

[1] 黄宗智:《法典、习俗与司法实践:清代与民国的比较》,第49页。
[2] 黄宗智:《法典、习俗与司法实践:清代与民国的比较》,第146页。

此种现象在新兴的开埠城市中表现得尤为明显,如在上海此种新兴城市中,受西方文明的冲击和影响更为深远,随着商业化、城市化的快速发展,在都市化的氛围中,创造并营建出一种自由、宽松的环境,男女平等的新式思想更易于普及和盛行。而随着国家法律层面对此种理念的明确和支持,无形中加剧了传统社会伦理秩序和性别规范的势衰,这种新旧更替的趋势比内陆的城市和乡村表现得尤为突出。而随着以男女平等为基础的两性规范的确立,居于城市中的广大女性的社会化演变进程更为快速。

而在女性广泛走向社会的进程中,其间也潜藏着一定危机和风险,很多女性由于无法适应城市环境的变化,在人口快速流动、风俗浇薄的城市中,这些女性或为生计、或为名利之诱惑,不免走向犯罪之路。以致近代以来,女性犯罪特别是都市女性犯罪现象大为增加。相较于传统时代,近代时期的都市女性犯罪,在犯罪数量、类型等方面,都有着明显变化,不仅数量增多,而且类型多样化。以往占有重要比重的女性命盗、奸非等犯罪快速消退,取而代之的是诸如烟毒、诱拐、窃盗等经济性质的犯罪。经济类犯罪比重大为提高,可以说是近代时期都市女性犯罪演变的一个显著特征。

此外,在新的时代背景下,许多传统时代两性不平等的犯罪种类诸如干名犯义、奸非等罪被废除或被调整。很多新兴的犯罪种类大为增多,这些新式的犯罪类型诸如堕胎、烟毒、妨害自由、妨害风化、妨害婚姻及家庭、公共危险等,无不体现出近代以来工业化、商业化、城市化的色彩和印迹。相较于传统时代,近代时期的都市女性犯罪虽然数量多、类型多样,但是总体上来看,囿于女性自身生理因素、知识贫乏等方面的影响,女性犯罪的几率仍不如男性为高。

随着近代时期都市女性犯罪现象的凸显,对于此等女犯的刑罚处置成为重要的问题。不过,传统时代对于女性的刑罚处置政策和模式已经无法适应时代的需要。很显然,随着国家法律层面对于两性规范的重新界定和建构,在新的法系下,女性和男性在权利和义务上是平等的,享有同等权利,那么依据权责相当的准则,作为具有独立人格的女性,应该而且也必须要承担起应有的法律义务和责任。

女性既然被视为具有完全行为能力法律责任人,她在从事某项活动时,已然知晓其行为所可能导致的后果以及所要担负的责任,也就是说,女性自身将要为自己的行为负责,将成为法律责任的主体。强调男女平等的司法理念,对于女性犯罪予以刑罚处置的影响就在于取消了传统时代基于两性不平等的甚而带有歧视和轻蔑色彩的种种体恤和优待,削减了对女性予以性别司法保护的范围。

尤为明显的是，在司法实践中对女犯监禁政策的重大变更。监禁虽然是刑罚处置的一种方式，但在传统时代却并非国家法定的本刑和主刑，监牢亦并非单纯的刑罚执行场所，更多具有羁押待审待决的意义。而且这一时期的监禁主要针对男性人犯，对于女犯，基于父权制的伦理秩序，为保护女性的贞洁和名誉，女犯若非命盗、奸非等罪，一般不轻易系狱，采取慎重羁押的政策。但是近代以来，随着司法领域对于社会性别关系的调整，女性已经成为独立的司法个体，因而原本主要针对男性的监禁刑亦将适用于女性。与此同时，随着近代以来司法的调整，监狱的功能和定位亦有明显变动，而且上升至国家的法定本刑，监狱已成为自由刑的执行场所，并成为以剥夺人犯自由为主旨的新式刑罚体系的核心。

因而，在上述背景下，对于近代以来女性犯罪尤其都市女性犯罪的刑罚处置而言，监禁刑无疑将成为一种重要的应对方式。也就是说，女性将会因为犯罪而和男性一样被投入监狱，在牢狱中度过长短不一的刑期。从传统时代女性很少甚至是无须入监，到近代以来因各种违法行为而被投入牢狱，女性在事实上已经摆脱了其原有的卑下和受歧视的社会形象，从而获得了与男性同等的社会人格和法律地位。但是从另一方面而言，女性在获得同等权利的同时，也失去了传统时代对她们的优待和保护，而随着女性人犯日益增加，传统时代的女监形制和混监分押模式已经难以应对大批量女犯羁押所需，因而增设新式女监，特别是独立建制的新式女监就显得尤为必要。

基于上述论述，可以说，在近代以来社会变迁的背景下，国家对个人权利以及男女两性平等的强化和推崇，有力地推进了女性社会化的历史进程以及司法领域刑罚模式的重要转变，助推了晚清以来监狱改良运动的持续发展和监狱体制的革新。而近代以来都市女性犯罪现象的凸显，则直接促进了新式女监的产生。

嗣后，在上海等新兴城市中，得益于近代都市化的氛围和环境，为新式女监的出现奠定了基础。特别是在华洋杂处的租界范围内，中外双方基于刑罚理念的差异，在处置女性犯罪问题上产生分歧和冲突，进而引发了对于女犯的管押权之争，从而直接孕育了新式女监的雏形。嗣后历经增修、扩建，及至南京国民政府时期的江苏第二监狱分监及上海监狱第一分监，这两所独立建制新式女监先后组建，成为在司法领域中男女平等理念具体实施的象征，亦是国家应对日益泛滥的城市女性犯罪问题的重要选择和手段，更是近代以来监狱制度革新的重要体现，嗣后此类新式女监承担起惩治女性犯罪、教化人犯的重要职能。

江苏第二监狱分监、上海监狱第一分监，作为采用近代狱制的新式监狱,虽然其在总体管理模式等方面与上海地区其他采用近代狱制的监狱大体类似,但是这两所监狱是女监,主要用于羁押各类已决、未决女犯,女性人犯是此类监狱的主体。正是由于其羁押人犯在性别方面的特殊性,故而上海女监在实际的监务运作方面亦表现出一定的特殊性,特别是其应有的社会性别特征,与对男性人犯的管理而言,彰显出上海女监特定的区隔所在。

第一,在监狱管理人员的性别构成方面,以女性人员居多。监狱内的职员、看守肩负着直接管理人犯的重责,鉴于男女两性的性别差异,出于管理便利,亦为保障女犯自身权益,避免出现纠纷和丑闻,上海女监对于负责直接管理女犯的职员、看守的任用,一般多选用女性。在江苏第二监狱分监,该分监的分监长及候补看守长等管理人员虽有部分男性,但是在直接管理女犯的看守中,女性人员占据一半以上。而在上海监狱第一分监,上至分监长,下至普通看守,几乎全部为女性。总体而言,女性职员、看守的数量在上海女监中占有很大比重,女性甚至出任重要管理职务。

第二,在新式狱制下,教诲、教育、作业是近代感化行刑的三大支柱。上海女监在人犯感化行刑方面,面对监内女犯的生理、心理特征以及文化程度偏低的现实,有针对性采取相应措施。在女犯教诲方面,多采用传统伦理道德、因果善恶循环相报、浅显之民间故事以及与女性、家庭生活常识等相关的教诲主题。多口语化且通俗易懂,以便女犯易于理解和接受。还注意实施宗教教诲,特别是在上海监狱第一分监,宗教教诲尤为活跃。此外,依据女性感情细腻、重视亲情的特征,上海女监还注意令人犯多与亲朋家属会见、通信,并趁机进行必要的个人教诲,以收教诲之效。

在女犯教育方面,民国时期女性的受教育水平总体要低于男性,识字率不高,而上海女监中收押的女犯绝大多数亦属于不识字的文盲,文化程度较为低下。为开展女犯教育,上海女监只能开设最初级的识字、习字、常识等小学程度的科目。在监内作业方面,由于女犯普遍体力不足,且无必要的技术能力,因而上海女监在作业科目设置方面,多有针对性地开设诸如刺绣、编结、洗濯、缝纫、扎花、糊纸盒等类适于女性操作的简易手工业,种类有限且规模较小。而同时期男监方面的作业科目设置,大多为强度较高的体力型劳作或具有一定技术性要求的种类,作业规模相对较大,如抗战前江苏第二监狱、战后的上海监狱中,男犯作业均开设有木工、铁工、窑工、印刷、建筑、畜牧、种植、疏浚河道等类。

第三,在监犯医疗方面,上海女监中人犯所患的疾病除了常见的肺病、肠胃病、伤寒疟疾、脚气、皮肤病等病症外,还有为数不少的妇科类疾病如子宫出血、子宫炎症、子宫脱垂、白带异常、月经失调以及因孕犯生育而引发的难产、产后感染等病。江苏第二监狱分监配备有相应的女性药剂师兼助理医师。上海监狱第一分监亦配备有女性医师，但该分监的医疗主要由上海监狱医院负责，该医院内设有妇产科。此外，由于上海女监在收押女犯时，不免有滥行羁押的现象，致使很多怀孕女犯亦被收押入监。对此类孕犯的分娩，江苏第二监狱分监最初系移送至监外医院待产，后在监内由女药剂师助产接生。而上海监狱第一分监亦同样在监内由女医师助产，这些由在监女犯生育的婴儿以及部分跟随其母亲一同入监的幼童，成为女监内一批特殊的"小囚犯"。此种现象在男监几乎不存在。而且为保障这些在监婴童的给养，上海女监在经费支绌的情况下设法募捐药品、营养品，给予这些孩童特殊优待，充分体现出上海女监在管理方面较为人性化的一面。

第四，在戒护安全方面，由于女犯自身生理和心理因素所限，她们在监内服刑期间，虽然不免有违反监规等行为，因而受到处分，但总体而言，上海女监内的女犯很少有监啸、暴动、闹监、集体绝食、逃狱、斗殴等恶性、暴力事件发生，总体显得较为安静和平稳。因而上海女监在人犯戒护方面，压力相对较小，其所用戒具亦较为有限。在江苏第二监狱分监时期，除了少量枪支外，仅有部分手铐。而上海监狱第一分监之内并未有枪支，仅有少量手铐、捕绳、链条等物。相比之下，同时期的男监如江苏上海第二特区监狱署、上海监狱内，经常有关于监犯暴乱、逃狱、打架等暴力事件见诸报端，人犯的戒护压力较重，看守无不荷枪实弹，准备弹压监犯闹事。

第五，上海女监与社会各界之间的互动较为频繁，社会交往较为密切，甚而成为上海一处独特的"风景线"。上海女监内，各类女犯众多，形形色色的女性聚集一处，形成一种较为特殊的"狱内生态"。相对于男性而言，女性更容易引起人们的好感和兴趣，而且上海女监的设施亦较为洋气和先进，因而关押女犯的上海女监就很容易引发外界的好奇心，纷纷前来参观游览，一睹女犯们的真实生活状态和面貌。络绎不绝的参观者，纯为休闲娱乐者为数不少，而上海女监亦采取适度开放政策，对前来参观者"无任欢迎"，从而使得上海女监成为沪埠特殊的"旅游景观"。

监狱由于其职能的特殊性，要求其必须保持相应的隔离和封闭，以保障监犯的安全和教化的实施。但是此种封闭和隔离，亦易于导致社会公众与监狱之间的生疏，不免形成或加深其对于监狱的种种不实猜想和刻板印象。若监狱与社会公众之间保持适度互动，公开和透明，既可以令社会公众了解监狱运作的实态、监犯居监的生活状况，知悉监狱制度改良的程度和进展，改善对监狱的认识和观感，同时亦可有效预防或遏制监狱内的贪腐、暴虐等事件的发生。因而上海女监采取适度开放的态度，通过与社会之间的互动和交往,不仅使得外界对于监狱的印象和观感有所改善,而且当监狱遇有困难时,借助此社交网络,亦可获得必要的给养和帮助。

对于近代以来监狱的变迁,虽然有论者强调"既有明显的现代性又有显著的传统性",若从总体而论,此种论断自有其合理之处,但是鉴于近代时期中国地域发展的不均衡性,在部分内陆地区,监狱制度的变动可能很小,甚至并未有任何改变。而在新兴的经济发达地区,其狱制可能变革更为彻底,恐不能一概而论。若具体到某些监狱运作的实态的话,有可能会得出不同的结论,此种状况可能并非单独个案。

就本文的研究对象江苏第二监狱分监、上海监狱第一分监而言,作为独立建制的新式女监,这两所监狱的出现,其本身在近代监狱发展的脉络中就已具有重要的意义和价值。而通过其监犯管理、实务运作等方面的实证研究,可以清晰感知到,在刑罚理念、管理制度、监狱人员构成等方面,上海女监事实上与中国传统时代的监狱体制并无多少相似或承袭之处,更多体现出近代以来西方狱制的面貌和色彩,并展现出新式狱制良好的运作状态。

大致而言,第一,在刑罚理念方面,监狱与刑罚相辅相成,传统时代对人犯的处罚更多强调恐吓、威慑,以侮辱刑、报复刑等类为多,以残酷为主旨。因而,传统时代的监狱内充满酷刑、折磨、黑暗、腐败等种种非人的待遇,相关的描述和记载,在诸多史籍中不绝于书,提到监狱就自然而然将其与种种腐败、黑暗负面词汇密切相连。而近代以来,随着刑罚观念的转变,日益注重对人犯的改善和教化,"针对心灵的监狱管教取代了一系列针对身体的刑罚——鞭打、烙印、枷锁和公开绞刑"[①]。在这种刑罚理念的影响下,上海女监在对于人犯的日常管理方面,就以感化、教养为原则,注重对人犯的教诲、教育及技能培养。力图提高人犯之道德、智识水平,教化其德性、理性,提高其生存技能,意图消除其恶性,重为良善之人,达到再造新民,减少再犯,预防犯罪的目的。

第二,在监内职员、看守等人事方面,在传统时代,行政与司法不分,通常由中央或地方行政官员兼管典狱,专职狱官具体负责狱务,狱内禁卒专职看守,并担任狱内杂役。这些狱吏、狱卒的社会身份异常卑微,"品秩低下",待遇微薄,充任者多系"悍吏蠢役",传统时代监狱的黑暗、暴虐,与此类人员的凶暴、贪婪大为相关。而晚清以来,随着监狱改良的实施,对于西方狱制的移植和借鉴,传统的监狱官制及组织形式亦有显著变化,行政与司法逐渐

[①] 叶礼庭著,赵宇哲译:《痛苦的正当制度——工业革命中的监狱,1750—1850》,上海:上海文化出版社,2019年,《前言》第5页。

分离,监狱与看守所亦得以厘清界限和职责,并逐步实施分职任事制。

及至南京国民政府时期,在上海女监中,都采用扁平化的"科所制"组织结构,职员、看守的设置及任用日趋专业化、规范化。大致设有分监长、候补看守长、医师、药剂师、教诲师、教师、主任看守、普通看守等职务,分管监所各项事务。司法行政部还注意提高女监职员、看守的俸薪和待遇,特别是对于分监长、看守长及专业技术人员,将其纳入公务员序列,分别予以荐任、委任或享受委任待遇等行政级别。上海女监中的分监长、看守长及专业技术人员,基本都具有较高的专业技能、实务经验或学历。同时亦注重普通职员、看守的文化水准及日常训练,提高其业务技能。江苏第二监狱分监还多次通过公开招考的方式招聘看守。女监人事方面另一个明显的变化即是女性职员、看守大量增多,特别是在上海监狱第一分监时期,全监的管理人员及普通看守,几乎全部由女性充任,实为传统时代监所少有的现象。

第三,上海女监实施了新式的监狱管理制度和规范化的操作流程,在人犯收监、出监时,均需查核必要的司法文书,经过一系列的程序,方可准予入监或出监。在人犯入监时,还令人犯押捺指纹,建立指纹存档制度;对于人犯羁押,基本上采取分类杂居制,依据人犯罪质、刑期等,分别关押。上海监狱第一分监曾力图实行人犯的行刑累进处遇制度,依据人犯在监之表现,划分等级,分别予以不同的待遇,以激励人犯改悔向上。此外,作为感化人犯的辅助措施,同时亦为疏通监犯起见,上海女监还实行了对于人犯的假释、保释、保外服役等制度。为保障监犯的安全,分监还在监内设立专业化的医务所,配备有专职医务人员,可为监犯提供基本的疾病、分娩、接生等疗治。

对于监犯的囚粮供给,组建囚粮购置委员会,以公开招标的方式,集中采购囚粮,为准确掌握监狱运作状况,上海女监还建立了司法统计制度,力图对监狱实施精确的"数目字管理"。为了减少再犯,监狱方面除了注重人犯居监期间的感化、教养外,还实施出狱人保护制度,组建了上海妇女出监人保护会,对出狱的贫困女犯予以必要的资助,以免其因生活无着再次罹陷法网。上述一系列行刑感化政策的实施,使得上海女监呈现出与传统狱制迥然不同的全新面貌和特征。

此外,在监务运作和监犯管理制度上,同为女监,上海监狱第一分监与江苏第二监狱分监之间既有相同和承袭之处,亦有相应的调整和损益。总体而言,上海监狱第一分监的狱制无疑更为完善和进步,更为接近一所纯粹的新式"女子监狱"。如在监犯羁押方面,上海监狱第一分监所押者几乎全部为各类已决女犯,采取"分押分管分教"的处置方式。而在江苏第二监狱分监,该监虽然亦以羁押已决女犯为主体,但是由于时局所需,该分监内部亦同时附设有看守所及民事管收所,用于羁押未决女犯以及男女民事管收人,在人犯羁押方面,存在着一定程度的混杂性。

在人事管理方面,上海监狱第一分监职员、看守的文化素养和职业操守显然要高于江苏第二监狱分监,而且该分监对于人事管理较为有效,未发生诸如分监长集体贪腐、职员之间互相诬控等情事,而且该分监的职员、看守与女犯之间的关系较为融洽,在诸多方面表现出该分监在管理方面较为人性化的一面。另外,在监内医疗方面,上海监狱第一分监除了在监内设有医务所外,主要由上海监狱医院负责监内人犯的医疗事项,而该医院规模和设施较为先进,科室较为齐全,较为完备的医疗制度和体系,相对更能保障监犯的生命安全,因而该分监时期,死亡人犯数量比江苏第二监狱分监时期要少很多。

上海女监作为独立建制的新式监狱,其规模和形制为以往所未有。在其存续期间,其运作过程中所出现的一些问题和不足,亦值得借鉴和反思。首先,维持一座监狱的有效运作,必须有充足的经费作为保障。上述两所分监长期以来除了饱受监内人犯拥挤不堪的困扰外,更大的困扰就在于经费的不足,资金匮乏。人犯拥挤与经费不敷,两者之间其实有着一定的相关性,因该分监容额不足,再加以经费短缺,因而当人犯大量羁押时,分监没有足够的经费去设法扩充监所容量,无法有效疏通监犯,从而给监内的医疗卫生、囚犯的供给等方面产生了很大的压力。

而经费不足,亦限制了监狱方面对于监狱设施、监犯待遇等方面资金的投入,特别是监犯医疗事项,无法有效保障监犯的疾病诊治,以至于江苏第二监狱分监时期,人犯因病而亡者数量较多。此外,经费不足,亦无法向监内职员、看守提供较为优厚的俸薪待遇。若职责繁重,而待遇却不高,则难以吸引优质人才在监内服务,更易滋生肆意勒索等弊病。长期来看,对于监狱的发展是不利的。为此,唯有以充分经费投入,方能有效保障监狱持续有效的运作和对于人犯的教化和改造。

其次,须任用合格的狱政人员。监狱的有效运作,除了经费、制度而外,选用人员亦至关重要。各项规章制度,终归是需要依靠合适的人员来执行,因而狱政人员自身的业务技能、文化素养将直接影响着监所狱制之良否。在江苏第二监狱分监时期,多次发生分监长与职员勾结贪墨囚粮款项及职员之间相互诬控情事。此类事件频发,反映出该分监在选任职员方面存在着明显的问题。

此外,在监狱这种封闭性、带有强力规制色彩的场域中,人的本性因失去监管而容易发生肆意妄为和扭曲现象。正如津巴多在斯坦福监狱试验中所揭示的那样,在特殊的情境下,人类原本质朴的本性因受到冲击而变形,从而极易诱发各种常态下所不会出现的状况,为此,选用合格的狱政人员,并加强人事的监督和管理就显得尤为必要。

长期以来,在监狱的运作过程中,虽然不免有暴虐、残酷一面,监狱亦因此而受到批判,甚而被称为"犯罪兵营"①,并被质疑"以监狱作为惩罚的主要模式是否真的站得住脚"②,或进一步讨论监狱作为刑罚手段的替代方案,"以监狱的形式实施更好,还是以另一种惩罚的方式"③。然而,不管对于监狱的认知和观点如何,事实上,作为一种惩罚机制,监狱固然有其缺陷和不足之处,从务实的角度而言,监狱这种具有特殊职能的设施在社会发展中仍然是不可或缺的。

整体上而言,随着社会的发展,监狱制度也在不断地调整和损益,若从社会性别变迁的视角审视监狱的话,看到的将是监狱体制在历史进程中逐渐改善和革新,而不是相反。近代时期,此种独立建制新式女监在上海的出现,无疑是一个较为明显的例证。在传统至近代的社会变迁历程中,女性群体的发展和分化呈现出明显的复杂性和不均衡性,特别是在上海这种高度商业化、城市化的氛围中,女性群体的生存还具有很大程度的不稳定性,因而与之相伴的就是女性犯罪现象的凸显。

为应对日益严重的城市女性犯罪问题,在司法领域,随着自由刑观念的引入和社会性别规范的嬗变,监禁亦就成为对女犯进行刑罚处置的重要手段。为此,上海女监作为一种惩罚机制,在处置因城市女性犯罪泛滥而引发的社会问题及加强社会治理和管控方面,具有其必要的功能和作用,而且在事实上亦发挥了其应有的效能。由此可见,此种新式女监在中国近代司法实践中所扮演的角色,其重要性和作用,是日益在增加,而不是在削弱,为此,如何有效的遏制监狱的暴虐和阴暗,更好地发挥其在惩治社会犯罪活动中应有的实效性,将有必要予以更进一步的反思和探讨。

---

① 米歇尔·福柯著,刘北成译:《规训与惩罚》,第301页。
② 托马斯·马蒂森:《受审判的监狱》,北京:北京大学出版社,2014年,《中文版序》第1页。
③ 米歇尔·福柯著,柏颖婷、吴樾译:《监狱的"替代方案"》,上海:上海三联书店,2021年,第6页。

参 考 文 献

一、上海市档案馆档案

Q177-1、Q177-2 上海监狱及上海监狱第一分监档案全宗
Q177-3 上海看守所类档案全宗
Q177-4 江苏上海第一特区法院看守所档案全宗
Q177-5 江苏第二监狱分监档案全宗
Q179-1 上海公共租界临时法院兼上诉院档案全宗
Q180-1 江苏上海第一特区地方法院院务档案全宗
Q181-1 江苏高等法院第二分院院务档案全宗
Q185-1 上海地方法院院务档案全宗
Q186-1 上海地方法院检察处档案全宗
Q187-1 上海高等法院院务档案全宗
Q188-1 上海高等法院检察处档案全宗
Q189-1 上海高等特种刑事法庭档案全宗
Q6-4 上海市社会局档案全宗
Q10-6 上海市民食调配委员会档案全宗
Q131-5 上海市警察局类档案全宗
Y5-1 中文司法类档案全宗
R44-1 日伪上海地方检察署档案全宗等

二、民 国 报 刊

《申报》《大公报》《新闻报》《益世报》《和平日报》《文汇报》《中央日报》《时报》《今报》《东南日报》《大陆报》《繁华报(1943)》《东方日报》《力报(1937—1945)》《光化日报》《社会日报》《海报》《沪报》《大众夜报》

《侨声报》《民国日报》《江苏民报》《前线日报》《中华时报》《罗宾汉》《飞报》《民报》《佛教日报》《好莱坞日报》《四川官报》《立报》《铁报》等

司法部:《布告海内组织出狱人保护会文》,《司法公报》1913 年第 5 期

《司法行政部训令》,《司法公报》1930 年第 61 期

《司法行政部训令》,《司法行政公报》1932 年第 4 期

《别录:提议大赦案》,《司法行政公报》1932 年第 5 期

《监狱统计年表造报规则》,《司法行政公报》1932 年专刊

《司法行政部训令》,《司法公报》1936 年第 95 期

《部令》,《司法公报》1941 年第 442—447 期

《中华民国刑法》,《湖北清乡旬刊》1928 年第 15 期

庄景珂:《浙江高等审判庭第九百六十一号:奉部饬知凡妇女犯罪除犯奸及实犯死罪收禁外,其余责付本夫收管由》,《浙江公报》1916 年第 73 期

彭善彰:《改良女监狱的提议》,《妇女杂志》1925 年第 11 卷第 2 期

《女游泳家陈咏声女士留美之影》,《中国摄影家学会画报》第 151 期,1928 年 8 月 11 日

陈中权:《脚气病浅说》,《康健杂志(上海 1929)》1929 年第 1 卷第 2 期

严景耀:《中国监狱问题》,《社会学界》1929 年第 3 期

严景耀:《北平监狱教诲与教育》,《社会学界》1930 年第 4 期

王文豹:《对于监狱改良及希望》,《监狱杂志》1930 年第 1 卷第 2 期

司法行政部:《司法行政部规定出狱人保护事务奖励规则》,《监狱杂志》1930 年第 1 卷 2 期

翁赞年:《论国家对于出狱人之责任》,《法律评论(北京)》1930 年第 7 卷第 35 期

奉丙乙:《学说白喉》,《上海医报》1930 年第 65 期

胡定安:《改良监狱卫生之呼声》,《社会医报》1930 年第 130 期

徐蕙芳、刘清於:《上海女性犯的社会分析》,《大陆杂志》1932 年第 1 卷第 4 期

周淑昭:《北平一百名女犯的研究》,《社会学界》1932 年第 6 期

卢铿:《指纹概说》,《福建警友》1933 年第 1 期

《河北高等法院检察区训令》,《河北省政府公报》1933 年第 1653 期

郑叔纶:《对于浙江第四监狱发生青腿牙疳之研究》,《现代中医》1934 年第 1 卷第 4 期

钰:《出狱人之保护》,《法轨》1934 年第 2 期

严霈章:《监狱卫生与脚气病》,《同济医学季刊》1934 年第 4 卷
石美英:《儿童参观记:参观江苏第二监狱》,《儿童杂志(高级)》1934 年第 46 期
李玉贵:《论出狱人保护会》,《中华监狱杂志》1934 年第一卷第一期
《赴监宣讲材料采用以教诲浅说等书写最良善本仰遵照一体采用,训令各省市佛教会》,《中国佛教会报》1935 年第 64—66 期
刘番滋:《行刑感化问题的检讨》,《中华监狱杂志》1935 年第一卷第三四期合刊
王静香:《江苏第二监狱女监印象记:印象之四》,《新女性》1935 年第 2 期
汪龙:《调查报告:江苏第一监狱监犯调查之经过及其结果之分析》,《统计季报》1935 年第 2 期
张鉴清:《脚气病概说》,《苏州国医杂志》1935 年第 7 期
《会务消息,参观提篮桥特区监狱》,《上海青年(上海 1902)》1935 年第 35 卷第 34 期
《会务消息,参观漕河泾第二监狱》,《上海青年(上海 1902)》1935 年第 35 卷第 33 期
国际社(摄):《中华妇女社第四届社员大会参观漕河泾江苏第二监狱》,《礼拜六》1935 年第 616 期
《中华民国刑法》,《上海市政府公报》1935 年第 153 期
赵晋俭:《沪市公安局指纹概述》,《警灯》1936 年第 3 卷第 6 期
《体育家与运动家(十三):陈咏声》,《勤奋体育月报》1936 年第 3 卷第 4 期
《上海女监之完善》,《兴华》1936 年第 33 卷第 10 期
露薇:《特一区女看守所参观记》,《上海妇女(上海 1938)》1938 第 1 卷第 4 期
候光迪:《上海第一特区地方法院看守所之卫生医务状况》,《上海警声月刊:中文版》1939 年第 1 卷第 2 期
郑若荪:《上海第一特区地方法院女看守所参观纪》,《上海警声月刊:中文版》1939 年第 1 卷第 4 期
胡起鹏:《监狱卫生之我见:中文版》,《上海警声月刊:中文版》1940 年第 3 卷第 1 期
慕云:监狱教诲问题之讨论(一);《警声》1941 年第 2 卷第 10 期
肖田:《职业妇女生活素描:女看守》,《福建妇女》1944 年第 4 卷第 1—2 期
关露:《詹周氏与潘金莲》,《杂志》1945 年第 15 卷第 4 期
庆子:《法理人情》,《杂志》1945 年第 15 卷第 4 期

赵田孙:《武大郎与詹云影》,《杂志》1945 年第 15 卷第 4 期

苏青:《为杀夫者辩》,《杂志》1945 年第 15 卷第 31 期

张平:《读为杀夫者辩后》,《永安月刊》1945 年第 75 期

华珊:《记上海女监》,《家》1946 年第 7 期

《杀一儆百,袁美云吸烟被捕》,《大观园》1946 年第 18 期

寒庐:《警察局严厉禁烟,袁美云吃定官司》,《万象》1946 年第 2 期

冷眼:《袁美云判刑失当》,《海光(上海 1945)》1946 年第 25 期

问竹轩主:《上海女监鳞爪:叶吉卿、佘爱珍的除虫运动》,《新上海》1946 年第 23 期

郭卫:《法治庸言:如何完成大赦之效果》,《法令周刊》1947 年第 10 卷第 7 期

何鲁文:《上海监狱的秘密》,《大路》1947 年第 1 期

柳黛:《我像一个脏东西,谁碰了我,谁就沾了一身脏去,监狱访郁香岩,巧遇人妖沈俊如》,《上海风光》1947 年第 4 期

涓:《参观中国唯一女监》,《新妇女》1947 年第 7 期

墨梯(摄):《参观上海女监》,《墨梯》1947 年第 1947 期

陆以真:《女监参观记》,《妇女(上海 1945)》1948 年第 3 卷第 1 期

《洋泾浜女公进成立出监保护会》,《上海教区公教进行会刊》1948 年第 1 卷 4—5 期合刊

米叶:《女狱吏 女诗人 李梅魂》,《人物杂志》1949 年第 2 卷第 6 期

沈造新:《宣讲在上海监狱》,《圣心报》1949 年第 63 卷第 5 期

三、资料汇编及地方志

王铁崖主编:《中外旧约章汇编,第 1 册,1689—1901》,北京:生活·读书·新知三联书店,1957 年

王铁崖主编:《中外旧约章汇编,第 3 册,1689—1901》,北京:生活·读书·新知三联书店,1962 年

河南省劳改局编:《民国监狱资料选》,上册、下册,1987 年

中华人民共和国司法部:《中国监狱史料汇编》,上册、下册,北京:群众出版社,1988 年

山东省劳改局编:《民国监狱法规选编》,北京:中国书店出版社,1990 年

官箴书集成编纂委员会编:《官箴书集成》,第一册,合肥:黄山书社,1997 年

官箴书集成编纂委员会编:《官箴书集成》,第三册,合肥:黄山书社,1997 年

官箴书集成编纂委员会编:《官箴书集成》,第六册,合肥:黄山书社,1997 年

荒砂、孟艳坤主编：《上海妇女志》，上海：上海社会科学院出版社，2000年
上海市档案馆编：《工部局董事会会议录》，第二册，上海：上海古籍出版社，2001年
上海市档案馆编：《工部局董事会会议录》，第九册，上海：上海古籍出版社，2001年
上海市档案馆编：《工部局董事会会议录》，第十册，上海：上海古籍出版社，2001年
上海市档案馆编：《工部局董事会会议录》，第十五册，上海：上海古籍出版社，2001年
上海市档案馆编：《工部局董事会会议录》，第十六册，上海：上海古籍出版社，2001年
上海市档案馆编：《工部局董事会会议录》，第十八册，上海：上海古籍出版社，2001年
上海市档案馆编：《工部局董事会会议录》，第二十四册，上海：上海古籍出版社，2001年
上海市档案馆编：《工部局董事会会议录》，第二十五册，上海：上海古籍出版社，2001年
上海市提篮桥监狱志编纂委员会编：《上海市提篮桥监狱志》，上海：上海市提篮桥监狱志编纂委员会出版，2001年
史梅定主编：《上海租界志》，上海：上海社会科学院出版社，2001年
麦林华主编：《上海监狱志》，上海：上海社会科学院出版社，2003年
李文海主编：《民国时期社会调查丛编·城市劳工生活卷》，上册，福州：福建教育出版社，2005年
天一阁博物馆、中国社会科学院历史研究所天圣令整理课题组校证：《天一阁藏明钞本天圣令校证：附唐令复原研究》，下册，北京：中华书局，2006年
全国图书馆文献缩微复制中心编辑：《民国时期监狱文献史料》，第一册，北京：全国图书馆文献缩微复制中心，2010年
全国图书馆文献缩微复制中心编辑：《民国时期监狱文献史料》，第二册，北京：全国图书馆文献缩微复制中心，2010年
全国图书馆文献缩微复制中心编辑：《民国时期监狱文献史料》，第三册，北京：全国图书馆文献缩微复制中心，2010年

四、专　著

王元增：《监狱规则讲义》，北京：京师第一监狱出版，1917 年
邵振玑：《教诲浅说》，北京：司法行政部，1931 年
赵琛：《监狱学》，上海：上海法学编译社，1931 年
芮佳瑞：《监狱法论》，上海：商务印书馆，1934 年
胡起鹏：《监狱卫生概要》，上海：商务印书馆，1935 年
孙雄：《狱务大全》，上海：商务印书馆，1935 年
李剑华：《监狱学》，北京：中华书局，1936 年
王韬：《海陬冶游录》卷上，北京：世界书局，1936 年
林纪东：《监狱学》，台北：三民书局，1977 年
徐公肃、丘谨璋：《上海公共租界制度》，详见蒯世勋编著：《上海公共租界史稿》，上海：上海人民出版社，1980 年
李甲孚：《中国监狱法制史》，上海：商务印书馆，1984 年
薛梅卿：《中国监狱史》，北京：群众出版社，1986 年
严景耀：《中国的犯罪问题与社会变迁关系》，北京：北京大学出版社，1986
群众出版社编辑部：《历代刑法志》，北京：群众出版社，1988 年
许章润主编：《监狱学》，北京：中国人民公安大学出版社，1991 年
杨世云、窦希琨主编：《比较监狱学》，北京：中国人民公安大学出版社，1991 年
夏晋麟编著：《上海租界问题》，上海：上海书店出版社，1992 年
李林甫等撰，陈仲夫点校：《唐六典》，北京：中华书局，1992 年
梁民立：《简明中国监狱史》，北京：群众出版社，1994 年
苏青著，于青等编：《苏青文集》，上海：上海书店出版社，1994 年
王利荣：《中国监狱史》，成都：四川大学出版社，1995 年
赵舒翘著，张秀夫点校：《提牢备考译注》，北京：法律出版社，1997 年
薛梅卿主编：《清末民初改良监狱专辑》，北京：中国监狱学会，1997 年
连启元：《明代的狱政管理》，台北：乐学书局有限公司，2001 年
赵晓华：《晚晴讼狱制度的社会考察》，北京：中国人民大学出版社，2001 年
瞿同祖：《中国法律与中国社会》，北京：中华书局，2003 年
张凤仙：《中国监狱史》，北京：群众出版社，2004 年
郭明：《中国监狱学史纲》，北京：中国方正出版社，2005 年
史殿国主编：《监狱学概论》，北京：中国市场出版社，2005 年
马军：《国民党政权在沪粮政的演变及后果》，上海：上海古籍出版社，

2006 年

杨湘钧:《帝国之鞭与寡头之链——上海会审公廨权力关系变迁研究》,北京:北京大学出版社,2006 年

陈俊强:《皇权的另一面:北朝隋唐恩赦制度研究》,北京:北京大学出版社,2007 年

高艳:《清末民初罪犯作业研究》,北京:中国社会科学出版社,2008 年

黄宗智、尤陈俊主编:《从诉讼档案出发:中国的法律、社会与文化》,北京:法律出版社,2009 年

杨晓辉:《清朝中期妇女犯罪问题研究》,北京:中国政法大学出版社,2009 年

程树德:《九朝律考》,北京:商务印书馆,2010 年

何家伟:《国民政府公务员俸给福利制度研究(1928—1949)》,福州:福建人民出版社,2010 年

沈家本:《历代刑法考》,上册,北京:商务印书馆,2011 年

徐静村:《减刑、假释制度改革研究》,北京:中国检察出版社,2011 年

曹强新:《清代监狱研究》,武汉:湖北人民出版社,2011 年

徐家俊:《提篮桥监狱》,北京:中国文史出版社,2011 年

邵雍:《社会史视野下的近代上海》,上海:学林出版社,2013 年

宋杰:《汉代监狱制度研究》,北京:中华书局,2013 年

倪万英:《二十世纪中期上海婚姻刑案研究:以 1945—1947 年上海部分婚姻刑案为例》,上海:世纪出版集团,2013 年

赖修桂、赵学军:《女性犯罪研究》,北京:法律出版社,2013 年

赵凤喈:《中国妇女在法律上之地位》,太原:山西人民出版社,2014 年

徐家俊:《上海监狱的前世今生》,上海:上海社会科学院出版社,2015 年

金绍城:《十五国审判监狱调查记》,南京:凤凰出版社,2015 年

陈兆肆:《清代私牢研究》,北京:人民出版社,2015 年

徐家俊:《上海监狱的旧闻往事》,上海:上海社会科学院出版社,2021 年

阙钰:《女子监狱制度研究——以美国为样本》,北京:中国政法大学出版社,2021 年

罗兹·墨菲:《上海——现代中国的钥匙》,上海:上海人民出版社,1986 年

路易斯·谢利著,何秉松译,罗典荣校:《犯罪与现代化——工业化与城市化对犯罪的影响》,北京:群众出版社,1986 年

广濑胜世著,姜伟、姜波译:《女性与犯罪》,北京:国际文化出版公司,1988 年

白凯：《中国的妇女与财产：960—1949年》，上海：上海书店出版社，2003年

贺萧：《危险的愉悦：20世纪上海的娼妓问题与现代性》，南京：江苏人民出版社，2003年

冨谷至著，柴生芳、朱恒晔译：《秦汉刑罚制度研究》，桂林：广西师范大学出版社，2006年

冯客著，徐有威译：《近代中国的犯罪、惩罚与监狱》，南京：江苏人民出版社，2008年

德克·布迪、克拉伦斯·莫里斯：《中华帝国的法律》，南京：江苏人民出版社，2008年

迈克尔·R·达顿著，郝方昉、崔浩译：《中国的规制与惩罚——从父权本位到人民本位》，北京：清华大学出版社，2009年

朱迪斯·贝尔著，熊湘怡译：《女性的法律生活：构建一种女性主义法学》，北京：北京大学出版社，2010年

米歇尔·福柯著，刘北成、杨远婴译：《规训与惩罚》（修订译本），北京：生活·读书·新知三联书店，2012年、2020年

小河滋次郎：《监狱学》，上海：上海人民出版社，2013年

黄宗智：《清代以来民事法律的表达与实践：历史、理论与现实》，三卷本，北京：法律出版社，2014年

切萨雷·贝卡利亚著，黄风译：《论犯罪与刑罚》，北京：北京大学出版社，2014年

菲利普·津巴多著，孙佩妏、陈雅馨译：《路西法效应：好人是如何变成恶魔的》，北京：生活·读书·新知三联书店，2014年

托马斯·马蒂森著，胡莞如译：《受审判的监狱》，北京：北京大学出版社，2014年

叶礼庭著，赵宇哲译：《痛苦的正当尺度——工业革命中的监狱，1750—1850》，上海：上海文化出版社，2019年

米歇尔·福柯著，柏颖婷、吴樾译：《监狱的"替代方案"》，北京：生活·读书·新知三联书店，2021年

五、期刊及学位论文

赖修桂：《改造女犯的对策刍议》，《政法论坛（中国政法大学学报）》1992年第1期

王奇生：《民国初年的女性犯罪（1914—1936）》，《近代中国妇女史研究》1993年第1期

薛梅卿：《我国监狱及狱制探源》，《法学研究》1995 年第 4 期

侯国栋、王娉：《女犯的特征及改造对策》，《犯罪与改造研究》1998 年第 5 期

赵兰、赖国清：《狱内女犯心理咨询的实践及启示》，《犯罪与改造研究》1999 年第 4 期

严军、唐希媛：《女犯自我意识的重构》，《中央政法管理干部学院学报》2001 年第 1 期

俞彦娟：《从妇女史和性别史的争议谈美国妇女史研究之发展》，《近代中国妇女史研究》2001 年第 9 期

魏斐德：《近代上海的鸦片与犯罪》，《档案与史学》2003 年第 6 期

徐静村、潘金贵：《英国保释制度及其借鉴意义》，《现代法学》2003 年第 6 期

阴建峰：《大赦制度新论》，《河北法学》2006 年第 6 期

毛晓燕：《沈家本监狱改良思想及其现代价值》，《南都学刊（人文社会科学学报）》2006 年第 5 期

Paul Bailey 著，古伟瀛、蔡岚婷译：《女子行为不检：二十世纪初中国的犯罪、逾矩与性别》，《女学杂志》2008 年第 25 期

张东平、胡建国：《论民国时期监狱的宗教教诲》，《河北青年管理干部学院学报》2011 年第 3 期

艾晶：《清末女犯监禁情况考述》，《清史研究》2011 年第 4 期

杨木高：《民国时期女犯矫正制度研究》，《犯罪与改造研究》2013 年第 5 期

宋杰：《汉代监狱制度的历史特点》，《史学集刊》2013 年第 2 期

马静：《1927—1937 年北平女性犯罪研究》，《社会科学家》2013 年第 8 期

艾晶：《近代女监改良研究》，《兰台世界》2015 年第 19 期

李相森：《限制与保护：清代司法对涉讼女性的特别应对》，《妇女研究论丛》2015 年第 6 期

林秋云：《"变质"的慈善——晚清沪北栖流公所初探》，《清史研究》2017 年第 4 期

周晓虹、杨敏：《"刑释量化三比对"的探索与实践——以浙江省女子监狱为例兼论女犯健康回归路径选择》，《中国司法》2017 年第 6 期

李欣荣：《清季京师模范监狱的构筑》，《清史研究》2019 年第 3 期

倪丽宏：《"五大改造"在云南女子第一监狱的实践研究》，《犯罪与改造研究》2020 年第 2 期

林正升：《从 Foucault 规训观点分析一所台湾监狱场域的运作》，中正大学

犯罪防治研究所硕士论文,2006年

曹关群:民国时期上海女性犯罪问题(1927—1937),上海师范大学硕士论文,2006年

许宁:《出狱人保护制度问题研究》,上海大学硕士论文,2007年

郑巧:《上海提篮桥西牢与清末监狱改良:从报刊舆论出发(1901—1911)》,复旦大学硕士学位论文,2009年

刘梦玲:《民元前后的监狱改良及其在北京监狱的实践》,北京大学硕士学位论文,2009年

孙巧云:《清末民初天津下层市民犯罪问题研究——以〈大公报〉为中心》,福建师范大学硕士论文,2009年

简婉莉:《战后前期台湾狱政之研究:1945—1967》,中正大学历史学研究所硕士论文,2011年

王书吟:《二十世纪二三十年代上海地区奶妈群体的历史考察》,华东师范大学硕士论文,2013年

黄婷婷:《晚清上海公共租界谳员研究》,华东师范大学硕士论文,2015年

艾晶:《清末民初女性犯罪研究(1901—1919)》,四川大学博士学位论文,2007年

张东平:《近代中国监狱的感化教育研究》,华东政法大学博士论文,2010年

Nicole Hahn Rafter, "Gender, Prisons, and Prison History", *Social Science History*, Vol.9. No.3(summer.1985), pp.233-247

Bernice Archer、Kent Fedorowich, "The women of Stanley: Internment in Hong Kong, 1942-1945", *Women's History Review*, 5, no.3, 1996

Matthew Harvey Sommer, *Sex, Law, and Society in Late Imperial China*, Doctoral dissertation, University of California, Los Angeles, 1994

J. F. Kiely, *Making Good Citizens: The reformation of prisoners in China's first modern prisons, 1907-1937*, Doctoral dissertation, University of California at Berkeley, 2001

图书在版编目(CIP)数据

民国时期上海女监研究:1930-1949 / 杨庆武著.—上海:上海古籍出版社,2023.5
ISBN 978-7-5732-0692-3

Ⅰ.①民… Ⅱ.①杨… Ⅲ.①女性—监狱—历史—研究—中国—1930-1949 Ⅳ.①D929.6

中国国家版本馆 CIP 数据核字(2023)第 061432 号

国家社科基金后期资助项目

民国时期上海女监研究(1930—1949)

杨庆武 著

上海古籍出版社出版发行

(上海市闵行区号景路159弄1-5号A座5F 邮政编码201101)
(1) 网址:www.guji.com.cn
(2) E-mail:guji1@guji.com.cn
(3) 易文网网址:www.ewen.co

商务印书馆上海印刷有限公司印刷

开本700×1000 1/16 印张23.5 插页2 字数481,000

2023年5月第1版 2023年5月第1次印刷

ISBN 978-7-5732-0692-3

K·3371 定价:98.00元

如有质量问题,请与承印公司联系